致谢：北京市维诗律师事务所

中文社会科学引文索引（CSSCI）来源集刊

私法

Private Law Review

第20辑 · 第1卷
（总第39卷）

易继明 / 主编

知识产权出版社
全国百佳图书出版单位
—北京—

图书在版编目(CIP)数据

私法．第20辑．第1卷:总第39卷/易继明主编．—北京:知识产权出版社,2022.8
ISBN 978-7-5130-8212-9

Ⅰ.①私…　Ⅱ.①易…　Ⅲ.①私法—研究—丛刊　Ⅳ.①D90-55

中国版本图书馆CIP数据核字(2022)第105232号

责任编辑： 齐梓伊　　**责任校对：** 谷　洋
执行编辑： 杨　帆　　**责任印制：** 刘译文
封面设计： 宗沅书装·李宗燕

私　法
第20辑·第1卷（总第39卷）
易继明　主编

出版发行： 知识产权出版社有限责任公司　　**网　　址：** http://www.ipph.cn
社　　址： 北京市海淀区气象路50号院　　**邮　　编：** 100081
责编电话： 010-82000860转8176　　**责编邮箱：** 471451342@qq.com
发行电话： 010-82000860转8101/8102　　**发行传真：** 010-82000893/82005070/82000270
印　　刷： 天津嘉恒印务有限公司　　**经　　销：** 新华书店、各大网上书店及相关专业书店
开　　本： 787mm×1092mm　1/16　　**印　　张：** 17.25
版　　次： 2022年8月第1版　　**印　　次：** 2022年8月第1次印刷
字　　数： 370千字　　**定　　价：** 78.00元
ISBN 978-7-5130-8212-9

《私法》
编辑委员会

《私法》
学术顾问委员会

（按姓氏拼音顺序排列）

迎接黄金十年（代序）

2022年开启，两年前暴发的新冠肺炎疫情并未结束，新冠及其变异病毒仍在全球肆虐，导致国内疫情防控形势持续紧张。雪上加霜的是，近年来美国利用“知识产权大棒”打压中国，继而要跟我们“脱钩”，并进一步采取“同盟制华”政策，导致我国发展的外部环境并不乐观。中国老百姓虽然已经做好了“过紧日子”的打算，但收入下降、消费抑制、出行不便、持续的不确定性因素等，似乎都在暗示：2022年并非一个好的启航。

不过，我认为，2022年开启的是未来黄金十年。

如果说我们大多数人对2021年感到失望的话，那么2022年是我们面对现实之后重新认识生活，重新启航的一年。支持这一论点，我个人有十大理由。

一、我们将学会与病毒相处。2022年新冠肺炎病毒不会被消灭，但新冠大流行不再会让人们惊慌，疫苗、新药帮助我们抗击新冠肺炎疫情，中国基层社会治理卓有成效，我们也将学会与病毒共存、共处。因此，疫情虽然对未来市场有一定的影响，但投资者不再将疫情作为主要的担忧因素，而且积极的财政政策也能够在一定程度上给市场带来信心。

二、新的自强运动已经开启。新型科技创新举国体制已经开启，2021年全国九大国家实验室布局完成，整合资源开展基础科学研究和重大技术攻关。未来，一批批“卡脖子”关键技术将逐渐获得突破，基础研究和原创技术取得突破性进展，并适应中国场景进一步外溢，参与国际大循环。事实上，围绕人工智能、芯片、6G技术和量子技术的科技竞赛是一场多线战争，在科技公司之间，在政府之间，在科技公司与政府之间，这场看不见硝烟的战争都在展开。中国近代以来的奋斗史和国民意识，强化了政府和民间的自强精神，这是中国未来可期的原动力。

三、知识产权融合经济社会全面发展。中国高质量发展进入新阶段，知识产权要素进入经济社会发展各行业、各领域、各方面，成为助力中国发展转型升级的重要因素。与此同时，经济增长质量提高，产业发展的国际话语权增强。2021年9月22日发布的《知识产权强国建设纲要（2021—2035年）》的实施，2022年承上启下。数字化是未来十年的动力，数字经济进一步推动华为、腾讯、阿里巴巴、字节跳动等科技巨头成长，5G标准必要专利中中国专利占比已三分天下有其一。

四、绿色开启未来。减碳、脱碳政策推动市场进行绿色重组，电池行业、过滤二氧化碳的科技行业、文娱产业、生态休闲等，一方面开启绿色科技创业潮，另一方面开启绿色生活的黄金年代。绿色经济与“大政府”时代相结合，中国政府将更有作为。

五、金融与货币政策在监管中常态化。绿色金融、科创金融、知识产权金融嵌入传统金融体系，货币政策在监管中保持一定的通胀率，稳中求进，总体上趋于常态化。

六、产业附加值增加和经济韧性增强。技术赋能，促进供给侧结构性改革进一步深化，产业附加值增加。同时，供应链逐步恢复，制造业体系进一步完备，中国经济发展韧性也进一步增加。

七、中美“脱钩”格局下的商谈论。短期内，中美“脱钩”压力依然存在，美国“同盟制华”政策进入 2.0 版，中国面临美国制裁的结构性压力。但是，中国经济规模和国际竞争力持续增强，美国“无晶圆企业”（典型的如苹果公司，自己没有制造能力，只负责产品企划和市场营销）模式推进，对中国企业存在较大的依赖，而供应链重建又非一日之功。因此，在全球化背景下，中美出现沟通与合作的迹象如落实《中美第一阶段经贸协议》等，“商谈”会成为后续的主要交往模式，也为重建互信奠定了基础。

八、中国自主外交契合欧洲“战略自主”。中国 2001 年加入世界贸易组织后获得了十年发展的黄金期，那是中国适应全球规则的过程。2022 年是在适应规则之后，“自主意识”觉醒，进一步确立“自主外交”的新开始。这可能给世界造成一些不安，但却是大国必然的选择。或许，这一过程也契合了“美国第一”所导致的世界各国主权意识的觉醒，甚至给中国发展同欧洲各国、韩国、日本、印度等国平等外交、自主外交提供了契机。北约秘书长延斯·斯托尔滕贝格 2021 年 12 月 6 日在美国《防务新闻》周刊网站撰文指出，世界正变得更具竞争性、更不稳定和更不可预测，未来一年要开启“北约 2030”战略（2021 年 6 月北约峰会提出），在更加不确定的世界中确保安全和自由。这对美国而言，能够起到加强同盟合作的作用，但对中国来说，也不失为一个新的机会。

九、助力发展中国家发展与共赢。“一带一路”建设、中非合作等为中国与发展中国家共同发展提供了平台，中国通过助力发展中国家，也获得了自己的发展和国际地位，扩大了中国的国际影响力。

十、中国社会治理模式给未来发展的“不确定性”带来了确定性。未来发展中，社会风险进一步加大，全球不确定性因素进一步增多，但中国社会治理模式网格化、精细化，基本面比较稳定，为未来发展带来确定性，也构成未来发展的基石。

值此之际，《私法》与知识产权出版社也开启了合作之旅。我相信，我们是黄金搭档，我们的合作也会助力中国法治事业的发展！

易继明

2022 年 1 月 9 日

CONTENTS

目录

特殊动产登记的所有权变动效力
——对交付依赖性的再批判

聂卫锋*

摘　要　特殊动产的所有权变动原则上似乎应当遵循普通动产所有权的变动规则，但是一方面需检讨普通动产所有权变动规则本身的正当性，另一方面需考虑特殊动产登记制度的目的、效力与功能。通过变动登记转移特殊动产的所有权具有规范体系和功能上的正当性，在特殊动产的所有权变动问题上强行要求遵循动产交付规则，是对“交付生效主义”和“登记对抗主义”的双重机械化恪守。

关键词　特殊动产；登记；所有权变动；交付依赖；登记对抗；动产交付

目　次

* 聂卫锋（1978—），西安交通大学法学院副教授，硕士研究生导师，主要研究方向：民商法、网络信息法、比较法、法律史。

特殊动产所有权的变动规则，一方面与普通动产所有权的变动规则有关联关系，另一方面也涉及对特殊动产物权变动问题上交付与登记之关系的理解，在《最高人民法院关于审理买卖合同纠纷案件适用法律问题的解释》(以下简称《买卖合同司法解释》)第10条生效之后，更是曾经引发过激烈的争论，[1]至今很难说已经达成学界共识。基于对最高法院典型案例的分析，本文拟明确提出通过特殊动产登记也可以变动所有权的观点，[2]并再次检讨动产交付之依赖性，希望能够加深相关问题的探讨。

本文所分析的案例和参考的既有研究文献中所使用的法条及司法解释，都是以《民法典》颁布之前的单行法为前提，主要涉及的《物权法》第6条、第23条、第24条、第106条在《民法典》颁布之后在立法文义上并没有改变，仅是基于"编纂"的需要被编为新的条文号。[3] 本文目的旨在探讨法条背后的一般性问题，为了行文表达的方便，本文正文部分仍然援引《民法典》颁布之前的条文，但研究结论适用于《民法典》对应的条文。

一、三则案例引发的思考：特殊动产所有权变动的交付生效依赖性与登记生效可能性

在(2013)民申字第1946号民事裁定书中，最高人民法院先是援引《物权法》第19条及第23条主张所有权登记仅具有推定归属效力，可以被反证推翻，然后又根据《物权法》第23条、第24条认为"船舶物权的变更自船舶交付时发生效力"，即便当事人间签订有《船舶产权转让协议》和《船舶交接协议书》等协议书，并且办理了船舶所有权变更登记，但如果未依据《物权法》第23条交付船舶或第27条发生"占有改定"，所有权也不发生转移。本案之中，争议的焦点还在于涉及船舶所有权变动与否的当事人之间在转让协议之后，又签订了一份确认船舶的实际产权和使用权仍归出让人所有的协议，但针对该协议的动机受让人与出让人之间发生了争议，但受让人无法证明该协议乃是虚假的民事法律行为。最高人民法院也是基于这样一个事后协议，以及船舶未占有、受让人不能证明已支付价款等事实，认为案涉船舶所有权并没有发生变动。

与上一个案例中最高人民法院阐释的法律观点相类似的法律观点，后来又体现在(2017)最高法民申2051号民事裁定书中。在该案之中，最高法院基于《物权法》第23条和《海商法》第9条认为："船舶作为一种动产，其物权变动的生效要件是交付而不是登记，登记仅是对抗第三人的要件；如果船舶未交付，而直接登记物权变动事项，船舶物权依法不发生变动，不以交付为基础的船舶物权变

---

〔1〕 郑永宽：《论机动车等特殊动产物权的登记对抗效力》，《法学家》2019年第4期；庄家园：《登记对抗主义的反思与改造：〈物权法〉第24条解析》，《中国法学》2018年第1期；汪志刚：《准不动产登记对抗主义的一般法理》，《法商研究》2018年第5期；张淳：《〈物权法〉第24条之立法论检讨——以登记动产物权变动的登记对抗规则为对象》，《东南大学学报(哲学社会科学版)》2019年第1期；唐超：《特殊动产所有权的变动与对抗——〈物权法〉第24条及〈买卖合同解释〉第10条第4项评析》，《北方法学》2018年第4期。

〔2〕 本文的讨论范围仅限于基于买卖关系而引起的动产所有权变动。

〔3〕 分别对应于《民法典》第208条、第224条、第225条、第311条。

动登记仍不能作为认定船舶变动的依据。”在本案中，再审被申请人于 2006 年 3 月 8 日与案外人签订了渔船买卖协议书，再审申请人支付了购船款，涉案船舶业已交付并一直被再审被申请人占有经营。之后，该案外人又于 2006 年 11 月 7 日与再审申请人签订一份渔船买卖协议书，载明将涉案渔船卖给再审申请人，并于 2009 年 8 月办理了船舶过户登记手续。但是，再审申请人并未支付购船款，涉案船舶也一直客观上无法交付给再审申请人。法院认为，既然涉案船舶一直未交付给再审申请人，意味着渔船买卖协议书并未得到实际履行，再审申请人虽然被登记为船舶所有人，但其主张善意取得涉案船舶所有权不符合《物权法》第 106 条的规定。

在上述两个案例之中，面对特殊动产所有权变动实践中的特殊问题，最高法院一般性地表达了同样的法律观点，即在特殊动产的所有权变动问题上，动产交付及其法定的替代方式乃是必须遵循的规则，登记不能够替代交付，登记仅能具有对抗效力。[1] 针对特殊动产物权变动的规范适用问题，除了前述两个案例之外，最高人民法院至今总共作出了 14 个裁判，[2]基于不同的案情几乎一致表达了特殊动产（船舶和机动车）物权（所有权）的变动遵循普通动产物权变动规则，登记仅具有对抗效力，未登记不影响所有权转移的法律观点。本文关注的两个案例与其他 14 个案例中最高法院表达的法律观点虽然都与特殊动产所有权的变动方式有关，也都强调特殊动产的物权变动亦需遵循普通动产的变动规则，但侧重点各有不同，前者重在否认登记对于特殊动产所有权变动的可能性，后者重在否认登记对于特殊动产所有权变动的拘束性。

前述 14 个案例之中有 1 个案例[3]非常之特殊，对于特殊动产所有权变动的交付依赖性已经到了难以想象的地步。在该案中，船舶出卖人与买受人在《船舶买卖合同》中明确约定在清偿船款之前所有权仍归卖方，为了方便买受人利用船舶所有权办理抵押贷款以偿还船款，出卖人同意办理船舶所有权变动登记手续，但双方明确约定船舶的所有权不以船舶所有权证书的名字更改为依据。合同签

---

〔1〕 需注意的是，最高人民法院在这两个案件中的裁判意见和裁判结论，显然在很大程度上受到了个案案情的影响：在第一个案例中，从事船舶所有权交易并履行了变动登记手续的当事人由于事后形式上有其他关于产权归属的约定，并且无法被有力证据推翻，导致船舶所有权最初变动的真实意愿被否定；在第二个案例之中，主张取得船舶所有权的买受人在登记变动之后并未支付购船款，也一直未取得船舶之占有，在形式上不符合动产善意取得的要件。但是，由于最高人民法院在两个案件中是一般性地表达法律观点，该观点具有了相对的独立性，仍然可以单独提取出来加以分析。

〔2〕 (2016)最高法民申 2585 号、(2016)最高法民申 2586 号、(2016)最高法民申 2587 号、(2016)最高法民申 2588 号、(2017)最高法民申 1371 号、(2017)最高法民申 2549 号、(2017)最高法民申 2550 号、(2017)最高法民申 2553 号、(2017)最高法民申 2554 号、(2017)最高法民申 3692 号、(2017)最高法民申 3866 号、(2017)最高法民申 4454 号、(2018)最高法民申 4877 号、(2018)最高法民申 6156 号。在这 14 个案例之中，都是最高人民法院在裁判文书“理由”部分表达了法律观点。检索方式说明在“中国裁判文书网”和“北大法宝”分别检索“物权法第二十四条”“物权法第二十三条”和“海商法第九条”，时间截至 2020 年 4 月 26 日。

〔3〕 (2018)最高法民申 4877 号。

订之后，交易双方均按约定履行了合同，办理了船舶所有权变动登记手续，[1]出卖人并向买受人交付了船舶。基于出卖人的交付行为，最高人民法院援引《物权法》[2]第 23 条之后认为买受人“取得涉案船舶所有权”。该案争议的焦点是共同购买船舶的两个买受人之间的“共有关系是否具有事实和法律依据”，而最高人民法院对于内含有所有权保留条款的《船舶买卖合同》及其后续的合同履行、权属变更登记等行为，全部肯定其合法性。就本文的研究主题而言，尽管在形式上办理了船舶所有权变动登记手续，既然当事人关于船舶所有权保留的约定已经得到了认可，船舶所有权仍然保留在出卖人之处，最高法院又何以非得通过适用《物权法》第 23 条认为当事人之间对于船舶的交付构成了所有权转移了呢？

对于特殊动产，其所有权变动生效的交付依赖性何以强硬到如此地步，以至于在所有权保留的船舶买卖之中亦需遵循交付变动规则？甚至连登记都无法撼动交付的地位，不具有变动所有权的可能性，理论上的正当性何在呢？

二、交付依赖性的再批判

动产所有权变动的交付依赖性，一方面涉及对动产交付变动制度的设计目的与初衷的理解，对此制度目的实践可能性的通透认识，另一方面也需要对既定的规范加以评析，笔者曾在 2 篇文章中分别讨论过这 2 个主题。[3] 基于本文研究的主题和理论界的新动态，有必要再对交付依赖性展开批判。

（一）交付依赖的目的落空与实践困境

学界（不限于我国）通说认为，在物权变动的意义上，动产交付是为了公示动产上的物权，进而实现保护物权交易或交往安全的功能，《物权法》第 23 条即是基础于这样的理论认识而制定，[4]汉语学界的这一普遍观点甚至已经根本不需要一一引用文献加以证明，[5]最高人民法院在其裁判的案例[6]和通过《最高人

[1] 按照 2 个买受人与合同外 2 个第三人的约定，船舶所有权过户后名义上落在 2 个第三人的名下，4 个当事人之间的协议表达为“换名”过户，4 个当事人对“船舶买卖合同”、所有权保留和“换名”登记等情况约定清楚，在本案之中也未因此发生争议。

[2] 自《民法典》颁布实施后，本法已废止。关于此类问题，本书不再另行标注，已废止的法亦不用原××法提示。《合同法》《侵权责任法》《民法通则》《担保法》也做同样处理。

[3] 聂卫锋：《交付公示：一个幻想》，《现代法学》2014 年第 4 期；聂卫锋：《动产所有权的交付变动规则》，《国家检察官学院学报》2018 年第 1 期。

[4] 胡康生主编：《中华人民共和国物权法释义》，法律出版社 2007 年版，第 67—68 页。

[5] 最新文献刘家安：《论动产所有权移转中的交付——若干重要概念及观念的澄清与重构》，《法学》2019 年第 1 期。

[6] （2017）最高法民申 4050 号民事裁定书。在该案“理由”部分，最高人民法院虽然未援引《物权法》第 23 条，但在援引《物权法》第 6 条之后认为“动产物权，除法律另有规定外，以占有和交付作为其公示方法”。

民法院公报》案例[1]也都曾申明这一观点。但是,动产上物权的公示是一个现实性难题。动产之上的物权不具有外在性,除非在每个动产之上标示出权利信息(无论在技术上还是在实践上都需面对可能性与必要性两方面的质问),否则借助于动产本身根本无法实现物权之公示。借助于发达的登记系统,在每个动产之上施行强制性的权利信息登记制度,即类似于不动产之上的物权信息处理机制,或可实现动产物权的实时掌握,但如此设想显然不够经济。无数的动产从产出、加工、变形、放弃、销售、消费到毁损等任一阶段,整个生产消费过程都会涉及物权变动问题,指望登记系统对这些变动情况全程掌控,无论对于个人还是对于社会都构成了无以复加的成本压力,除非限定于有限的动产之上,否则以登记实现动产物权的公示在制度设计上显然不具有正当性与合理性。

正因为无法直接在动产之上做文章,传统的民法制度或法学家们,借助民事主体对动产的现实控制(直接占有[2])来"公示"权利,但由于对动产的实际控制背后可以有不同的法律上缘由,占有人不都是物权主体,甚至可能是无权占有人。即便确定是物权主体,仅凭占有本身也无法公示其是否享有物权、如何享有物权[比如前引(2017)最高法民申 2051 案例中的共有]及享有何种物权。与其说直接占有可以公示物权,还不如说可以推定物权(一般是所有权)的存在,[3]通俗一点讲,这是个概率问题。在物权公示的意义上讲,所谓的动产交付也就是通过变动物之控制状态试图实现权利之公示,但动产交付仅是瞬间行为,这样的一个动态的行为过程根本谈不上具有公示的功能,况且本来动产之交付也并不一定伴随有物权变动的法律效果意愿。即便动产交付能有所谓的公示效果,也是依赖于交付之结果,即仍然是后手人对动产的占有。

进一步而言,即便假定直接占有具有物权公示效果,也不可能、也不应该要求所有权人对动产持续占有,因为所有权人对动产的利用方式本来就包括交由

---

〔1〕《最高人民法院公报》2012 年第 4 期山东省高级人民法院"青岛源宏祥纺织有限公司诉港润(聊城)印染有限公司取回权确认纠纷案",案号不详。该案公报的"裁判摘要"中,在引述《物权法》第 23 条、第 27 条之后有如下论述"依据上述规定,动产物权的转让,以交付为公示要件,无论交付的方式是现实交付还是以占有改定方式交付"。该案并被主审法院的法官以典型案例的形式,把法理分析部分发表在《人民司法·案例》2012 年第 20 期之上。

〔2〕此处仅是为了更为形象地描述占有状态而使用;严格意义上讲,直接占有是与间接占有处于对称关系结构之下才能够使用的术语,在不存在间接占有的前提下,也不存在所谓直接占有。从权利公示角度所谈的占有也只能是事实上的直接占有,而不能是任何观念化或抽象化的靠法律关系支撑的间接占有、辅助占有。参见前引聂卫锋:《交付公示:一个幻象》,《现代法学》2014 年第 4 期;刘家安:《论动产所有权移转中的交付——若干重要概念及观念的澄清与重构》,《法学》2019 年第 1 期。

〔3〕最高人民法院做出的(2018)最高法民终 873 号民事裁定书绝对是个非常值得引人注意的例外,在该案的"理由"部分,最高人民法院认为"《中华人民共和国物权法》第 23 条关于动产物权的设立与转让自交付时生效的规定,系关于权利推定的规定,意在保护基于这一权利外观而与之交易的善意第三人的利益,江西煤储公司作为查封债权人,不是景禹能源公司的交易相对人,并非公示公信原则的保护对象"。最高人民法院虽然仍从物权公示的角度定位《物权法》第 23 条的规定,但是明确其为"权利推定",而非绝对的"权利公示"。

他人使用在内，而非只能由其自己占有使用。如果要求所有权人从前手取得所有权之后必须持续直接占有才能够维持其所有权，这不仅不可能，也有违法律对财产权保护的基本立场。从宏观方面讲，对于财产权客体利用方式的过多限制，也将会对于经济的运行产生一系列的负面影响，一方面不能积极发挥物的效用（《物权法》第1条）或不能体现“积极利用资源”（《民法总则》第9条“节约资源”之反向解释），另一方面也会吓阻即将获得动产所有权的主体去积极取得所有权。照此以往，我们势必要走向或退回到自然经济状态，这显然不是人类社会的前进目标。

从纠纷发生特别是案件审理的时点（不考虑一审、二审、再审等时间段及其延长现象）观察，无论是当事人还是裁判机关，都是在讲述或辨识一个历史事实，并且是一个需要证据加以证明的事实。这个事实围绕动产所有权的归属问题展开，我们不能假设行为或纠纷发生的时点就恰好是所有权刚刚通过交付的方式变动到交易后手的时点，并且还假设后手之后手恰好也目睹了这个附带所有权转移意愿的交付过程，即所有权人之外所有其他人的“在场”。既然如此，我们严格要求在动产所有权变动的时点占有之交付还有何意义呢？从交易第三人的角度来看，只需要在其试图通过交易取得动产所有权的时点依据占有（对于贵重的动产往往可能还需依凭占有人先前的交易证明）来推断出卖人是否享有所有权即可，不必在意其出卖人从其前手取得所有权的时点是否同时性地履行了动产交付手续。如果是非交易关系第三人，其本来就对于动产占有并不产生任何信赖关系，甚至根本没有机会去知悉动产物权的具体状况，强调动产交付对于非交易关系第三人更是没有实际意义。

至于在所有权保留类的交易实践当中，交易当事人本来就没有立即转移所有权的主观意愿，交付动产仅仅是为了尽快利用动产，或者如前引（2018）最高法民申4877号案例中，是为了利于特殊动产办理抵押贷款而辅以办理登记过户手续，此刻如果再强调动产所有权随动产之交付而转移，岂不就令旨在实现特定交易目的和经济目的交易当事人左右为难，束手无策了吗？

所幸的是，近年来也有少部分学者开始直接挑战动产公示与动产交付的理论和制度假设，对于动产物权公示、交付变动原则的妥当性、可行性与规范属性产生质疑，[1]并且得到了实力派学者的积极回应，[2]渐有成为有力批评说的趋势。如果还是从物权公示的角度对于动产之交付进行定位，那么在动产交付的公示价值难以证成或者至少大打折扣之后，在动产物权变动的规范层面还继续严格坚持依赖动产之交付就失去了正当性。但很遗憾的是，最高人民法院最新

〔1〕 纪海龙：《解构动产公示、公信原则》，《中外法学》2014年第3期；庄加园：《交付原则框架下的意思自治》，《法学》2017年第3期。

〔2〕 张双根：《物权公示原则的理论构成——以制度正当性为重心》，《法学》2019年第1期；刘家安：《论动产所有权移转中的交付——若干重要概念及观念的澄清与重构》，《法学》2019年第1期。

的裁判表明，司法机关的态度仍然如过往一样强烈地依赖交付。[1]

(二)自主占有意志与法律上所有权一致说之下的交付依赖性

动产交付作为《物权法》上一种既存的制度现象，单纯地对其公示功能的否认，显然不能够令理论界止步。刘家安教授即不满足于批判，在支持破除交付公示目的的陈旧观点基础上提出了新的观点，认为“交付和交付替代手段之所以为动产所有权移转所需要，并非基于广为流行的公示要求，而主要是基于占有意志的考虑，其意在尽可能实现占有的主观意志与法律上所有权的归属相一致”。[2]此观点基于对“占有”和“交付”的概念、制度内涵的历史性、比较性解读，并以交易实践作为事实基础，其分析思路和结论触及一系列制度关节点，具有非常重要的体系价值。但仅就本文所关注的特殊动产所有权转移问题而言，自主占有意志的客观化实现与法律上所有权的归属乃是两个层面的问题，刘家安教授虽然在论文中没有直接说明此问题，但其结论在实际上基础于这一点。既然如此，法律上所有权的转移仍然属于笔者先前所持的观点，即属于观念层面的变动（刘家安教授在其论文中也认可这一点），[3]那么其变动就不存在对交付的依赖——不管怎样解释和定位“交付”，除非把自主占有意志等同于所有权本身，把自主占有意志（及直接占有）的移转等同于所有权的移转。[4] 但是“占有”毕竟仅是“事实”，“自主占有”也同样仅是“事实关系”，单纯的自主占有意志甚至加上占有本身如果缺乏正当、合法的依据，仍然不支撑所有权的归属和变动，最明显的比如盗窃、抢劫以及拾得遗失物。此外，即便动产所有权的变动可以理解为自主占有意志的“放弃——取得”过程，此一“意志”层面的变动过程也只是描述了占有之“心素”方面（而非“体素”）在不同主体“心态”上的变动，很难被解释为真正的“交

[1] 比如，(2020)最高法民申104号民事裁定书、(2019)最高法民申5459号民事裁定书和(2019)最高法民申3854号民事裁定书。截至2020年4月29日，在前引《动产所有权的交付变动规则》一文中，笔者曾对截至2017年7月31日最高人民法院在适用《物权法》第23条的司法意见进行了统计，并且还一并统计了非最高人民法院做出但刊登在《最高人民法院公报》上的相关案例，集中反映了当时最高人民法院对于动产物权交付变动规则的观点。前文分析的(2013)民申字第1946号案例，也在统计之列。

[2] 刘家安：《论动产所有权移转中的交付——若干重要概念及观念的澄清与重构》，《法学》2019年第1期。

[3] 聂卫锋：《动产所有权的交付变动规则》，《国家检察官学院学报》2018年第1期。这种观念上的所有权“交接”虽然没有外在公示性，但并非没有法律意义，至少对于所有权灭失的风险分担而言就意义重大。不同物权变动模式下的所有权风险分配问题，王轶：《物权变动论》，中国人民大学出版社2002年版，第341页以下；刘家安：《论动产所有权移转中的交付——若干重要概念及观念的澄清与重构》，《法学》2019年第1期。

[4] 在先前的一篇专门讨论动产所有权变动议题下交付问题的文章之中，庄加园教授主要在援引德国法学理论的基础之上，明确区分了“占有移转”与“权利移转”。庄加园：《动产所有权变动中的‘交付’》，《环球法律评论》2014年第3期，第57—58页。

付”或“移转”。[1]

从另外一个角度看，自主占有意志的客观化实现完全可以解释为所有权转移之后的后续效果，也即既然当事人之间已经约定了动产所有权的转移，那么遵循逻辑出让人就应当将其直接占有“移转”给受让人，以实现受让人自主占有与直接占有的合一，因为出让人已经没有理由继续占有该动产。对于受让人而言，其主张交付动产(移转占有)的权利依据，完全可能是物权请求权(以物权为基础的占有返还请求权，而非以占有为基础的占有返还请求权)，而并非一定是债权请求权。相反，假如像很多学者所理解的那样，动产买卖合同的所有权变动必须依赖于交付，买受人主张出让人交付的权利依据只能是债法上的请求权，那就必须得把交付本身解释成为附带有所有权移转合意的“法律行为”，不管“交付”是有形还是无形，是占有“心素”之移转还是一并包括“体素”之移转，而绝对不能仅仅是“事实行为”，否则如何实现所有权变动呢?[2] 后面的这一解释思路，似乎很契合德国法把“交付”当作独立的物权行为的思路，但是如果目光仅仅聚焦在发生所有权直接变动的当事人之间，这一解释思路除了在法律分析上不同于前述动产所有权变动的“意定”方式之外，在本质上并无不同，差异只是在于所有权变动的时间点不同而已。如果把目光扩张到直接交易当事人之外，不管是积极主动地为了实现所谓的权利公示以保护交易安全的目的，还是消极被动地令直接交易当事人及其他众多的第三人承担法律分析定性之后的法律后果(直接当事人之间在交易的不同阶段到底享有的是物权还是债权引发的系列问题)，都与所有权本身的变动没有直接关系。鉴于旨在服务于直接交易当事人之外第三人的物权公示的积极目的无法实现，这种动产所有权“必须”依赖交付且交付“必然”属于物权行为的解释路径，就只能是可供备选的选项之一，而非唯一选项了。[3] 如果只是为了令直接交易当事人及第三人被动承受法律分析或解释选择的结果，尽管不能说完全不可行，但把动产所有权的变动规则规定为强制性的“交付依赖”则严重冲击了财产交易意思自治的基本原则。

---

〔1〕 上引庄加园教授的文章之中，则认为“占有移转”的表述更多是受到了“权利移转”的影响，其实并不存在客观上的占有移交的过程。不过，庄加园教授理解的交付，乃是“当事人的意思加上特定的客观事实”，交付的法律效果是主观意志与客观行为共同所致。庄加园教授对于占有的理解显然更看重占有“体素”的方面，与刘家安教授特别看重的自主占有意志即“心素”方面的“放弃——取得”，在占有的基本认识和定位上存在明显不同。庄加园:《动产所有权变动中的“交付”》,《环球法律评论》2014 年第 3 期，第 57—58 页。

〔2〕 如果按照刘家安教授的分析思路，所谓的“债权意思主义”或者“债权形式主义”都是难以实现所有权的变动的，因为缺乏自主占有意志的“放弃一取得”过程:在前者，当事人之间毕竟只有成立债权的主观意思;在后者，即便有了动产直接占有移转的外在化“形式”，但是此占有之移转也仅是“体素”方面的变动，并不包含自主占有意志这一“心素”的变动。

〔3〕 德国法上的物权行为之所以被称为“物权形式主义”，不仅仅在于当事人之间需要有“物权合意”或“物权契约”，最重要的是需要当事人之间移转动产之(直接)占有或办理不动产之登记手续，后者乃是“形式”的所在。尽管物权行为究竟是仅指“物权合意”还是需要依赖于“形式”，在德国学界也存在很大的争议，但是如果以交付动产方式公示物权变动的功能减弱之后，在动产之上再强行遵循所谓的“物权形式主义”也同样不再具有正当性。

此外，不可忽视的一点在于，《物权法》第 23 条并非孤立的条文，除了位居“动产交付”一节之外，亦是《物权法》第 6 条“公示公信原则”的直接贯彻，[1]立法目的本初就是为了“公示”物权。尽管动产物权的公示目的不能从交付行为中实现，但是《物权法》物权公示公信的立法原则和相关制度的立法目的并不能因此而无视，否则《物权法》规范体系下的很多制度设计将失去依凭。进一步而言，如果只是把《物权法》第 23 条之中的“交付”理解为自主占有意志的转移，那么第 6 条中的“交付”又该如何理解？如果仅从自主占有意志客观化实现的角度理解所有权变动问题的话，那么又该如何理解在我国法律上作为行政行为的不动产登记行为，难道不动产登记也可以解释为自主占有意志之移转？抑或不动产所有权移转根本就不考虑占有的问题？这两个疑问的肯定回答都很难有说服力，并且《物权法》第 6 条第一句中的“登记”与第二句中的“交付”居然在规范目的或意义上有如此强烈的分野，势必会增加《物权法》规范体系内的纷争。[2]

应当说，刘家安教授对于动产交付依赖性的这一创新解读具有极强的理论穿透力和论证说服力，可谓是中文文献当中对动产交付问题最新也最有分量的观点。[3] 尽管在笔者看来此观点似乎也并不能成为延续交付依赖的命运的良药，能否被学界普遍接受也还有待时间检验，但至少可以说是对于动产交付的目的与功能树立了有别于物权公示意义的新认识定位的里程碑，我们应该可以与旨在“公示”的交付依赖性过往正式道别了。

三、特殊动产所有权变动的登记生效可能性

如果说对普通动产而言，囿于《物权法》第 23 条的明文规定，动产交付或移转占有在概率意义上多少还可以与动产物权变动紧密联系在一起的话，那么对于特殊动产而言，动产物权与交付之间的这种联系价值就更值得商榷了。

---

〔1〕《物权法》第 6 条的立法目的说明，参见胡康生主编：《中华人民共和国物权法释义》，法律出版社 2007 年版，第 31—32 页。

〔2〕在所有权变动的意义上，如何从应然的角度理解“动产交付”与“不动产登记”之间关系，会对整个物权法理论和制度体系产生全局性的影响，并非仅改变对“交付”内涵的理解即可实现。这一庞大的体系问题，亦远远超出了本书能够讨论的范围。

〔3〕在最新的一篇文章之中，李宗录和栾玥婷对“交付”表达了新的观点，一方面接受了交付公示功能难以实现的认识，另一方面则把“交付”理解为发生动产物权变动的“合意”，并认定其为事实行为而非法律行为，作为单独判断动产物权变动的依据。李宗录、栾玥婷：《交付原则下交付的功能重释》，《山东科技大学学报(社会科学版)》2020 年第 1 期。这种观点一方面把“交付”观念化，另一方面又否认其为法律行为，并且还需要借助交易当事人之间的债权关系来证明物权变动的正当性，似乎既想融合物权变动的法德模式，同时又想消除法德模式的欠妥之处，其最终的结果看起来实现了超越，但其实陷入了更多的麻烦之中。比如，此种观点就没办法解释“交付”作为一种“事实行为”的“合意”，是否应当适用民事行为能力制度，是否可以被代理，是否可以被撤销等。

除了法定的例外情形，在我国现行法上，登记对于不动产而言具有物权变动的生效意义，未经登记的不动产物权在法律上几乎可以视为是不存在的，[1]夸张一点讲，可谓无登记即无物权。[2] 登记对于特殊动产而言则不具有物权变动上的拘束性，特殊动产的物权变动不是必须依赖登记。尽管从立法文义上看，特殊动产之登记属于对抗意义上的制度，但是“对抗”毫无疑问直接关联到物权的效力问题，需要慎重对待。《物权法》第 2 条和《民法总则》第 114 条关于物权的法定化定义之中，只凸显了物权的“直接支配”和“排他”两项特征，并没有直接涉及“对抗”问题。“对抗”作为法定化的效力描述术语，与物之“直接支配”没有关联关系，但也不同于物权定义中“排他”的描述，二者之间似有些微的差异：“对抗”更多描述法律关系层面的权利信赖问题，在功能上服务于“定分止争”的目的，[3]“排他”尽管在立法机关的眼中也主要指向了“排除他人干涉”，[4]即具有对外效力的面向，但在学理上还包括便于物上权利群内部有序堆叠，以求最大化发挥利用物之价值的面向。相较之下，“排他”的内涵更加丰富，“对抗”似可归入“排他”之下，作为物权对外效力的一种展现方式。

既然《物权法》第 24 条意义上的“登记”类似于第 23 条中的“交付”一样，服务于“对外”或“外部”目的，登记就仍与权利公示问题有关，否则该制度在《物权法》上就失去了存在的价值。进而言之，既然登记也是为了物权公示的目的而存在，那么首先应当面对的问题就是“登记公示”与“交付公示”之关系。在假定动产交付或占有旨在实现物权公示功能的前提下，除非某一特殊动产从未办理登记手续，登记对于特殊动产而言处于优先的公示或对抗顺位，登记的公示效力优先于占有或交付的公示效力，[5]对于交易第三人而言亦应当优先信赖登记。[6]理由在于，不管是作为特殊动产物权变动的一般法的《物权法》第 24 条，还是分别规定船舶、航空器、机动车所有权和抵押权变动问题的《海商法》第 9 条、第 13

---

〔1〕“几乎”的原因在于，错误登记的情形下，真实权利人有申请纠正登记的机会(《物权法》第 19 条)，如果不承认登记簿之外的物权，错误登记制度就无从谈起了。此种登记簿之外的物权，学界普遍称之为事实物权，以区别于登记簿公示出来的“法律物权”，但这种认识是不恰当的，未体现在登记簿上不动产物权同样是法律物权，仍然是完全物权，只不过在物权效力的某些方面稍微减弱或受到消极影响而已。

〔2〕通过建造行为取得的物权以及非基于民事法律行为发生的物权变动，未履行登记手续，同样具有物权的一切效力，只不过在《物权法》上是作为登记制度的例外存在的。

〔3〕立法机关对于《物权法》第 24 条中“对抗”的解读就是：“法律对船舶、航空器和汽车等动产规定有登记制度，其物权的变动如果未在登记部门进行登记，就不产生社会公信力，不能对抗善意第三人。”胡康生主编：《中华人民共和国物权法释义》，法律出版社 2007 年版，第 69 页。很明显，“对抗”是在外部关系意义上使用。

〔4〕胡康生主编：《中华人民共和国物权法释义》，法律出版社 2007 年版，第 25 页。

〔5〕笔者在前引《动产所有权的交付变动规则》之中整理当时《物权法》第 23 条的最高人民法院案例时，通过分析前引(2013)民申字第 1946 号民事裁定书已经明确指出了这一点。

〔6〕类似观点，参见汪志刚：《准不动产登记对抗主义的一般法理》，《法商研究》2018 年第 5 期。

条、《民用航空法》第 14 条、第 16 条和《道路交通安全法》第 12 条，[1]都是我国现行法上的明文规定，对于交易当事人而言理应知悉特殊动产的登记在公示物信息权方面的效力优先性。既然如此，在特殊动产所有权变动的问题上再强调交付的必须性，真的是令人怀疑了。况且，登记权利人可能就是物权人本人，办理登记只是为了强化物权的公示效力而已，不管是初始取得特殊动产的物权人还是继受取得特殊动产的物权人，也都有动机去办理登记。[2] 既然如此，通过登记变动物权就没什么障碍。

在登记可能出现错误或登记权利人与真实权利人不吻合的情形下，“登记公示”确实如同动产之物权公示一样，存在权利真实度的偏差问题。但是登记错误不仅有可能发生在特殊动产之上，对于不动产而言亦有可能，否则就不太可能有专门的登记纠错制度，不动产的善意取得制度也失去了意义。但是，不动产登记制度也并没有因为登记错误的可能存在而不作为《物权法》不动产物权的基本制度。另一方面，尽管《物权法》第 24 条及类似条文在立法论上遭到了猛烈的抨击，主张废除或者改造升级的声音此起彼伏，[3]但在尊重现行法的前提之下，最好从更能达到规范效果的目的指引下解释适用之。如果再考虑到学界早就存在“升级”和“强化”特殊动产登记的效力，使之变成物权变动生效要件的声音，[4]这种支持特殊动产登记可以变动所有权的解释倾向就更符合潮流。

当然，无须讨论但需特别注意的是，所有的动产所有权变动不管基于何种理论模式进行解释，都应该建立在所有权变动合意客观存在的基础之上，也不管此种合意以何种方式加以描述、定性和定位。在笔者看来，交付和登记本仅是物权变动的公示手段，[5]本文所描述的特殊动产所有权的登记变动只是在物权公示的意义上加以使用，并不能够代替合意本身，尽管二者通常是相吻合的。

---

〔1〕《道路交通安全法》第 12 条以及《道路交通安全法实施条例》第 7 条、第 8 条之中，不同于《海商法》《民用航空法》中的相关条文，没有使用“未经登记的，不得对抗”的表达方式，而是使用了“机动车所有权发生转移的”或“将机动车作为抵押物抵押的”这样的术语，机动车之上“未经登记的，不得对抗”的效力，是由《物权法》第 24 条所规定或赋予的。但《道路交通安全法》第 7 条的规定，首先是认可了机动车所有权的变动本身不需要登记。

〔2〕特殊动产的登记，不仅仅是登记或公示了静态的权利享有者，而且登记簿上的连续登记还可以“公示”特殊动产的交易关系。

〔3〕庄家园：《登记对抗主义的反思与改造：〈物权法〉第 24 条解析》，《中国法学》2018 年第 1 期；唐超：《特殊动产所有权的变动与对抗——〈物权法〉第 24 条及〈买卖合同解释〉第 10 条第 4 项评析》，《北方法学》2018 年第 4 期；张淳：《〈物权法〉第 24 条之立法论检讨——以登记动产物权变动的登记对抗规则为对象》，《东南大学学报（哲学社会科学版）》2019 年第 1 期。

〔4〕梁慧星主编：《中国民法典草案建议稿附理由 · 物权编》，法律出版社 2004 年版，第 13 页；王利明主编：《中国民法典学者建议稿及立法理由 · 物权编》，法律出版社 2005 年版，第 16 页。

〔5〕登记在学理上和制定法上也可以区分为“设权登记”和“证权登记”，但是某项登记究竟应该“设权”还是“证权”登记，是建立在对登记的不同功能预设或者物权变动理论的基础之上的，并非具有先验的属性，该问题涉及整个物权法的体制结构，在此不做详述。如果把物权客体仅限于特殊动产，那么登记仅作为物权公示手段的观点，即便在我国现行法上也仍属正确。

四、特殊动产善意取得之下的登记变动与交付变动

前文已述,登记物权人可能就是真实的物权人,以办理过户登记的方式变动特殊动产的物权,要比动产过户的方式更容易、更切实地实现物权公示的目的。不过,实践中比较容易引起争议的是登记所有权人与真实所有权人非属同一主体,登记所有权人(未经授权)对外以其自己名义转让该特殊动产,此刻即涉及特殊动产的善意取得问题。

首先需要明确的是,特殊动产的善意取得问题并不必然与登记有关,在特殊动产一直未办理登记(现实中极少)和无权处分人并非登记所有权人的情形下,特殊动产的善意取得规则就应当适用普通动产善意取得的一般规则。理论上也可能出现相反方向的无权处分,即无权处分人处分了权属登记的真实权利人的权利,此种情况之下,交易第三人单凭特殊动产的占有(或编造的交易证据)就对权属产生信赖关系,很难说构成了善意(现行《物权法》对于特殊动产的登记要求虽然不属于强制性要求,但亦非当事人可以完全忽略的制度,对交易当事人施加了应当先行查询登记信息的义务),可以说几乎没有机会适用善意取得制度。这两种无权处分情形,不管是否构成善意取得,均不属于本文所需处理的问题。

在登记权利人无权处分他人特殊动产所有权的情形下,交易第三人是否仅能依靠登记信息而信赖权利的归属确实诚有可议之处,但是相较于动产之直接占有人而言,法律绝不应该为交易第三人对于登记权利人的信赖设置更多的条件,否则登记制度就失去了意义。现行法之所以特别规定未经登记不能对抗善意第三人,就是要让特殊动产的登记物权相较于未登记物权产生积极的信赖利益效果。既然在善意取得的情形下,交易第三人对于实施无权处分行为的登记权利人的权利信赖乃是基于登记,[1]变动登记又何尝不能变动所有权呢?特殊动产的登记物权在效力完整性(权利公示的价值上)上分明要强于未登记的物权,既然已经办理了所有权的登记,为何还要求同时履行本来在物权公示的意义上就仅具有较弱价值的"交付"手续呢?完全是多此一举。

在特殊动产多重买卖的情形下,登记权利人把特殊动产所有权转让给第一个买受人之后,又与第二或第三买受人签订买卖合同,并为最后的买受人办理了过户登记手续,这属于典型的无权处分问题,本应当适用上述善意取得的基本规则加以处理。但是,《买卖合同司法解释》第10条的规定似乎使得此问题变得非常复杂,进而引发了无数的争议,[2]在特殊动产善意取得的问题上,最高人民法

---

〔1〕 特殊的情形之下,登记权利人可能还直接占有该特殊动产,比如,采取占有改定的转让方式,或者移转占有履行常规交付手续之后,基于经济上利用的需要,又重新租用该动产使用。

〔2〕 比如,周江洪:《特殊动产多重买卖之法理——〈买卖合同司法解释〉第10条评析》,《苏州大学学报(哲学社会科学版)》2013年第4期;冉克平:《论机动车等特殊动产物权的变动——兼析法释〔2010〕8号第10条的得与失》,《法学评论》2015年第4期;唐超:《特殊动产所有权的变动与对抗——〈物权法〉第24条及〈买卖合同解释〉第10条第4项评析》,《北方法学》2018年第4期。

院也确立了不同于笔者上文所说的观点，基本上完全回到了对动产交付的依赖上。作为司法解释，最高人民法院给出的理由主要是遵从既有的规范体系，此种理由也很难说不正确。不过，《买卖合同司法解释》第 10 条其实最大的争议可能在于，该条规范的目的是否真的涉及直接处理无权处分与善意取得问题。该条第 4 项规定看起来似乎与善意取得制度有关，但仔细分析该条的文义和规范结构，其实另有规范对象。在登记权利人同时与多个买受人签订买卖合同的情形下，如果所有的买卖合同都签订在特殊动产所有权变动之前，这些合同就都仅仅产生债法上的效力，[1]根本就没有产生次位买卖合同是否构成无权处分及买受人是否可以主张善意取得的问题，仅需按照债法的一般规则加以处理即可。只有在登记权利人把特殊动产的所有权转移给特定买受人之后，再与其他人签订买卖合同，才会发生无权处分及善意取得的问题。但是，该条主文中"买受人均要求实际履行合同"的表达，实际上已经表明了在最后一个买卖合同签订之前，出卖人与诸位不同买卖关系下的买受人之间均没有发生动产所有权的变动，否则就不需要"实际履行"了。《买卖合同司法解释》第 10 条只有站在这样的角度才能够证明最高法院会区分四种情形，确定支持哪一个受让人的实际履行请求权的正当性。但是非常遗憾，最高人民法院对于《买卖合同司法解释》第 10 条的官方说明，几乎完全导向了动产交付与登记对抗关系的议题上，与司法解释的文义形成了鲜明的背离。[2] 即便如此，最高人民法院在特殊动产的善意取得问题之上也并没有把登记的作用绝对排在交付之后，承认有可能发生登记所有权人直接占有特殊动产之下的善意取得，这实际上还是给了通过登记变动实现善意取得的机会，尽管一直坚持动产交付作为动产所有权变动生效要件之必要性。

因此，即便在涉及特殊动产善意取得的场合（也可能是实践中登记变动最容易发生的情形），通过特殊动产的登记簿变动所有权也具有正当性与合理性，完全没有理由因为没有履行所谓的交付手续而否认所有权变动的效力，当然，前提必须是符合善意和有偿的基本要求。而在特殊动产善意取得的构成要件方面，如果无权处分行为发生在登记权利人与交易第三人之间，从解释论上应当去除

---

〔1〕 在所谓的"债权意思主义"动产所有权变动模式之下，买卖合同的生效确实会直接导致所有权的变动，但是《买卖合同司法解释》第 10 条是在我国《物权法》采取"债权形式主义"或者如支持德国法理论的学者们所认定的"物权形式主义"的理论和制度体系之下，所做出的司法解释，对该条的理解不具备遵从"债权意思主义"的假设前提。从该条特别规范"受领交付"的效力问题以及"要求实际履行"的预设规范情景，也能看出这一点。

〔2〕 最高人民法院可能真的想处理多重买卖之下涉及的无权处分及善意取得问题，但是其解释文义并不能够非常清晰、绝对地指向这一点。此外，即便最高人民法院确实旨在规范特殊动产的无权处分及善意取得问题，但是却把"登记"公示效力排在动产交付之后，以致在法理和事理上都出现了难以理解之处。或许也正因为如此，《买卖合同司法解释》第 10 条施行之后引发了比司法解释做出之前更大的争议。

《物权法》第106条第1款(《民法典》第311条第1款)的“已经交付”要件。[1] 当然,如果“已经交付”并非是从所有权变动的角度定性,而是为了体现无权处分人与善意第三人交易之间交易的正式性,起到强化善意认定或证明的作用,另当别论。

五、特殊动产登记所有权变动效力否定说的理论局限

在先前的研究之中,不乏对特殊动产的登记能否变动所有权持否定态度的观点,有学者把否定的理由整理为以下几个方面:[2]

(1)动产交付乃是特殊动产物权变动的形式要件,登记仅是对抗要件,因此登记不能变动所有权,必须依赖交付;

(2)我国现行的《机动车登记工作规范》《船舶登记条例》《民用航空器权利登记条例》中的相关规定,明确要求所有权变动之后才能办理登记手续,并且也只是要求特殊动产的权利人单独申请登记,而并不是双方当事人共同申请;

(3)登记对抗与善意取得在制度目的上应该区分考虑,如果登记亦能变动所有权,将会把二者的功能搞混;

(4)登记对抗的登记主要是在诉讼中体现作用,并且是消极的防御作用而非积极的进攻作用。[3]

针对动产交付作为动产所有权变动的形式要件问题,前文对通过动产交付以公示物权的困境的分析已经给出了否定的答案,在公示功能难以达成的前提下,再继续强调动产交付作为形式要件,已经没有了法理上的正当性。我国现行法在登记具体操作规范上的规定,即便有对交付要件的要求(如《船舶登记条例》第13条规定的“交接文件”),也仅是作为下位法对于上位法的遵从,并不能反过来作为否定登记能否变动所有权的理由。至于申请主体方面,即便是单方当事人申请登记,亦同样需要提供证据来证明其为所有权人,相关登记规范允许单方当事人申请登记仅是为了方便办理登记手续,并不能因此认为单方申请人仅凭自己的单独行为即可改变别人的权利归属。换句话讲,假如买卖双方都去登记机构办理登记手续,难道还必须要证明动产已经交付?退一步讲,即便坚持动产交付作为所有权变动的形式要件,当事人去申请变动登记时所依赖的仍然是交易合同文件,而不可能是作为动产交付结果的动产之(直接)占有,仅有后者根本无从证明所有权交易关系的存在。因此,从所谓形式要件及现行法的登记操作规范的角度为否认特殊动产通过登记变动所有权找寻理由,显然属于对动产交付要件的机械化坚守,说服力不足。[4]

---

[1] 前引(2017)最高法民申2051号案例中,最高人民法院即是认为由于船舶没有履行交付手续,船舶买卖合同未实际履行(货款也未给付),所以不符合《物权法》第106条的善意取得要件。不考虑货款给付的问题,如果本案中船舶所有权的变动可以仅依登记变动而变动,就不存在合同未履行的问题了。

[2] 殷秋实:《登记对抗的理论解读——以特殊动产多重买卖为中心》,《北大法律评论》2015年第1辑。

[3] 类似的观点,参见郭志京:《也论中国物权法上的登记对抗主义》,《比较法研究》2014年第3期。

[4] 郭明瑞教授前两年的文章,也否认了交付作为动产物权变动的形式要件。郭明瑞:《关于物权法公示公信原则诸问题的思考》,《清华法学》2017年第2期。

无论是对比登记对抗与善意取得2个制度的目的与功能，还是从单独认定登记对抗仅有防御作用而没有进攻作用，都涉及一个核心的问题，即对于“对抗”的理解。前文已经明确，“对抗”属于物权对外效力的体现，与《物权法》之公示公信原则相关。从《物权法》第24条的立法文义上讲，“未经登记，不得对抗”的相反意思应当是“已经登记，得以对抗”，这就意味着特殊动产上的登记物权在公示公信的意义上效力要强于未登记之登记物权。顺着这样的逻辑，特殊动产的登记物权自然就应当让交易第三人产生权利真实性的积极信赖，交易第三人完全可以基于此信赖与登记物权人从事物权交易关系。正如前文所言，对于普通动产，交易第三人甚至仅可以依据所谓的“占有”就可以产生权利的信赖，而特殊动产办理了（也属法定化的）登记却不能令交易第三人产生权利信赖，并进而依据登记取得所有权即所谓“积极”取得权利，这不仅构成了法律评价上的矛盾，甚至违背了事理。[1] 善意取得制度保护的内容和适用范围确实不仅包括“登记对抗”和“特殊动产”，还有其他一系列的制度和适用对象，但反过来讲，特殊动产的“登记对抗”即便不都与善意取得有关，[2]二者之间也并非功能完全不相干的并存关系。“未经登记，不得对抗善意第三人”至少可以包括善意交易第三人依赖登记权利信息与登记物权人从事所有权交易，真实权利人不能以其为所有权人对抗善意第三人的情形。既然如此，以善意取得与登记对抗在功能上冲突为由而否认特殊动产登记变动所有权的可能性，属于对“登记对抗主义”过于保守的恪守，说服力同样不足。

六、结语：如何从“主义”中走出？

“登记对抗主义”被法学理论界、实务界普遍用来描述以《民法典》第225条（《物权法》第24条）为代表的特殊动产物权变动规则与效力机制，似乎特殊动产的登记因此就仅能够具有“对抗效力”，其物权变动就只能回到普通动产变动“交付生效”的一般规则之上，并且后者甚至还被认为具有强制性规范属性。但是，如果深入到交付、登记之于动产物权变动的意义背后去探寻，会发现其实无论是交付还是登记在《民法典》（《物权法》）的规范意旨层面，都是为了所谓的公示物权，使物权人享有或取得的物权能够拥有或强或弱的对抗力。在《民法典》第225条（《物权法》第24条）及《海商法》第9条、《民用航空法》第14条等既定的规范前提之下，登记相对于交付毫无疑问具有更强、更持久的公示效力，通过登记实现（证明）特殊动产的所有权变动不仅具有规范体系和功能上的正当性，也是规范

---

〔1〕 正常交易过程之中，对于价值不大的动产，通常不会审查以往的交易文件，况且交易文件不可能一直保留，相反，特殊动产因为价值都不低，所以对以往交易文件的审查会比较常见，交易文件也会一直保留。正文之中没有提及交易文件，并不代表交易文件不重要，但如果考虑到交易文件在特殊动产权利信息判断上的作用，“登记”与“占有”在动产所有权变动的作用方面的对比更是尴尬：普通动产仅信赖“占有”并“移转占有”就可以实现所有权的变动，而特殊动产不仅信赖“登记”办理了登记过户，而且审查了交易文件，但是却不能实现动产所有权的变动，原因居然是没有“交付”！

〔2〕 “登记对抗”的应然法律意义在理论界争议甚大，远超出了本文的论题范围，此处不做过多讨论。

逻辑上的应有之义。[1] 在既定的立法文义保持不变的前提下，在未来的裁判实践当中，对于《民法典》第 224 条(《物权法》第 23 条)中的“交付”和《民法典》第 225 条(《物权法》第 24 条)中的“登记”应当同时朝着有利于功能实现和符合基本事理的方向进行解释，不要再拘泥于文字。

民事法规则一旦被先前的法学家们或立法文本提升为某种“主义”并加以一般化的立法表达之后，陷入其中的法律实务界人士甚至(包括在法律和学说继受意义上的)后来的理论研究者就往往会不自觉地跟随、遵从，不再去探寻该“主义”最初的动机、出发点、适用假设以及可能存在的盲点。以最高人民法院为代表的司法机关对于特殊动产所持的必须依赖交付才能实现物权变动的观点，即是对“交付生效主义”和“登记对抗主义”的双重机械化恪守，该从中走出来了。

---

〔1〕 支持特殊动产登记所有权效力的早期观点参见汪志刚:《准不动产物权变动与对抗》,《中外法学》,2011 年第 5 期;龙俊:《中国物权法上的登记对抗主义》,《法学研究》2012 年第 5 期;王利明:《特殊动产一物数卖的物权变动规则——兼评〈买卖合同司法解释〉第 10 条》,《法学论坛》2013 年第 6 期。不过,三位教授的理由和笔者的理由均不同。汪志刚教授是在坚持动产交付作为动产所有权变动形式要件即“交付生效加登记对抗主义”的前提之下,对于交付与登记的功能进行变通解释之后得出肯定观点,而笔者的观点首先就是抽空了交付的必要性。龙俊教授是对日本学者观点的借鉴,并辅以经济效率分析,而笔者则是从交付与登记的功能实现与法理依据角度展开论证。王利明教授则是在同时承认交付和登记都是特殊动产所有权变动的构成要件基础之上肯定登记变动动产所有权的效力,而笔者的观点否认了交付作为动产所有权变动的构成要件,把登记仅定位为增强公示效力的基础之上。

动产担保物权竞存优先顺位规则的体系化解释

曾　佳*

摘　要　《民法典》改造了所有权保留交易、融资租赁交易、保理交易等交易规则，使之具有实质性的动产担保交易特征。《民法典》第 414 条第 2 款的规定使得合同编中的一些动产担保交易适用第 414 条统一的动产担保物权优先受偿顺位规则成为可能；第 2 款的担保物权不限于物权编的担保物权，而是包括所有具有担保功能的实质担保物权。《民法典》在很大程度上推进了动产担保权设立方式、公示效力等规则上的统一。竞存的动产担保物权人之间的受偿顺序适用第 414 条，动产担保物权人与其他权利人（如买受人、承租人等）之间的优先顺位适用第 403 条。“超级优先权规则”构成动产担保统一受偿顺位规则的例外，其正当性在于拓宽担保人融资渠道且不会对其他交易方的利益造成减损。作为例外规则，“超级优先权规则”的适用范围应受到限制。

关键词　动产担保；功能主义；登记对抗；优先顺位；购买价金抵押权

目　次

* 曾佳（1996—），中国人民大学法学院博士研究生，主要研究方向：民商法。

一、《民法典》动产担保物权竞存规则的冲突与化解

(一)动产担保理念的跨越——从形式主义到功能主义

担保物权作为市场经济中有效遏制金融风险的制度安排,随着金融经济的突飞猛进,在现代社会中日新月异地发展。传统担保物权的基本功能着眼于保障债权安全,而现代担保物权的核心功能则是为资金的有效流动提供渠道增加信用。市场经济对资金融通的强烈需求,以及动产价值的与日俱增,使得动产担保理念的更新在担保物权的变革浪潮中最为引人注目。[1] 无论是英美法系还是大陆法系,均对动产担保制度进行了适应金融经济发展需要的改造,殊途同归,目的都是为了充分发挥动产担保对市场资金有效流动的促进作用,更好地促进社会财富的增长。其中最值得一提的是美国《统一商法典》第9编中功能化方法的确立,被认为是最具革命性和最成功的部分。[2] 鉴于经济发展的需要,1952年《统一商法典》的正式文本形成,确认了非移转占有型动产担保等新型担保方式。[3] 与之前的担保制度相比,第9编创立的动产担保交易制度较好地实现了效率与安全的统一,体现了动产担保法律制度的现代发展趋势。

具体而言,第9编以功能化方法统一动产担保形式和规则,即将市场交易中实际存在的动产担保交易类型抽象为"担保权益"这一个统一的概念,取代了之前动产抵押权、动产质权、所有权保留等含义各异的概念。[4] 担保权益这一一元化概念的出现,表明过去"不动产—抵押、动产—质押"的结构化担保理念向功能主义转变。一项交易是否为担保交易,不由交易方式决定,而是根据当事人是否具有设定担保的意图。[5] 对各种动产担保类型的统一,就使得不同类型的动产担保均适用统一的共同规则,不同类型动产担保物权冲突时,优先顺位的确定规则更加明晰。此外,动产担保制度的包容性和灵活性大大增加,实践中新创造的各种动产担保交易类型都能被第9编所囊括,能保证法律不断地适应交易实践的需要,一定程度上克服了法律制度滞后于经济发展的弊端。

第9编重实质轻形式的立法理念,颠覆了传统担保物权结构化的担保理念,迎合了现代金融经济的发展需求,不仅在美国本土收效甚丰,也成为各个国家和

---

〔1〕 高圣平:《〈民法典〉物上担保制度的发展与社会变迁》,《探索与争鸣》2020年第5期;谢在全:《担保物权制度的成长与蜕变》,《法学家》2019年第1期。

〔2〕 Permanent Editorial Board for the Uniform Commercial Code, Uniform Commercial Code 9: Report (1992).

〔3〕 高圣平:《动产担保交易的功能主义与形式主义——中国〈民法典〉的处理模式及其影响》,《国外社会科学》2020年第4期。

〔4〕 董学立:《美国动产担保交易制度研究》,法律出版社2007年版,第29页;中国人民银行、世界银行集团、国际金融公司中国项目开发部编:《中国动产担保物权与信贷市场发展》,中信出版社2006年版,第25页。

〔5〕 高圣平:《动产担保交易的功能主义与形式主义——中国〈民法典〉的处理模式及其影响》,《国外社会科学》2020年第4期;朱岩等:《中国物权法评注》,北京大学出版社2007年版,第641页。

地区争相效仿的对象。[1] 比如,加拿大效仿美国建立了动产担保法律,并在20世纪50年代创立集中统一的电子化动产登记系统,极大地促进了动产担保的发展。[2] 我国台湾地区、许多中东欧国家,在进行动产担保的现代化改造时,均借鉴了第9编的基本模式。各个国家和地区对动产担保进行的现代化改革无不体现了第9编中的功能化担保主义理念,美国《统一商法典》第9编成为现代动产交易法之典范。

(二)担保观念演进的原因——形式主义之下的解释困境

在美国《统一商法典》和中国《民法典》担保制度中体现的一个最基本、最重要观念就是功能主义的观念。反观我国《担保法》《物权法》规定的不动产—抵押权、动产—质权分离的担保结构,主要体现的是形式主义的担保观念。《物权法》的进步在于承认动产抵押权,但仍延续抵押权与质权二分的模式,这种形式主义的模式将交易实践中涉及的许多担保问题排除出去。担保交易除了《物权法》规定的统一的抵押权与质权担保之外,可能还涉及《合同法》中的所有权保留和融资租赁,同样也是以物做担保,实质也起到担保的作用。但因我国采取形式主义的担保观念,在法律中不会将这些在商业实践中确实起到担保作用的交易作为担保。除了典型担保,还存在大量非典型担保,如2019年11月最高人民法院印发的《全国法院民商事审判工作会议纪要》(法〔2019〕254号,以下简称《九民会议纪要》)第72条对让与担保的效力做出了肯定性规定。为何称让与担保等为非典型担保,恰恰是因为我国采取较为封闭的形式主义的担保观念。这种形式主义的担保观念是德国法以实体经济为原型设置的,可能无法真正回应当代金融经济的发展。如果把这种以实体经济为原型设置的形式主义的担保观念打散,而采取面向商业实践的更为功能主义的担保观念,会发现除了物权编规定的抵押权、质权,还有合同编规定的所有权保留、融资租赁,甚至债权转让如保理等都是具有担保功能的交易实践。所以美国《统一商法典》第9编统一把这些称为担保,适用统一的担保规则。

由于我国采取较为封闭的形式主义的观念,对交易实践产生诸多影响。比如一个动产或权利上存在诸多担保物权而非仅有抵押权这一种担保形式,应该如何处理优先顺位呢?对这一问题《物权法》则没有规定。再比如,在同一应收账款上既存在作为担保物权的权利质权,又存在功能担保主义意义上的保理权,如何处理呢?既有所有权保留,又有抵押权,如何处理呢?确定这些并存的担保物权的优先顺位的意义在于,担保的目的就是为了获得更优先的顺位,这就是担

---

〔1〕 Ronald C. C. Cuming, *The International of Secured Financing Law: the Spreading Influence of the Concepts UCC, Article 9 and its Progeny*, Ross Cranston, *Making Commercial Law*, Oxford: Clarendon Press, 1997, p. 500.

〔2〕 高圣平:《动产担保交易的功能主义与形式主义——中国〈民法典〉的处理模式及其影响》,《国外社会科学》2020年第4期;中国人民银行、世界银行集团、国际金融公司中国项目开发部编:《中国动产担保物权与信贷市场发展》,中信出版社2006年版,第26页。

保的本质。在这种十分核心的问题上，由于我国采取十分封闭的形式主义观点，由此导致在诸多实践中都会存在较大漏洞。

针对这种情形，目前我国《民法典》有一个条文极其重要，已经体现出了担保的功能主义观念，即《民法典》第388条扩张了担保合同的范围，具有担保功能的合同都是该条所规定的担保合同。王晨副委员长特别强调，在这种情况下，之所以要对担保合同进行界定，是为了使担保合同不仅包括抵押和质押，将合同编中具有担保功能的所有权保留合同、融资租赁合同、保理合同等具有担保功能的合同均纳入其中。[1] 这实际上采纳了担保功能主义的观念，只要能发挥担保功能，都把它作为担保合同，进而产生担保权利。

根据功能主义的担保观念，只要具有担保功能并且可以登记，都可以参照适用《民法典》第414条第1款。以体系化的视角审视《民法典》各编，会发现这一理念是贯彻始终的。如保理中，一个债权转让给多个保理人，多个保理人对同一债权的优先顺位按照《民法典》第768条安排，这一条考虑了与担保一般规则的协调，是对第414条的具体化。按照这种功能主义的观念，许多不清晰的地方会变得清晰，如权利质押，应收账款上有一个质权，又存在保理人的权利，二者的顺位谁优先？参照适用第414条问题就可以变得非常简单。同理，竞存的所有权保留与动产抵押，同样可以依据第414条按照登记先后确定顺位。

功能主义的担保观能够构建最为统一的担保观念，可以登记的具有担保功能的担保权利都可以适用第414条，许多实践交易中的漏洞因此可以得到解决。功能主义的担保观念是美国《统一商法典》、联合国《担保交易示范法》，包括拉丁美洲的很多示范法所采取的统一的方案，重要性不言而喻。我国台湾地区和日本虽然还没有完全做到这一点，但已经意识到其重要性。席卷世界的动产担保制度改革浪潮充分说明，面对市场对资金融通的强烈需求和社会财富结构的变化，传统动产担保制度已经力不从心。动产担保制度只有进行相应变革，才能适应现代金融经济发展的需求。

（三）《民法典》的回应——对动产担保统一竞存规则解释困境的化解

《民法典》是在现行法基础上进行的编纂，在很大程度上是从细节方面展开，以编为主的做法有助于保持现行法的延续性，但《民法典》同时也随着新时代、新情况的出现进行了一定修改，典型之一就是动产及权利担保发生一种结构性的改变，有很多新的理念、制度、规则方面的革新。

1.《民法典》动产担保物权制度改革的现实背景

从《担保法》到《物权法》，对动产担保物权尤其是动产抵押的承认，对降低企业融资成本起到了非常显著的、积极的、正面的作用。《民法典》编纂过程中，立

---

〔1〕 王晨：《关于〈中华人民共和国民法典（草案）〉的说明——2020年5月22日在第13届全国人民代表大会第三次会议上》，《中国人大》2020年第12期；刘保玉：《民法典担保物权新规释评》，《法商研究》2020年第5期。

法者致力于将《物权法》产生的这种正面效果推到极限，这是动产担保物权改革的一个非常重要的背景。此外，在《民法典》的编纂过程中，世界银行发布的针对中国的营商环境报告对中国《民法典》的编纂影响很大。国务院以及地方政府推行营商环境建设的过程中，极其重视世界银行的营商环境评估报告，这个报告非常重要的十大指标体系之一就是"信贷获取"，"信贷获取"中又列举了许多重要的子指标，包括有没有建立统一的动产担保物权登记机构等。[1] 营商环境作为撬动中国动产担保制度发展的杠杆、支点，使得《民法典》担保制度较《担保法》《物权法》都产生了很大的进步。

2.《民法典》动产担保物权制度编纂的基本思路

在整个民法典编纂中，动产担保物权是一个非常具有特殊性的问题，动产担保制度已经成为判断《民法典》诞生于何时或判断其风格（是否兼容英美法）的一个重要标准。[2] 传统大陆法系只承认不动产抵押，我国《民法典》承认了较为完整的动产担保物权尤其是动产抵押，动产抵押在很大程度上并不是大陆法系固有的制度，而是受英美法系强烈影响的制度。由于传统大陆法系国家民法只承认不动产抵押，当我国《民法典》把动产抵押作为动产担保的一部分时，对《民法典》的内在体系和外在体系都会产生非常大的影响。一直以来以特别法规定动产抵押的立法实践和学者主张，都充分说明了动产担保物权对民法典本身的影响非常大。

从《民法典》整个动产担保的结构可以看出，在物权编抵押权一节中增加了动产抵押、价款债权超级优先权以及正常经营买受人规则等动产担保物权制度。而物权编中仍然没有所有权保留、融资租赁、让与担保等具有担保功能的非典型动产担保交易的身影，这些制度保留了《民法典》颁布之前的制度体系，仍作为合同编的组成部分。且《民法典》没有规定让与担保，只有《九民会议纪要》认可了让与担保的效力，并在《最高人民法院关于适用〈中华人民共和国民法典〉有关担保制度的解释》（以下简称《民法典担保制度解释》）中延续。也就是说，我国《民法典》在形式上表现出的依然是过去形式主义的担保理念和体系。但物权编担保物权一章中的第388条、第414条第2款又体现出鲜明的功能主义担保理念风格，使得所有权保留、融资租赁、保理与动产担保物权适用统一的规则成为可能。从这个意义上说，我国《民法典》动产担保制度体系实质上是形式主义担保观念和功能主义担保观念的结合，[3]前者体现在《民法典》体系形式上，后者体现在《民法典》规则实质上。

3.《民法典》动产担保物权制度革新的体系呼应

如果要建构较为完整的动产抵押、动产质押、权利质押等动产担保物权体

---

[1] 纪海龙：《世行营商环境调查背景下的中国动产担保交易法》，《法学杂志》2020年第2期。

[2] 谢鸿飞：《动产担保物权的规则变革与法律适用》，《国家检察官学院学报》2020年第4期。

[3] 高圣平：《动产担保交易的功能主义与形式主义——中国〈民法典〉的处理模式及其影响》，《国外社会科学》2020年第4期；刘保玉：《民法典担保物权制度新规释评》，《法商研究》2020年第5期。

系，需要有强有力的制度来支撑，最重要的支撑制度就是动产担保物权的公示，这也是学术界和实务界的共识，在制度上要尽可能地统一动产担保物权的设立、效力、实现等规则。《民法典》立法者要承担在《民法典》中贯彻宪法的平等原则的工作，所有具有担保功能的交易形式至少要有相同的法律地位或者法律术语，在这种情况下，如果没有特别正当的理由，对不同的担保要赋予相同的法律待遇，《民法典》的规则要尽可能统一。《民法典》与《担保法》《物权法》相比，一个尤为重要的区别是引入美国《统一商法典》第 9 编代表的实质担保观，这也是《民法典》与《物权法》《担保法》等明显的不同之处，这在物权编第 388 条对担保合同界定的扩张和合同编第 641 条、第 745 条、第 768 条所有权保留、融资租赁、保理合同相关规定中都有较大的体现。但是，我国是大陆法系国家，担保制度并未独立成编，所以实质担保观引入后，实质担保观可能会与大陆法系传统的形式担保观产生较大的冲突。

4.《民法典》动产担保物权制度统一的共同规则

(1)规定统一的动产担保物权优先受偿顺位规则。这个规则对动产担保物权的执行非常重要，因为《物权法》调整两部分关系——物的归属和利用关系，对于任何一种财产，应该鼓励权利人对动产反复多次地使用，无论做多少次担保，都为立法者所鼓励。如果在一个动产上设立多个动产担保物权，多个动产担保物权竞存的统一规则是使担保秩序中的当事人产生合理预期，积极参加市场交易不可或缺的前提保障。这次《民法典》具有变革性意义的一个改动是第 414 条在《物权法》第 199 条的基础上增加了第 2 款，第 1 款规定是确认担保物权优先顺位的一个基本规则，即“公示时间优先权利优先”规则，以及“公示的担保物权优于未公示的担保物权”规则。第 414 条第 2 款的增加解决了很多问题，比如，权利人在一个知识产权上设立多个权利质权，那么优先顺位的确定完全可以适用第 414 条第 2 款。《物权法》第 199 条主要针对抵押的情形，《民法典》在第 414 条增加第 2 款这样一个参照的规定时，权利质押在同一权利上竞存也可以得到较好的解决。另一方面，把实质担保观引入后的许多竞存优先顺位问题，比如第 798 条有关保理的规定几乎采取的就是第 414 条第 1 款中的规则，从这个意义上来说，合同编中已经有了“其他担保物权参照适用前款规定”的应用。再深入一步可以看到，如果实质担保观未来真正在中国司法实践中落地的话，可以解决更多的问题，比如在所有权保留交易中，将出卖人享有的权利直接认定为一种担保物权，而不是现在所理解的所有权，如果出卖人对所有权进行了登记，动产由买方再抵押给第三人，在这种情况下，出卖人的所有权实际上是担保物权与买方在动产上又为其他人设立的担保物权之间的优先顺位关系，都可以参照《民法典》的第 414 条。从以上两点可以看到，第 414 条第 2 款有非常重要的意义。

适用第 414 条的前提是须为担保物权，这里的担保物权不仅限于物权编的担保物权，由于《民法典》采取功能主义的担保理念，只要具有担保功能的权利都有可能构成此处的担保物权。所有权保留出卖人的权利实质上就是担保物权，融资租赁也是如此，保理商享有的权利同样是债权的让与担保，实质上也是一种担保权利。只要这些权利具有担保的功能，都可被称为担保物权。这一点也从《民法典担保制度解释》第 56 条第 2 款“担保物权人”的表述中得到印证。第 2 款的规定使得合同编中的实质担保物权适用第 414 条成为可能。第 2 款所称的担保物权包括所有具有担保功能的实质担保物权，而不仅仅限于物权编所规定的抵押权、质权等。

《民法典》动产担保物权领域另一个比较细节的改动是第 415 条，专门规定了如果同一财产上同时存在抵押权与质权时，顺位按照公示先后予以确定。《担保法司法解释》第 79 条第 1 款规定法定登记的抵押权恒优先于质权。《担保法司法解释》起草人指出“法定登记的抵押权”是指《担保法》第 41 条、第 42 条规定的担保权。而规定这样的顺位安排，其中非常重要的理由是登记的时间非常容易确定，但质权的交付时间并不容易确定，尤其是在担保人和第三人恶意串通的情况下，倒签一个质押合同，然后再伪造一个证明，证明质权人早在动产抵押之前就已经获得了对质物的占有，有非常强的道德风险。[1] 但这一规定在《九民会议纪要》的第 65 条被废除，《九民会议纪要》第 65 条规定，在这种情况下，适用《物权法》第 199 条，首先看有没有公示，根据公示的先后确定优先顺位。《民法典》第 415 条把《九民会议纪要》第 65 条法律化，这个规则很大程度上可以解释成对《民法典》第 414 条规则的具体化。《担保法司法解释》第 79 条第 1 款可能隐含了很多法律人关于公示的一种观念，即登记和交付虽然都是物权的公示方式，并且是根据物的特性决定的公示方式，比如说根据不动产和动产的物理特征。但登记毕竟是由国家机关做出，在很大程度上可以理解成登记是以国家信用作为背书做出的行为。而占有是民事主体之间的行为，完全没有国家信用，没有任何国家意志的介入。所以当这两种公示手段发生冲突时，潜在认为登记的效力、公示强度比占有强一些。但这种观念在物权法中应该是不能成立的，立法之所以做不同选择，主要是基于登记和占有针对不同的财产所做出的区分，这两者之间不应有效力的高低之分。

(2)预留了统一的动产/权利担保登记制度的空间。《物权法》及相关法律对动产抵押和权利质押规定的登记机构并不统一，机动车抵押一般由公安部门进行登记，其他动产可能在工商部门进行登记。对于权利质权而言，《物权法》中的规定本身就较为混乱，如第 224 条中的“有关部门”语焉不详。以及从《物权法》第 226 条、第 227 条角度来看，登记部门都非常不统一。这样的制度安排不论从公法角度还是私法角度来讲都是非常没有效率的，对同一权利的登记由几个部门来承担，不仅增加了公权力运行的成本，也增加了民事交易中当事人查询的成本。更不用说不同的登记机关把握的尺度甚至申请的材料都不一样，这样会使当事人在进行动产担保交易时产生不必要的制度成本。

物权编编纂的过程中，立法者非常重视的一个问题是尽可能实现所有种类

---

〔1〕 曹士兵：《中国担保制度与担保方法》，中国法制出版社 2017 年版，第 278 页。

动产担保物权的统一登记。非常遗憾的是,《民法典》没有直接规定动产担保物权领域统一的登记制度,但《民法典》已经非常明显地体现了这样的思路,《物权法》中关于权利质押登记部门的一些规定在《民法典》中都被删除,只用了非常模糊的表述。包括在动产抵押领域,第 413 条也没有对登记机关做出明确的规定。这样一来,在未来完全有可能统一登记机关,动产抵押和权利质押统一由同一个部门办理登记。中国人民银行征信中心已经在这方面做了较多的工作。2013 年在天津市动产融资担保的公示中,统一登记的系统中既包括应收账款、动产抵押,也包括权利质押。在当前电子信息时代的背景下,构建统一的登记机构并不是一项遥不可及的任务,相信在不久的未来,中国在动产担保物权登记机构方面就会实现统一。

(四)功能主义担保体系与物权法定原则的关系

面对非移转占有型动产担保物权具有的深厚的社会基础和强烈的实践需求,以及在弥补传统担保制度不足方面发挥的巨大功能,立法者仍对其采取犹疑和谦抑态度的原因在于,大陆法系长期以来的惯性、具有深厚民法基础的物权法定原则。在大陆法系传统法律框架之下,将非移转占有型动产担保物权纳入民法典将引发物权法律规范体系的矛盾和不和谐。物权法定原则在传统民法物权制度体系中一直有着独特的地位和价值。但物权法定原则所带来的物权种类与内容的封闭性,在学界一直广受诟病。[1]

功能主义担保观念突破了大陆法系担保物权体系的传统做法,按照交易的结果而非形式确认动产担保交易的性质。经由上文的分析可以发现,担保物权的范围很广。那么是否违背物权法定原则呢?笔者认为,将合同编中规定的所有权保留、融资租赁、保理等作为实质担保物权并不违反物权法定原则。理由如下:

第一,"法定"的"法"不只限于物权编,整部《民法典》都是这里的"法"。在《民法典》编纂过程中,一直充斥着是否采纳物权法定原则以及采纳何种物权法定原则的激烈争议,[2]最终《民法典》延续了《物权法》的保守立场。《民法典》颁布后,研究重点从立法论转向解释论,对物权法定缓和的路径集中于对"法律"一

---

〔1〕 沃尔夫冈·维甘德:《物权类型法定原则——关于一个重要民法原理的产生及其意义》,迟颖译,张双根等主编:《中德私法研究》(第 2 卷),北京大学出版社 2007 年版,第 102 页;梁上上:《物权法定主义:在自由与强制之间》,《法学研究》2003 年第 3 期;苏永钦:《物权法定主义的再思考》,苏永钦:《私法自治中的经济理性》,中国人民大学出版社 2004 年版,第 113—114 页;尹田:《物权法定原则批判之思考》,《法学杂志》2004 年第 5 期。为此,学者纷纷提出各种学说,包括"物权法定无视说""习惯法包含说""习惯法物权有限承认说""物权法定缓和说"等。谢在全:《民法物权论》(上册),中国大学出版社 2011 年版,第 62 页;稻本洋之助:《民法(2)物权》,青林书院新社 1983 年版,第 56 页;舟桥淳一:《物权法》,有斐阁 1960 年版,第 18 页;常鹏翱:《体系化视角中的物权法定》,《法学研究》2006 年第 5 期。

〔2〕 扈纪华主编:《民法总则起草历程》,法律出版社 2017 年版,第 84 页。

词的解释与范围确定上。[1] 起源于潘德克顿法学的物权类型封闭原则，其本意只是限制私法自治，并无限制物权法律渊源的意图。[2] 但这并不是说对于认定物权的法律渊源不做任何限制，而是对物权法律渊源的限制不依赖于物权类型封闭原则发挥功能。日本法上的“物权法定”则是在“物权类型封闭”的含义基础上增加了物权法律渊源范围的限制。[3] 东亚等国家和地区立法也受此影响。但目前采取“物权法定”的各个国家和地区也逐渐放松了对物权法律渊源的限制，体现出重新向“物权类型封闭”回归的趋势。[4] 即使是对物权法律渊源进行限制的国家或地区，一般是将政令、条例之类的规范性文件排除在外，狭义的法律则是物权法律渊源无疑，[5]因此将《民法典》合同编中的所有权保留等实质担保交易纳入物权编的调整范围之下，并不违背物权法定原则。

第二，担保物权在支配性、排他性等方面弱于所有权、用益物权。物权包括归属和利用两个方面，将特定物归属于特定主体名下，由此建立特定主体对特定物的直接支配关系，并对这种支配关系予以绝对性的保护，排除他人的干涉，排斥其他不相容的物权，以此达到定分止争的效果。[6] 但同样作为物权的所有权、用益物权和担保物权在排他性、独占性、支配性上的效力强弱却有不同。所有权具有极强大的支配性、排他性与独占性。担保物权则不同，其对标的物的支配是一种观念意义上的支配，着眼于标的物的交换价值而非使用价值，因此多个内容相同的担保物权也可以在同一物上并存，同一物上的交换价值可由多人共享。也正因为如此，才有必要讨论动产担保物权竞存时受偿顺位的判定。

第三，在具有较为完善的公示制度的情况下，保障交易安全的任务可以由公示制度单独完成。物权法定的一个重要原因在于，提高潜在交易相对人的可预期性，保障交易安全。交易安全能否保障，对财物流通的顺畅具有十分关键的影响。在当前的社会背景之下，物权法定原则在高效配置社会资源方面发挥极大的功能，有效地降低市场交易中当事人的信息成本，促进物尽其用。但如果僵化地坚持物权法定，则可能造成法律规范与社会现实的严重脱节。动产担保物权的公示制度在一定程度上发挥了物权法定原则保障交易预期、降低交易成本、维护交易秩序的功能，因此，在动产担保公示系统比较完善的前提下，可在一定程度上缓和物权法定原则，物权法定原则在担保物权领域的身影逐步弱化，不需要其承担确保归属安全与交易安全的任务。

---

〔1〕 朱庆育：《物权法定的立法表达》，《华东政法大学学报》2019 年第 5 期；张志坡：《物权法定缓和的可能性及其边界》，《比较法研究》2017 年第 1 期。

〔2〕 黄泷一：《“物权法定原则”的理论反思与制度完善》，《交大法学》2020 年第 1 期。

〔3〕 申政武：《物权的本质论与物权法定原则》，《中日民商法研究》2007 年第 1 号，北京大学出版社 2007 年版，第 92—95 页。

〔4〕 黄泷一：《大陆法系的物权类型封闭原则：历史、演变与启示》，易继明主编：《私法》第 13 辑第 2 卷（总第 26 卷），华中科技大学出版社 2016 年版。

〔5〕 我妻荣：《新订物权法》，罗丽译，中国法制出版社 2008 年版，第 28 页；谢在全：《民法物权论》（上册），中国政法大学出版社 2011 年版，第 34 页。

〔6〕 M. 沃尔夫：《物权法》，吴越、李大雪译，法律出版社 2004 年版，第 4—5 页。

二、动产担保物权竞存规则的判定基点——公示

(一)非转移占有型动产担保物权范围的厘清

因为现代社会更注重物的流通和物尽其用,更注重实际的担保效果,移转占有型动产担保不利于担保物在担保期间内的继续盈利和合理使用,为因应客观经济生活的需要,世界上的国家和地区动产担保的发展普遍出现从移转占有型担保到非移转占有型担保转变的趋势,非典型担保交易模式大量涌现。[1] 在我国当今的金融实践中,让与担保在证券担保、有追索权的保理、股权转让、融资租赁以及普通买卖合同等领域已多有采用,但由于法无明文,对于其能否发生物权性的效力,有不同的认识。

在《民法典》编纂过程中,学界和实务界诸多人士主张通过各种方式扩张担保制度的适用范围、承认非典型担保效力。《九民会议纪要》第 71 条也先行对让与担保的效力做出了肯定性的规定。此规定之精神,除对让与担保的财产直接归属于债权人的条款(流担保)及相应的请求不予支持外,对让与担保合同及债权人的具有担保物权性质的优先受偿权,均予肯定。提交第 13 届全国人民代表大会第 3 次会议审议的《民法典(草案)》,于物权编第 388 条第 1 款中特别增加了担保合同的范围界定,结合该条款规定的前后文句并根据王晨副委员长所做的立法说明,融资租赁、保理、所有权保留以及让与担保等非典型担保合同的担保功能亦得到确认,辅之以即将建立的动产和权利担保统一登记制度,则此类具有担保功能的权利(即所谓的非典型担保)亦将纳入担保物权的体系,并受统一规则的调整。[2]

《民法典》在部分程度上引入了动产实质担保观的思考,可能会使担保物权制度在未来的适用中变得无比复杂。在合同编中引入实质担保观主要体现在两个条文上——第 641 条和第 745 条。形式担保观是指在《民法典》颁布之前,所有权保留被认为是买卖交易,不会产生担保权利。融资租赁也一样,是融资租赁合同,不产生担保权。在交易完成之前,所有权属于卖方。在实质担保观念下,采取的交易形式、对交易赋予的名称都无关紧要,而是考虑当事人交易时的内心意思,如果当事人的真实意思是进行担保交易,不管交易的形式为何,都会产生担保权。当然,实质担保物权并不仅限于合同编规定的所有权保留、融资租赁、保理以及《民法典担保制度解释》中的让与担保,《民法典》采取了较为开放的体系模式,未来实践中出现的新型具有担保功能的交易,并在可以公示的情况下,都可以适用动产担保物权相关规则。

---

〔1〕 高圣平:《动产担保交易制度比较研究》,中国人民大学出版社 2008 年版,第 40—44 页。

〔2〕 王晨:《关于〈中华人民共和国民法典(草案)〉的说明——2020 年 5 月 22 日在十三届全国人民代表大会第三次会议上》,《中国人大》2020 年第 12 期;刘保玉:《民法典担保物权新规释评》,《法商研究》2020 年第 5 期。

(二)非移转占有型动产担保体系的核心支撑——登记

非移转占有型动产担保在大陆法系之所以不被承认的原因之一是非移转占有型动产担保没有合适的公示方法,[1]因此既能适应一国法律体系又能满足实践商业交易需求的非移转占有型动产担保公示手段是动产担保物权真正发挥作用的核心支撑,也是判定动产担保物权竞存优先顺位规则的基本考量因素。

1. 非移转占有型动产担保需要公示方式来消灭隐形担保

如果只有两人进行交易的话,是否在财产上设立担保权没有影响,因为可以以债务人的所有责任财产进行清偿。但在当今社会广泛交易的背景下,动产担保物权的设定,必然会对担保交易之外的第三人产生影响。在担保交易中,如果对合同自由不做任何限制,难免会带来交易的混乱。如果没有完善的公示手段,会损害第三人的合理预期,导致权利之间的冲突,进而影响动产担保交易的效率与安全。担保物权实际上不是为了解决债权人和债务人或者债权人和担保人之间的冲突问题,实际上是解决债权人和债务人现有的以及将有的其他潜在的债权人之间的冲突。隐形担保的第一个问题在于影响潜在交易第三人的预期。如果乙在甲的财产上设立担保物权,但是不公示,第三人丙看到甲的财产上没有担保,就会顺利地把钱借给甲,由此对丙的预期造成影响。此外,一个更基本的问题就是道德风险问题。如果担保不进行公示,担保设定的时间可以被当事人随便倒签,真正的担保物权设定时间无从查证。直接根据当事人的意思形成对当事人权利优先效力的明确,隐形担保可能把其他权利人的权利架空。

消灭隐形担保不仅仅是少数当事人或个别当事人之间的成本问题,更多地要从整体社会成本来考量。把这个问题放大置于全社会的背景之下来看,只要有隐形担保存在,就会造成让本分从事交易的人反而为这些扰乱交易秩序的人买单的负面效应。例如,中国银行接受动产担保遵循非常合规严密的程序,都进行了公示,但若没有公示的比公示的权利还要优先,则会造成系统性的金融风险。遵守公示规则的人会采取简单粗暴的手段来降低自己的损失,例如,提高融资成本,包括增加利息和增加担保品。社会诚信度越低,隐形担保越泛滥,银行对担保物的估值就越低,融资贵由此而来。因为在隐形担保下,全社会钻空子的人会越来越多,诚信的商人将会为不诚信的商人买单,对整个社会的效率产生非常不合理的影响。隐形担保的存在产生巨大的负外部性,使得整个担保体系因为它的存在而提升整个社会的成本。消灭隐形担保最大的优势在于降低信息成本,降低道德风险,净化市场,未来所有人都在合理的公示系统内公示的话,金融系统对担保品的估值会更加偏向合理,金融环境将更有利于中小企业融资,也更有利于整个社会发展。

2. 登记对抗是当前非移转型动产担保物权公示的最优选择

占有的公示性较弱,此外,所有权人在担保期间无法对物进行使用、收益,同

[1] 我妻荣:《新订担保物权法》,中国法制出版社 2008 年版,第 527 页。

样担保物权人也不能实际使用该动产,由此造成动产被闲置,且无法进行再次融资,资源浪费。担保权人须妥善保管动产并承担保管相应费用,交易成本增加。以动产为债务做担保已经成为现代工商企业获取融资的重要手段。与交付相比,将登记作为非移转占有型动产担保权的公示方法最为有效。[1] 另外,登记对于非移转占有型动产担保来说只具有对抗效力,较为符合动产交易的特点。[2]

如果按照功能主义的观点,优先顺位就要按照登记、交付等公示时间的先后来确定。所有权保留、抵押、权利质押都是需要登记,过去我国法律没有规定所有权保留、融资租赁的登记问题,《最高人民法院关于审理融资租赁合同纠纷案件适用法律问题的解释》第9条有规定融资租赁以打标记的方式进行公示,但这种方式可靠性较低。所以登记的公示方式非常重要,涉及担保功能的价值——优先受偿。如果不经过登记,我们称之为隐形担保,对交易安全的损害很大。有观点认为第三人可以进行尽调,但问题在于,别的债权人在尽调过程中,由于担保权没有登记,尽调的成本会极高。这恰恰是所有担保都需要解决的问题,需要思考如何不使这种担保对第三人造成损害,造成交易成本的较大提高。因此各国功能主义担保体系的一个很重要的配套措施就是公示,尤其是登记。减少交易风险,降低潜在交易方的调查成本。其他交易方完全可以通过登记簿上的登记信息进行相应的交易安排,甚至退出交易。只要有信息,商人都可以进行理性的决策。《物权法》在形式担保物权上规定有公示,而在实质担保物权上并无公示规定的存在,第641条、第745条在原有基础上增加了公示的规定,尽可能消灭隐形担保,尽可能避免对交易第三人利益的损害。

就登记来说,不动产抵押登记采取物的编成,以每一宗土地、每一幢房屋作为一个登记单元进行登记,以物设置登记簿,登记机关也要尽一定的审核义务,《不动产登记暂行条例》施加较高的审核义务,来保障登记的真实性。[3] 所以对不动产登记来说,由于采取物的编成主义,不动产登记机关负有较高的审核义务,保证了登记情况与真实情况一致的可能性比较高,因此采用了登记生效的模式,不登记就不能产生担保权利。但是在不动产之外,存在较多种类的动产和权利,动产的所有权保留、动产抵押、权利质押、动产及权利转让都会发生频繁、大量、复杂的交易。动产以及权利种类之多,使得登记机关难以一一进行审核。于是动产担保的公示会出现这样一个问题,动产范围十分宽泛,登记机关难以一一详细审查,而且无法采取像不动产那样的物的编成主义,只能采取人的编成。在一个担保人下面做一个登记簿,只要担保人的财产担保出去,就在该财产下做一

---

〔1〕 J. F. Dolon, J. B. Vegter, *A Voluntary Filing System for Secured Financing Transactions in the European Union*, *European Review of private Law*, The Netherlands: Kluwer Academic Publishers, 1998.

〔2〕 邹海林、常敏:《债权担保的方式和应用》,法律出版社1998年版,第193页、第195页;王利明:《抵押权若干问题的探讨》,《民商法学》2001年第3期。

〔3〕 《不动产登记暂行条例》第17—19条。

个记载:担保人的某项财产被担保给谁。在这种情况下,因为登记机构审核人力物力有限,所以采取在网上自主登记的方式,申请人短短几分钟就可以完成一项动产担保的登记,在电子化时代这种登记成本很低。[1] 由于采取人的编成主义,且基本不进行审核,由此导致登记情况与真实情况不一致性的可能性比较高,所以对动产和权利无法像不动产那样采取登记生效主义,而是登记具有对抗效力。采取登记对抗还是登记生效的标准是登记情况与真实情况一致性的可能性的高低。背离的程度高,则采取登记对抗模式,背离程度低,则选择登记生效。

由于动产担保登记采取人的编成,登记机关不进行审核,所以动产登记虽与不动产登记共享登记之名,但功能和意义并不相同。动产登记的主要功能在于公示标的物上的权利负担以及确定竞存权利之间的优先顺位。[2] 权利的创设并不需要通过登记来实现。动产登记更类似于一种备案,不动产登记是审查登记制,而动产登记则是通知登记制或备案登记制。综上,对于非移转占有型动产担保来说,从整体上看登记对抗是较优的选择。

三、动产担保物权的竞存及优先顺位的判定

(一)形式动产担保物权之间的竞存及优先顺位的判定

1. 多个动产抵押权竞存时的优先顺位

同一物上并存的多个动产抵押权的优先顺位问题,分歧在于适用《物权法》第 188 条还是第 199 条,对应着《民法典》第 403 条和第 414 条,《民法典》第 403 条从当事人的主观状态出发处理权利的优先性问题,第 414 条则是以是否进行公示以及公示的时间为标准确定担保物权的优先顺位。当同一动产上数个抵押权并存时,抵押权实行条件成就,对各个抵押权的优先顺位,有观点认为应当优先适用《民法典》第 403 条之规定,而不是适用第 414 条。[3] 相反,另一种观点认为当数个动产抵押权竞存时,不论在后抵押权人的善意恶意,一律根据第 414 条确定优先顺位,即根据动产抵押权是否登记以及登记的时间先后。理由在于:①第三人的主观心理状态只有在抵押权人与买受人权利之间存在冲突需要确定优先顺位时才予以考量,抵押权人与抵押权人之间的权利优先顺位则没有考量第三人善意恶意的余地。②只有登记对抗的动产抵押权才有可能存在未登记的情形,若第 403 条优先于第 414 条适用,第 414 条第 1 款的第 2、3 项的用意不明,且体系解释上无法自洽。③确定同一动产上多个抵押权竞存的优先顺位,若考

---

〔1〕 高圣平:《动产抵押登记的审查责任——基于裁判分歧的分析和展开》,《法学评论》2018 年第 1 期。

〔2〕 高圣平:《〈民法典〉物上担保制度的发展与社会变迁》,《探索与争鸣》2020 年第 5 期;朱岩等:《中国物权法评注》,北京大学出版社 2007 年版,第 650—651 页。

〔3〕 董学立:《如何理解物权法第 199 条》,《法学论坛》2009 年第 2 期。

量善意恶意，将导致逻辑上的矛盾。[1] 司法实践也多持这一观点。[2]

未登记的抵押权之间竞存的优先顺位，同样存在学说上的争议，有观点认为应当按照书面契约订立的时间先后来确定其效力顺序。我国《担保法》第 54 条第 2 项也是如此规定的。即设定在先原则。而另一种观点则认为，未登记的数个动产抵押权处于同一顺位。《担保法解释》第 76 条的规定则秉持这一立场。理由如下：①既然非经登记不能对抗，那么在先设定的抵押权自然不能对抗在后设定的抵押权。若在先设立的抵押权能够优先于在后设立的抵押权，在后设立抵押权的抵押权人因为不知晓之前抵押权的存在，而向抵押人提供融资，违反了在后抵押权人的预期利益，可能会抑制接受他人设定抵押的积极性，不利于促进交易。②难以避免当事人的道德风险。比如，抵押人与第三人恶意串通倒签抵押合同，道德风险较大，可能危害交易安全。[3]

笔者赞同第二种观点，即多个动产抵押权竞存时的顺位安排不应该考虑善意恶意，而应看是否登记以及登记时间的先后。未登记的情况下，不考虑善意恶意，统一按照债权比例清偿。在商业交易里顺位上考虑善意恶意是成本很高的事情，且法官对于善意恶意的判断标准不一。如此之下就采取一种最简单清晰的方式，即按照是否公示以及公示时间先后，这种方式也许存在不公平之处，但在担保立法中清晰的规则更加重要，因为担保一定要以商业交易作为原型进行考量。在顺位的规则中不考虑善意恶意是一种极为清晰和明确的规则，使得担保物权的实现确定性程度较高，由此产生的成本较低。因此，公示先后标准即第 414 条在担保物权人优先顺位的确定中适用，而善意恶意标准即第 403 条则在担保物权人与其他权利人（如买受人、承租人等）之间予以适用。

2. 浮动抵押权与一般动产抵押权竞存时的优先顺位

浮动抵押的标的，既非单纯的不动产或动产，也非单纯的财产权利，而通常是企业所有的不动产、动产及财产权利之总体。[4] 浮动抵押是近代以来商事主体要求方便地融通大额资金的产物，其在现代市场经济下具有十分重要的意义。

《民法典》对动产抵押和浮动抵押的规则做了整合和统一，对包括浮动抵押在内的动产抵押，统一采用了登记对抗主义。实践中，还可能会遇到某一抵押财产上固定抵押权与浮动抵押权并存的情形，这种情形主要有两种，一是一项动产被抵押或质押之后，抵押人又在其现有以及将有所有财产上设定了浮动抵押；二

---

〔1〕 比如，在后登记了抵押权的抵押权人乙知晓在前设定但未登记的抵押权人甲，后于甲乙设定抵押权并进行登记的丙不知晓甲抵押权的存在，若依据第 403 条，甲的抵押权可以对抗恶意的乙的抵押权，而不得对抗善意的丙，因此甲优先于乙受偿，而劣后于丙受偿。而依据登记的先后，乙的抵押权又优先于丙，产生了优先顺位上的矛盾。再比如，同一动产上分别为甲乙丙设定了抵押权，均未登记，乙知道甲抵押权的存在，丙知道乙抵押权的存在但不知道甲抵押权的存在，按照第 403 条考虑第三人的善意恶意，则甲优先于乙，乙优先于丙，丙优先于甲，又产生了顺位上的矛盾。龙俊：《动产抵押对抗规则研究》，《法学家》2016 年第 3 期。

〔2〕 最高人民法院（2014）民申字第 1180 号等。

〔3〕 马俊驹等：《动产上担保物权并存之效力顺序》，《江西社会科学》2004 年第 1 期。

〔4〕 高圣平：《动产担保交易制度比较研究》，中国人民大学出版社 2008 年版，第 204 页。

是抵押人设定浮动抵押后，又将其某一项动产抵押或质押出去。如此便产生了浮动抵押与一般动产抵押或者质押并存的情形，此时其优先顺位，还需要根据具体情形分别判断：①一般动产抵押或者质押设定在浮动抵押之前并且一般动产抵押已经进行了登记；②一般动产抵押设定在浮动抵押之前，但一般动产抵押没有进行登记；③一般动产抵押或者质押设定在浮动抵押之后并进行了公示，并且浮动抵押也已经进行了登记；④一般动产抵押或者质押设定在浮动抵押之后并进行了公示，但浮动抵押没有进行登记；⑤一般动产抵押或者质押设定在浮动抵押之后，但均未进行登记。对于第一种情形，无论在后的浮动抵押是否进行登记，设定在先的一般动产抵押或者质押优先于浮动抵押应当没有疑问。同样在第四种情形下，未经登记的浮动抵押不能优先于已经公示的一般动产抵押和质押，也没有疑问。存在争议的则是第二种、第三种和第五种情形。有观点认为，就第三种情形，为了抵押人的正常生产经营，避免再融资渠道被封闭，且考虑到在担保物上再设定担保物权的风险远远低于转让担保物的风险，故属于正常经营活动范畴之内的一般动产抵押以及质押恒优先于浮动抵押受偿，不论一般动产抵押是否进行登记，正常经营活动范畴的评价标准与抵押人转让抵押财产相同。[1] 另一种观点则认为，浮动抵押与一般动产抵押的优先顺位应该按照登记在先顺位在先原则。[2]

要处理以上几种情形，首先应该明确我国的浮动抵押制度的性质，回归其本质特征。世界上具有代表性的分别是英国和美国的浮动抵押制度，两国的浮动抵押制度之间主要存在以下不同：在英国浮动担保制度中，债权人的担保物权产生对抗力的时点是担保财产"结晶"时，而非浮动担保设定及公示时。结晶的时点作为其具有优先顺位的时点，优先于在其后进行登记的其他担保权人。而在浮动抵押登记至"结晶"这段期间内，浮动抵押并不具有优先效力。相反，在美国浮动抵押权制度中，担保物权人针对担保标的物所具有的对抗第三人的效力，在其登记时即发生，登记时即为其取得优先顺位的时点，而无须等待实际执行时的"结晶"。相较英国浮动担保制度，美国浮动担保权则具有更强的效力，其一经登记便拥有优先于在其后登记的固定财产抵押权或有效设立的质权。而相较之下，在"结晶"之前，英国的浮动抵押处于隐身的状态，并不产生什么效力，公司的营业不受其影响。[3]

我国物权法确立的浮动抵押制度具有中国本土特色。那么我国现行浮动抵押制度究竟是英式浮动抵押还是美式浮动抵押呢？对此，学界争议已久。有的学者认为我国的浮动抵押权是美国式的强效力的浮动抵押，在登记之时即具有对抗效力，[4]已经登记的浮动抵押可以优先于在后登记的抵押权而受偿。"登记

---

〔1〕 席志国：《民法典编纂视野下的动产担保物权效力优先体系再构建》，《东方法学》2019年第5期。

〔2〕 王利明：《物权法研究》，中国人民大学出版社2018年版，第527页。

〔3〕 程啸：《担保物权研究》，中国人民大学出版社2019年版，第428页。

〔4〕 王洪亮：《动产抵押登记效力规则的独立性解析》，《法学》2009年第11期；龙俊：《动产抵押对抗规则研究》，《法学家》2016年第3期。

在先效力在先”作为确定抵押权优先顺位的一般规则,若没有其他法律对其例外情况作出规定,那么就应该秉持这条基本规则,而非另外创设违背上述规则。[1]另有持英国式的弱效力观点的学者认为,鉴于任意处分抵押财产是浮动抵押制度的一条独特规则,也是该制度的优势所在,抵押人可以处分抵押范围内的动产,在此情况下,何谈浮动抵押具有对抗效力呢。[2] 在浮动抵押中,抵押人得为正常的生产经营以合理的价格处分抵押财产,处分自然也包括为了正常的生产经营而将标的物为其他的债权人设定相应的担保物权。若该后设定的担保物权属于抵押人正常的生产经营活动,且其担保系为了获得合理的融资,那么该发生在后的担保物权(包括抵押权、质权、留置权)则应优先于浮动抵押权。[3] 还有学者认为,我国根本不存在所谓的浮动抵押制度,因为无论是英美法系还是大陆法系国家改造过的浮动抵押,均将适用主体限制为公司。我国的相关规定根本不符合浮动抵押的基本特征,不能将其称为浮动抵押,真正的浮动抵押制度并未在我国建立起来。[4]

笔者认为,应该根据他们的公示时间先后确定。若浮动抵押设定后,在抵押财产确定前都没有优先效力,那么必然造成实践交易中对浮动抵押的摒弃,违背浮动抵押制度设置的初衷。而且,我国《民法典》引入了价金担保超级优先权制度,这已经为担保人的再融资提供了方便之门。且《民法典》第 414 条是对担保物权竞存规则的一般规定,而《民法典》对浮动抵押的优先顺位规则并没有特别规定,没有理由违背法律的明文规定而另作安排。即发生这种情形时,同样应适用《民法典》第 414—416 条关于担保物权清偿顺位的规定,按照公示时间先后确定清偿顺序。我国法院的相关判决也体现出此种裁判思路。[5]

3. 动产抵押权与质权竞存时的优先顺位

在《民法典》颁布之前,仅有《担保法解释》对动产抵押权与质权竞存时的优先顺位问题做出了规定,即法定登记的抵押权相较质权具有优先受偿性,而不论二者设定时间先后及是否公示。参与该解释起草的法官称作此种规定的理由在于,因登记具有明确性,可准确确定抵押权设定的时间,而质权的公示方法交付公示性相对较弱,质权的具体设定时间因此难以确定,且难以规避当事人的道德风险,比如,当事人恶意串通更改质权的设定时间。[6]但在《物权法》通过后,当时的主要起草人也改变了观点,因为《物权法》对登记只是对抗要件而非生效要件

[1] 王利明:《物权法研究》,中国人民大学出版社 2018 年版,第 527 页。

[2] 尹飞:《物权法》,北京大学出版社 2017 年版,第 564 页。

[3] 席志国:《中国物权法论》,中国政法大学出版社 2016 年版,第 398 页。

[4] 马俊驹、陈本寒:《物权法》,复旦大学出版社 2007 年版,第 343 页。

[5] 根据最高人民法院的相关判例,其认为已经登记的动产浮动抵押,并无交易安全保护不周之虞,根据公示公信原则,在后设立的其他担保物权人未尽合理注意义务,将劣后于浮动抵押权人受偿。参见(2019)最高法民再 237 号等。

[6] 曹士兵:《中国担保法诸问题的解决与展望》,中国法制出版社 2008 年版,第 252 页;孔祥俊:《担保法及其司法解释的理解与适用》,法律出版社 2001 年版,第 251 页。

的规定使《担保法解释》的该规定失去了意义，在《物权法》生效后不应继续适用。[1] 该规定本身的恰当性也受到学理上的质疑，根据《物权法》对物权设立、变动、消灭等进行公示的相关规定，登记和交付作为《物权法》规定的两种公示方法，本身并没有效力优劣之分。而《担保法解释》作出此种规定恰恰与这一立场相违背，这种法律政策的选择与《物权法》相悖。在法律没有对两种公示方法的效力优劣作出规定的情况下，不能作出相关的推定，否则即是违背了法律的规定。司法实践则是从“法定登记的抵押权”一词的范围来对《担保法解释》第 79 条的规定作出调适。[2]《九民会议纪要》和《民法典》在总结学说与司法实务的基础上，对《担保法解释》所持立场进行了转变，不再认为登记具有优先于交付的效力，而是认同二者的同等地位。那么，同一动产上并存抵押权与质权且均满足实现条件时，应根据公示的时间先后而非公示的方式本身来对其顺位进行判定。

动产抵押权与质权竞存时的优先顺位需从两方面分析：先押后质和先质后押。根据动产抵押权与质权设定时间先后的不同，拟分 3 种情形考量：

第一，先设定动产抵押权，后设定动产质权，且动产抵押权在动产质权设立之前已进行登记。登记与交付均为物权公示方式，性质相当，在法律未规定二者效力强弱的情况下，效力不应有强弱之分，优先顺位应该依据公示时间的先后而定。质权人负有查阅登记簿的义务，如果其没有查阅登记簿，没有尽到必要的注意义务，其本身具有过错，应自行承担未尽必要注意义务而导致受偿顺位在后的后果。如果其查阅了登记簿，已经知晓该动产上存在有效的抵押权的情况下，仍然愿意接受动产质押，表明其对在后受偿顺位已经有了心理预期并予以接受。

第二，先设定动产抵押权，后设定动产质权，但动产抵押权未登记或在动产质权设立之后才进行登记。多数意见认为，未登记抵押权始终劣后于质权受偿，不论质权人是否存在恶意，原因在根据非经登记不得对抗第三人的规定。[3] 另有观点认为，在质权人为善意的情形下，善意的质权人所享有的质权具有优先于未登记抵押受偿的效力。其他质权人非善意的情形，则不能优先于抵押权受偿。[4] 笔者赞同此种情况下抵押权劣后于质权受偿的观点，但并不因为在先设立的未经登记的抵押权不具有对抗力。而是在于，这实际上涉及《民法典》第 403 条和第 414 条的适用关系问题。如前文所述，担保物权之间的顺位安排不应该考虑善意恶意，而是看是否公示以及公示时间的先后。第 403 条中的“不得对抗善意第三人”应该适用于担保物权人与非担保物权人的冲突关系中，在担保物权人之间适用第 414 条，根据公示来进行优先顺位的确定，更加符合担保交易对清晰和明确规则的需求，为商业交易实践营造确定性程度更高、成本较低的法律

---

〔1〕 曹士兵：《中国担保制度与担保方法：根据物权法修订》，中国法制出版社 2007 年版，第 252 页。

〔2〕 例如，最高人民法院认为在一般动产上设立的抵押权已非《担保法》规定的应当办理登记的抵押权，亦已不是《担保法司法解释》第 79 条第 1 款规定的“法定登记的抵押权”，因此不应直接适用《担保法司法解释》第 79 条第 1 款的规定。(2019)最高法民再 237 号、(2017)最高法民终 216 号等。

〔3〕 王泽鉴：《民法学说与判例研究》(第 1 册)，中国政法大学出版社 2005 年版，第 242 页；徐洁：《抵押权论》，法律出版社 2003 年版，第 185 页。

〔4〕 徐洁：《抵押权论》，法律出版社 2003 年版，第 185 页。

环境。

第三，先设定动产质权，后设定动产抵押权，且动产抵押权进行了登记。在同一动产上设定质权后能否再设定抵押权，理论上存在争议。有学者对此持否定态度，[1]因为动产质权需要移转占有给质权人。若该动产的抵押权满足实现条件时，质权人尚不能实现质权，即质权的实现条件尚不满足，抵押权该如何实现其抵押权呢？在此情况下抵押权的行使必然受到障碍而形同虚设。若允许抵押权人行使抵押权，对抵押动产进行拍卖、变卖进而优先受偿，质权人的权利必将因此而受到损害。而持肯定观点的学者主张，上述困境并非无法化解，存在适当的解决措施可以使得抵押权人和质权人的利益都能得到兼顾。比如当抵押权人就抵押动产进行拍卖、变卖时，应先将所获得的价款中与质权担保额等额的部分独立划拨出来，可以先行清偿质权人的债权。也可以将其进行提存由提存机构保管，或者由法院保管，待质权实现条件满足时，质权人可向保管机构或者法院申请取回。[2] 因此，在先设定质权的动产上再设定抵押权不存在理论及操作上的障碍。鉴于质权有效设立的同时也一并完成了公示，在此情形下，质权恒优先于抵押权受偿。

4. 动产抵押权与留置权竞存时的优先顺位

鉴于留置权是法定担保物权，一般规定留置权这种担保方式的国家及地区均规定其具有优先于抵押权而受偿的效力。[3] 对此，学者的解释是，法定担保物权优于约定担保物权。[4] 我国《民法典》第456条同样做此种规定。但是，我国台湾地区则根据留置权人的善意恶意来决定留置权能否优先于先设立的抵押权和质权受偿。[5]

如何处理同一动产上存在的抵押权和留置权，第一种观点认为，留置权恒优先于抵押权受偿。[6] 理由在于：第一，法定的留置权优先于意定的抵押权。[7] 第二，留置权人通常付出劳动并垫付材料，若不对留置权人付出的劳动价值和费用进行有力地保护，可能导致留置权人采取其他成本更高的方式来避免自己的

---

〔1〕 王泽鉴：《民法学说与判例研究》(第8册)，中国政法大学出版社2005年版，第275—276页。

〔2〕 郭明瑞：《担保法》，中国政法大学出版社1999年版，第313页。

〔3〕 典型的如美国《统一商法典》第9—310条规定："如果任何人在正常的业务过程中就设有担保权益的货物提供服务或者提供原材料，且制定法或法律原则规定该人可以就此种服务或材料对占有的货物享有留置权，则此种留置权具有对抗前存完善担保权益的优先权，除非规定此种留置权的是制定法且该法明确作出其他规定。"我国《海商法》第25条中有"船舶抵押权后于留置权受偿"的规定。《担保法司法解释》第79条规定，同一财产抵押权和留置权并存时，留置权人优先于抵押权人受偿。

〔4〕 郭明瑞：《担保法的理论与实务》，中国方正出版社1995年版，第74—75页。

〔5〕 如台湾地区的动产担保交易相关规定，抵押权人依本规定实行占有抵押物时，不得对抗依法留置标的物之善意第三人。并且，在美国《统一商法典》中的"正常的业务过程"指的就是"善意"。

〔6〕 梁慧星主编：《中国物权法草案建议稿》，社会科学文献出版社2000年版，第662页；曹士兵：《中国担保制度与担保方法》，中国法制出版社2017年版，第277页；郭明瑞：《物权法通义》，商务印书馆2019年版，第413页；郭明瑞、房绍坤：《担保法》，中国政法大学出版社2015年版，第233页。

〔7〕 李国光等：《关于适用〈中华人民共和国担保法〉若干问题的解释理解与适用》，吉林人民出版社2000年版，第284页。

损失。[1] 第三，留置权人付出的劳动价值和相应材料及工具的价值已经凝结在留置物之中，留置权人若不享有优先的权利，其可能去除留置物上增加的价值，从而造成留置权人和债务人双方的利益都得到损害。第四，留置权人因行使留置权所获得的价款，在扣除其付出的劳动和材料价值后往往都会有剩余。而如果不赋予留置权人这种优先的地位，其可能一无所得，形成双方利益严重失衡的局面。第五，抵押权具有物上代位性，而留置权不具有此种效力，因此留置权人承担了比抵押权人更重的风险。赋予留置权以优先地位是对这两种担保物权的平衡。[2] 司法实践也是依据《担保法解释》第 79 条判决留置权优先于抵押权受偿。[3] 第二种观点认为，依抵押权是否登记确定抵押权和留置权的优先效力，已经登记的抵押权人优先于留置权人受偿。但留置权人有权就因提供劳务、材料而增加标的物的价值部分优先受偿。[4] 第三种观点是区分先押后留和先留后押两种情况分别予以讨论。[5]

相较来说，第三种观点更加科学合理。在先押后留的情形下，一种观点认为，应依其成立时间的先后确定抵押权和留置权优先顺位。另一种观点认为，二者效力应依据实现期限而定，实现期限先届至的，就具有优先效力，可以先实现。还有一种观点认为无论在什么情况下留置权均优先于抵押权。[6] 理由如前所述。另外，根据占有优先原则，留置权也应优先于抵押权。[7]

对于留置权优先于抵押权受偿是否需以留置权人为善意作为要件，一种观点认为，债权人善意取得的留置权才具有对抗抵押权的效力；而留置权人在占有留置物时，明知留置物已经设定抵押权，由此发生的留置权则不得对抗抵押权人的抵押权。[8] 另一种观点认为，留置权的优先地位无须以留置权人的善意为要件。理由在于，留置权人对标的物进行加工、修理时，无论是否知晓其上已经存在有效设立的抵押权，其投入其中的劳务和材料以及进行的其他正常服务行为，都不存在侵犯他人抵押权的问题，标的物上是否存在权利负担不在其应考察之列，留置权人是否知情均不影响其对标的物享有法定优先的留置权。[9]

先留后押主要包括三种情形：一是动产所有人于留置权发生后又将留置物抵押。后发生的留置权尚且具有优先于先设定抵押权的效力，根据当然解释，此时先发生的留置权自然优先于后设定的抵押权，且后设定的抵押权人并不需要赋予优先效力的特殊利益。二是经留置物所有人同意，留置权人为自己的债务

---

〔1〕 苏号朋主编：《担保法及其司法解释的应用理解》，中国民主法制出版社 2001 年版，第 203—204 页；徐洁：《抵押权论》，法律出版社 2003 年版，第 194 页。

〔2〕 王利明主编：《物权法专题研究》（下），吉林人民出版社 2002 年版，第 1197—1199 页。

〔3〕 (2017)最高法民申 2923 号等。

〔4〕 王利明主编：《中国民法典学者建议稿及立法理由》（物权编），法律出版社 2005 年版，第 416 页。

〔5〕 郭明瑞：《担保法》，中国政法大学出版社 1998 年版，第 313 页。

〔6〕 王利明：《物权法研究》，中国人民大学出版社 2018 年版，第 685 页。

〔7〕 杨红：《担保物权专论》，人民出版社 2006 年版，第 350—351 页。

〔8〕 邹海林、常敏：《债权担保的方式和应用》，法律出版社 1998 年版，第 163 页。

〔9〕 刘保玉：《论担保物权的竞存》，《民商法学》1999 年第 10 期。

设定抵押权，此时后设定的抵押权应优先于先成立的留置权。留置权人作为留置物的抵押权设定人，其对留置物享有的留置权应受其自身设立的抵押权的限制。三是在留置物上善意取得的抵押权。留置权人未经留置物所有人同意，而在该留置物上设定抵押权，抵押权人在此情况下能否善意取得抵押权？对此问题，我国现行立法没有明确的规定，但根据善意取得的法理基础与制度目的，善意取得的对象应该包括抵押权，以保护交易安全，促进交易效率，并且留置物上善意取得的抵押权优先于留置权。

（二）形式动产担保物权与实质动产担保物权之间的竞存及优先顺位的判定

《民法典》引入功能担保观念后，使得具有担保功能从而被认定为担保交易的情形大大增加，进而带来了更多种类、更多数量的担保物权竞存情形及问题。

1. 形式担保物权与所有权保留竞存时的优先顺位

所有权保留交易中的权利构成模式使标的物的实际权利状态与其表象不尽一致。为了平衡买方、卖方和第三人之间的利益关系，有必要对所有权保留进行公示。在我国《民法典》之前颁布的法律中，未对所有权保留的公示制度做任何规定。在《民法典》颁布以前，司法实践对所有权保留与其他担保物权竞存问题的处理，多是认为所有权保留缺乏有效的公示方法，故而不得对抗第三人。[1]《民法典》第 641 条第 2 款为配合世界银行的评估，规定了所有权保留出卖人的所有权可以登记，效力是未经登记不得对抗第三人。

所有权保留交易中出卖人对标的物的所有权与其他担保物权发生冲突时，优先顺位关系分情形具体讨论如下：

(1)所有权人就同一标的物先设定动产抵押或质押后进行所有权保留。在所有权人就同一标的物先设定动产抵押再进行所有权保留的情形，[2]根据《民法典》第 406 条关于抵押财产的规定，所有权人在设定抵押后，仍可自由转让该抵押标的物，抵押权具有追及力，仍存在于该抵押标的物上，不因抵押财产的转让而受影响。若该抵押权已经登记，那么买受人将获得存在抵押权负担的标的物，因其负有查询登记簿的义务，已经登记的抵押权可以对抗买受人。如果该抵押权未登记，买受人将取得没有抵押权负担的标的物，抵押权人需为未及时登记的行为承担一定的后果。从抵押权人的角度，因其不占有抵押财产，难以对财产进行出卖，其他人并无法善意取得抵押标的物。

---

〔1〕(2018)新 2327 执异 5 号、(2018)粤 2071 民初 19176 号、(2002)民二终字第 152 号等。

〔2〕已先设定动产抵押的标的物能否设定所有权保留？我国台湾地区动产担保交易相关规定对此表示否定，依其第 31 条之规定，已经设定抵押之动产，再为附条件买卖，那么其附条件买卖无效。与之相反，美国《统一商法典》规定抵押人有权自由使用、混合或处置抵押物的部分或全部，在抵押物被出售、交换或作其他处置后，其上的抵押权仍继续存在，并得继续存在于抵押人处分抵押物时所获得的任何可分辨的收益中。我国《担保法》第 49 条有前提地承认已登记的动产抵押，其标的得再为所有权保留买卖。在设有抵押权的动产上再设所有权保留，买受人所取得的是附有抵押权负担的所有权，因而抵押权人的权利优先于买受人的权利。杨红：《担保物权专论》，人民出版社 2006 年版，第 340 页。

同一标的物上设定质权后，能否再设定所有权保留。有观点认为，同一标的物上设定质权后则不能再设定所有权保留，原因在于质权的设立需要转移标的物的占有于质权人，质押人因此丧失对标的物的直接占有，也就无法依所有权保留买卖的方式将标的物再行现实移转于买受人。[1] 笔者对此持不同意见，根据《民法典》第 641 条关于所有权保留的相关规定，并未要求标的物以现实交付的方式移转于买受人。若买受人在知晓标的物上已经设立有效质权，仍然以所有权保留的方式购买该标的物，并以观念交付的方式实现标的物的交付，表明其自身愿意接受标的物上存在质权负担，对于此种当事人真实意思的表达，法律不应予以制止，而应由当事人自己对利益进行衡量进而做出交易安排。在已经设立质权的标的物上进行所有权保留买卖，质权因交付已经完成了公示，因而质权人的权利优先于买受人的权利。从质权人方面看，质权人若以所有权保留方式出卖质押动产，则属于无权处分，若买受人符合善意取得的构成要件，那么买受人将取得其上不存在权利负担的标的物。原所有权人则可以请求质权人赔偿其所受到的损失。

(2)所有权人就同一标的物先进行所有权保留后设定动产抵押或者质押。有观点认为所有权保留买卖的标的物，出卖人不得再设定动产抵押，原因在于买受人享有针对取得标的物所有权的期待权，所有权人保留所有权只是为了担保买受人价款的支付，其处分权受到了限制。[2] 笔者认为，如前文所述，《民法典》对动产担保交易采取了一系列重大变革，采取了更为功能主义的担保观念。所有权保留虽然规定在合同编中，但作为具有担保功能的合同，可以适用物权编有关担保制度的相关规定，且第 641 条第 2 款增加规定所有权保留的设立为登记对抗主义，实际上已经将所有权保留作为具有担保功能的担保交易对待。出卖人享有的所有权是为了担保买受人按照约定支付标的物价款的债权，故出卖人对标的物设定抵押是无权处分。若所有权保留已经进行登记，则抵押权人无法善意取得抵押权；若所有权保留未进行登记，抵押权人满足善意取得的条件时可以取得抵押权，并且优先于所有权人就标的物受偿且优先于买受人的权利。而从买受人的角度来看，其也可对标的物设置抵押权，至于抵押权人与出卖人的所有权二者的优先顺位，则要看抵押权和所有权保留交易是否已经进行登记，先登记者享有更优先的受偿顺位，而未登记者劣后于已登记者受偿，均未登记的情形则按照债权比例受偿。

此外，所有权人就同一标的物先进行所有权保留后则不得再设定质押。因为标的物已经由买受人占有，出卖人无法将标的物再交付给他人以设定有效的质权。从买受人方面看，其可通过转移占有的方式再设立质权。质权人与出卖人的受偿顺位则应该根据二者公示时间的先后而定。

(3)所有权保留与留置权。在现实中，所有权保留与留置权的竞合主要有两

---

〔1〕 梁慧星：《民商法论丛》(第 6 卷)，法律出版社 1997 年版，第 196 页。

〔2〕 王轶：《所有权保留制度研究》，梁慧星主编：《民商法论丛》(第 6 卷)，法律出版社 1997 年版，第 660 页。

种情形：第一种情形是在所有权保留的标的物上成立留置权；第二种情形是留置权人以留置物为标的进行所有权保留买卖。对于第一种情形，有的国家立法认为留置权优先于所有权保留。[1] 我国台湾地区则主张需区分留置权人善意恶意不同情形，予以分别判定。[2] 笔者认为，留置权人具有优先于出卖人就标的物受偿的效力，这是《民法典》第456条规则的效力延伸。对于第二种情形，留置权人对标的物并无处分权，但第三人可能通过善意取得制度取得标的物的所有权。此时留置权人具有双重身份，他既是留置法律关系的担保权人，也是所有权买卖交易关系中的担保权人，两种权利集于同一主体，难以判断哪一个担保权利具有优先顺位，也可以说不论何种情形，享有优先顺位的都是该留置权人一人。

2. 形式担保物权与融资租赁竞存时的优先顺位

担保物权功能化后，对包括融资租赁在内的典型交易型态权利构造产生极大影响。如果严格按照体系区分，在物权—债权两分的体系下，合同法融资租赁这一章原则上是解决出租人与承租人之间的财产关系问题。而《民法典》第745条规定的融资租赁出租人所有权登记对抗规则，从本质上来说不属于债法上的规范，而应该是物权法上的规范。做出此种安排是因为《合同法》起草时，我国还没有颁布《物权法》，因此对融资租赁交易，不管是债的关系还是物的关系，当时都统一在《合同法》融资租赁一章中加以规定。对于在融资租赁交易中发生的物的关系的法律适用，除了在融资租赁一章中寻找该章已经作出的有关物权法律关系的相关内容外，其他的则应该到物权编中去寻找。《民法典》引入实质担保观后，将融资租赁出租人所有权功能化为担保物权，这里的"所有权"在体系上的意义与物权编第二章"所有权"的意义不同，而应该是担保物权一章中的担保物权。在这样的理解思路下，融资租赁中出现的权利冲突，以及承租人实现自己的权利时，相关规则准用担保物权的规则。需要看到的是，这种权利构造的变迁，对出租人的权利保护影响并没有那么大。原因在于，在《民法典》担保物权规范体系下，担保物权竞存时的优先顺位规则准用《民法典》第414条第1款。而在原来融资租赁出租人作为所有权人的规则体系下，《合同法》也没有完全排除出租人的结算义务，《合同法》第249条已经规定出租人取回租赁物时的清算义务。也就是说在《合同法》所有权构造模式下，出租人对标的物享有的所有权的效力也不是那么完全。在担保物权构造模式下，强调当事人权利义务的平衡，要对租金债权、承租人对租赁物的价值进行清算。因此，担保物权构造下对融资租赁产生的体系效应，与《合同法》的构造模式没有太大区别。

《民法典》第745条规定了融资租赁的登记及效力，赋予融资租赁出租人的所有权以登记能力，登记后的出租人所有权取得对抗效力。这一方面实现了融资租赁出租人的所有权与担保性权利的对接，出租人通过登记获得优先的受偿

---

〔1〕 依照日本《民事执行法》的规定，留置权优先于所有权保留。瑞士法也主张，所有权保留买卖即使经过登记，法律也不能推定第三人知悉登记之事由。

〔2〕 我国台湾地区动产担保交易相关规定主张留置权人为善意时，附条件买卖纵经登记，亦不得对抗之。

顺位;另一方面实现了融资租赁适用规则与担保物权规则的衔接,出租人的所有权在与统一标的物上的其他担保物权竞存时,可准用《民法典》第414条第1款规定的优先顺位规则。

3. 形式担保物权与保理竞存时的优先顺位

《民法典》第414条第2款提到的其他担保物权采取一种更广泛、功能主义意义上的担保观念。在此制度框架下,保理也可以纳入该款所说的担保物权,从而同样可以得出按照登记确定多重受让顺位的结论。如果一个应收账款转让给多个保理人的话,《民法典》第768条也与第414条所规定的一个物上有多个抵押权所采取的顺位确定方式一样的,都是按照登记的先后来进行确立。在"登记优先"之外,《民法典》第768条另外确定了均未登记的情况下,通知优先。既未登记也未通知的,保理并不当然无效,而是由各保理人按照保理融资款或者服务报酬的比例取得应收账款,而不享有优先受偿权。

需要注意的是,并非所有的保理都具有担保功能。按照保理人是否可以向应收账款债权人主张返还保理融资款本息或者回购应收账款债权,保理可以分为有追索权保理和无追索权保理,仅有追索权的保理具有担保功能。[1] 依据《民法典》第761条的规定,保理人提供的服务种类包括:资金融通、应收账款管理或者催收、应收账款债务人付款担保等。"应收账款债务人付款担保"是保理服务的常见内容之一。如果缺少"应收账款债务人付款担保"这项内容,则是有追索权的保理。[2] 在有追索权保理中,当债务人不能清偿到期债务时,可以向债权人主张返还或回购债权;保理人从债务人处实现的债权,在扣除保理融资款本息和相关费用后有剩余的,应将剩余部分应当返还给应收账款债权人。可见,在有追索权的保理中,虽然保理人是名义上的债权人,但这一债权转让的目的在于担保保理人对应收账款债权人所享有的保理融资款本息,即为了担保债权的实现。也正因如此,同一应收账款也可能发生多重保理,才会产生多重保理竞合的问题。而无追索权融资型保理并无担保功能,保理人要承担债务人不清偿债务的风险。无追索权保理仅仅是保理人为赚取应收账款与保理融资款之间的差价而受让应收账款,[3]债权人对债务人的付款能力不承担担保责任,在性质上属于债权转让。

尽管《民法典》第768条针对的是就同一应收账款订立多个保理合同的情形,但实践中也可能发生在同一应收账款上既设立保理,也设立应收账款质押等其他担保类型,此时应统一类推适用《民法典》第411条第2款按照公示时间先后确定受偿顺位。

4. 形式担保物权与让与担保竞存时的优先顺位

让与担保在交易实践中运用十分普遍,在司法实践中也产生较多纠纷与争

---

〔1〕 何颖来:《〈民法典〉中有追索权保理的法律构造》,《中州学刊》2020年第6期。

〔2〕 方新军:《〈民法典〉保理合同适用范围的解释论问题》,《法制与社会发展》2020年第4期。

〔3〕 林文学等:《"关于非典型担保"及"附则"部分重点条文解读》,《人民法院报》2021年2月25日第007版。

议，但我国在让与担保问题上一直缺少正式的法律制度，有学者提出《最高人民法院关于审理民间借贷案件适用法律若干问题的规定》第 23 条可作为让与担保的制度依据，[1]但反对者认为，该条所调整的实为买卖型担保，[2]与让与担保不同的地方在于不存在权利移转要件，故而其并非关于让与担保的法律规定。《九民会议纪要》第 71 条首次就让与担保相关法律问题进行了规定，该条所明确的让与担保交易结构为：债务人或者第三人为担保债务的履行，将财产所有权等权利在形式上转移至债权人名下，债务人到期清偿债务，债权人将该财产返还债务人或第三人，债务人到期未清偿债务，债权人可对财产进行拍卖、变卖或者折价所得价款优先受偿。但该条同样明确当事人之间约定的流质流押条款，即债务人到期未能清偿债务财产即归债权人所有的这部分约定无效。在《民法典》制定过程中，学界存在较多增设让与担保制度的声音，[3]但立法最终未采纳。而在《民法典担保制度解释》中，第 68 条对让与担保问题做出了规定。该规定延续了《九民会议纪要》对此问题的立场，即认可让与担保交易的效力，但流质流押约定无效，债权人负有清算义务，其基本思想与《民法典》第 401 条、第 428 条一致。

《民法典担保制度解释》对让与担保做出了一般性规定，在“法”的层面认可了让与担保。根据该规定，让与担保作为发挥担保功能的交易，与担保物权的实现方式相同，反映了让与担保的担保权观念。另外《民法典》第 388 条第 1 句和第 2 句，扩大了担保合同的范围，为将具有担保功能的让与担保纳入《民法典》担保体系规范之下提供了通道。

《民法典》对动产抵押、动产质押、所有权保留、融资租赁等都规定了登记对抗模式。但不同的是，《民法典》及其司法解释并未规定让与担保登记的相关问题。在让与担保大部分的情形中，标的物都由担保人继续占有、使用，这也是让与担保交易的价值所在，因而登记公示是让与担保交易保持生命力的关键。《民法典》引入实质担保观念之后，确立了统一的动产担保物权优先受偿顺位规则，那么让与担保宜做相同解释，即让与担保债权人应该与其他担保权人一样按照公示时间的先后确定受偿顺序。此外，在“动产融资统一登记公示系统”的登记项目中，除法律有规定的动产抵押、所有权保留等项目外，还有“其他动产担保登记”，那么让与担保因此也有了登记渠道，登记成为可能，可以向第三人公示动产上存在的权利情况。在统一登记系统登记的让与担保应该与其他担保交易具有相同的登记效力，依据《民法典》第 414 条第 2 款的规定参照适用该条第 1 款的优先顺位规则，从而降低信息成本，保障交易预期。

---

〔1〕 罗培新：《世界银行“获得信贷”指标的法理分析及我国修法建议》，《环球法律评论》2019 年第2 期。

〔2〕 《全国法院民商事审判工作会议纪要》第 45 条称此类合同为“履行期届满前达成以物抵债协议”，并明确指出“此种情况不同于本纪要第 71 条规定的让与担保”。

〔3〕 高圣平：《动产让与担保的立法论》，《中外法学》2017 年第 5 期；何颖来：《让与担保的成文化与立法模式选择》，《江西社会科学》2018 年第 10 期；龙俊：《民法典物权编中让与担保制度的进路》，《法学》2019 年第 1 期。

(三)动产担保物权竞存优先顺位判定的特殊情形

《民法典》第416条首次规定购买价金抵押权超级优先规则,即购买人以所购买的标的物作为抵押物,为给其提供购物融资的债权人设定抵押担保,若此抵押权在法定期限内登记,则抵押权人可获得优先于其他担保权人的受偿顺位。这一规定构成了《民法典》第414条"先公示者优先受偿"规则的例外,其正当性在于便利债务人获得融资且可以兼顾各方当事人的利益。[1]

在比较法上,购买价金抵押权超级优先规则主要被适用于浮动担保情形,[2]主要原因在于浮动担保及于担保人现有以及未来所有的全部财产,浮动担保所具有的这种垄断债务人所有财产的超强效力实际上掐断了担保人的再融资渠道。购买价金抵押权超级优先规则在一定程度上弥补了上述弊端。虽然购买价金抵押权人的受偿顺位具有优先性,但其他担保权人的利益并未因此有所减损。因为购买价金抵押权人若不具有优先受偿地位,其为担保人提供购物融资的积极性将大大贬损,若购买价金抵押权人不为担保人提供购物融资,担保人的财产中也不会增加这一标的物。

我国《民法典》在引进购买价金抵押权超级优先这一规则时,将其适用范围从浮动担保扩大为包括固定抵押。由此产生了一些交易上的风险。潜在债权人在决定是否为债务人提供融资时,会对担保物上是否存在购买价金抵押权产生顾虑,因此其可能等待《民法典》第416条规定的10天宽限期后再提供融资,大大地降低了融资效率。即使如此,也无法避免担保人与第三人恶意倒签的道德风险。基于此,需要严格购买价金抵押权超级优先规则的适用条件。购置款抵押权登记对抗效力具有溯及性,购置款抵押权只要在宽限期内办理登记,则其对抗效力始于购置款抵押权设立之时,可以对抗在宽限期内设立的在先办理登记的浮动抵押权人和固定抵押权人,但不得对抗留置权人和出卖人的抵押权人。[3]融资租赁、所有权保留作为同样以购置物作为担保物的担保交易,在法律效果上应与购买价金抵押权做相同解释。

四、结语

面对动产担保融资的实践需求,大陆法系与英美法系基于各自的法律传统与政治选择,提出不同的解决方案,但殊途同归,均致力于在财产价值的最大发挥与交易安全的维护上做出妥善的平衡。为使担保交易人的基本期望得到满足,需要为动产担保权的清偿顺序提出明确可预期的参照规则,避免受法律技术的束缚而挫败实践交易需求与发展。总结来说,动产担保物权优先顺位的规则

---

〔1〕 王利明:《价金超级优先权探疑——以〈民法典〉第416条为中心》,《环球法律评论》2021年第4期。

〔2〕 Gordon Davenport, The Value in a Purchase Money Security Interest, 28 Baylor Law Review, p. 672, p. 674(1976).

〔3〕 石佳友、曾佳:《〈民法典〉动产抵押权的制度创新及其适用》,《山东法官培训学院学报》2021年第6期。

体系应遵守以下几个方面：①先公示者优先。先公示的担保权顺位优于后公示的担保权，已公示的担保权优先于未公示的担保权，均未公示的担保物权则处于同一顺位。②各种公示方法具有同等效力。公示方法的不同并不会对受偿顺位造成影响，能产生影响的只有是否公示以及公示时间。③购买价金抵押权具有超级优先顺位，在法定期间内进行登记即可优先于在其登记之前进行公示的其他意定担保权，以鼓励赊销和库存融资。④法定担保物权优先于其他担保物权。另外，对于动产担保物权人与担保物其他权利人（如买受人、承租人等）之间的关系则适用第403条的相关规定，未登记不得对抗善意第三人。

除了在《民法典》合同编中规定的所有权保留、融资租赁、保理，以及《民法典担保制度解释》中规定的让与担保，实践交易中还存在许多以及未来可能不断发展出许多新型的具有担保功能的交易。在《民法典》吸收了功能主义的担保观念、采取了更为开放的担保框架的背景下，《民法典》及其司法解释的相关制度对这些具有担保功能的交易也应秉持更加包容的态度，按照公示时间先后判定优先顺位是处理动产担保物权竞存的一项基本遵循，除此之外再根据各种交易的具体情形进行更有针对性的合理化变通和考量。《民法典》结合我国现行担保法律体系，就动产担保的体系化和类型化以及重要规则做出了重大革新，这在一定程度上有利于提升我国营商环境指标得分。我国《民法典》朝功能主义的担保观念靠近了一大步，而且考虑到了公示问题，但是每一个变革还需要进一步具体化，动产担保制度的许多细节仍需要更多时间去考量、揣摩，其中所体现的基本思想还有待于担保登记规则的统合与重构，有待于登记实践和司法实践的进一步落实。

论《民法典》第185条的司法适用：条件、样态及论证理路[1]

孙宗龙*

摘　要　《民法典》第185条中的“英雄烈士”包括“在世的英雄”“已故英雄”和“烈士”三类人，“等”字指向的是具有“英雄烈士”相同或相似品格和地位的人；“损害社会公共利益”是适用本条的必要条件；侵害英雄烈士等的其他人格利益而损害社会公共利益的，不具备类推适用本条的条件。在司法实践中，该条适用于由检察机关提起的公益诉讼案件；但私益诉讼案件的判决书中亦出现了法院援引该条的情形，即其主要被用作证成一般侵权责任构成的某一要件或者作为判断诉讼请求正当性的实体法依据，而与英雄烈士等人格利益保护无关案件的援引则不具有正当性。法院适用该条的核心问题为社会公共利益受损害与英雄烈士等的四种人格利益受侵害间的关联性的论证，这可以通过多重三段论的演绎过程来实现，前者的判定方法则可以通过吸收动态系统论的理论得到优化。

关键词　英雄烈士；社会公共利益；司法适用

目　次

---

* 孙宗龙（1989—），西南政法大学行政法学院讲师，法学博士，主要研究方向：法理学、法学方法论。

〔1〕 本文系教育部人文社会科学研究青年基金项目“民法典中的不确定法律概念研究”（21YJC820037）研究成果；重庆市教委人文社会科学研究规划项目“英烈人格权益保护条款的司法适用研究”（22SKGHO36）研究成果。

《中华人民共和国民法典》(本文以下简称《民法典》)第185条对"英雄烈士等"的人格利益保护做出了特别规定,其完全承袭了《中华人民共和国民法总则》(本文以下简称《民法总则》)第185条规定的内容,未有任何变化。[1] 自问世以来,该条的理解和解释一直存在较大的分歧,这些分歧点主要包括本条的立法目的、"英雄烈士"的含义、"等"字的指称范围、"损害社会公共利益"是否为适用本条的必要条件及本条的类推适用问题等。对此,学界已有较为广泛的讨论,但仍未达成统一的见解,这些研讨多形成于《民法典》颁行前,且其观点在《民法典》颁行后亦未有根本变化;同时,其研究进路主要体现为立足条文本身的规范分析,未对该条的司法适用实践状况进行系统地分析和考察;但是,从该条在司法实践中被援引的情况来看,不同法院的理解和解释存在分歧,适用标准并不统一,适用中的论证和说理亦存在缺漏。[2] 因此,有必要在《民法典》体系之下、结合相关典型案例,重新检视该条司法适用中的分歧点、剖析其适用中的难点和存在的具体问题并探寻解决的路径,以期为《民法典》的有效实施提供一般方法论意义上的参照和示例。基于此,本文尝试在辨析学界理论争议和剖析相关典型案例的基础上,集中探讨关于该条司法适用的三个层面的问题:一是《民法典》体系下各分歧点(适用条件)的新理解和新解释;二是司法实践中的适用样态及其正当性问题;三是法院在适用本条过程中证成(推理和论证)进路的缺陷及其补正。

一、《民法典》第185条的适用条件辨析

《民法典》第185条的理解和解释主要存在3方面的争议:一是"英雄烈士等"的指称对象范围问题,即"英雄烈士"的具体指向和"等"字所涵盖对象范围的边界点;二是"损害社会公共利益"是否为适用本条的必要条件;三是本条的类推适用问题,即侵害英雄烈士等的姓名、肖像、名誉、荣誉以外的其他人格权益,并损害社会公共利益的,侵权人可否依据本条承担民事责任。这三方面的争议实际所关涉的是该条的适用条件,亦即侵权人依据本条承担民事责任的构成要件问题。

(一)"英雄烈士等"的理解和解释

学界对"英雄烈士"的理解和解释有两种观点,一种观点是将"英雄烈士"作为一个整体来理解,即"英雄"是用以修饰"烈士"的形容词,而"烈士"是指在保卫祖国和社会主义建设事业中因特定情形牺牲的,依照《烈士褒扬条例》与《军人抚恤条例》被依法认定为烈士的公民。[3] 按照这一理解,英雄烈士具体指称的是已

---

〔1〕《民法典》总则编第185条规定:"侵害英雄烈士等的姓名、肖像、名誉、荣誉,损害社会公共利益的,应当承担民事责任。"

〔2〕此处不再列举相关的研究成果和案例,本文在探讨该条的适用条件和司法适用样态时会完整呈现。

〔3〕张新宝:《侵害英烈人格权益应当承担侵权责任的规定解读》,《法制日报》2017年3月22日第12版。

故之人，且英雄烈士非一般的死者，而是具有英雄品格的烈士。〔1〕另一种观点是将“英雄烈士”拆分开理解，将其解释为具有“英雄”和“烈士”称号的人，而“英雄”又可以被区分为“在世的英雄”和“已去世的英雄”。〔2〕在该观点之下，有一种观点认为，此处的“英雄”还应当被进一步限定为“已去世的英雄”，不包括“在世的英雄”，因为“在世的英雄”当然享有人格权，与普通自然人的人格权无异，无须法律做出特别保护规定，同时，该条也未将姓名、肖像、名誉、荣誉定名为“权利”。〔3〕综合分析上述两种观点可知，无论是将“英雄烈士”作为整体来理解，还是将其拆分为“已去世的英雄”和“烈士”，二者皆将该条的保护对象限定于死者的范围内，且英雄烈士这类死者的姓名、肖像、名誉和荣誉，因其与社会公共利益之间的内在关联性而被予以特别保护。对此，笔者认为，“在世的英雄”与“已去世的英雄”法律地位相同，也应当属于《民法典》第 185 条所特别保护的对象，因为“在世的英雄”亦具有“英雄”的属性，也具有英雄的品格及其人格上的精神价值，侵害在世英雄的姓名、肖像、名誉、荣誉达致一定程度也会损害社会公共利益，这与该条的立法目的相一致。因此，“英雄烈士”包括“在世的英雄”“已去世的英雄”和“烈士”三类人，“等”字所指称的对象应当具有“英雄烈士”相同或者相似的品格和地位。

此外，还有一种观点则对此做了进一步目的性限缩，认为虽然“在世英雄”的人格中蕴含公共利益，但应当将其置于名誉权下予以保护，不应当适用本条；同时，如果“已去世的英雄”和“烈士”有近亲属，也不应当适用本条，而是应当按照一般死者“人格”诉讼处理。〔4〕对此，笔者认为，在《民法典》体系下，“在世的英雄等”还享有普通自然人的人格权，“已去世的英雄”和“烈士”等还受死者人格利益一般保护条款的保护；同时，“在世的英雄”、有近亲属的“已去世的英雄”和“烈士”等也受本条的特别保护，这由此三类主体与社会公共利益之间的关联性所决定。但是，一般保护条款与本条的适用应当进行程序上的限制，即二者具有适用上的先后次序且避免重复保护，这已由《中华人民共和国英雄烈士保护法》和最

〔1〕在中国语境下，“英雄”的字面含义一般被解释为杰出的人物、勇武过人之人，或者不怕困难，不顾自己，为人民利益而斗争，令人钦佩之人。夏征农、陈至立主编：《辞海》（第六版），上海辞书出版社 2009 年版，第 2749 页；中国社会科学院语言研究所词典编辑室编：《现代汉语词典》（第 7 版），商务印书馆 2016 年版，第 1570 页。

〔2〕王利明：《民法总则》（第二版），中国人民大学出版社 2020 年版，第 403 页；梁慧星：《〈民法总则〉重要条文的理解与适用》，《四川大学学报（哲学社会科学版）》2017 第 4 期，第 65 页；王叶刚：《论侵害英雄烈士等人格权益的民事责任——以〈民法总则〉第 185 条为中心》，《中国人民大学学报》2017 年第 4 期，第 34 页。

〔3〕房绍坤：《英雄烈士人格利益不容侵害》，《检察日报》，2017 年 4 月 25 日，第 3 版。相同观点亦可参见杨立新：《英烈与其他死者人格利益的平等保护》，《法制日报》2017 年 3 月 15 日第 11 版。

〔4〕曹相见：《死者“人格”的规范本质与体系保护》，《法学家》2021 年第 2 期，第 24—25 页。

高人民检察院发布的指导性案例予以了确认。[1]

（二）“损害社会公共利益”要件的适用条件争议

“损害社会公共利益”是否为适用本条的必要条件亦存在两种观点，持肯定说者认为，“损害社会公共利益”是适用本条的必要条件，适用本条需满足两项构成要件，即侵害了英雄烈士等的姓名、肖像、名誉、荣誉，并且损害了社会公共利益；[2]持否定说者认为，本条的适用并不以“损害社会公共利益”为必要条件，亦即侵权人依据本条承担民事责任只需要构成对英雄烈士等的姓名、肖像、名誉、荣誉的侵害即可。[3] 比较分析两种观点可知，如果“损害社会公共利益”为适用本条的必要条件，那么，相应的请求权主体即被限定为有权机关或组织（检察机关）；[4]如果“损害社会公共利益”非适用本条的必要条件，则其请求权主体还包括“在世的英雄”本人、“已去世英雄”和“烈士”等的近亲属。[5] 可见，“肯定说”将本条所适用的案件类型限定于相关的公益诉讼案件，而“否定说”则实质上扩张了本条的适用范围，即与侵害英雄烈士等人格利益相关之私益诉讼和公益诉讼两类案件均可适用本条。

根据“否定说”的观点，如果“损害社会公共利益”是非必要的，那么，其就是可被选择的一项构成要件，亦即“侵害英雄烈士等的姓名、肖像、名誉、荣誉”与“损害社会公共利益”之间为逻辑上的析取关系，立法语言上类似于“或损害社会公共利益”的表述更符合其逻辑理路。但是，这种理解会在法条的语义表达上割断英雄烈士等的人格利益与社会公共利益之间的关联性，显然与该条的客观含义和立法原意不符，亦背离了立法意图。该条的立法目的和立法意图在于保护

---

〔1〕《中华人民共和国英雄烈士保护法》第 25 条第 2 款规定，“英雄烈士没有近亲属或者近亲属不提起诉讼的，检察机关依法对侵害英雄烈士的姓名、肖像、名誉、荣誉，损害社会公共利益的行为向人民法院提起诉讼。”在最高人民检察院发布的指导性案例曾某侵害英雄烈士名誉案（检例第 51 号）中，江苏省淮安市人民检察院依法履行了诉前程序，就是否对曾某侵害烈士名誉的行为提起民事诉讼当面征求了谢勇烈士近亲属的意见；在烈士近亲属声明不提起民事诉讼并签署支持检察机关追究曾某侵权责任的书面意见的情形下，淮安市人民检察院就曾某侵害谢勇烈士名誉案向淮安市中级人民法院提起了民事公益诉讼。

〔2〕龙卫球主编：《中华人民共和国民法典总则编释义》，中国法制出版社 2020 年版，第 472 页。该观点的详细阐释可参见刘颖：《〈民法总则〉中英雄烈士条款的解释论研究》，《法律科学（西北政法大学学报）》2018 年第 2 期。

〔3〕张新宝：《〈中华人民共和国民法典·总则〉释义》，中国人民大学出版社 2020 年版，第396 页。

〔4〕《中华人民共和国英雄烈士保护法》第 25 条第 2 款规定：“英雄烈士没有近亲属或者近亲属不提起诉讼的，检察机关依法对侵害英雄烈士的姓名、肖像、名誉、荣誉，损害社会公共利益的行为向人民法院提起诉讼。”最高人民法院、最高人民检察院于 2020 年 12 月 29 日发布的《关于检察公益诉讼案件适用法律若干问题的解释》第 13 条将“侵害英雄烈士等的姓名、肖像、名誉、荣誉等损害社会公共利益的行为”，纳入了检察机关提起公益诉讼案件的范围；同时，针对该类案件的特点，在诉前公告的基础上，还增加了征询英雄烈士等的近亲属意见的诉前履职方式。

〔5〕《中华人民共和国英雄烈士保护法》第 25 条第 1 款规定：“对侵害英雄烈士的姓名、肖像、名誉、荣誉的行为，英雄烈士的近亲属可以依法向人民法院提起诉讼。”《民法典》人格权编第 994 条规定：“死者的姓名、肖像、名誉、荣誉、隐私、遗体等受到侵害的，其配偶、子女、父母有权依法请求行为人承担民事责任；死者没有配偶、子女且父母已经死亡的，其他近亲属有权依法请求行为人承担民事责任。”

由英雄烈士等的人格利益转化而来的社会公共利益，同时，其亦作为保护英雄烈士等人格利益的一种方式（间接保护）而存在。由此可以推知，“损害社会公共利益”为完整适用该条的必要条件之一，其与“侵害英雄烈士等的姓名、肖像、名誉、荣誉”共同构成该条之“构成要件”部分，法律后果“应当承担民事责任”系于符合该构成要件之侵权行为的发生。

（三）本条的类推适用问题

侵害英雄烈士等的姓名、肖像、名誉、荣誉以外的其他人格权益，并损害社会公共利益的，侵权人可否依据本条承担民事责任？一种观点认为，可以考虑类推适用本条规定，因为该条的立法目的是维护社会公共利益，侵害英雄烈士等的其他人格权益而损害社会公共利益时，亦应当获得立法上的同等评价，仅列举姓名、肖像、名誉、荣誉四项人格利益会导致价值评价的失衡，构成法律漏洞。〔1〕 另一种观点认为，本条所保护的英雄烈士等的人格利益范围仅限于明确列举的 4 项，侵害英雄烈士等的其他人格权益且损害社会公共利益的，侵权人不能依据本条承担民事责任；但是，该观点未进一步阐明其理由，仅指明了此种情形下可考虑适用的相关法律规定。〔2〕 笔者认为，侵害《民法典》第 185 条所列举的 4 种人格利益之外的其他人格权益，并损害社会公共利益的，不能直接依据本条承担民事责任。

具体而言，从法条的内部逻辑结构来看，侵害英雄烈士等的姓名、肖像、名誉、荣誉会造成社会公共利益的损害，这体现了它们之间的内在关联性，亦即该条中社会公共利益的属性和具体内容源自于这 4 种人格利益中的一种或多种的组合，具有内容来源上的特定性。〔3〕 基于此，因侵害英雄烈士等的其他人格利益（如隐私）而受损害的“社会公共利益”的属性和具体内容不同于本条中的“社会公共利益”，甚至有本质上的差别，因为二者实质的利益内容源自于不同类型的人格利益。类推适用本条的基础在于两种“社会公共利益”的相似性乃至同质性，显然，这一基础并不牢固，甚至可能不存在，可靠性存疑。同时，与 2017 年 3 月 15 日公布的《民法总则》之第 185 条相比，2020 年 5 月 28 日公布的《民法典》之第 185 条完全沿袭了前者，未有任何变化，二者均未明确列举英雄烈士等的 4 种人格利益之外的其他人格利益，亦未在四种人格利益之后加“等”字。这表明本条所未列举之“其他人格利益”，非立法者之疏忽或未预见，乃是其有意的不规定，此种情形不发生以类推适用来补充漏洞的问题。〔4〕 概言之，侵害英雄烈士等的姓名、肖像、名誉和荣誉以外的其他人格利益，具有损害社会公共利益的可能

〔1〕 王叶刚：《论侵害英雄烈士等人格权益的民事责任——以〈民法总则〉第 185 条为中心》，《中国人民大学学报》2017 年第 4 期。

〔2〕 王利明：《民法总则》（第二版），中国人民大学出版社 2020 年版，第 404 页；刘召成主编：《民法典总则编释论：条文缕析、法条关联与案例评议》，中国法制出版社 2020 年版，第 576 页；何志：《民法典・总则判解研究与适用》，中国法制出版社 2020 年版，第 510 页。

〔3〕 孙宗龙：《〈民法总则〉第 185 条中“公共利益”的属性及司法认定》，《新疆大学学报（哲学・人文社会科学版）》2019 年第 1 期，第 49—50 页。

〔4〕 杨仁寿：《法学方法论》（第二版），中国政法大学出版社 2013 年版，第 195 页。

性；但是，所受损害之“社会公共利益”往往可以被归属到“公序良俗”的范围内，亦或是作为此种人格利益受法律保护的基础而存在，未上升到通过专设规定予以特别保护的程度。当然，侵害英雄烈士等的个人信息、隐私等人格权益会间接地导致其名誉和荣誉受损，进而损害社会公共利益，此时，侵权人可以依据《民法典》第185条承担民事责任。

二、《民法典》第185条的司法适用样态

在学理上阐明《民法典》第185条的适用条件后，需要进一步详细考察的是其在司法实践中被援引和适用的具体情形，这需要结合相关的具体案例予以剖析。《民法典》第185条完全沿袭了2017年3月15日公布的《民法总则》之第185条，未有任何变化。因此，自《民法总则》正式实施（2017年10月1日）以来所发生的侵害英雄烈士等人格利益的案件，皆可以被用于分析《民法典》第185条的司法适用状况。[1] 根据前述关于《民法典》第185条适用条件的分析可知，“损害社会公共利益”是适用本条的必要条件；与之相对应，其司法适用范围即应当被限定于由检察机关提起的相关民事公益诉讼案件或者刑事附带民事诉讼案件，此即为本条司法适用的典型样态。例如，在江苏省淮安市人民检察院诉曾某侵害烈士名誉公益诉讼案中，江苏省淮安市中级人民法院即在判决书中直接援引了《民法总则》第185条（现为《民法典》总则编第185条）作为曾某承担责任的实体法依据，即法院首先根据已查明之事实论证曾某的行为构成了对谢勇烈士名誉的侵害，然后再论证侵权行为亦损害了社会公共利益，最后阐明该侵权行为所对应的责任类型。[2] 这一论证思路契合于前述该条之立法目的和适用条件，是《民法典》第185条所当然适用之情形，且作为责任承担的直接法律依据而存在。但是，通过分析前述检索到的相关案例来看，私益诉讼的裁判文书中亦出现了法院援引《民法典》第185条的情形，这既包括与侵害英雄烈士等人格利益相关的案件，也包括与侵害英雄烈士等人格利益无任何关联的普通案件。具体来说，这些援引主要包括如下三种情形：

（一）被用作证成一般侵权责任构成中的某一要件

在这一情形中，案件的发生与英雄烈士等人格利益受侵害密切相关，该条的援引主要用于证成行为的违法性、行为人的主观过错及损害后果的严重程度等。例如，在叶某光、叶某鹰等诉西安摩摩信息技术有限公司名誉权纠纷案中，法院

---

〔1〕 截至2021年1月31日，笔者在“中国裁判文书网”，以“英雄烈士”和“社会公共利益”为关键词进行全文检索，共计检索到民事案件判决书35份，其中涉及人格权益纠纷案件的判决书为31份，法院明确援引《民法总则》第185条的判决书共计30份（实际为29份，因为同一案件公布了两份内容基本相同而仅案号不同的判决书）；与英雄烈士等人格利益相关的刑事附带民事诉讼判决书3份，其中1份判决书的法律依据部分明确援引了《民法总则》第185条；还未见有援引《民法典》总则编第185条的案件。

〔2〕 江苏省淮安市人民检察院诉曾某侵害烈士名誉公益诉讼案，最高人民检察院指导案例51号（2018年）。

在证成被告行为的违法性和过错程度时援引了《民法总则》第185条,其根据已查明的事实认定被告的行为不仅侵害了叶挺烈士的名誉,也损害了社会公共利益,其行为具有违法性且主观过错明显,应当承担侵权责任。[1] 在由英雄烈士等的近亲属提起的私益诉讼中,法院仅需证成被告的行为构成对英雄烈士等人格利益的侵害即可,并无必要论证侵权行为对社会公共利益的损害。因为根据前者即可判断是否存在权益受侵害的事实,后者之认定标准高于前者,其在检察机关提起的公益诉讼案件中才需要予以证成。但是,从法官的论证理路来看,证成被告的行为符合《民法总则》第185条之适用条件即说明其行为具有明显的违法性,而其中社会公共利益的受损害程度可以被用作主观过错程度的客观衡量标准之一。同时,在侵权责任构成要件的证成中,"损害社会公共利益"还反映了侵权行为所造成损害后果的严重程度,其也可以作为认定精神损害赔偿诉请所要求之损害程度的客观标准之一而出现在私益诉讼的判决书中。可见,这一援引和论证所发挥的主要是增强裁判文书之说理性的作用。

(二)作为判断个人诉讼请求正当性的实体法依据

在因英雄烈士等的人格利益受侵害而提起的私益诉讼中,如果原告(个人)提出与"损害社会公共利益"这一后果要件相对应的诉讼请求,即会涉及该条款的援引。在该情形之下,本条一般被用作判断诉讼主体资格或者驳回不正当诉讼请求的实体法依据。例如,在任某平诉贾某、中国茶叶有限公司名誉权纠纷案中,原告任某平系对越自卫反击战复原军人,针对其提出的要求被告贾某向全国对越参战军人道歉、恢复名誉的诉讼请求,法官援引《民法总则》第185条及相关条文来认定任某平不具备诉讼主体资格,对该项诉讼请求不予以支持,认为涉及社会公共利益受损害的案件应当由法定机关和有关组织向法院提起诉讼。[2] 在这一情形之下,法官于私益诉讼中援引该条款具有正当性,因为"损害社会公共利益"这一结果要件可以作为判断私益诉讼中侵权人责任履行所针对对象范围的实体法依据;私益诉讼中的侵权人是向受害人个人承担责任,公益诉讼中的侵权人则是向包括英雄烈士等这一群体在内的社会公众承担责任,受害人所诉请之责任承担应当在相对应的范围之内。另一种情形为,在由个人提起的与英雄烈士等人格利益相关的私益诉讼中,原告未提出与"损害社会公共利益"这一后果要件相对应的诉讼请求,法官亦援引了《民法总则》第185条并将其作为判决结果的法律依据之一。例如,在付某江诉宫某华名誉权纠纷案中,一审法院和二审法院皆在判决结果的法律依据部分援引了《民法总则》第185条;从判决理由部分的内容来看,本条是作为判定宫某华的行为未构成对烈士傅某秀名誉损害的法律依据而被援引的。[3] 在该情形之下,法官之所以援引《民法典》第185条,

[1] 陕西省西安市雁塔区人民法院民事判决书(2018)陕0113民初8937号。

[2] 湖南省长沙市开福区人民法院民事判决书(2018)湘0105民初7071号。

[3] 北京市昌平区人民法院民事判决书(2019)京0114民初778号;北京市第一中级人民法院民事判决书(2019)京01民终4864号。

乃是将其理解和解释为英雄烈士等人格利益的一般保护条款,未将"损害社会公共利益"作为适用本条的必要条件。可见,该种情形并不具备适用《民法典》第185条的条件,在已有其他法律依据时,无援引该条之必要;在当前《民法典》体系之下,法官应当援引《民法典》人格权编的相关规定。

(三)作为普通受害人人格权益保护的法律依据

在这一情形中,受害人通常不具有"英雄烈士等"的法律地位,其人格权益受侵害后并不能与本条所指称的社会公共利益产生联系而获得特别保护,因而不具备适用本条的条件。该情形下的受害人主要分为两类:一是与"英雄烈士等"具有相似法律地位的人,如社会公众人物;二是普通受害人(包括死者在内)。前者如王某英、王某亚诉芜湖市艺术剧院有限公司一般人格权纠纷案,在该案中,二审法院认定严某英属于社会公众人物,在判断被告的行为是否侵害原告近亲属严某英的名誉时援引了《民法总则》第185条,作为认定芜湖剧院、吴某合作演出舞台剧《严凤英》未侵害已故黄梅戏表演艺术家严某英名誉的法律依据之一。[1] 虽然法院在判决书中援引该条时所用之词为"参照",但此处的"参照"应当具有"类推"之意,因为法律适用理论中的"参照"有其特定的含义和意义。参照就是准用,准用是指法律明确规定特定法律规定可以参照适用于其他的情形,亦即根据法律的准用规定,对于有关A的规定进行修正,适用于B情形。[2] 例如,《民法典》人格权编第1023条规定,"对姓名等的许可使用,参照适用肖像许可使用的有关规定"。可见,"参照适用"应当有明确的立法表达和具体的规范指向,我国法律对一般人格利益之保护并无参照适用《民法总则》第185条的明确规定。据此,这一情形不符合参照适用的条件,同时,根据前述关于类推适用条件的分析可知,其亦不符合类推适用本条的要求。后者如罗某勤诉胡某英名誉权纠纷案,在该案中,原告罗某勤为普通自然人,且已查明之案件事实与英雄烈士等的人格权益亦无任何关联性,但法官仍援引了《民法总则》第185条并将其作为认定被告胡某英未侵害原告罗某勤名誉权的法律依据之一。[3] 在该情形之下,受害人不具有"英雄烈士等"的法律地位,非《民法典》第185条所保护的对象,不具备适用本条的条件;在当前《民法典》体系之下,法官应当援引《民法典》人格权编的相关规定。

三、《民法典》第185条司法适用之论证理路

在明晰《民法典》第185条的适用条件和适用样态的基础上,最后需要着重予以分析的是法院如何准确地适用本条,亦即其具体的司法运用过程和适用方法问题。在法学方法论视阈下,法律适用的过程经常被理解为涵摄,即将特定案件事实置于法律规范的要件之下,以获得一定裁判结论的思维过程;这一适用过

---

[1] 安徽省芜湖市中级人民法院民事判决书(2019)皖02民终1045号。

[2] 王利明:《法律解释学导论——以民法为视角》(第2版),法律出版社2017年版,第594—595页。

[3] 四川省筠连县人民法院民事判决书(2020)川1527民初1538号。与之类似的案件可参见陈辉诉邬大千名誉权纠纷案,宁波市奉化区人民法院民事判决书(2017)浙0213民初4984号。

程一般可以通过逻辑三段论予以表示，即法律规范为大前提，特定的案件事实为小前提，以一定法律效果的发生为结论。[1] 据此，就该条的司法适用过程而言，即将特定案件事实置于本条规范的构成要件“侵害英雄烈士等的姓名、肖像、名誉、荣誉”和“损害社会公共利益”之下，判定行为人是否应当承担相应的民事责任。另外，从该条的适用条件及构成要件部分的逻辑结构来看，其适用的关键在于“损害社会公共利益”要件的认定，且此处“社会公共利益”的受损害与英雄烈士等的姓名、肖像、名誉、荣誉受侵害之间具有直接的相关关系；同时，依据本条所产生的民事责任体现为侵权责任。因此，本条司法适用之论证理路主要涵盖了三个层面的问题：一是确定侵权行为损害社会公共利益之责任构成；二是证成“损害社会公共利益”与“侵害英雄烈士等的姓名、肖像、名誉、荣誉”之间关联性；三是具体衡量侵权行为是否达致“损害社会公共利益”的程度。[2] 法院在援引该条时，其裁判文书说理和论证的基本思路亦应当针对这三个层面的核心问题逐次展开。

（一）侵权行为损害社会公共利益之责任构成的确定

根据前述适用条件和司法适用样态，本条所应当适用的案件类型为检察机关提起的公益诉讼案件。从已检索到的相关案件来看，检察机关诉请的责任承担方式和法院判决书中适用的责任承担方式主要包括停止侵害、赔礼道歉、消除影响、恢复名誉等，未见有侵权损害赔偿责任的提起和适用。按照侵权责任构成的一般理论，这些责任承担方式的适用不需要具备严格的责任构成要件，只需要具备了权益受侵害的事实即可，侵权损害赔偿责任的适用才需要具备严格的责任构成要件。[3] 据此，在《民法典》第 185 条的适用过程中，侵权行为损害社会公共利益的责任构成，理论上亦仅需要具备社会公共利益受损害的事实即可。例如，在前述江苏省淮安市人民检察院诉曾某侵害烈士名誉公益诉讼案中，法院援引《民法总则》第 185 条，并以此为依据对被告“损害社会公共利益”的侵权责任构成进行了证成，其也仅论证被告的行为侵害了谢勇烈士的名誉并损害了社会公共利益的事实，并未涉及因果关系、主观过错等要件的证成。[4] 但是，“损害社会公共利益”的结果亦有可能是由受害人的行为造成的，此时即需要证成侵权行为与损害结果之间的因果关系。例如，在前述任某平诉贾某、中国茶叶有限公司名誉权纠纷案中，被告贾某的涉案言论发表于清算组会议上，受众人数和影响范

---

〔1〕 王泽鉴：《法律思维与民法实例》，中国政法大学出版社 2003 年版，第 245 页。

〔2〕 法律适用的过程实质上是法律推理和法律论证的过程，即为裁判结论提供理由或证明结论正当性的过程；推理和论证的效果在于“证成”，即为裁判结论提供充足的理由和根据；法律论证可以被区分为内部证成与外部证成，前者涉及的是从论证前提推导出作为结论的法律命题的逻辑有效性问题（即作为结论的法律命题是否从前提中被逻辑地推导出来），结构上体现为涵摄模式（包括司法三段论和演绎），后者涉及的是这些前提的可靠性问题。舒国滢、王夏昊、雷磊：《法学方法论》，中国政法大学出版社 2018 年版，第 168 页、第 191—198 页。由此出发，本文所讨论的《民法典》总则编第 185 条司法适用之证成主要指的是其内部证成问题。

〔3〕 杨立新主编：《侵权责任法》，复旦大学出版社 2010 年版，第 86 页。

〔4〕 江苏省淮安市人民检察院诉曾某侵害烈士名誉公益诉讼案，最高人民检察院指导案例 51 号（2018 年）。

围有限，而影响范围的扩大系因原告任某平将被告贾某之涉案言论发布在网络和微信上，法院认定扩大影响的责任(侵权行为损害社会公共利益的责任)不应由贾某承担。[1] 也就是说，该案中被告的侵权行为与社会公共利益受损害的事实之间并无因果关系，相应的责任即不应当由其承担。综合上述分析可知，侵权行为损害社会公共利益的责任构成主要指向的是除侵权损害赔偿责任以外的其他责任方式的构成，其构成要件的证成应当包括损害事实及因果关系等在内，而非单一权益受侵害事实的考量。

(二)损害社会公共利益与侵害英雄烈士等的人格利益之间关联性的论证

根据《民法典》第185条的文义及其逻辑结构，所谓"损害社会公共利益"要件与"侵害英雄烈士等的姓名、肖像、名誉、荣誉"之间的关联性，具体指的是"社会公共利益"的利益内容源自于英雄烈士等这四种人格利益的一个或多个，前者的利益内容乃是由后者转化而来。[2] 法院在适用该条时，需要证成二者之间的这种内在关联性，亦即为论证侵害英雄烈士等的姓名、肖像、名誉、荣誉何以会损害社会公共利益提供充足的理由。从相关案件判决书的论证理路来看，其首先将"社会公共利益"具体化为社会主义核心价值观、社会公德、社会正义及全民族与全社会的共同情感和历史记忆等抽象的精神性利益，并说明英雄烈士的正面形象及其事迹所蕴含的时代精神则是这些抽象利益的集中体现；然后论证被告的侵权行为会对英雄烈士等的精神和正面形象造成负面的影响和评价，且这种负面影响和评价的形成即构成了对英雄烈士的姓名、肖像、名誉和荣誉的侵害，进而阐明侵权行为违背了社会主义核心价值观、伤害了社会公众的共同情感，损害了社会公共利益。[3] 可见，法官是以英雄烈士等的正面形象及其事迹所蕴含的时代精神为媒介，来证立"社会公共利益"受损害与"英雄烈士等的人格利益"受侵害之间的这种内在关联性。

但是，上述法院的论证理路仍然存在两方面的问题：一是缺乏对英雄烈士等的姓名、肖像、名誉和荣誉的解释，以及其与英雄烈士等的形象和精神之间关系的说明；二是未对英雄烈士等的姓名、肖像、名誉、荣誉与社会公共利益之间内容上的关联性进行司法论证。就前者而言，《民法典》人格权编第1018条第2款和第1024条第2款分别对"肖像"和"名誉"进行了明确的界定，可直接运用于法院的论证过程中；其中，肖像被界定为通过影像、雕塑、绘画等方式在一定载体上所反映的特定自然人可以被识别的外部形象，而名誉是指对民事主体的品德、声望、才能、信用等的社会评价。《民法典》及相关立法并未对姓名和荣誉予以明确

---

〔1〕 湖南省长沙市开福区人民法院民事判决书(2018)湘0105民初7071号。

〔2〕 孙宗龙:《〈民法总则〉第185条中"公共利益"的属性及司法认定》,《新疆大学学报(哲学·人文社会科学版)》2019年第1期,第49—50页。

〔3〕 江苏省淮安市人民检察院诉曾某侵害烈士名誉公益诉讼案，最高人民检察院指导案例51号(2018年)；河北省保定市人民检察院诉霍某辉侵害烈士名誉、荣誉公益诉讼案(2019)冀06民初270号；广东省中山市人民检察院诉曾某华侵害烈士名誉公益诉讼案(2019)粤20民初104号；黑龙江省人民检察院大兴安岭分院诉大兴安岭朔成叫车有限公司侵害烈士肖像公益诉讼案(2019)黑27民初2号；山东省烟台市人民检察院诉徐某侵害烈士名誉公益诉讼案(2018)鲁06民初211号等。

定义,从学理上来看,姓名是指区别别人与自己的一种语言上的标志,将人予以个别化,体现社会上对某个人的联想和认知;[1]荣誉是指民事主体因有突出表现或突出贡献所获得的政府、团体或其他组织给予的积极和肯定评价,体现为光荣称号或者嘉奖等形式。[2] 由前述对姓名、肖像、名誉、荣誉的解释可知,姓名和肖像构成了英雄烈士等的外部形象,而名誉和荣誉则蕴含着其相应的内在精神价值,反之亦然,它们之间相互结合共同形塑了英雄烈士等的完整人格。概言之,英雄烈士等的姓名、肖像、名誉、荣誉等人格上精神利益蕴含在其自身形象和精神之中,而英雄烈士等的形象和精神是其姓名、肖像、名誉、荣誉等人格上精神利益的体现。由此出发,以某甲的加害行为为例,社会公共利益受损害与英雄烈士等的姓名、肖像、名誉、荣誉受侵害之间关联性的完整论证思路,具体如图1所示。

图1完整地展现了“社会公共利益受损害”与“英雄烈士等的姓名、肖像、名誉、荣誉受侵害”之间关联性的论证链条,中间部分为论证的思路和流程,两侧为辅助性的前提条件;中间各步骤的结论及其推导过程皆是通过三段论推理实现的,其结构形式为三段论第一格的AAA式,这符合三段论形式有效性的标准,亦即由前提到结论的推导具有逻辑上的有效性。[3] 同时,这一论证过程也体现出特定的案件事实与本条规范的构成要件“侵害英雄烈士等的姓名、肖像、名誉、荣誉”和“损害社会公共利益”之间存在落差,无法完全将某种行为直接涵摄到本条的构成要件之下。例如,某甲于互联网微博上公开发表侮辱烈士某乙的不实言论,被众多网友阅见、转发和评论;对此,如果以本条规定为大前提、某甲的此种行为为小前提,无法直接推导出法律后果“某甲应当承担民事责任”。这是因为大前提中的构成要件为“侵害烈士的名誉、荣誉”和“损害社会公共利益”,小前提中的案件事实为“在互联网微博上发表侮辱烈士的不实言论”;显然,二者之间并不匹配,不匹配的原因在于大前提中的“名誉”“荣誉”“社会公共利益”等概念的内涵和外延不具体,无法直接适用于具体案件。此时,为了弥补这一落差,即需要对这些概念做进一步的解释,并将这些解释作为前提,有序地纳入涵摄过程中,直到能将案件事实与法律规范的构成要件完全贴合地连接起来为止,故而涵

---

[1] 王泽鉴:《人格权法:法释义学、比较法、案例研究》,北京大学出版社2013年版,第216页。

[2] 学界对荣誉的界定有“评价说”和“奖励说”两种,“评价说”将荣誉界定为“民事主体在社会生产和社会活动中有突出表现或突出贡献,政府、团体或其他组织给予的积极的、肯定的正式评价”;“奖励说”则将荣誉理解为“民事主体因对国家或社会有较大的贡献、突出表现而获得国家或有关组织授予的光荣称号或嘉奖等”;这两种理解实际上是分别从内容和形式两个层面对荣誉进行的界定,二者共同构成了对荣誉的完整认识;在司法实践中,法院对荣誉的定义则是兼采两种学说。杨立新:《人格权法》,法律出版社2020年版,第241页;马俊驹:《人格和人格权理论讲稿》,法律出版社2009年版,第263页;满洪杰:《荣誉权作为独立人格利益之质疑——基于案例的实证分析》,《法商研究》2012年第5期,第148页。

[3] 三段论的格是由其中项在前提中的位置不同而形成的不同三段论结构,而逻辑常项(联项和量项)的不同则决定了三段论各个格不同的式;第一格即中项在大前提中作主项、在小前提中作谓项,AAA式即指三段论的大前提、小前提和结论皆为全称肯定命题(A命题)。雍琦:《法律逻辑学》,法律出版社2004年版,第199—201页。

摄的过程往往并非简单的三段论，而是一个体现为多段论的演绎过程。[1]

以某甲的加害行为为例，图1完整展现了“社会公共利益受损害”与“英雄烈士等的姓名、肖像、名誉、荣誉受侵害”之间关联性的论证链条，中间部分为论证的思路和流程(其中，加粗的“→”表示流程方向，“P”表示“前提”，“C”表示“结论”，未加粗的“→”表示“推出”，“——”表示“解释和说明”，“＋”表示“合取”)。中间各步骤的结论及其推导过程皆是通过三段论推理实现的，其结构形式为三段论第一格的AAA式，这符合三段论形式有效性的标准，亦即由前提到结论的推导具有逻辑上的有效性。[2] 同时，这一论证过程也体现出特定的案件事实与本条规范的构成要件“侵害英雄烈士等的姓名、肖像、名誉、荣誉”和“损害社会公共利益”之间存在落差，无法完全将某种行为直接涵摄到本条的构成要件之下。

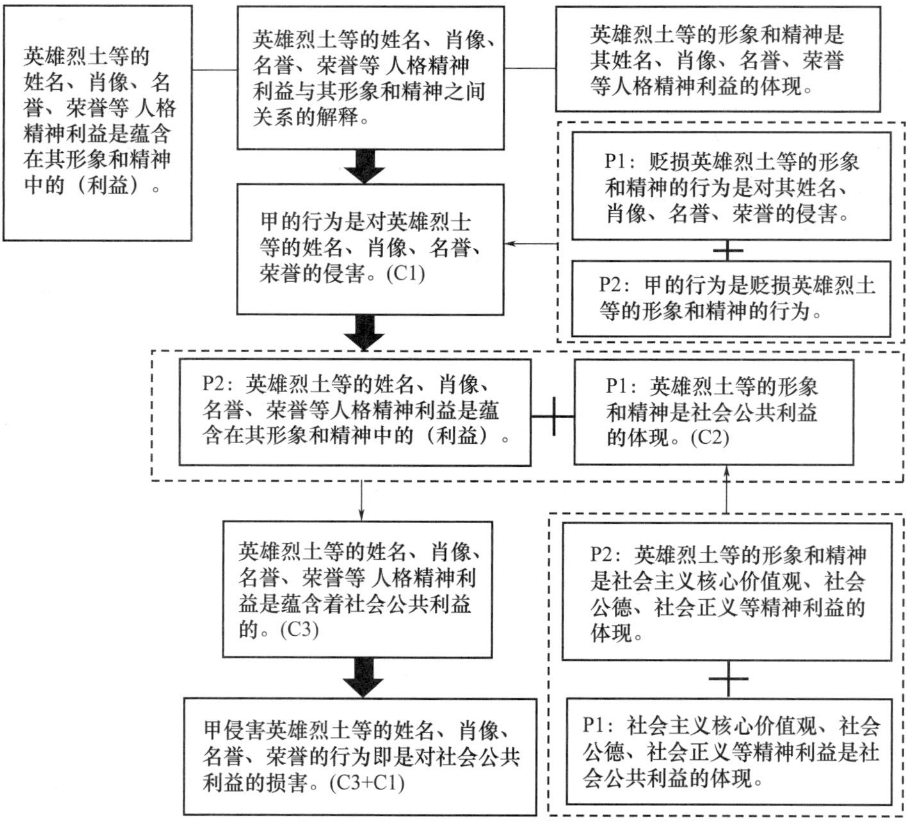

图1 社会公共利益受损害与英雄烈士等人格利益受侵害之间关联性的论证思路

(三)“损害社会公共利益”的具体判定

由《民法典》第185条所体现的个人利益与公共利益之间的关系可知：侵权

[1] 舒国滢、王夏昊、雷磊：《法学方法论》，中国政法大学出版社2018年版，第204—211页。

[2] 三段论的格是由其中项在前提中的位置不同而形成的不同三段论结构，而逻辑常项(联项和量项)的不同则决定了三段论各个格不同的式；第一格即中项在大前提中作主项、在小前提中作谓项，AAA式即指三段论的大前提、小前提和结论皆为全称肯定命题(A命题)。雍琦：《法律逻辑学》，法律出版社2004年版，第199—201页。

行为构成了对英雄烈士等的姓名、肖像、名誉、荣誉的侵害，并不意味着直接构成了对社会公共利益的损害，其还需要达致一定的损害程度，亦即该条的司法适用需要进行利益受损害程度的衡量；此处英雄烈士等的姓名、肖像、名誉、荣誉等人格上的利益具体指称的是其蕴含的精神利益。但是，这种精神利益本身的实际受损害程度很难被量化和计算；在司法实践中，其一般由法官通过考量各种相关因素（要素）予以认定。从已发生的相关案件来看，侵害行为主要发生于互联网络空间，法官对英雄烈士等人格上精神利益受损害程度的判定，主要以行为的影响范围为标准，并综合考量行为人的过错程度、行为目的及行为方式予以具体确定；其中，影响范围以行为本身的社会影响性为判断标准，而社会影响性则主要以行为发生的平台（场合）及其传播性（扩散性）为考量因素，具体包括平台人数（如网络平台的粉丝数、关注人数、在线人数等）及浏览量、转发量、评论量、点赞量等。[1] 法官通过考量这些相关因素，对行为是否达到“损害社会公共利益”的程度进行自由裁量，进而判断行为是否构成侵权并确定其相应的责任承担范围。

另外，这些案件的裁判亦反映出“损害社会公共利益”的考量因素不统一和判断标准不明确的问题。例如，行为影响范围（社会影响的严重性）的判断并无较为确定的认定标准，即行为发生平台（场合）的开放性、受众人数及传播范围等的量化指标不明确。这会给法官留出较大的自由裁量空间，易造成裁判标准的不统一，也不利于将“损害社会公共利益”与侮辱、诽谤英雄烈士名誉、荣誉犯罪中的“情节严重”予以明确界分。[2] 对此，该问题的一种较为有效的解决路径为吸纳动态系统论（动态体系论）的相关理论，以司法解释或指导案例的形式，明确列举认定“损害社会公共利益”需要考量的诸要素；同时，还需要确定要素的数量和权重，明定达致“损害社会公共利益”结果的诸要素的充足度（即“原则性示例”），进而为法官的裁量范围划定边界。[3] 根据动态系统论的原理，在法律适用

---

[1] 具体参见天津市人民检察院第三分院诉李某阔侵害烈士名誉权纠纷案，(2020)津 03 民初 286 号；浙江省杭州市人民检察院诉李某翰、吴某涛侵害英雄烈士荣誉权纠纷案，(2019)浙 01 民初 1126 号；浙江省湖州市人民检察院诉张某斌侵害烈士名誉权纠纷案，(2019)浙 05 民初 123 号；湖北省随州市人民检察院诉章某侵害烈士名誉权纠纷案，(2019)鄂 13 民初 324 号；浙江省宁波市人民检察院诉曹某垒侵害烈士名誉权纠纷案，(2019)浙 02 民初 1214 号；湖南省常德市人民检察院诉唐某成侵害烈士名誉权纠纷案，(2019)湘 07 民初 82 号；杭州市西湖区人民检察院诉瞿某宝侵害烈士名誉权纠纷案，(2019)浙 0192 民初 9763 号；浙江省缙云县人民检察院诉陶某平侵害烈士名誉权纠纷案，(2019)浙 11 民初 81 号；云南省红河哈尼族彝族自治州人民检察院诉熊某源侵害烈士名誉权纠纷案，(2019)云 25 民初 182 号等。

[2] 2020 年 12 月 26 日通过的《中华人民共和国刑法修正案（十一）》（本文以下简称《刑法修正案（十一）》）在《刑法》第 299 条后增加了一条，作为第 299 条之一：“侮辱、诽谤或者以其他方式侵害英雄烈士的名誉、荣誉，损害社会公共利益，情节严重的，处三年以下有期徒刑、拘役、管制或者剥夺政治权利。”该条为新增设的关于侵害英雄烈士名誉、荣誉犯罪的条文，是否构成该罪的关键即在于侵害行为是否达致“情节严重”的程度。

[3] 法律效果是由多个要素的协动作用决定的，会至少有 2 个以上的因子不是始终处于平均状态，因而确定法律效果的得出即体现为：要素 A 的充足度 a_1 + 要素 B 的充足度 b_1 + …… = 法律效果 R_1（标准的原则性示例）。解亘、班天可：《被误解和被高估的动态体系论》，《法学研究》2017 年第 2 期，第 50 页。

的过程中，这些要素不是各自被孤立地考量，也并非缺一不可，而是强调与要素的数量和强度相对应的协动作用(要素间的互补性或可交换性)，亦即各要素因强度或者充足度的不同而相互组合，综合地构成所欲达致法律效果的基础，根据它们满足度的总量，法律效果最终通过这种协动作用被确定下来。[1] 动态系统论的运用也在一定程度上强化了法官的论证说理义务，在运用的过程中，法官应当阐释清楚其对相关诸要素的考量过程，以增强裁判的合理性。[2] 我国《民法典》人格权编第998条采纳动态系统论，规定了认定侵害精神性人格权民事责任的考量因素，包括行为人和受害人的职业、影响范围、过错程度及行为的目的、方式和后果等。[3] 但是，该条所列举之诸要素是判断责任成立的法定考量因素并不能完全适用于利益受损害程度的判定，因为侵权行为是否达致"损害社会公共利益"程度仅涉及侵权责任构成中"损害"的认定，且该"损害"对诸要素满足度的要求高于一般损害程度的满足度。在此基础上，"损害社会公共利益"的考量因素还需要结合司法实践经验予以进一步明确，不仅要确定需要考量哪些因素，还要将诸如"影响范围""过错程度"等可量化因素予以具体化。

四、结语

《民法典》第185条司法适用的关键点在于"损害社会公共利益"要件的认定，该要件的司法认定不仅涉及不确定法律概念"社会公共利益"的具体化问题，还涉及"社会公共利益"受损害与"英雄烈士等的姓名、肖像、名誉、荣誉"受侵害之间关联性的证成，二者之间关联性的证成可以通过多次运用演绎推理(三段论)来实现。但是，本文的这一证成进路仅实现了二者之间关联性的形式有效性论证(建立了法律概念之间的逻辑联系)，此种关联性实质上所蕴含的个人利益与公共利益之间相互转化的内在机制、公共利益对个人权利的限制及其平衡等，皆是需要进一步予以论证的问题。此外，《刑法修正案(十一)》增设了"侵害英雄烈士名誉、荣誉罪"，是否构成该罪的关键在于行为人在侵害英雄烈士的名誉、荣誉且"损害社会公共利益"的基础上，是否达到了"情节严重"的程度。显然，"情节严重"的判定标准应当高于"损害社会公共利益"的认定标准，二者之间的界分系判定侵权行为罪与非罪的界点之一，这反映了法律适用中《民法典》与《刑法》的协调与衔接问题，还有待于进一步研究。

---

[1] 山本敬三：《民法中的动态系统论——有关法评价及方法的绪论性考察》，解亘译，梁慧星主编：《民商法论丛》(第23卷)，法律出版社2002年版，第206—221页；解亘、班天可：《被误解和被高估的动态体系论》，《法学研究》2017年第2期。

[2] 王利明：《民法典人格权编中动态系统论的采纳与运用》，《法学家》2020年第4期，第11—12页；王利明、程啸、朱虎：《中华人民共和国民法典人格权编释义》，中国法制出版社2020年版，第142—143页。

[3] 《民法典》人格权编第998条规定："认定行为人承担侵害除生命权、身体权和健康权外的人格权的民事责任，应当考虑行为人和受害人的职业、影响范围、过错程度，以及行为的目的、方式、后果等因素。"关于该条的详细解释可参见王利明、程啸、朱虎：《中华人民共和国民法典人格权编释义》，中国法制出版社2020年版，第129—143页。

国家治理现代化的私法方案

石方方*
彭真明**

摘　要　自治是国家治理现代化不可或缺的组成部分，其中尤以私人自治为要，而私人自治是《民法典》的建构基础，也是理解《民法典》与国家治理现代化二者之间关系的深层脉络。《民法典》通过私人自治为国家治理现代化供给了私法方案，包括自治与强制相融合的治理方式和公私合作的治理模式，这两大私法方案有助于加快多元共治格局下政府职能的转变。私法方案的实施需要行政机关走法治建设道路，在行政执法过程中树立起民法优位的行政理念，同时履行《民法典》中有关私权保障的行政义务。

关键词　国家治理；治理现代化；私法自治；公权力行使；保障私权

目　次

* 石方方（1990—），海南师范大学马克思主义学院博士研究生，主要研究方向：马克思主义法学。
** 彭真明（1963—），海南大学法学院教授，博士研究生导师，主要研究方向：民商法。

自中国共产党第十八届中央委员会第三次全体会议(简称党的十八届三中全会)提出将“推进国家治理体系和治理能力现代化”作为全面深化改革的总目标后,“国家治理现代化”这一命题在中国语境下正式出场。实现国家治理现代化,某种程度上就是实现法治的现代化,这离不开健全的法律法规体系和高效的法律实施体系,《中华人民共和国民法典》(以下简称《民法典》)即是在此背景下颁布的。有学者指出,《民法典》与国家治理现代化的关系突出表现为《民法典》对法治体系的完善效应。[1] 从法治体系方面理解二者之间的关系固然重要,但其视域仍有限制,未能体现出《民法典》的特色。

《民法典》既被称作社会生活的“百科全书”,又有“万法之母”[2]的美誉。前者表明民法规范适用范围之广在整个法律体系层面无出其右;后者则传达出民法规范中所蕴含的自由、平等、公平、诚信等价值理念,以及以权利为中心的法律规范体系契合现代法治理念,是现代法治建设的社会根基。无论是从广度还是深度上看,《民法典》对中国社会的影响都是极为深远的。这既是《民法典》的特色,又决定了其与国家治理现代化之间的密切关联,因为治理效能的提升不仅取决于政府的治理水平,更离不开社会大众的价值理念和行为方式。“民法典并不仅仅只是权利的宣言,它更是国家治理的基本遵循和依靠。”[3]《民法典》何以堪此重任?盖因私人自治为核心的私法精神根植于社会生活之中,抛却国家管理,基于私人自治的社会依旧可以运行。因此,私人自治方是贯通《民法典》与国家治理现代化的深层脉络,或言,借由私人自治,《民法典》为国家治理现代化提供了私法方案。

思忖至此,本文试从私人自治的角度揭示《民法典》与国家治理现代化之间的关系。围绕这一问题,本文拟从以下 3 个方面展开:其一,国家治理和私人自治的关系;其二,以私人自治为核心的私法方案的内容及其作用;其三,国家治理对私法方案的回应。

一、通过私人自治的国家治理

(一)国家治理与私人自治

国家治理是治理理论在国家层面的展开。“治理”一词我国古已有之,初为处理、整修河道以解决水患之意,后则多表示当政者对国家的管理、统治,以“治国理政”的形式出现。老子所著《道德经》中有言,“治大国如烹小鲜”[4],此即我国传统“治国理政”理念的经典阐述。而现代治理理论则发轫于西方,围绕西方

---

〔1〕 王轶:《民法典编纂与国家治理现代化》,《中国人民大学学报》2020 年第 4 期。

〔2〕 徐国栋:《民法哲学》,中国法制出版社 2015 年版,第 32 页;蒋新苗、张融:《“民法乃万法之母”衡论》,《中国政法大学学报》2020 年第 6 期。

〔3〕 孙宪忠:《民法典是对国家治理体系和治理能力现代化的重要提升》,《中国法律评论》2020 年第3 期。

〔4〕《道德经》第 60 章:“治大国,若烹小鲜。以道莅天下,其鬼不神。非其鬼不神,其神不伤人;非其神不伤人,圣人亦不伤人。夫两不相伤,故德交归焉。”

服务型政府改革，政府与社会组织之间的合作加深，通过购买服务的方式将大部分执行工作转移给社会，政府自身则定位为服务者，“小政府、大社会”的治理格局即是西方治理理论的切实反应。[1] 中国共产党第十八次全国代表大会以来，以习近平同志为核心的党中央所提出的“国家治理”并不是传统治国理政理念的简单延续，亦非对西方治理理论的照搬照抄。总体而言，国家治理的提出是中国共产党在汲取多元治理理论的基础上，遵循马克思主义国家理论逻辑，[2]并结合中国治理实践，重新思考政府角色定位的结果。其目的在于完善多元治理格局，构建服务型政府，在实现方式上强调政府摆脱单向度的管控，以引导、协商、沟通、参与的方式达到治理目的。

由此可见，国家治理最为显著的特征是政府职能的转变。政府不再是唯一的治理主体，“社会权力与国家权力分离再生长”，[3]全方位、多层次的社会共治体系逐渐形成，这其中就包括各类社会组织和经济组织。从管理者迈向服务者，要解决的关键问题就是政府权力行使问题。政府在权力收缩的过程中让渡出大量的治理空间，社会组织、经济组织乃至个人就成为这些治理空间的治理主体，与政府一道在国家治理中扮演重要角色。以典型的经济组织体公司为例，由于长期以来实行计划经济，我国的经济组织以国企的形式附属于政府，虽也承担管理职工的职能，但在性质上属于政府职能的延伸，其自身并不是国家治理主体。改革开放之后，社会主义市场经济确立，公司作为市场经济的重要组成部分开始大量涌现，国企也通过改革逐步与行政机关脱离，成为独立的市场主体。这些独立的经济组织以其特定的内部章程、组织结构以及管理规范消解了大量的职工问题，因此通过公司治理解决了部分国家治理的难题，经济组织成为国家治理中不可或缺的治理主体。此外，社会组织也是国家治理中重要的组成部分，其通过将分散的个人连接起来，使孤立的经济人转变为整体意义上的社会人，并参与到国家治理之中。[4] 总体而言，在多元治理格局的国家治理中，政府从无所不包的角色定位中脱离出来，社会成员各自所发挥的治理作用相应提升，自我管理、相互合作的自治模式开始成为国家治理中的重要一环。

值得注意的是，我国的国家治理结构中并不缺乏自治因子。“民族区域自治制度”“基层群众自治制度” 均是中国共产党在治国理政过程中的伟大政治创造。民族区域自治制度是新中国为解决国家建构中的民族与边疆问题而创设的制度，其首要目标就是实现国家政治现代化。[5] 国家借助民族区域自治制度，使统一的多民族国家内部实现各民族不论人口多少一律平等，将传统边疆藩属关系转化为国家内部科层行政治理问题。在此基础上，通过在少数民族聚居的地

---

〔1〕 陶秀丽：《“国家在场”的社会治理：理念反思与现实观照》，《学习与实践》2019 年第 9 期。

〔2〕 王浦劬：《国家治理、政府治理和社会治理的含义及其相互关系》，《国家行政学院学报》2014 年第 3 期。

〔3〕 梁东兴、郑芳：《“国家—社会”视角下社会权力的历史演化》，《社会主义研究》2020 年第 6 期。

〔4〕 徐勇、吕楠：《热话题与冷思考——关于国家治理体系和治理能力现代化的对话》，《当代世界与社会主义》2014 年第 1 期。

〔5〕 关凯：《内与外：民族区域自治实践的中国语境》，《清华大学学报》（哲学社会科学版）2015 年第1 期。

方实行区域自治，设立自治机关，行使自治权，使各少数民族在其聚居的地方实现了当家做主，将人民民主落到实处。基层群众自治制度则是在新中国的民主实践中形成发展起来的，[1]其从探索设立之初就与民主有着不可分割的联系。充分发挥基层群众的力量，让人民群众依法管理自己的事情，这不仅是新中国人民民主专政政权力量在基层的直接体现，更是动员人民群众参政议政，将社会主义民主政治深入人心的组织载体，通过实施基层群众自治制度，我国的社会主义民主得到了最广泛的实践。2007 年，中国共产党第十七次全国代表大会将基层群众自治制度列为国家政治制度，与人民代表大会制度、中国共产党领导的多党合作和政治协商制度、民族区域自治制度一道为实现国家层面的民主制度与基层民主制度的有机结合。纵观我国 70 多年的国家治理历程可以发现，以“民族区域自治”和“基层群众自治”为代表的自治因子已经深嵌其中，自治的背后是人民当家做主的生动实践。但仍需注意的是，若将国家治理意义上的“自治”仅在公共政治语境中被使用，[2]尤其与民主政治紧密挂钩，则会大大地限制其使用场域。这一语境下的“自治”更是迥异于现代治理理论中多元治理格局所要求“自我管理、相互合作”意义上的“自治”。

公共政治语境下的“自治”仍依附于国家权力，是国家管制框架中不可分割的一部分。部分地区仍存在对基层群众自治组织性质认识不清，将其视为行政机关的下属机构对待，对其下达指令性任务。归根结底，自治机构的主体性不足，其自治工作必然无法充分开展。而国家治理现代化要求国家对治理方式进行重构，承认社会组织、经济组织乃至个人的治理主体地位，而非仅将其视为公共管理的对象。事实上，庞杂的社会事务和有限的管理资源也不允许国家“全知全能”，在国家治理模式上必然转向“互动合作的多元共治”[3]。这不仅需要政府放权，更需要政府限权，尤其是在调整广泛平等主体之间法律关系的私法领域，政府不干预或者少干预就是最好的治理。或言之，从国家管理走向国家治理之后，相较于公共政治语境下的“自治”，更需要关注的恰是市民社会中无须国家过多介入，能够实现自我管理的“私人自治”。通过私人自治，自治主体得以自我协商、自我约束、自我管理，[4]并在此基础上互动合作，真正实现“共建共治共享”。可以说，私人自治是国家治理现代化进程中不可忽视的建设力量，而这股力量已经初见成效，并且正在逐步壮大。

（二）私人自治的发展趋势

近年来，随着国家治理现代化的建设，私人自治在发挥国家治理效能方面的作用愈发明显。不论是在中央政府大政方针的制定上，还是在地方政府的治理

---

〔1〕 林尚立：《基层群众自治：中国民主政治建设的实践》，《政治学研究》1999 年第 4 期。

〔2〕 陈小君：《中国〈民法典〉编纂与国家治理现代化的关联逻辑》，《探索与争鸣》2020 年第 5 期。

〔3〕 何增科：《理解国家治理及其现代化》，《马克思主义与现实》2014 年第 1 期。

〔4〕 吴汉东：《国家治理能力现代化与法治化问题研究》，《法学评论》2015 年第 5 期。

实践中，均不乏通过私人自治实现国家治理的身影。[1] 总体而言，通过私人自治实现国家治理的私法方案逐渐受到重视，这集中体现在私人自治发展的如下趋势之中：

其一，私法规范的逐步完善。国家治理现代化的前提是治理体系的现代化，其中尤以法治体系的现代化最为典型。法治是与国家治理相伴而生的命题，这不仅是因为诸多国家体制机制需要通过法律加以明确，而且制度真正发挥其应有的效果还需借助法律的实施。正所谓有良法方能善治，因此法治体系的完善能够直观地反映出国家治理体系的建设层次，蕴含私人自治的私法规范就是其中的代表。改革开放40多年以来，我国经济建设取得如此巨大成就的基本经验就是理性地对待市场经济，尊重市场规律、发挥市场的作用。在1984年的中国共产党第十二届中央委员会第三次全体会议上，《关于经济体制改革的决定》首次承认商品经济的合法地位。而私法作为商品经济的核心规范，其完善程度直接决定着商品经济建设的好坏。1986年的《民法通则》伊始，我国以单行法的方式持续不断地为社会注入私法规范，《担保法》《合同法》等确定民事领域法律关系的基本法相继出台，奠定了社会主义市场经济的基本秩序，也为国家治理市场经济提供了基本遵循。2007年的《物权法》，2009年的《侵权责任法》则进一步在确认私主体的合法财产、保障其合法权益方面迈出关键一步。特别是《物权法》的制定，为国家治理过程中，厘清政府与私主体之间权利边界提供了重要的法律依据，确立了国家不得任意侵犯私主体财产权的基本原则。至2011年，中国特色社会主义法律体系已经形成，主要的私法规范均已制定，形成了一个由《民法通则》统率各民事单行法的民事规范体系。但这众多的民事单行法制定时间跨度大，各自之间不乏规范重复乃至冲突之处，因此急需统合。2014年，以加强市场法律制度建设为目标的《民法典》编撰工作确立；2020年，我国私法规范的集大成者——新中国的第一部《民法典》正式颁布。我国的私法规范从少到多、从粗到细的发展历程表明，坚持和发展社会主义市场经济是国家治理的重大问题，其中的每一步都离不开包含私人自治的私法规范。

其二，私权话语实现勃兴。私人自治的实现离不开私权话语的勃兴。与私法规范逐步完善相同步的，是私权话语在我国的出现和勃兴。实现善治是国家治理的终极目标，[2]其中就包括国家尊重和保障私主体的民事权益。市场经济所遵循的是私主体充分发挥自主性和创造性的市场逻辑，这必然以国家承认私权为前提。但在改革开放初期，“姓资还是姓社”问题的讨论和计划经济时期的定式思维使整个国家对私权保持着足够的戒备。[3] 私权的破冰之路尚且如此艰难，更遑论私权的保障。自“南方谈话”和“社会主义市场经济”写入宪法之后，社

---

〔1〕 如《关于在公共服务领域推广政府和社会资本合作模式的指导意见》《关于进一步鼓励和引导社会资本举办医疗机构的意见》等。

〔2〕 俞可平：《治理和善治引论》，《马克思主义与现实》1999年第5期。

〔3〕 杜润平：《私权侵蚀公权——一个不容忽视的现实问题》，《中国社会科学院研究生院学报》1994年第1期。

会主义市场经济正式通过法律的形式被确立为一项国家的基本制度，这为私权的出场扫清了制度障碍。随着民事法律规范的逐步完善，承认私权、尊重私权的私权话语逐步形成，[1]同时私权话语的社会需求也呼唤着国家迈出保障私权的关键一步。2004年，“保护私有财产”写入宪法，私权话语为国家治理注入了保障私权的治理理念。2020年颁布的《民法典》更是贯彻了权利法的立法定位，充分保障民事主体的合法权益，尤其是独立成编的人格权，为国家治理提出了新的要求。习近平总书记在贯彻实施《民法典》的讲话中指出：“各级党和国家机关开展工作要考虑民法典规定，不能侵犯人民群众享有的合法民事权利，包括人身权利和财产权利。”[2]私权话语的勃兴促使国家机关重新审视国家治理过程中公权力与私权利的关系，为国家治理现代化中以私人自治为核心的私法方案落实创造了基本条件。

其三，私主体之间的法律关系得到重视。私人自治就是建立在私主体之间平等法律关系之上的自治，这种私主体之间的平等关系广泛存在于市民社会之中，维持着市民社会的正常运转。若从广义上理解私法，则规范私主体间平等关系的私法不仅有民商事法律，还包含交易习惯、行业规范、自律性公约、私主体内部章程以及平等主体之间所签订的契约。这些以私主体之间自觉履行，无须国家强制力为后盾的“软法”构建了市民社会的整体秩序，借由这些软法社会自治得以实现。而与私法截然不同的是，公法是以公权力的运转为核心，所调整的是国家机关与普通公民之间的法律关系。这种法律关系本身就是不平等的，因此在公法视域下，管制而非自治的思维自然容易形成。但是从国家管理到国家治理，政府角色发生变化，注重发挥社会力量是一个趋势，自然应当对私主体之间的平等法律关系加以关注。因此可以看到，2014年《中共中央关于全面推进依法治国若干重大问题的决定》中，明确提出“深入开展多层次多形式法治创建活动，深化基层组织和部门、行业依法治理，支持各类社会主体自我约束、自我管理。发挥市民公约、乡规民约、行业规章、团体章程等社会规范在社会治理中的积极作用”。[3] 这足以表明，国家治理离不开社会自治，国家也愈发重视私主体之间的法律关系。

其四，私主体能够切实参与到国家治理之中。形成多元治理格局，实现共建共治共享是国家治理现代化的建设目标之一，而多元共治的首要前提就是承认私主体的治理主体地位，并使其参与到治理过程之中。这也意味着需要打破围绕行政权所建立起的国家机关与社会公众之间的不平等关系，引入平等与合作的契约关系。契约本是私法调整社会关系的重要方式，但在以行政法为代表的公法发展过程中被大量的引入，成为“行政法治的基本调控手段乃至于基本精

---

〔1〕 其中最具有代表性的民事法律规范即1986年颁布的《民法通则》，有学者将其称之为“民事权利的宣言书”。彭真明：《论现代民商合一体例下民法典对商事规范的统摄》，《社会科学》2017年第3期。

〔2〕 习近平：《充分认识颁布实施民法典重大意义依法更好保障人民合法权益》，《求是》2020年第12期。

〔3〕 《中共中央关于全面推进依法治国若干重大问题的决定》，人民出版社2014年版，第27—28页。

神"[1]。私主体通过与国家机关签订契约的方式参与到社会治理之中，成为社会治理不可或缺的治理主体。PPP(Public-Private Partnership，政府和社会资本合作)模式就是私主体与国家机关实现合作治理的典型，这种公私合作实践在我国最早出现在基础设施和公用事业建设运营方面，如今正向更为广泛的公共服务领域推进。[2] 通过这一模式，国家机关成功地将基础设施及公共服务领域的实施工作转移给私主体，仅留监管工作，而私主体则以其拥有资本和技术为社会供给优质基础设施和公共服务。PPP 模式引入私主体与国家机关共同治理社会，大大减轻了行政负担，为转变政府职能，提升治理能力提供契机。

综上所述，自治是国家治理不可或缺的组成部分，而长久以来我国国家治理过程中对公共政治语境下的自治多有侧重，忽视了社会生活中广泛存在的私人自治。国家治理现代化以多元共治为目标，其更应发挥私人自治在调控社会关系中的重要作用。当前，以私人自治为核心的国家治理私法方案已经显现，并呈现出私法规范逐步完善、私权话语实现勃兴、私主体之间法律关系得到重视和私主体能够切实参与到国家治理之中四大趋势。私法方案在国家治理现代化进程中是必不可少的，其对多元共治格局的形成，尤其是其中转变政府职能、构建服务型政府的关键环节有着重要的助力作用。

二、国家治理中私法方案的内容

国家治理现代化的本质是政府角色定位的转变，这其中的核心是公权力行使问题。因此私法能否以及在多大程度上协助政府完成职能转变，是评价国家治理中《民法典》作用的关键。这离不开私人自治，以及基于私人自治精神所提供的私法方案。因为以国家强制力为后盾的公权力天然具有"侵略性"，保障国家法律、法规规定范围内最大限度的自由是民法学人乃至法治建设工作者恒久的追求。私人自治以其所具有的"私法特质"而天然成为区分公法与私法的标杆。[3] 这也意味着，在国家治理现代化的过程中，不仅要认识到私人自治的重要意义，更有必要将其基本精神内化到国家治理之中。依托私人自治，《民法典》为国家治理供给的私法方案包含自由和平等两个方面，具体为自治与强制相融合的治理方式，以及公私合作的治理模式。

(一)自治与强制相融合的治理方式

《民法典》的核心就是私人自治，是一部以权利为导向的自治规范。以《民法典》为代表的私法因其自治法的本质，强调依靠自治而非强制，而公法却以强制力为主要调控方式，二者之间具有天然的"离合性"，这也是划分公法与私法的重要依据。但是尽管公法与私法在治理方式上有所区别，二者的治理目的却是相同的，即规范社会秩序，实现社会利益的最大化。因此，不宜将公法与私法对立

---

〔1〕 张淑芳:《私法渗入公法的必然与边界》,《中国法学》2019 年第 4 期。

〔2〕 章志远:《迈向公私合作型行政法》,《法学研究》2019 年第 2 期。

〔3〕 易军:《"法不禁止皆自由"的私法精义》,《中国社会科学》2014 年第 4 期。

起来，而是应当尽可能地发挥公法的强制性治理方式与私法的自治性治理方式的优势，将二者有机地融合起来。公法与私法融合性社会治理方式应运而生，其强调为实现良好社会治理效果而追求的公私法规制手段的最佳结合。〔1〕实际上，公私融合的治理方式亦是国家治理现代化的必然要求，因为过于仰赖公法而忽视私法，势必导致政府以国家强制力管控社会，刚性有余而柔性不足的治理方式会打击社会主体参与社会治理的积极性，进而不利于激发社会主体的创造力。社会主体的自治意识是与生俱来的，忽视这一客观存在，过分注重行政命令只会造成政府与社会关系的紧张。〔2〕而以自治为根基的私法的引入则可以有效地发挥社会主体的主动性和创造性，改善政府与社会之间的关系。

自治而非强制是私法的治理方式，在《民法典》中，私人自治的实现所依赖的是意思自治原则和过错责任原则。意思自治指行为人可以按照自己的意思处理自身事务，包括订立契约、转让财产、设立遗嘱等。过错责任将行为人基于自己意志支配下的行为责任局限于自身过错的范围之内，从责任的角度重申个体自由与个体意志之间的关系。〔3〕可以说，意思自治是行为人主动参与的积极面，而过错责任则是行为人因其主动行为而承担责任的消极面，二者是一体两面的关系。通过意思自治和过错责任，私主体可以自我实现自身权利，并在主动追求自身利益的同时知晓其权利的边界，即不得损害他人合法权益和社会公共利益。基于这种主观能动性，私法中的利益分配和秩序调整可在公权力的边界之外实现自我规制。例如，在互联网产业野蛮生长的初期，互联网处于行政权力的真空地带，互联网秩序主要由各个论坛的线上管理员维护。线上管理员通过推送原创作品、组织讨论、协调纠纷、处理违规人员以及删除违规发帖等方式，维护论坛中的友好交流环境，这不失为私主体自治的典范。随着互联网技术的迅猛发展，全民接入互联网的时代已经到来，而私主体间的自治已经无法应付大量的违法违规行为。如何建构新时代的互联网秩序？是政府接手加强管制，还是交由社会任其自治成为摆在立法者面前的一道难题。《民法典》积极回应了这个时代之问，系统地规定网络侵权责任构成，为大量的互联网侵权问题提供了可行的自治规范，以私权保障的方式为互联网治理难题提供私法方案。

除实现私主体间的自我规制外，私法的自治性治理效果还会辐射到公权力的行使范围之内，帮助或者促进公权力的行使，进而助力国家治理。以早期互联网的秩序架构过程中的“人肉搜索”为例，早期的人肉搜索主要以娱乐内容为主，如被称为第一次人肉搜索事件的“微软陈自瑶事件”仅以查明陈自瑶的真实身份为目的。而随着人肉搜索适用范围的扩展，诸多涉及公共利益的事件成为网友搜索的对象，如曾引起全民关注的“虐猫女事件”“周久耕天价烟事件”“姜岩死

〔1〕张国敏、郝培轩：《公法与私法的融合性社会治理——以民法典中行政主体义务性规范为视角》，《河北法学》2021 年第 6 期。

〔2〕郎佩娟：《国家治理方法的变革与适用》，《国家治理》2019 年第 22 期。

〔3〕王竹、吴涛：《论中国特色社会主义民法核心价值观——基于体系论、层次论和方法论的探讨》，《中国矿业大学学报（社会科学版）》2019 年第 1 期。

亡博客事件”等人肉搜索典型事件，背后的事实无不违背社会公德，甚至违反法律法规。但由于互联网身份的隐匿性，这些触及社会底线事件中当事人的真实身份并不为网友所知晓，社会治理出现真空地带。而大量的网友在“网络表达热情”的激励下通过人肉搜索将其曝光于大众视线之下，这个过程中可能伴随着对侵权人互联网之外正常生活的额外干涉，以此达到惩戒的目的，同时却也为公权力的提前介入提供了契机，有助于维护社会正义。

随着个人信息保护意识的提高，人肉搜索这一互联网早期发展过程中形成的私主体自发维护社会秩序的方式走下历史的舞台，但在《民法典》时代，这种或为私主体伸张权利，或为维护公共利益的自治行为，在社会治理中仍发挥着重要作用。“私法的请求权可以辅助公法规范”，[1]例如，《民法典》针对环境污染治理问题从私法的角度以请求权的方式给出了私法方案，有助于解决长久以来以借助公权力的强制性治理方式处理环境污染问题收效甚微，前脚罚款、后脚排污的顽疾。《民法典》第 1229 条规定：“因污染环境、破坏生态造成他人损害的，侵权人应当承担侵权责任。”通过赋予私主体追究环境污染侵权责任的请求权，鼓励受害人通过请求损害赔偿的方式捍卫其权利，[2]在环境污染整治方面动员社会各方主体积极参与，尤其是激发作为被侵权人的私主体的积极性，形成环境问题社会共治的治理格局。此外，《民法典》第 1234 条和第 1235 条新设生态环境损害的修复义务和赔偿责任，赋予国家机关、法律规定的有关组织就环境污染企业承担生态修复和环境损害赔偿责任的请求权，以私法的治理方式解决了公共利益损害问题。最后，私主体还可以通过向人民检察院控告、举报的方式，将诸如环境污染等有损公共利益的案件通过公益诉讼的方式解决。这未尝不是私主体通过私人自治“反哺”公权力，走公私协同治理之路的又一例证。

（二）公私合作的治理模式

合作型治理模式是《民法典》为国家治理所供给的新型治理模式。从管制到共治是国家治理模式发展的必然趋势，而承认国家治理参与者的主体性是多元共治格局形成的基础。《民法典》所调整的是平等主体之间的法律关系，平等协商是关键。因此《民法典》在第 4 条开宗明义地规定“民事主体在民事活动中的法律地位一律平等”，尤其是排斥民事主体之间因不平等的地位而产生的胁迫、强制等违背当事人意思自由的法律关系。推而广之，国家治理参与者主体性的彰显同样离不开行政机关对其平等地位的认可，并在双方地位平等的基础上开展合作治理。这种从《民法典》中借鉴而来的平等协商式的治理模式就是合作型治理模式。

合作型治理模式的产生与责任制思想的出现、责任制思想向行政管理领域的渗透以及经济体制由计划经济向市场经济转轨而引发政府职能和管理手段变

---

〔1〕 弗雷德曼·沃尔夫：《物权法》，吴越、李大雪译，法律出版社 2002 年版，第 189 页。

〔2〕 王利明：《民法典：国家治理体系现代化的保障》，《中外法学》2020 年第 4 期。

化有关。[1] 尽管该模式自20世纪90年代初期被引入，距今已经发展30余年，但除部分政务服务行业通过PPP模式较好地贯彻公主体与私主体平等协商的治理理念外，其他领域中承认私主体的主体性地位仍任重而道远。在公权力的行使过程中，各方当事人被局限于“命令—服从”的权力架构之内，因而强制性是其固有的底色。这种具有强制性的公权力是国家管理阶段政府管控社会的主要方式，体现着管理者的中心地位。路径依赖理论表明，对制度的变革并非一蹴而就，尤其是在制度理念层面。这也就不难理解从国家管理迈向国家治理之后，尽管国家层面倡导多元共治格局，需要政府转变治理方式，减少对以强制力为后盾的管制手段的依赖，但实践中仍不乏管理者粗暴执法，以罚代管，一罚了之案件的发生。[2] 与之相对应的是，《民法典》倡导基于平等地位的合作交流，只有双方地位平等，利益诉求才能得以充分阐释，合作型治理模式才有建构的基础。因此当下阶段仍应继续坚守合作型治理模式，本文认为以下两种合作型治理模式的适用不失为在地位平等的基础上，实现社会共治的典型。

其一，在行政立法过程中的第三方参与。行政立法是行政机关在职权范围内就行政管理事项的普遍性应用规则制定法规、规章等规范性文件的活动。传统意义上的行政立法由特定的国家行政机关内部主导制定，其科学性和民主性有待提高。为此，引入第三方参与到行政立法过程之中，由第三方负责起草、评估立法草案成为解决上述行政立法不足的新路径。十八届四中全会通过的《中共中央关于全面推进依法治国若干重大问题的决定》明确提出引入第三方评估[3]和委托第三方起草法律法规的第三方参与机制。显然，第三方参与行政立法是建立在双方平等协商的基础之上，属于典型的“公私合作”。通过委托第三方参与立法的方式，可以充分发挥私主体的独立性和专业性，弥补行政机关单独立法的不足。而私主体也通过参与立法的方式协助国家行政机关立良法，最终助力实现国家善治。其二，行政执法中的行政担保。担保制度本是民事法律关系中保障债权实现的辅助性规则，有效担保的合同必须建立当事人平等自愿的基础上。近年来，担保制度的基本理论被广泛运用到行政执法领域，以行政相对人提供相应的担保来确保行政管理目标的实现。行政担保这一创新型的治理模式，其前提就是认可行政相对人的主体性地位，只有双方地位平等、意志自由，行政担保才有适用空间。可见担保制度虽从私法领域迈向公法领域，但其以私法

---

[1] 余凌云：《论行政法领域中存在契约关系的可能性》，《法学家》1998年第2期。

[2] 《山西交警自称赶任务，“罚一次管三个月，有事找我！”涉事人员被停职》，https://baijiahao.baidu.com/s?id=1707219731765865947&wfr=spider&for=pc，访问日期：2021年11月8日。

[3] 2015年7月，江西省政府法制办出台了《江西省地方性法规和省政府规章草案第三方评估办法》（以下简称《办法》），这是国内首个专门针对立法重要事项进行第三方评估的规范性文件。2016年1月，江西省人民政府对《江西省人民政府拟订地方性法规草案和制定规章程序规定》规章进行了修改，在第28条第3款中明确规定：“对社会普遍关注、部门间争议较大的重要立法事项和专业性、技术性强的地方性法规及规章草案，由省政府法制机构和起草单位组织开展第三方评估。”江西省成为国内首个专门在政府规章中明确要求组织开展第三方立法评估的省市。江西省人大常委会法工委：《重要立法事项第三方评估机制研究》，http://www.npc.gov.cn/npc/c30279/201808/176e6984564f4808a54a957df5b684e5.shtml，访问日期：2021年11月8日。

自治为基础的构成要件却并未发生改变。通过行政担保,行政机关能够在保障行政管理目标实现的同时,更多地考虑到行政相对人的利益,二者之间减少矛盾冲突,走向合作型治理模式。

综上所述,以私人自治为核心的私法方案为国家治理供给了自由和平等两大基本理念。首先,以自由为根基的私法在治理方式上崇尚自治,这与以管制为核心的公法在治理方式上截然不同。但是现代社会问题的复杂性促使以自治为核心的私法治理方式与以管制为核心的公法治理方式相融合。这种基于自由理念而产生的自治与强制相融合的治理方式即为《民法典》所供给的私法方案。其次,在平等理念基础上,公权力主体与私权利主体就社会治理问题的合作共治。这种起源于政府职能转变的治理模式已经通过大量的 PPP 模式实践,将其中所蕴含的公私平等合作理念传输到行政治理的各个阶段之中,这不失为私法方案的又一贡献。

三、国家治理中私法方案的实现路径

法治既是国家治理现代化的基本表征,亦是实现治理现代化的必由之路。走法治化的建设道路,以法治凝共识、定道路、抓落实已成为我国改革发展的基本经验,要通过私法实现国家治理同样离不开法治化的建设道路。现代法治的本质在于防止国家权力侵害个人权利。[1] 进言之,现代法治的核心价值就是对公权力的限制和私权利的保护。这在国家治理现代化的私法方案中体现地尤为明显。私人自治是国家治理私法方案落实的关键,私人自治不彰,社会主体就缺乏主动性和创造力,参与社会治理的积极性不强,则国家治理多元共治格局殊难形成。私法方案的落实仰赖私人自治的彰显,私人自治的彰显必须处理好公权与私权的关系,走法治道路,遏制公权,保障私权。

(一)树立民法优位的行政理念

《民法典》所供给的私法方案以私人自治为基础,以民事权利为导向,因此保障私主体的权利和行使权利的自由甚为关键。私权神圣是民法的基本原则,其彰显着民法尊重私权、保障私权的核心理念,亦是民法作为权利法的直接体现。从权利的角度看,权利即是法律所允许个人行为的空间,因此私权神圣所弘扬的其实就是个人行为自由的空间神圣不可侵犯。[2] 这一权利空间集中表现为人格权神圣和财产权神圣两大方面,人格权是人成为其人的基本权利,其中尤以人身自由和人格尊严为首要;而财产权则是人格权行使的保障,所谓"无财产即无人格",个人自由的实现离不开对个人财产的有效保障。是故,人格权与财产权是个人自由的基础,也是人之为人的基本要件。

随着《民法典》的颁布实施,不仅物权、债权、身份权等传统民事权利得以保

---

〔1〕 江平、季卫东:《现代法治的精神——江平、季卫东对谈》,《通往法治的道路:社会的多元化与权威体系》,法律出版社 2014 年版,第 167 页。

〔2〕 侯佳儒:《民法基本原则解释:意思自治原理及其展开》,《环球法律评论》2014 年第 3 期。

留，以数据和网络虚拟财产为代表的新型财产权益亦获得法律的认可，更为重要的是人格权以单独一编的体量被民事权利体系吸收，《民法典》真真切切地成为一部满载民事权利的法典。但是，私人自治的实现不仅需要国家对民事权利的确认，更离不开国家保障私主体行使权利的自由。随着《民法典》的颁布实施，私权保障理念渐趋深入人心。在此基础上，私人自治的彰显则需要公权力机关彻底扭转公法优位的行政执法理念，在公权力的行使过程中树立民法优先的理念，将私权保障落到实处。

民法优位的行政执法理念具体包括以下三个方面：其一，民事法律规范优先。民法亦是调整社会关系的重要法律规范，公权力机关要认识到民事法律规范在实现国家治理中的作用，引导发挥其“自治性协商性强、政府干预代价小、错误修复成本低等优势”[1]。将运用民事法律规范解决纠纷放在首位，扭转社会治理过度依赖国家强制力，将民事纠纷行政化、刑法化的问题。其二，民事责任优先。民事责任、行政责任和刑事责任本是功能各异、并行不悖的三种责任形态，但是当责任主体的责任能力不足以承担全部责任时，就需要解决责任竞合问题。我国《民法典》《刑法》《证券法》等法律法规均规定民事责任优先，这不仅与私权神圣原则一脉相承，同时也反映了“国不与民争利”的朴素民本思想。但实践中民事责任优先并未得到较好地贯彻，多数情形下违法行为一经发生，行政处罚的决定或刑事责任的认定即可在较短的时间内作出并于法定期限内执行，而民事主体则需要经过漫长的取证和诉讼环节，效率上的差异导致民事责任无财产可供执行的困境。这就需要行政机关转变执法思路，建立相应的行政罚款、刑事罚金暂缓入库和财政回拨制度，有效地落实民事责任优先原则。其三，民事权利保障优先。现代法治的核心就是遏制公权、保障私权，如果在抽象行政行为中规定有违私权保障的法律规范，则必然导致行政机关大范围侵害私权。如在当下此起彼伏的社会信用立法浪潮中，由于缺乏统一的上位法，部分地方立法为追求社会信用建设实效，加大信用惩戒力度，出现以失信为标准对行为人实施资格剥夺、自由限制、声誉不利等侵害失信行为人人格权、财产权的规定。诸如此类的法律法规，需要切实做好备案审查工作，将有违私权保障的法律规范排除在外。而对于具体行政行为中侵害私权的状况，则需要行政执法机关将保障民事主体的合法权益放在首位，在实现管理效果的同时亦要注重管理方式，特别是应当杜绝以侵害私权利的方式实现既定的治理目标。

(二)履行保障私权的行政义务

传统法学理论将私人自治作为限制权力的基本方式，并以此为基础建构起私人自治与国家强制的二元对立格局。但随着现代社会的发展，复杂的社会问题和多样化的调控手段促使公法与私法相互渗透，呈现出交叉融合的发展趋

[1] 黄文艺：《民法典与社会治理现代化》，《法制与社会发展》2020年第5期。

势。[1] 国家治理的私法方案可视作私法融入公法的典型,相应地公法也融入私法之中,呈现出私法公法化的趋势,其中最具有代表性的即是《民法典》中诸多与行政机关相关的法律义务。可以说私法关系从形成到消灭,国家强制对它的影响无处不在。[2] 而这些影响——无论民事权利的确认、法律关系的成立、还是合同效力的有无——均可归为一个目的,即国家尊重和保障私权。有学者指出,在"行政权力—民事权利"的关系形态中,介入和限定构成两个基础关系。[3] 而无论是行政机关直接干预,亦或是间接影响,行政权力介入民事权利必须有合法正当的理由,或为公共利益、或为第三人合法利益。只有在法律明确规定行政机关对保障私权的作为义务的情况下,其介入私权方可具有正当性。而且从依法行政的建设要求出发,行政机关也必须履行保障私权的行政义务。

《民法典》中有关行政机关保障私权的行政义务大体可分为以下两类:其一,确认民事权利的义务。除宪法赋予人民的人身自由、人格尊严等人格权与生俱来外,多数民事权利的取得、变更、消灭需要行政机关的介入,行政机关担负着确认民事权利归属的作用。行政机关确认民事权利的行政义务广泛存在于《民法典》中,如出生信息、身份住所信息等事实状况的登记,自然人营业资格取得和法人的设立,不动产的设立、变更、转让和消灭的公示,以及婚姻和收养关系的确认,等等。这些与人身权、财产权息息相关的取得资格、取得条件、取得状况等信息均需行政机关予以确认。行政机关如此广泛地介入民事权利确认过程,其中缘由仍应回到国家治理之中。随着社会主义市场经济的发展,社会财富增多的同时必然伴随着权利觉醒。而明确的权利边界,特别是产权边界是社会主义市场经济保持稳定健康发展的前提。而平等的私主体之间仅依据私人自治并不能有效地解决权利纠纷问题,如"一房二卖"中的两个买受人,其均为出卖人私人自治的受害者。因此为实现国家治理,规范社会秩序,预防权利纠纷的发生,以国家为背书的行政机关主动介入确认民事权利的活动之中就具有不可否认的正当性。具言之,行政机关通过履行确认民事权利的义务,可以实现两个目的:一方面,公示权利,减少纠纷。如《民法典》第 368 条规定:"居住权无偿设立,但是当事人另有约定的除外。设立居住权的,应当向登记机构申请居住权登记。居住权自登记时设立。"居住权是在他人的物权之上设立不动产的使用权,若非经过登记公示,则仅以居住权设立合同无法对抗实际的不动产所有人,因此设立居住权必须登记公示,以登记在册的用益物权减少居住权人和房屋买受人之间的信息差,进而减少不必要的权利纠纷。另一方面,限制权利,预防纠纷。行政机关在民事权利确认过程中可以适当限制权利的肆意,将权利纠纷扼杀在萌芽之中。例如,《民法典》第 293 条规定:"建造建筑物,不得违反国家有关工程建设标准,不得妨碍相邻建筑物的通风、采光和日照。"此即行政机关在建筑规划许可环节应考虑到工程建设过程中的负外部性,进而对民事主体的权利进行适当限制,从

---

〔1〕 周佑勇:《面对民法典时代行政法变革》,《法制日报》2020 年 6 月 17 日。
〔2〕 苏永钦:《私法自治中的国家强制》,中国法制出版社 2005 年版,第 2 页。
〔3〕 章剑生:《作为介入和扩展私法自治领域的行政法》,《当代法学》2021 年第 3 期。

而达到预防权利纠纷的目的。

其二,保护民事权利的义务。除对民事权利的确认义务外,行政机关还负担直接保护民事权利的行政义务。行政机关的保护民事权利义务源于国家维护国民安全、防范外来侵扰的政权正当性。[1] 这一保护义务现已具象为《民法典》第1条,即立法宗旨中明确整部法典皆是“为了保护民事主体的合法权益”。行政机关代表国家履行保护民事权利的义务,主要有两个层面:消极的不作为义务和积极的作为义务。消极的不作为义务的重点在于行政机关不得非法侵害民事权利。尤其是站在公共利益的立场之上,若未严格按照法定程序进行,则极易出现借公益之名行侵害私益的事件。因此在面对公益与私益的横平决策时,行政机关应当履行消极的不作为义务,不主动侵害民事权利,避无可避之时也应当积极补偿民事主体的权利损失。《民法典》在较为典型的公共利益与民事权利相冲突的事件中明确规定了行政机关的不作为义务,如第117条中行政机关必须依据法定权限和程序实施征收、征用,并予以公平、合理的补偿;第385条中行政机关提前收回已经取得建设用地使用权的土地时,对权利人的补偿义务等。积极的作为义务要求行政机关就民事权利的实现提供必要的辅助工作。如《民法典》第1254条高空抛物侵权责任条款中,于第3款新增公安机关“应当依法及时调查,查清责任人”的调查义务。在前《民法典》时代,《侵权责任法》第87条针对高空抛物的法律制度不尽完善,若受害人无法查明侵权人,则推定可能造成侵权行为的民事主体共同承担侵权责任。这一规则不符合侵权责任归责原则,更多的是一种立法政策的选择。[2] 如此规则设计不仅不利于受害人的补偿,而且多人共担风险,在一定程度上助长了高空抛物行为,成为影响社会安定和谐的“头顶上的安全隐患”。而《民法典》通过明确行政机关的协助调查义务,解决了“具体侵权人不明”的问题,不仅有利于受害人的权利救济,而且从根本上打通了高空抛物侵权责任的法律适用问题,足见行政机关的积极作为义务在保护民事权利方面的重要作用。

综上所述,私法方案的落实仰赖私人自治的彰显,这其中的关键则是公权与私权的关系问题。遏制公权、保障私权是法治建设的基本经验,私法方案的落实同样应走法治建设道路。这就要求行政机关在行政执法过程中树立起民法优位的行政理念,将民事法律规范优先、民事责任优先和民事权利保障优先落到实处。同时行政机关还要履行好《民法典》中有关私权保障的行政义务,包括确认民事权利的义务和保护民事权利的义务。

---

[1] 谢鸿飞:《〈民法典〉中的“国家”》,《法学评论》2020年第5期。

[2] 石冠彬:《民法典侵权责任编:体系解读与立法评析》,《中国人民大学学报》2020年第4期。

重构环境公益诉讼理论基础[1]

孙洪坤*
孙少炯**

摘　要　已有环境公益诉讼理论基础主要关注诉讼权利人资格或集中于环境公益诉讼制度某一点研究的狭隘性，无法奠定环境公益诉讼制度的理论基石，这使得其对环境公益诉讼实践本源性指导和价值指引等方面支撑不足，引发环境公益诉讼实践陷入不同理论和价值遵循之间的严重冲突。人类-生态命运共同体下的环境公益诉讼理论基础，通过对已有主流环境公益诉讼理论基础中思想的去伪存真，建立在更高的人类整体视角下，致力于维护环境公共利益，不仅要保护当代人的环境利益，更要为后世子孙守护其必要的环境权利。

关键词　环境公益诉讼；理论基础；人类-生态命运共同体

目　次

---

* 孙洪坤，安徽大学法学院、安徽法治与社会安全研究中心教授、博士研究生导师。
** 孙少炯，安徽法治与社会安全研究中心研究员。

〔1〕 本文系国家社科基金项目“绿色生态文明理念下环境公益诉讼立法完善研究”(17BFX120)的阶段性研究成果。

中国共产党十九届四中全会提出"完善生态环境公益诉讼制度"。欲完善环境公益诉讼制度,必先为其奠定扎实的理论基础。环境公益诉讼理论基础滥觞于20世纪六七十年代美国环保运动兴起和环境法律、诉讼制度的蓬勃发展。作为一项"舶来品",不可避免体现着美国法律和诉讼制度的特色。因抗辩制、司法中立而过分关注诉讼权利人资格的设计,视庭审过程能够成为诉讼双方展示聪慧才智和主动维护自身权利的舞台。环境公共信托理论、私人检察总长理论(私人实施法律理论)、环境权理论等环境公益诉讼理论基础,就是在适应美国诉讼机制前提下的理论基础建构。此外,我国一些学者也在这些国外主流的环境公益诉讼理论基础之上提出了具有一定特色的环境公益诉讼理论基础。环境责任理论、环境共和主义理论、新生态主义理论等,这些理论虽然各具优势,但依然囿于自身视角和对国外理论基础的青睐,难以跳脱已有环境公益诉讼理论基础的藩篱,存在各种不足,终难作为环境公益诉讼理论基础,无法担起指导环境公益诉讼理论和实践的大任。有鉴于此,重构环境公益诉讼的理论基础已成为亟待解决的重大课题。

一、环境公益诉讼已有理论基础之反思

(一)环境公益诉讼已有理论基础之梳理

公共信托理论原本适用于对土地所有权的信托。1970年美国的约瑟夫·萨克斯教授在其发表的论文《自然资源法中的公共信托原则:有效司法干预》(*The Public Trust Doctrine in Natural Resource Law*:*Effective Judicial Intervention*)中首次将公共信托理论应用到了环境司法领域。他指出环境公共信托是"一种主张,即州不能授予私人对公产的所有权,以赋权他们去界定或改变公共用途。"[1]环境要素"是全体公民的共有财产;公民为了管理他们的共有财产,将其委托给政府,政府与公民从而建立起信托关系。"[2]萨克斯教授认为环境资源属于公众对政府的公共信托范畴的原因在于环境利益是天赋的,并且这一利益的享有与否决定了其公民权的存在与否,因此无法抛弃或者交换。"某些利益完全是因自然的慷慨而给予人的特别恩赐,因而它们应当属于全体人民",[3]"某些利益对每个公民来说天生就是如此重要,以致每个公民对它们的自由利用往往表明社会是所有公民的社会而不是奴隶的社会。"[4]此外,萨克斯教授也认识到环境价值有时超越了经济价值且难以计量,这一点是对当前依然盛行的经济分

---

〔1〕 Joseph L. Sax,"The Public Trust Doctrine in Natural Resource Law:Effective Judicial Intervention", *in Michigan Law Review*,68(1970),p. 508.

〔2〕 Joseph L. Sax,"The Public Trust Doctrine in Natural Resource Law:Effective Judicial Intervention", *in Michigan Law Review*,68(1970),p. 471.

〔3〕 Joseph L. Sax,"The Public Trust Doctrine in Natural Resource Law:Effective Judicial Intervention", *in Michigan Law Review*,68(1970),p. 484.

〔4〕 Joseph L. Sax,"The Public Trust Doctrine in Natural Resource Law:Effective Judicial Intervention", *in* Michigan Law Review,68(1970),p. 484.

析法学策略:以经济价值为一切环境要素标价方式的超越。“一些腐败的、过度短视的立法机关或政府,完全可能在不给公众带来可辨认的利益损害的情况下,将一些无法用价值衡量的自然资源转让给一些规模小的、有势力的利益集团,从而给环境资源带来潜在的危险和损害。”[1]

“私人检察总长”理论最早由美国联邦第二巡回上诉法院法官弗兰克于1943年纽约州工业联合会诉伊克斯案中提出。弗兰克法官在该案判决中指出:当不存在法律合宪性争议的情况下,国会既可授权官员也可授权公民就违法行政行为提起诉讼。当存在争议时,则不应当禁止国会依据宪法授权处在该争议中的任何人(官员或民众)就该争议提起诉讼,即便只是为了保护公共利益的目的。[2]这里获得授权提起诉讼者就被称为“私人检察总长”。而私人实施法律理论则与私人检察总长理论属于一体两面,私人检察总长理论从公民诉讼提起者的身份上做出阐述,而私人实施法律理论从维护环境公共利益的实施层面做出阐述。私人实施法律理论指出“只有公众才是保证法律得以有效实施的最终主体。”[3]然而,很快在同一年美国大法官道格拉斯就为“私人检察总长”理论设置了一道门槛。他在联邦通信委员会诉全国广播公司案中指出:“对于那些在没有侵犯私权的情况下,申请法院对联邦通信委员会的决定进行司法审查的法律,我对该法律的合宪性表示怀疑。”[4]之后为平衡私权和公权之间的关系,美国《清洁水法》等多数环境法律都设置了60天的公告期,只有政府机关在公民或环境组织提起诉讼后的60天公告内对环境损害行为人不处理、不起诉的情况下,公民或环境组织提起的公民诉讼才会正式启动司法程序。“私人检察总长”理论最初的设计不仅是为了环境案件,而是在面临合宪性争议和不合法却又行政不作为导致公民权利受损时,对公民通过司法途径救济的认可。但环境案件对私人检察总长理论的依赖却尤其强烈,这是由于一些被公众广泛认为违宪,却又得到行政机关授权的环境损害行为亟须通过这一理论的指导提起诉讼。

环境权理论由于其概念的模糊性无法确切知道其起源。最有可能是出于环境安全和健康的强烈担忧之后的公众普遍心声。1972年的《斯德哥尔摩宣言》和1992年的《里约宣言》都对人类环境权作了具体阐述,并且“据不完全统计,全球198个联合国成员国,有142个国家的宪法或直接或间接地确认了环境权。”[5]当然,由于环境权概念的混乱,不同国家的宪法文本和不同的国际协议对其所要保护的环境权范畴是不一样的。“一些日本学者如小林直树、阿部照哉、针生诚吉和松木昌越从萨克斯教授的公共信托理论中寻找环境权的内涵,进而将‘环境

---

[1] Joseph L. Sax,“The Public Trust Doctrine in Natural Resource Law:Effective Judicial Intervention”, *in Michigan Law Review*,68(1970),p. 505.

[2] Associated Industries of New York State v. Ickes,134 F. 2d 694(1943).

[3] 谢伟:《环境公益诉权研究》,中国政法大学出版社2016年版,第165页。

[4] Federal Communications Commission v. National Broadcasting. Co. ,Inc,319 U. S. 239(1943).

[5] Varun K. Aery,University of California-Davis,“The Human Right to Clean Air:A Case Study of the Inter-American System”,*in Seattle Journal of Environmental Law*,6(2016),p. 18.

公共财产论'视为环境权。是对环境权理论的一种误读。"[1]因而,杨朝霞教授提出"环境权是指当代和后代的公民(自然人)享有良好环境的权利。"[2]该定义比较符合当前环境问题的时代需要。随着环境权理论的发展,还能看到动物环境权("动物作为自然中非人类的代表已经在法国法上取得了有限的主体地位,其利益因其自身的价值而得到保护"[3])、区域环境自决权("将环境质量视为一项集体权利,赋予社区(群体)权利来决定应如何保护和管理其环境和自然资源"[4])。一定程度上,正是由于环境权内涵的不断丰富和发展,才让我们看到环境价值内涵的丰富,认识到以经济利益衡量生态环境价值是多么得狭隘。

环境责任理论是对"私人检察总长"理论所未回答问题的再阐释。环境责任理论认为,公民(或者身为公民组织的环境公益组织)享有对环境问题的诉权是有法律保障的。根据我国《宪法》第 27 条第 2 款:"一切国家机关和国家工作人员必须……接受人民的监督,努力为人民服务",第 41 条第 1 款:"中华人民共和国公民对于任何国家机关和国家工作人员,有提出批评和建议的权利;对于任何国家机关和国家工作人员的违法失职行为,有向有关国家机关提出申诉、控告或者检举的权利……"的规定,从监督、申诉、控告、检举权中可以引申出诉权。公民之所以愿意花费巨大的时间、精力和财富担负起为维护环境公共利益提起诉讼的职责,乃是因为人与人之间处于一个紧密联系且不可分割的共同体中,受共同体保护,故而任何共同体成员都应尽力确保共同体得以长久维系。"人们依赖于这个环境共同体,并从中获得自身所需要的一切,因此,共同体成员对共同体的维护尽到自己的责任,以保证共同体的巩固和可持续。"[5]

环境公益诉讼的共和主义理论最早由桑斯坦提出,认为"共和主义理论无须法律的明确授权作为赋予原告资格的依据,并且指出无论是个人还是群体,都可以对公共政策进行论辩",[6]显示了共和主义的自由属性。此外,共和主义是"在共同善维系的政治共同体中,公民们以联合起来的方式(如代议制制度、分权制衡制度、审议民主制度)确定他们的关系并寻求在合作中受益,而不是在不合作或甚少合作中受损"。[7] 此外,国内有学者认为共和主义只有在"积极公民"存在的情况下才能体现共和制中的公民身份,而环境公益诉讼的诉讼权利主体——公民需要有"积极公民"才能得以维系。[8]

---

〔1〕 杨朝霞:《生态文明观的法律表达:第三代环境法的生成》,中国政法大学出版社 2019 年版,第 224 页。

〔2〕 杨朝霞:《论环境权的性质》,《中国法学》2020 年第 2 期。

〔3〕 朱明哲:《生态文明时代的共生法哲学》,《环球法律评论》2019 年第 2 期。

〔4〕 Alan Boyle,"Human Rights or Environmental Rights? A Reassessment",in *Fordham Environmental Law Review*,18(2007),pp. 471-472.

〔5〕 徐祥民、凌欣、陈阳:《环境公益诉讼的理论基础探究》,《中国人口·资源与环境》2010 年第 1 期。

〔6〕 陈亮:《美国环境公益诉讼资格规则研究》,中国检察出版社 2010 年版,第 189—194 页。

〔7〕 任剑涛:《论积极公民——共和主义与自由主义的公民定位分析》,《武汉大学学报(哲学社会科学版)》2014 年第 1 期。

〔8〕 邓可祝:《共和主义视角下的环境公益诉讼——理论基础与实践价值》,《法治研究》2015 年第5 期。

(二)环境公益诉讼已有理论基础之不足

当然,以上理论也存在着一些不足之处。第一,过于注重对诉讼权利人资格的研究而放弃了对其他环境公益诉讼制度重要领域的分析。例如,上述理论对于立法准则的优先顺位、自由裁量权的规制、损害归责原则的设计等问题缺乏深入研究,导致环境公益诉讼理论基础的研究面过于狭窄。第二,分析了“积极公民”的存在却没有为其长久维系提供制度保障。在缺乏荣誉激励和资金补偿的前提下,具有偶然性的“积极公民”无法长期存在。并且,“积极公民”的概念设计存在不公平的特征,在资金补偿不足的情况下,如果“积极公民”注定要完全或者部分牺牲自身的时间、精力和财富以维护环境公共利益,那么“积极公民”将总是属于富裕阶层的闲暇人士。对贫困地区的弱势群体,其已经糟糕的经济状况不允许其再消耗自身的时间、精力和不多的财富,这就是在实际上替弱势群体成为“积极公民”关上大门。可悲的是,最频繁和严重的环境损害往往发生于偏远贫困地区,大量环境损害企业利用当地群众承担不起高昂诉讼费用和漫长审判时间的特点迁徙至此。而这些偏远贫困地区本身又是身为富裕阶层的“积极公民”的注意力盲区,导致贫困地区生态环境状况更加恶化,弱势群体遭受经济状况和环境利益的双重打击。第三,缺乏对未来环境价值的深入剖析。环境公益诉讼制度与其他诉讼制度的一大不同在于,其所要解决的不仅有现实环境问题,还包含未来环境问题。对未来环境价值的深入认识推动未来环境价值的保障,从而能更好地克服未来潜在的环境问题。然而,环境公益诉讼已有理论基础受传统司法制度调整已有社会关系固定思维的影响,即使有只言片语提及长期环境利益,却依然不愿意对这种利益进行展开,更不可能将未来环境价值的保障融入环境责任的实际承担问题上。第四,环境公共信托理论没有认识到生态环境的财富不仅存在有时高于经济价值的一面,而且生态环境并不仅仅是财富的问题,还包括个人生命健康、在良好环境下享受以及通过良好生态环境获得各种机会等不可通过价值进行交换的部分。环境公共信托理论没有认识到公民环境财富的不可被剥夺不仅仅是公民权的问题,而且生态环境的状况还关系到人类存续的问题。此外,环境公共信托理论沉溺于“公共信托”这样一个勉强放入环境公益诉讼理论基础中的框架,没有看到“公共信托”与环境公益诉讼理论基础存在诸多不匹配的问题。随着环境公益诉讼理论和实践的发展,“公共信托”由于不适配的特点将不断僵化,最后走向消亡。第五,私人检察总长理论设置公告期的方式虽然有利于行政机关履行职权,但也加剧了因行政机关不作为、滥作为导致的环境损害加剧的问题。在 2016 年美国联邦第三巡回上诉法院审理的防烟雾和污染小组诉希南戈案[1]中,就发现行政机关拖延起诉和敷衍处理环境问题的情况。政府机关阿勒格尼县卫生局在公告期的第 59 天提起诉讼,并在当天与被告

---

〔1〕 Grp. Against Smog & Pollution v. Shenango Inc. ,810 F. 3d 116(3d Gir. 2016).

达成和解,“此后被告希南戈公司依然没有收敛其违反排放限制的行为。”[1]在扩大行政权的同时并没有很好地做到环境公共利益的维护。此外,“私人检察总长”理论“只是一种临危受命的实用主义思维,而并未深入真实的理论论证的层面。”[2]无法在理论层面回答环境公益诉讼理论基础为什么必须是“私人检察总长”理论,而不是其他理论。第六,由于概念层面的不统一,导致很多不利于环境保护的概念也被加入环境权这一大熔炉之中。环境公共财产权在一些学者眼中被视为环境权,但环境财产权无法涵盖生态环境对人类在不同层次、不同领域的丰富价值。环境权甚至被误读为资源开发利用权和排污权,而这些权利实际上属于行政许可下的财产权,其内核与环境权截然不同。当资源开发利用和排污超过一定的限度时,其产生的结果甚至与环境权理论所要实现的目标截然相反。此外,环境权理论还存在着过于注重权利的赋予而没有为环境权利主体设置应有的义务担当,导致环境权利主体在保护环境公共利益,提起司法救济问题上普遍缺乏责任感和使命感,将环境权的守护视为想当然之事,却没有认识到任何权利的实现都需要付出努力,最终只会让更多人乐于等待“搭便车”的机会,而越来越少有人肩负起守护公共环境、提起司法救济的职责。第七,环境责任理论正好与环境权理论相反,其过于强调义务,而忽视了对环境权利的阐述。在这个权利本位的时代,这种提法显得不合时代潮流。强调义务而忽视权利容易滋生政府推卸部分职责并在一些案件中任意否定公民因环境权而具有的环境监督、环境司法救济的权利。“无权利则无救济”,要实现救济渠道的畅通,必须明确环境权的内容。第八,环境共和主义理论最大的问题在于其过于注重政治框架却没有意识到过于沉重的政治框架会造成环境公共参与尤其是环境司法救济的困难。因为在代议制框架下一切都有赖于良好政治框架的安排,公民需要服从代议制框架的安排。代议制框架在环境共和主义理论中被认为具有代表民意、分权制衡、审议民主的特性,所以环境保护和司法救济能够在环境共和主义理论设立的严格框架下实现公众参与。然而,这种看法只是一厢情愿,无论是代议制下的程序还是其出台的法律法规,都有可能为环境司法救济设置不必要的门槛,造成救济困难,导致宪法所赋予的环境权内容名存实亡。以环境共和主义理论视角观察,美国众多环境法律设置的 60 天公告期和中国《生态环境损害赔偿制度改革方案》的市级以上政府(及其授权部门)提起的生态环境损害赔偿磋商和诉讼优先的规定具有毋庸置疑的合理性,但没有看到这些规定在方便地方行政机关的同时,使公民(或环境组织)参与环境公益诉讼的审判过程变得愈发困难,也在打击公民(或环境组织)提起诉讼维护环境公共利益的积极性,更使一些地方行政机关不作为、滥作为的恶果在阻碍环境公共利益的及时救济过程中被无限放大(如前述防烟雾和污染小组诉希南戈案)。环境共和主义理论致力于确保行政权

---

[1] Don Hopey,“Bellevue Businesses Push for Shenango Coke Plant to Meet Air Standards or Close, Pittsburgh Post-Gazette”, http://www.postgazette.com/local/west/2014/03/20/Businesses-push-for-Shenango-cokes-to-meet-air-standards-or-close/stories/201403200272, last visited: 2021/3/21.

[2] 张祥伟:《环境公益诉讼司法运行理论与实践研究》,中国政法大学出版社 2018 年版,第 94 页。

力、公众参与在代议制框架内有序行使的目标，却没有看到代议制框架本身就可能是一种负担，无法排除一切不必要的门槛设置就等于让公众参与原则流于形式。

二、基于人类-生态命运共同体理念的环境公益诉讼理论基础建构

（一）人类-生态命运共同体理念的内涵

由于上述理论在作为环境公益诉讼理论基础时存在较多的不足之处，无法满足环境公益诉讼理论和实践的现实需求。因此，本文在吸取以上理论优点、矫正其不足的基础上构建了人类-生态命运共同体理念下的环境公益诉讼理论基础，以便更好地指导环境公益诉讼理论和实践。

首先，人类-生态命运共同体是人类的命运共同体。包括横向的当代人命运与共："当今世界，各国相互依存、休戚与共。我们要继承和弘扬联合国宪章的宗旨和原则，构建以合作共赢为核心的新型国际关系，打造人类命运共同体"，[1]和纵向的当代人与后世子孙的命运与共："宇宙只有一个地球，人类共有一个家园……到目前为止，地球是人类唯一赖以生存的家园，珍爱和呵护地球是人类的唯一选择。我们要为当代人着想，还要为子孙后代负责。"[2]人类-生态命运共同体理念吸收了公民最适合作为环境公益诉讼的诉讼权利人的观点。因为相对于其他主体作为环境公益诉讼的诉讼权利人，公民的范围最为广泛，最接近维护当代人整体的环境公共利益。同时，命运与共的人类整体要求每个人对其都负有责任和使命，及时维护环境对人类的各种价值。

其次，人类-生态命运共同体理念包括生态的命运共同体。"山水林田湖草是生命共同体。生态是统一的自然系统，是相互依存、紧密联系的有机链条。"[3]因此，人类-生态命运共同体理念吸收了环境公共信托理论关于单纯经济价值有时无法衡量生态环境的全部价值的观点。生态环境是一个相对平衡的系统，对其中一点的损害有时会造成对生态环境整体的损害，导致整个生态环境的服务功能衰减甚至完全丧失。这类损失对人类利益的影响显然是重大的。同时，正是因为对生态环境的损害牵一发而动全身，所以应当将更广泛的主体（如公民）包含在环境公益诉讼的诉讼权利人资格中，让区域内的全体公民都能够在各自不同方位监督环境状况，以便第一时间发现环境损害行为，保障整体环境公共利益，也印证了公民作为环境公益诉讼的诉讼权利人之优势。

最后，人类-生态命运共同体理念更包涵了人类与生态命运相连的纽带关系。"人因自然而生，人与自然是一种共生关系，对自然的伤害最终会伤及人类自身。"[4]"人的命脉在田，田的命脉在水，水的命脉在山，山的命脉在土，土的命脉

---

〔1〕 习近平：《习近平谈治国理政》（第2卷），外文出版社2017年版，第522、525页。

〔2〕 习近平：《习近平谈治国理政》（第2卷），外文出版社2017年版，第538页。

〔3〕 习近平：《习近平谈治国理政》（第3卷），外文出版社2020年版，第363页。

〔4〕 习近平：《习近平谈治国理政》（第2卷），外文出版社2017年版，第394页。

在林和草,这个生命共同体是人类生存发展的物质基础。”[1]因此,人类-生态命运共同体理念吸收了环境权理论关于公民对生态环境所享有的权利是天赋权利的观点,因为人与自然的纽带是与生俱来的,生态环境受到损害,人就会因这层纽带关系而受到波及。而人类-生态命运共同体理念之所以赞成“积极公民”的存在,是因为确实存在一小部分思想觉悟较高的公民认识到人与良好生态环境之间命运相连的纽带关系,并积极行动起来,保卫环境公共利益。

(二)人类-生态命运共同体理念对已有理论基础的突破

1. 诉讼权利人资格和顺位设计

人类-生态命运共同体理念设计了更加广泛的诉讼权利人资格。人类-生态命运共同体理念认识到环境公益诉讼所要维护的并不仅仅是当代人的环境公共利益,更需要维护后世子孙的环境权利。在这个过程中,设计了更加广泛的诉讼权利人资格。通过不同类型诉讼权利人对环境公共利益的不同角度维护,使得环境公共利益能够得到更加广泛的覆盖,确保后世子孙的环境权利能够得到应有的保障。

首先,人类-生态命运共同体理念下的诉讼权利人资格设计发展了埃莉诺·奥斯特罗姆的公共池塘资源理论,将共同体内部根据共同遵循的守则互相协作和监督竞争机制,[2]从对可再生自然资源的分配领域扩展到环境公益诉讼权利人资格的设计和顺位安排上,推动诉讼权利人资格效用最大化。当前享有我国环境公益诉讼的诉讼权利人资格者主要为市级以上地方政府及其指定部门、检察机关和环境公益组织。但这些主体各有局限。比如,市级以上地方政府容易在环境行政监管中为被监管者的利益俘获,容易为掩盖环境行政监管中的问题而在生态环境损害赔偿磋商和诉讼中有保留地维护环境公共利益;容易懈怠和不作为,并且有时会将环境公共利益和自身行政职能中所要实现的其他目标进行利益衡量(如地方经济目标),最终有可能部分甚至全部地牺牲环境公共利益。对于环境公益组织而言,由于其缺乏资金人才,往往也不受地方政府和企业的待见,其权威性和专业性都存在不足。资金人才缺乏导致其必须对数量庞大的环境公益案件有所取舍,权威性不足使其有时很难得到当地群众的帮助和企业的配合,诉讼专业性不足造成本来在诉讼中所能维护的环境公共利益因为策略问题反而不能得到全面的维护。对于检察机关而言,2017 年《民事诉讼法》和《行政诉讼法》在赋予其环境公益诉讼权利人资格的同时没有对其起诉层级做出限制,并且检察机关内部管理采用行政管理机制。[3] 这就导致了地方检察机关在提起环境公益诉讼案件时更容易受到当地行政机关和地方企业的影响。另外,检察

---

[1] 习近平:《习近平谈治国理政》(第 3 卷),外文出版社 2020 年版,第 363 页。

[2] 埃莉诺·奥斯特罗姆:《公共事物的治理之道——集体行动制度的演进》,余逊达、陈旭东译,上海三联书店 2000 年版,第 300 页。

[3] 孙洪坤:《检察院司法行政事务管理权和检察权相分离研究——基于实证考察的分析》,《东方法学》2018 年第 2 期。

机关受到绩效影响，对于环境公益诉讼案件的提起多注重数量而不注重质量。虽然从《中国环境资源审判(2020)》白皮书中能够看到检察机关提起的环境公益诉讼案件数量远远多于其他主体提起的环境公益诉讼案件。[1] 但在司法实践中，基层检察机关提起的很多环境公益诉讼案件完全可以由行政处罚和警告教育代替，存在浪费司法资源的嫌疑。

因此，可以将诉讼权利人资格甚至起诉顺位视作一种资源，当某类环境公益诉讼的诉讼权利人在特定考核期内能够确保所提起的环境公益诉讼案件数量和质量的优势时，应当给予其优先诉讼顺位，以便让其更好地维护环境公共利益。当某类诉讼权利人不但无法改进所提起的环境公益诉讼案件数量和质量，而且不断呈现敷衍和被利益俘获的问题时，应当取消其优先诉讼顺位的权利，严重时应当剥夺其诉讼权利人资格，防止其在环境公益诉讼领域的糟糕表现而拖累环境公共利益的有效、彻底维护。

同时，不同种类的诉讼权利人之间还可以依据自身优势互相协作、优势互补。比如，市级以上地方政府在前期环境行政执法阶段掌握了环境损害行为人损害环境的丰富证据，当其不是该案的起诉人时，可以共享给提起诉讼的检察机关或者环境公益组织，帮助其在环境公益诉讼中更好实现环境公共利益。检察机关在环境刑事诉讼中同样掌握了丰富的环境损害证据，当与之相关的环境民事公益诉讼提起时，检察机关同样可以将证据共享给提起诉讼的市级以上地方政府和环境公益组织，帮助其在诉讼中维护环境公共利益。环境公益组织由于其最能响应群众保护环境的呼声，因此，在检察机关和地方政府提起环境公益诉讼时，可以听取环境公益组织的建议，更广泛地吸取民意，或者邀请其作为共同起诉人，维护更贴合民意的环境公共利益。

其次，人类-生态命运共同体理念下的诉讼权利人资格设计融入了公众参与的原则。环境公益诉讼的诉讼权利人类型如果永远只是市级以上地方政府及其指定部门、检察机关和环境公益组织，就会使环境公益诉讼不断走向僵化，缺乏引入更加合理的诉讼权利人的可能性。因此当发现某类主体比已有的几类诉讼权利人更加适合作为诉讼权利人时，应当赋予其诉讼权利人资格，以便更好地维护环境公共利益。比如，随着公民环保意识逐渐觉醒，可以赋予公民以环境公益诉讼权利人资格，“公民的广泛参与无疑能形成对侵害环境公益行为的监督制约，弥补国家机关与社会团体疏于维权或者维权能力不足的缺陷。”[2]只有不断调整环境公益诉讼权利主体资格，才能让环境公共利益的守护符合同样在不断变化发展的环境损害形势，才能将所要维护的不同种类环境公共利益汇聚到维护人类整体环境利益这一点上。如此，既保障当代人的环境利益，又照顾后世子孙的环境权利。

这里，人类-生态命运共同体理念在并不支持设立公告期或者代议制框架来

---

[1] 2020年全年审结的社会组织提起的环境民事公益诉讼案件为103件，检察机关提起的环境公益诉讼案件3454件，审结的生态损害赔偿诉讼案件62件。

[2] 颜运秋：《公益诉讼理念与实践研究》，法律出版社2019年版，第359页。

保障行政职权正常履行的同时，减少公民（或者环境组织）滥诉问题的出现。潜伏性环境损害问题的出现本身就证明了过去行政执法的漏洞，行政机关此前有很长一段时间通过环境行政执法化解环境损害危机的机会而没有采取行动，那么以禁止其他种类诉讼权利人率先提起诉讼为代价，等待地方政府提起环境公益诉讼，显然并不是维护环境公共利益的最佳举措。突发性环境损害问题的出现要求的是效率，要更快地解决环境损害问题。因此，应当支持率先起诉者享有通过诉讼维护环境公益的优先权。至于滥诉情况的出现，完全可以通过黑名单制度（将历次诉讼中不能妥善维护环境公共利益的环境组织和公民加入黑名单）以及事后追责（对于在诉讼中完全没有维护环境公共利益能力和做出有利于对方当事人之举措的诉讼权利人，对其展开事后追责）等方式剔除不称职的诉讼权利人（或威慑不称职的潜在诉讼权利人），以避免对诉讼权利人的“一刀切”。

人类-生态命运共同体理念认为人类整体处于命运与共的关系中，当“积极公民”出现并维护环境公共利益时，应当为其维护共同体全体成员环境公共利益的努力给予精神激励和物质补偿，使其具有持续维护环境公共利益的动机，确保善行得到优待，弘扬社会主义核心价值观。关于给予“积极公民”的物质补偿，可以在环境公益诉讼案件的诉求中增加“环境损害造成的额外社会成本承担”一项，将这笔钱放入一个基金中，保证“积极公民”每一次合理维护环境公益诉讼的付出都能够得到等额补偿，也使环境法律的原则“损害担责”能够更加全面地落到实处。

2. 未来指向的价值

“一个法律的制定不但要解决当前的问题，而且要着眼于未来的发展，环境公益诉讼制度的价值思考也不例外。”[1]人类-生态命运共同体理念包含着未来指向的价值。人类-生态命运共同体理念否定了环境公共信托理论仅将生态环境视为一种财富的看法，即使环境公共信托理论辩称环境资源的价值有时高于经济价值，但依然以一种财富视角来看待生态环境价值，而该理论下的生态环境仅以资源形式存在。显然这一观点并不准确。恩格斯指出“我们连同我们的肉、血和头脑都是属于自然界和存在于自然界之中的”。[2] 人类与生态环境处于不可分割的整体关系中。这种关系注定了生态环境对人类的价值是丰富且难以衡量的，甚至难以通过当前科学技术对生态环境价值一窥全豹。生态环境的价值至少分为三个层次：在经济利益方面，这部分生态环境的价值就是经济价值；在个体生产生活领域方面，这部分生态环境的价值就是生态利益（包括环境安全状态的个体生命健康、环境宜人状态的个体环境享受、生态系统稳定状态的生产生活有序等），这部分价值通常难以用经济价值衡量；在人类存续方面，这部分生态环境的价值就是重大生态价值，这一价值属性远远超过经济价值属性，其重要性超

---

〔1〕 张瑞萍：《环境治理的协同融合和制度设计》，《学术界》2020年第9期。

〔2〕 中共中央马克思恩格斯列宁斯大林著作编译局：《马克思恩格斯文集》（第9卷），人民出版社2009年版，第560页。

越一切领域。因为“皮之不存，毛将焉附”，如果人类因损害生态环境而失去未来，那么迄今为止所做的全部努力都将伴随人类的消逝而失去意义。

在这一环境价值分类中，最重要的重大生态价值却是最容易被人类所忽视的价值，不仅仅是因为其重要性只有在人类面临生存危机时才能展现，而且还在于其未来属性（当前全球环境损害在近期尚不会造成全球生态系统崩溃下的重大灾难）不易被察觉。亚里士多德指出：“凡属于最多数人的公共事物常常是最少受人照顾的事物，人们关怀着自己的所有，而忽视公共的事物；对于公共的一切，他至多只留心到其中对他个人多少有些相关的事物。”[1]不幸的是，环境公共利益以及未来环境公共利益的保护比一般的公共利益保障更加艰难。与一般公共利益相比，环境公益本身受损时由于环境容量的存在不会马上被察觉，更何况人总是倾向于注重眼前而忽视未来。

未来属性的重大生态价值从不同世代由近到远划分，同样可分为三部分：第一部分是当代人的远期生存安全和遗传安全。这部分价值可以预见，有时甚至可以计算。比如，在日本当前闹得沸沸扬扬的核废水排放到太平洋的问题，就遭到世界各国的反对，因为一旦核废水被排放就会对当代人的遗传安全构成威胁。又如全球变暖，不但可以预见到包括两极地区在内的冰川消融，引发沿海地区被淹没，还促使极端气候增加，引发陆地和海洋生态系统的破坏，造成人类在环境灾难面前更加脆弱（失去了充足的环境容量），并面临食物和药材短缺。这些以当前环境科学知识完全可以预见，但由于各国将全球生态环境视作一块“公地”，各国都希望自己在排放温室气体的问题上不受限制并从中获得好处，由其他国家承担限制温室气体排放、改善全球变暖的责任。

第二部分是可见的一两代子孙的生存和发展空间安全。这部分价值状况虽然不能被清晰预见和计算，但却可以被感知。以氟利昂的生产和排放为例。氟利昂是美国人托马斯·米奇利于 1930 年发明的氧氟碳化合物，“1974 年科学家伍德·罗兰及马里奥·莫里纳发表论文指出卤烃可能造成臭氧变薄，1985 年法尔曼经观察证实，这一现象的确已发生在南极上空。”[2]由氟利昂导致的臭氧空洞会造成白内障、抑制免疫系统反应、罹患皮肤癌，此外，紫外线 B 的增加还会杀死海洋浮游生物，影响绿色植物的光合作用。如果不及时采取措施，人类很可能在一两代之后就会随着臭氧空洞的扩大（最终导致臭氧层消失）而面临生存和发展危机。好在科学发现得及时、国际社会对臭氧空洞危害的重视以及联合国牵线搭桥下签订了一系列关于防止臭氧空洞的国际协议，人类排放的氟利昂对臭氧层的损害有望在 2087 年结束。但这只是环境保护中极少数的成功案例，现实中还有很多污染物质排放到大自然中，其中一些危害后果并未立时显现，另一些危害后果过于复杂或者损害后果一时得不到国际社会重视，也就无法达成普遍的国际协议。如果环境损害总是需要通过一系列巧合的串联才能实现成功治

---

〔1〕 亚里士多德：《政治学》，吴寿彭译，商务印书馆 2009 年版，第 48—49 页。

〔2〕 约翰·R. 麦克尼尔：《太阳底下的新鲜事 20 世纪人与环境的全球互动》，李芬芳译，中信出版社 2017 年版，第 102 页。

理，那么对未来一两代子孙的重大生态价值保护将陷入非常危险的境地。

第三部分是人类整体中距今较远的无数代后世子孙的生存和延续安全。这部分对人类影响重大的生态价值难以被计算、难以被预见、甚至难以被普通人所感知，但却确实存在，并且只要人类运用自身的理性思维，就能有所认知。以艾滋病、埃博拉病毒、中东呼吸综合征病毒和新冠病毒的蔓延对人类造成的危机为例，至今我们仍无法得知这些病毒的起源以及哪些因素刺激了这些病毒的诞生和广泛传播。但是，越来越多的学者认识到："人类活动和生态破坏是驱动病毒疾病新发突发和影响疾病模式的关键因素。人口激增、城市化、森林伐木等，挤占了野生动物的生存空间，打破了病毒库的平衡。人类与动物的零距离接触，极大增加了病毒从野生动物向人类传播的机会。尽管人类在传染病的防治与研究上取得了长足的进步，但人类对大自然的认识仍然十分浅显"。〔1〕人类活动和生态破坏对全球生态系统造成的重大影响最早可追溯于工业革命时期，延续了几百年时间。仅仅只是环境损害造成的病毒性传染病突发，就已经体现出人类在大自然面前的脆弱性，但环境损害的影响却远不仅新型病毒导致传染病突发这么一项。即使损害造成的灾难性后果只在几百年以后发生，人类也应当在能够有所认知的情况下节制自身对大自然的损害。"自然的优先性是相对于人、人的意识和人的活动而言的，没有自然界的优先地位，从何谈起人的延续、生产，更不要谈人类社会的发展。"〔2〕只有将生态环境放在优先保护的地位，减少对其不必要损害，才能预防人类群体和人类文明在几百年后发生中断。

综上，在环境公益诉讼制度中，对环境价值的分析不仅仅是经济价值和一定程度生态利益的分析，还应当看到其中包含着的对人类长久存续影响重大的那部分生态价值。基于此，应当破除资本主义对生态环境的"先占制度"，否定环境损害企业对当地生态环境的"物尽其用"。对于一些尚未发生严重损害后果但能够影响未来环境状况的损害行为，应当在环境公益诉讼判决中体现避免潜在损害后果的目的，并谨慎对待经济利益带来的诱惑。

而对于已经造成了严重环境损害后果，并且损害赔偿额巨大的案例，可以引入博弈论思想，"采取'一报还一报'或者'一报还十分之九报（比背叛者多一点宽容）'的策略是较为合理的"。〔3〕"一报还一报"是基于限制潜在损害行为人数量扩张的目的。通过对巨额损害后果造成损失的等量赔偿，来警告潜在损害行为人以损害生态环境牟取巨额利益方案的不利益。而"一报还十分之九报"是考虑到损害行为人的赔偿能力有限以及全面赔偿的不现实，多一点宽容是在能够确保足够威慑的前提下，保证环境修复款的尽早到位。在实务中，某一案件的重大损害后果很难对人类整体的未来环境利益构成重大影响，但是对环境损害案件的处理态度决定了今后环境损害案件的发生频率，以及潜在环境损害行为人通过损害生态环境牟取超额利益的动机大小。对已经造成重大环境损害后果的责

〔1〕 张士涛、江勇：《用科学战胜病毒疫情》，《求是》2020年第6期。

〔2〕 韩璞庚、朱思颖：《马克思生态人学思想及其当代价值》，《学术界》2018年第12期。

〔3〕 罗伯特·阿克塞尔罗德：《合作的进化》，吴坚忠译，上海人民出版社2017年版，第96页。

任人施加远超其能力范围的赔偿款并不能得到更好的保护环境效果,但一定程度上较大数额的环境赔偿款之所以必要,是因为其既能为环境修复提供资金,满足"损害担责"原则,又能够遏制潜在环境损害后果的增加,减轻备受忽视的未来环境价值的持续损害。一些环境公益诉讼案件中,法官仅仅考虑到被告对巨额赔偿款承担能力有限就武断地削减赔偿款,却忽视了这一做法增加了潜在环境损害行为人损害生态环境的动机,使得未来环境利益面临更大风险。况且针对被告赔偿能力有限的问题,并不仅仅只有削减赔偿款一种方案:通过允许环境损害责任人分期付款,以其在一段时间内的生产所得支付剩余赔偿款,不但能够缓解环境损害责任人赔偿能力有限问题,而且能够保障环境修复赔偿款落实,最重要的是不会削减对潜在环境损害行为人的威慑力,维护未来环境利益,减轻未来属性的重大生态价值受损的风险。

(三)人类-生态命运共同体理念在环境公益诉讼制度领域的重构

1. 环境公益诉讼立法准则及其顺位

(1)第一准则:正义

正义是任何法律制度得以生存发展的基础,任何法律制度(包括环境公益诉讼制度)失去正义的土壤,人们就不会愿意以此来解决纠纷,该法律制度将名存实亡。因此,正义一直处于任何法律制度的最优先地位。

第一,环境公益诉讼理论基础的正义应当是以人类-生态命运共同体为内容的整体正义冗余(增加)。就生态环境而言,其并非是分割成各种资源的混合体,而是有机结合在一起的整体。生态系统内部的各条有机组成的食物链,就像工厂生产中的各条流水线,牵一发而动全身。环境损害有时只是对生态系统内部的某一食物链上的特定物种构成损害,但随着时间的推移,就会对整条食物链乃至与这条食物链组成有机整体的其他食物链造成损害,最终波及整个生态系统。但是目前环境公益诉讼制度采用的却是一种填补式的损害赔偿机制。譬如,在常州毒地事件的环境修复中,采用的是对有毒地块撒生石灰和种上植被的方式降解有毒地块上的毒性。但是这种修复对地下生态系统的破坏以及对地下水的污染却无能为力。这部分损害只能不了了之,由大众买单,也就是说环境修复工作并不能解决环境损害最初引发的冲突点——常州外国语学校师生中毒问题。即使常州外国语学校通过各种防范措施减轻了被污染地下水的影响,案涉地块周边群众依然会因为有毒地下水的扩散而持续受到损害。在环境公益诉讼的判决中,常常引用环境法律条款的"恢复原状"词汇。但在环境污染案件中要实现"恢复原状",如果不是不现实,就是修复成本高到难以想象。

同理,就人与生态环境不可分割的纽带关系这一整体而言,生态损害对人的影响是多方位的。首先,在物质交换层面,空气、水、食物的污染,会直接影响人类个体的生命安全;其次,在遗传基因层面,环境污染造成的有害性不仅损害个体的生命健康,还会引发遗传基因的变异,导致畸形儿和死婴数量大幅增加;再者,在物质获取层面,生态损害造成了生态系统的损害,影响了人类可获取的食物和药材的数量和种类;最后,微生物群落的安全保障,良好的生态环境能促进人类体内生物群落和体表生物群落的平衡,反之则会引发各种疾病和人体免疫系统混乱。

以上表述只为说明对生态环境的损害无法通过环境公益诉讼个案的司法判决被弥补,不仅无法有效地保护生态利益和对人类影响重大的生态价值,即使是经济价值的损失也不能做到完全覆盖的补偿,自然也就不可能实现正义冗余。因此,若要维护生态环境的正义冗余,需要从两方面入手:①整体正义冗余。环境公益诉讼的裁判结果只是对已然环境损害的一种弥补,但对于潜在环境损害却表明了一种态度,严格的环境损害赔偿要求向潜在环境损害行为人传递了不能以损害环境为代价牟取经济利益的信息。因为一旦潜在环境损害行为人无视这一态度加入环境损害队伍,不但会得不偿失,甚至会损失惨重。而生态环境自身具备一定的自我修复能力,只要环境公益诉讼司法判例的警示作用能使生态环境的自我修复程度始终高于环境损害的程度,那么就将促进环境的正义冗余。②对生态环境的"恢复"。在环境修复过程中不应仅以生态环境的经济价值作为是否修复生态环境以及将生态环境修复到何种程度的标准。如《德国环境责任法》第 16 条规定,环境修复工程可以为了生态利益实施高于被损害环境经济价值的修复的道理一样。[1] 只有将环境修复工程调整为环境恢复工程,使恢复后的生态环境能够通过生态系统的自我良性运转不断改善已受损部分,才能使已受损的生态环境在未来实现环境正义冗余。

第二,环境公益诉讼理论基础的正义观应当是以人类共同体中不同种类环境权利主体的易位思考实现正义。人类-生态命运共同体理念反对环境权理论的权利本位观点或者环境责任理论的责任本位观点。认为不同种类环境权利主体从环境中所享有的利益是不同的,因此所要肩负的责任也是不同的。对于环境损害行为人而言,虽然其也是人类命运共同体的成员之一,但是其从生态环境中所攫取的利益已经超过了自身生活的需要,也超过了生态环境所能够提供给每个个体的最大利益份额。正是因为这类主体从生态环境中得利最多,对生态环境的损害最大,所以对生态环境所具有的责任理应最重。对于贫困国家和贫困地区的弱势群体而言,由于其处于贫困状态,对生态环境的影响往往也最弱,所排放的消费品垃圾也最少。因其对环境不利影响最少,所以对生态环境负有的责任也应当最轻。更重要的是,弱势群体由于其精力和财富主要用于生存,没有能力承担起"积极公民"身份所引起的巨额耗费,对其强加均等的环境责任是不公允的。罗尔斯在《正义论》的第二原则第一点中指出社会正义要"适合于最少受惠者的最大利益"[2]。因为最少受惠者状况的改善能带来社会整体最大程度的满足,同时也能增加社会整体的稳定性。况且社会弱势群体已经蒙受了经济上的不幸,不应使其环境权利再劣等化,更不能让其承担不属于能力范围的环境

〔1〕 冯洁语:《公私法协动视野下生态环境损害赔偿的理论构成》,《法学研究》2020 年第 2 期。

〔2〕 约翰·罗尔斯:《正义论》,何怀宏、何包钢、廖申白译,中国社会科学出版社 2009 年版,第237 页。

责任而使其经济状况雪上加霜。而是要使被忽视公众(尤其是弱势群体)的环境权利能为社会所关注[1]。对于后世子孙而言,其并没有出生,因而没有对生态环境造成影响,就不应承担沉重的环境责任。但后世子孙同样是人类发展各阶段中平等的一代人,理应和当代人享受平等的环境权利。使当代人从损害生态环境中获得享受,而使后世子孙为当代人造成的环境损害后果买单,同样是不公允的。参照罗尔斯《正义论》中对无知之幕概念的分析,当我们不知道自己的出生会处于社会弱势群体还是社会强势群体,处于当代人还是后代人之时,我们不会允许社会强势群体从环境责任中攫取超过自身份额的利益,而将环境责任平摊给社会弱势群体;不会允许当代人享受完良好生态环境的好处之后,让后世子孙为当代人残留的千疮百孔的生态环境买单。如果后世子孙和当代人能够通过时光隧道在同一圆桌下就环境权利分配进行谈判,后世子孙将不可能接受当代人将环境利益全部归于自身,而将损害后果推给后世子孙承担的做法。人类命运共同体是责任和利益公平分配的共同体,如果强势的共同体成员凭借自身优势和便利最大限度地攫取了超过环境所能赋予个人的利益,又如何让弱势共同体成员接受这种虚假的命运与共呢?在环境公益诉讼制度中,后世子孙由于尚未出生不可能参与到环境公益诉讼中,当代人中的弱势群体,由于其缺乏应有的能力和财力,也常在环境公益诉讼中缺位。但环境公益诉讼不能因这两类群体的缺位而将其环境权利剔除出考虑范围,甚至将其环境权利作为诉讼中妥协和让步的筹码。无论环境公益诉讼权利人为谁,不同处境、不同时代的人类应当享有平等的环境权利,并根据所享受的利益不同而承担有差别的环境责任,才能真正实现人类命运共同体下的正义。

(2)第二准则:自由

如果说法律制度因为正义而有其存在的土壤,那么自由则是法律制度追求的最重要目标。法律制度的发展就是为了使人通过法律实现更大的自由,进而实现人的“自由而全面的发展”。环境法律制度也不能例外。人类-生态命运共同体理念下对自由损害的定义相比于传统自由损害观存在以下特点:

第一,对人类整体生存空间和精神世界自由的压缩。“自然界是人为了不至死亡而必须与之处于持续不断交互。所谓人的肉体生活和精神生活同自然界相关联,不外是说自然界同自身相联系,因为人是自然界的一部分。”[2]就环境损害对人身自由的限制而言,由于人类与良好生态环境之间不可分割的纽带关系,对生态环境的损害必然会延伸至对人的肉体和精神的威胁。一些杳无人烟的污染地块和水域,就是因为环境损害行为使人类丧失了在一些区域的生存条件。人类的生存空间遭到压缩,也表示人类的空间自由遭到环境损害的限制。同理,环境损害行为还深刻地限制着人类精神世界的丰富和美好。生态环境的状况深刻影响着人对外部世界的认识、对自然之美的感受,甚至还影响着创造性成果的产

---

〔1〕 孙洪坤:《环境公益诉讼立法模式之批判与重构》,《东方法学》2017年第1期。

〔2〕 中共中央马克思恩格斯列宁斯大林著作编译局:《马克思恩格斯文集》(第1卷),人民出版社2009年版,第161页。

生和发展。古往今来的文人墨客均是通过美丽的环境寄托自身的情感和抱负,无数科学家则通过对自然界神奇现象的发现和掌握,发明出改变时代甚至影响人类历史的“作品”。如果失去了良好的生态环境,就会给人类对世界的认知,对美的感受以及人类自身的创造性思维蒙上一层纱幔。恩格斯指出:“自由就在于根据对自然界的必然性的认识来支配我们自己和外部世界;因此它必然是历史发展的产物。”[1]而当前以损害生态环境为代表的生产方式,是基于对自然界的必然性的错误认识,与历史发展潮流背道而驰,并阻碍着人类实现自由而全面的发展。

第二,反向选择权的丧失。对环境状况自由选择权的剥夺,并非只是在没有得到人类整体中的各环境权利人同意的情况下,擅自消费公共环境资源,并将糟糕的生态环境留给缺乏声音的社会弱势群体和后世子孙这一个结果。“环境的匮乏是一种对生存权利的伤害甚至剥夺。”[2]由于环境损害认知和环境修复技术的局限,一些环境损害一旦错过了最佳修复期,未来若再想完全恢复或者接近原来的环境状况就会成为不可能或者代价高昂到难以承受,这和普通民事案件存在显著不同。在普通民事案件中,对物品的损害可以在任何时候做到恢复原状或者通过支付相同物品的对价使所有权人对物品的拥有不削减。而很多环境损害后果一旦遗留给后世子孙,就会演变为永久性的环境损害后果,再也不具有恢复可能或者不具有修复价值(修复成本高到无法接受)。后世子孙无论对恢复生态环境的愿望多么强烈,都无法实现对永久性环境损害结果的恢复或无法承受高昂的恢复代价。因此,环境损害结果一旦遗留给后世子孙,不但侵害了后世子孙对良好生态环境的选择权,而且往往还侵害了后世子孙选择将生态环境扭转到原来状况的权利,这一现象就表明后世子孙对良好生态环境反向选择权的丧失。如果让这种现象持续下去,不但会使不同阶段命运与共的人类在良好生态环境的代际守护问题上分崩离析,而且生态环境整体不可分割的状态也会日趋支离破碎,最终使人类整体的命运与共和生态整体的命运与共同时面临危机。

人类-生态命运共同体理念下的自由观,是使环境公益诉讼的立法能够保障人类肉体生活和精神生活的自由。不因环境损害而承受生存空间被压缩和内心思想贫乏的不幸,更不因此而遭受幸福感的丧失。它要求给予人类整体在更广阔的生存环境下美好生活的自由,要求每个人通过美好环境获得的精神自由为人类文明发展做出更大的贡献,更要求自由的落脚点必须是为更广泛环境权利主体的幸福感。人类-生态命运共同体理念下的自由观,是一种双向自由观,后世子孙和当代人一样都不可能接受千疮百孔的生态环境状况,这种“己所不欲,勿施于人”感,要求当代人为后世子孙保留享受良好生态环境的自由。对于后世子孙而言,由于许多环境损害无法修复或者不具有修复价值,造成反向改善已长期

---

〔1〕 中共中央马克思恩格斯列宁斯大林著作编译局:《马克思恩格斯文集》(第9卷),人民出版社2009年版,第120页。

〔2〕 孙洪坤:《公益诉讼、能力壁垒与相对合理——基于某省C市毒地案二审判决的法理省思》,《东方法学》2021年第2期。

受损生态环境的自由选择权成为事实上的不可能。因此,需要当代人在环境损害出现时及时制止和对受损环境及时修复,避免后世子孙逆转生态环境糟糕状况的选择权受到剥夺。

(3)第三准则:利益最大化

首先,人类-生态命运共同体理念下的利益最大化,并不是经济利益最大化,而是符合正义和自由准则的利益最大化。利益最大化不能与更重要的正义和自由准则相抵触,因为正义与自由既是法律生存和发展的基石,更是个人普遍对人类社会共同体的永恒期待,只有结合了正义与自由的人类社会共同体标准,才值得人们去信赖和维系。

其次,利益最大化是遵循宪法至上的利益最大化。宪法认为人身权的保护重于对经济性权利的保护。这与人类-生态命运共同体理念的环境价值顺位安排是相吻合的(对人类存续影响重大的生态价值、生态利益重于经济价值)。这一要求体现了经济利益的最大化必须在人身安全面前止步,人自身价值的重要性高于为人谋福祉之工具(经济衡量手段)的重要性,何况经济利益最大化并不总是与人类的福祉正相关。如果环境损害严重影响人类整体的生存和发展,则无论获得多少额外的经济利益都无法对此进行填补。

再次,利益最大化必须遵循保护优先原则。生态系统是一个命运与共的整体,故而这个整体牵一发而动全身,人们对生态损害的认识限于自身利益、个人价值观、时代和科技等局限,往往会做出错误判断,或者造成生态损害后果失控,或者造成环境容量削减,进而威胁人类身体健康和抵御自然灾害的能力。是继续保持"适当"环境损害基础上获取经济利益,还是立即停止后果不可控的环境损害行为,环境公益诉讼的裁判者必须谨慎对待。

最后,利益最大化是人类命运共同体为整体的利益最大化。穆勒在谈及功利主义时指出"功利主义的标准不是行为者自身的最大幸福,而是指最多数人的最大幸福。"[1]资本主义生产呈现出资本集中这一现象,而以环境损害为代价的资本主义生产则体现出资本集中和环境权利集中的双重危害。必须认识到这一事实:以背叛区域共同体为代价损害环境的行为人,必然要从损害环境所攫取的额外利益中做出赔偿,才能抵消背叛区域共同体的行为带来的不利益(如被孤立、不合作、甚至干扰正常生产)。然而,并不能指望环境损害行为人将损害生态环境为代价所获得的巨额经济利益全部或者大部分给环境权利受到损害的区域共同体成员。同时,这种利益最大化还会造成环境权利的集中。环境损害的过程,也是削减共同体成员环境权利的过程。在这一过程中环境损害行为人不断扩展对他人环境权利份额的支配权,通过无须区域共同体许可的持续使用逐渐榨干区域共同体的环境权利,从区域共同体能从良好生态环境中获得享受,逐渐沦落为不得不承受无法维持健康的生态环境。这是环境损害行为人在将他人的环境权利变现之后用于自身福祉(获得更好的生活条件和宜人生态环境)的

〔1〕 约翰·斯图亚特·穆勒:《功利主义》,叶建新译,中国社会科学出版社2009年版,第18页。

过程。因此，利益最大化需要谨防以资本和环境权利集中为结果的利益最大化，这种利益最大化只会促成人类命运共同体成员因经济和环境利益分配不公而分崩离析。利益最大化只能是人类命运共同体成员就环境权利和因环境权利衍生的经济利益平等分配下的利益最大化。如此，才有可能凝聚当代人共同守护良好生态环境的人心，推动后世子孙不会因生态环境状况代际传承中的不确定性而消极保护。

2. 环境损害归责：从对损害后果的举证责任倒置到对损害行为定责

第一，对于突发性损害后果，采用损害后果的举证责任倒置。对于环境损害行为人而言，由于损害环境所得的巨额利益属于自己，必然会想方设法为了获得更大利益加大损害环境的程度和范围。而就环境权利主体中的一般公众而言，他们普遍缺乏积极性将大量精力投入维护环境公益的事业中。而对于环境权利人中的社会弱势群体和未来环境的权利人，在维护环境公共利益方面又存在事实上的不可能（社会弱势群体需要将主要精力和财产用于生存，而未来的环境权利人则是由于其身处之后的时代）。从环境损害发生到诉讼权利人决定起诉，这一阶段人类命运共同体范围内的全体环境权利人与环境损害行为人之间处于力量失衡状态，环境损害行为人完全可以在环境权利人普遍缺乏参与的阶段掩盖甚至消灭证据，造成之后环境公益诉讼的诉讼权利人收集不到充分证据证明损害行为与结果之间存在因果关系。此外，相比较环境损害责任人的经济利益而言，生态环境对全人类所具有的重大生态价值、生态利益和环境经济价值更值得保护，因此举证责任归属于行为人更加妥当。

第二，对于潜伏性损害后果：采用根据损害行为定责的策略。人类-生态命运共同体理念下的生态环境是一个有机整体，累积性的环境损害会透过生态系统表层，“不仅限于对某个环境要素的污染或破坏，更在于通过对某个环境要素的污染或破坏所产生的环境整体性能的严重退化或某种生态服务功能的丧失”〔1〕，使彼此命运与共的生态环境内部各要素被累积性的环境损害持续伤害。人类环境中的 DDT 农药使用通过食物链在杳无人烟的遥远南极企鹅体内被发现，进入海洋的白色塑料垃圾从搁浅在海滩的海龟身体中被取出。这些后果显然不是生态环境自我净化的终点，而是造成更深环境损害后果的起点。“很多环境损害的后果是，即使受侵害的环境要素本身已经恢复，但对整个生态系统的损害仍然存在。”〔2〕如果仅是以显性的环境损害后果发生为环境公益司法救济的起点，不但会错过对生态环境的最佳保护期，造成不可挽回的损失，而且容易在若干年后失去可归责的环境损害责任人（资产缩减、资产转移、破产或者死亡），或者随着证据的自然消灭以及干扰因素（来自人类生产生活和自然灾害）增加而失去对环境损害原因的查证能力。因此对于累积性环境损害后果而言，并不适合采用以损害结果定责的规定。以损害行为定责的策略更加符合维护环境公共利益的需

〔1〕 吕忠梅、窦海阳：《修复生态环境责任的实证解析》，《法学研究》2017 年第 3 期。

〔2〕 吕忠梅、窦海阳：《以“生态恢复论”重构环境侵权救济体系》，《中国社会科学》2020 年第 2 期。

求。然而,往往越是能容纳累积性环境损害的大生态系统,越不被国家和社会所重视。在环境法领域走在前列的德国,其《环境损害预防及恢复法》中的损害概念也不包含对空气的损害。[1] 以损害行为发生为环境公益司法救济启动和定责的环境司法体制改革,仍重而道远。

三、结语

人类-生态命运共同体理念之于环境公益诉讼理论基础,是在契合时代潮流的同时赋予环境公益诉讼理论基础以最为本质的内涵。环境公益诉讼制度中不仅仅存在着诉讼权利人资格的问题需要理论基础加以引导,其诸多问题更存在于环境公益诉讼制度的各环节之中。如环境价值内涵、立法准则的优先顺位、损害归责原则的设计等,都有待于理论基础加以指导。

在理论基础层面分析人类-生态命运共同体理念,有助于实现从理论基础到诉讼制度纵向论证:使以经济利益最大化为目标、不惜将一切归入经济衡量尺度的那部分理论的错误性得到彰显。人类的自由不是个体的任性,需要实现人类整体可持续的自我保存。因此,环境价值中对人类存续产生重大影响的那部分生态价值必须放在最优先的位置。人类-生态命运共同体理念同样通过理论基础的分析,否定以当代人利益为中心的扭曲价值观。人类各发展阶段是人类整体中平等的各部分,如果每个发展阶段的人都只顾“当代”利益,最终只会使环境损害以不断加重的形式转嫁给后世子孙。过去、现在和将来的人们拥有同一个地球、同一份生态环境,任何一代的人都只是传承者而非挥霍者,每一代人都需要对后世子孙负责,对整个人类文明的延续负责。

当前我国在环境公益诉讼的立法和司法制度已经日渐完善,但能否继续深入发展,是否能在环境损害的既得利益群体面前砥砺前行,仍有待验证。环境公益诉讼制度理论基础的发展,勾勒出了人类对生态环境价值不断深化的认知。让生态环境对人类延续、对个体生命健康和经济利益等各种价值在合理的优先顺位下各归其位,让当代人环境利益和后世子孙的环境权利能各得其所。承认人类对于大自然的有限认知,而不是放纵以科学为名任意开发生态环境或向生态环境排放未知废弃物,这些都有待于在继续完善的环境公益诉讼制度中得到进一步体现。

---

〔1〕 马强伟:《德国生态环境损害的救济体系以及启示》,《法治研究》2020 年第 2 期。

不真正无因管理研究
——本人与自利管理人间利益冲突的平衡

[意]约勒·法略莉著*
向东译**
[意]莫妮卡·法拉利校***

摘　要　当管理人在未经授权的情况下，主观上没有基于本人的利益，而是为了自己的利益，而对本人事务进行管理时，不真正无因管理产生了。罗马法学家为了平衡本人和自利管理人之间的利益冲突，赋予管理人以无因管理管理人的资格，以确保管理人对本人负有义务。瑞士法和德国法接受了这个观念，并通过专门的章节对不真正无因管理制度进行了强调。意大利民法典同样认可了非为自己利益而管理其他人事务的可能性，但未就管理行为的社会意义进行详细规定，也未区分行为的利己性和利他性。就此，意大利法需要向瑞士法和德国法学习，回到罗马法的规定。

关键词　不真正无因管理；无因管理；利己性管理；罗马法

目　次

* 约勒·法略莉(Iole Fargnoli)(1972—)，瑞士伯尔尼大学法学院和意大利米兰大学法学院双聘全职教授，博士研究生导师，主要研究方向：罗马法。
** 向东(1986—)，陕西师范大学国家安全学院(政法与公共管理学院)法学系副教授，意大利米兰大学访问学者，主要研究方向：罗马法和民法基本理论。
*** 莫妮卡·法拉利(Monica Ferrari)(1991—)，米兰大学法学院博士候选人，主要研究方向：罗马法。

一、前言

古罗马的法律文献为我们呈现了管理人基于自己利益而管理他人事务的各种案例。在这些古代案例中,特别令人关注的是非真正无因管理的利益冲突情况。[1] 这项罗马法中的制度构建,直至今日,仍然显得如此卓越,因为它突破了本人规制自己利益这一基本规则,同时斩断了所有权与所有权之践行间的关联。[2]《学说汇纂》的文本为我们描述了管理人为了自身利益而非本人的利益介入他人事务的情况。在管理人和本人之间发生客观上的利益冲突时,尽管该管理行为近似于违法,但管理人仍然基于"无因管理"的原因继续拥有管理资格。[3] 本文欲就这一特殊的现象进行反思,同时就古罗马司法经验产生的法律模式,与当代法律模式,进行历时性的比较,以飨读者。[4]

二、古代罗马法文献

管理人在管理他人事务的同时,因管理行为导致与自身利益冲突,《学说汇纂》中就这一主题的典型例子,陈列如下:

D. 3,5,5,5(乌尔比安《告示评注》第 10 卷)当有人管理我的事务,(实质上)不是以我的名义,而是为了牟利,拉贝奥说,他其实是在照看他自己的事情,而不是我的(因为,如果他为了偷我钱而管理我的财产,则他旨在有利于自己而不是我):更有理由的是,他仍然应受到管理财产行为之诉。但是,如果他在管理我的

〔1〕 利益冲突发生在多个领域,例如,监护人与被监护人之间(D. 26. 7. 16:Paul. 6 ad Sab. ;D. 26. 7. 33 pr. :Callistr. 4 de cognit.),或者保佐人与被保佐人(D. 26. 7. 19:Ulp. 1 resp.)或者,一般意义上的,代替本人行使权利的人和本人(例如委托代理关系 D. 17. 1. 10. 3:Ulp. 31 ad ed.)。就反复出现的 conflictus,concursus 或者 conflictio 等术语的概念,参见:U. Natoli,v. Conflitto di diritti,in Digesto discipline privatistiche,Sez. Civ. 3,Torino 1998,447 ss。

〔2〕 Cfr. S. Ferrari,Gestione di affarialtrui(dirittoprivato),in ED 18,1969,645.

〔3〕 本文并不欲探讨一些特殊情况下的假定情况,例如管理人以为是为了自己的利益而工作,实际则是为了他人的利益,或者其他 D. 11,7,14,11(Ulp. 25 ad ed.)和 D. 3,5,48(Afric. 8 quaest)中所讲的,在管理他人事务时管理人的错误。

〔4〕 30 年来,历史比较方法方面,首先要提及的是 R. Knütel,RömischesRecht und Europa,in Revue Internationale des Droits de l'Antiquité,1994,186 ss。以及谈及当代罗马法学者任务的,Emanuele Stolfi(Hrsg.),Dieter Nörr e la romanisticaeuropeatra XX e XXI secolo. Atti del convegno,Torino 2006,141 ss。与本主题相关,涉及欧洲统一私法运动的先驱性著作包括但不限于:P. Koschaker,Europa und das römischeRecht,4. ed. ,München 1966;H. Coing,Europäisierung der Rechtswissenschaft,in NJW 1990,937 ss. ;R. Zimmermann,RömischesRecht und europäischeRechtseinheit,in:W. Ludwig(Hrsg.),Die Antike in der europäischenGegenwart,Göttingen 1993,168 ss. und Idem,Savignys Legacy:Legal History,Comparative Law and the Emergence of a European Legal Science,in Law Quarterly Review 112,1996,576 ss. ;R. Knütel,Rechtseinheit in Europa und römischesRecht,in ZEuP 2,1994,244 ff. In relazione,specificamente,ai profili di metodo,cfr. T. dallaMassara,Sulla comparazionediacronica:breviappunti di lavoro e un'esemplificazione,in Diritto:storia e comparazione. Nuovi propositi per un binomio antico,2018,111 ss. e Idem,Lo storico,in Visentini a cura di,La Scuolacivilistica di Bologna. Un modello per l'accesso alle professionilegali,Napoli 2013,173 ss. ,nonché Idem,Breviconsiderazioniintorno al ruolo del romanistanellaformazioneuniversitaria,in Europa e dirittoprivato,2013,927 ss。

事务的时候有所花费，他有权起诉我；不是为了他所损失的，而是在我获益数额的范围之内，因为他以不诚信的方式干涉我的事务。

法学家乌尔比安(Ulpiano)举了一个管理人为自己利益管理他人事务的例子。尽管乌尔比安没有告诉我们具体管理的是什么事务，但他慷慨地为我们叙述了管理人的主观状态。首先，非常明确的是管理人的行为是基于自己的利益(non meicontemplatione，sed sui lucri causa)。其次，非常明显，[1]这种管理行为的目的是掠夺他人财富(depraedandi causa)。最终，运用副词"不诚信地(improbe)"来确保管理人主观状态无疑是恶信。

这一解决方案，赋予为自己利益而管理他人事务者以程序上的救济权，导致了大量对罗马法文献的疑问。许多作家毫不踌躇地认为，这一法言极有可能是编撰者对原始文献的再创作，理由在于，"对于恶信管理人的补偿是对古典法精神的反对"，[2]与诚信审判的性质不符。他们尝试在这个法言上区分出不同法学家的观点。由乌尔比安明白指出的拉贝奥(Labeone)的话，无疑是从"然而(Sed)"开始，到"诉讼(actione)"终止。[3] 第二个部分，从"确确实实的(Ipse)"到"诉讼(actionem)"应该属于乌尔比安，但它也有可能是第三个法学家的观点，是法学家尤里安(Giuliano)，在3.5章中，编撰者放在第2节第5段的法言的作者的话。[4] 似乎有可能的是，一些属于未被记录名字的萨宾派学者的观点，被放置在了尤里安的位置。[5] 该段落的第二个部分确实值得怀疑，可疑之处在于在in id之前的non应该被移除，而habet之前应该有个non。[6] 近来的其他作品，则不再对该文本进行怀疑，[7]甚至认为整个观点都属于拉贝奥。[8]

我认为，因为文本给出的"sed... actione"从语法结构上看，与开始的语句比较起来，完全自洽，很有可能就是乌尔比安的原话，所以，或许乌尔比安为我们提

[1] 这一主题的法言被置于De negotiisgestisdei Labeonisadedictumpraetoris libri题目下，从D. 3. 5. 3. 5-9到D. 3. 5. 6 e 8以及D. 3. 5. 9. 1。Cfr. O. Lenel，Palingenesiaiuriscivilis，I，Lipsiae 1889，nr. 29，505.

[2] 关于这个片段不可能是古典时代作品的观点，特别参见，S. Riccobono，Dal dirittoromano classico al dirittomoderno a proposito di D. 10，3，14(Paul. 3 ad Plautium)，in AUPA 3/4，1917，ora in Scritti di dirittoromano II，Palermo 1964，73 s. (da cui sicita)e Idem，Tracce di dirittoromano classico nellecolle-zionigiuridichebizantine，in BIDR 18，1906，158 s. nt. 4，nt. 1；W. Flume，Der Wegfall der Bereicherung in der Entwicklungvomrömischenzumgeltenden Recht，in Festschrift für Hans Niedermeyer，Göttingen 1953，116。

[3] Riccobono，Tracce，158 nt. 4. 以及，O. Behrends，La nuovatraduzionetedescadei Digesta，in Index 25，1997，36.

[4] Riccobono，Tracce，158 nt. 4；O. Behrends，La nuovatraduzione，36 s.

[5] Cfr. O. Behrends，Institutionelles und prinzipielles DenkenimrömischenRecht，in ZSS，96，1978，216 nt. 67.

[6] Riccobono，Tracce，158 nt. 4.

[7] 近来就该主题进行讨论的专题性著作有2篇，分别是：A. Cenderelli，La negotiorum gestio. Corso es-egetico di dirittoromano，Torino 1997，172 e G. Finazzi，Ricerche in tema di negotiorum ges-tio. I. Azione civile e azione pretoria，Napoli 1999，145 s。

[8] 持论者认为，该法言系拉贝奥的观点。激发该种解决方式的观点是此处所论诉权系裁判官救济，而非诚信诉讼。Cfr. A. Cenderelli，La negotiorum gestio. Corso esegetico di dirittoromano，Torino 1997，172.

供了一个不同于拉贝奥的观点。[1] 与之相反，尤里安或者其他萨宾派法学家早就提出"恶信管理人应当得到补偿"这一观点，并由乌尔比安在这个段落里分享出来的假设，有很大的可能性，单就文本内容来看，不能确证。

不仅如此，我们缺少有效的论据来证明确实发生了这样一个意义深远的添加(interpolatorio)。实际上，戈尔迪安皇帝(Gordiano)的一个敕令确认了古典法时代关于主观恶信者可以取得"管理财产行为之诉"：

C. 3,32,5(戈尔迪安皇帝至艾拉西阿诺，公元 239 年)行省长官应做如下命令：你所主张的自你母亲处继承而来属于你的，正在被他人违法侵占的房子，应返还于你，随侵占期间收到或应该收到的租金，以及因他造成的一切损害赔偿。然而，一项早先的敕令正确的规定，无须考虑(他的)支出，因为恶信的占有者无权要求对其他开支进行补偿，没有管理财产所有人的事务，除非他们产生了必要开支：如果，与之相反，产生了必要开支，他们被允许减去同样的费用，不受前述事情影响。

一个主体占用他人房屋并照管之，某种意义上说，系未经授权的对他人事务的管理。[2] 公元 239 年，戈尔迪安皇帝发布敕令，认为可以允许他人介入本人的事务。他否决了不必要支出的可偿性，但是承认了管理人在未毁损建筑物前提下的收益取得权。只要开支是对本人有益，管理人的这笔必要开支就能通过财产管理行为之诉获得补偿。通过皇帝的敕令，我们可以发现，以近似于无因管理的解决方案处理利益冲突，是古典时代的做法。就该文本被法典编撰者添加的猜测看来似乎并不可靠，如此，关于恶信管理人救济原则的 D. 3,5,5,5 也就不可能是古典法学家的作品。这样一项规则的适用，可以解释为可能是不同法学家——乌尔比安或者其他拉贝奥的反对者的观点。并不存在推测的为了使《学说汇纂》和《法典》[3]协调而产生的添加行为。

回到乌尔比安，他的法言表明"贪婪的意图(animus depraedandi)"并不会造成对管理行为的无视。大体上，罗马人通过将利他的管理行为等同于利己的管理行为，解决了利益冲突的问题。这样的解决方案有着其自身的逻辑：管理人对本人的债只有如此才能存在。如果否决管理人对他人事务的介入，那么这个债就不能存在。"贪婪的意图"表明债并未被均衡：比如，对管理人招致的损毁求偿可能性的限制，以及当且仅当本人有受益时方可拥有的请求权。

三、为管理人的利益进行管理，瑞士债权法中的"Geschäftsanmassung"

将管理人看作也为自己的利益工作的法学争论取向是幸运的。乌尔比安描述的这种利益冲突解决方案被瑞士民法典债权法部分采纳。1883 年《瑞士债法

---

[1] 对此，详见 Finazzi, Ricerche, 145 s。

[2] 对于这个敕令的详细分析，参见 G. Mac Cormack, Iustollendi, in BIDR, 85, 1982, 85。

[3] 关于《学说汇纂》和《法典》是否添加的讨论，参见 Riccobono, Dal diritto romano, 73, 74 nt. 3 e 244 nt. 205; Idem, Tracce, 205; 以及 E. Costa, L'exceptio doli, Roma 1970 (rist. 1897), 50; C. Ferrini, Manuale di Pandette, Milano, 1908, 438 e nt. 2 e 3。

典》用了6个条文[1]构建该项制度，倒数第二条，亦即第423条，明确致力于使得当事人双方都产生义务。这个条款是这样说的："如果管理人并非基于本人利益而管理其事务，则管理人无权就管理所获利益谋求报偿。仅在本人获益范围内，负有赔偿管理人或解除其义务的责任……至于本人的义务，本人并不必须补偿或解除管理人的义务，除非本人因管理人的管理行为获益。"从上面的条文我们可以发现一个很有意思的现象，瑞士债法不仅采用了乌尔比安的观点，同时也采用了乌尔比安的术语。在描述假设案件情况的时候，条文中使用了"la gestione non fu assunta nell'interesse del padrone(如果管理人并非基于本人利益)"，这个等同于乌尔比安法言中的"non meicontemplatione(没有为我考量)"。[2] 在构建本人所负义务所使用的应局限于其所获利益的规则时，我们可以发现乌尔比安"in quodlocupletiorfactus(在获益的范围内)"的影子。

严谨的看，这种做法是强行提出"这是一种(无因)管理"，随之而来的就是任何自利的主体都能成为不适格的管理人。在债法典的意大利语版本中，立法者基于现实将该制度称为"基于管理人利益的管理(gestionenell'interesse del gestore)"。同一概念在德语版本中的表述——Geschäftsanmassung——则更为有力，因为这个表达更好地突出了管理人行为的傲慢性。学说和判例通过"利己性管理(egoistische Geschäftsführung)"的概念顺利地区分开了为本人利益的利他性管理，第422条的规则，或者不恰当的对他人事务的管理。[3] 对此，文献已经专门说明了自利的管理人行为与好撒玛利亚人完全是对立的。[4] 在《路加福音》第10章第30—37节，好撒玛利亚人帮助了被盗匪劫掠的人，并付钱给店主以照料这不幸的人。[5]《瑞士债法典》第423条，大体上，是将盗匪一样管理他人事务的行为编入了法典，[6]而这种行为在罗马人那里被归入准私犯的范畴。[7] 这个规则导致了一个独立的对本人收益部分的物权或者非合同责任的主张。这一自主权造成了很多问题，如时效问题。理论和案例发现，对于非合同责任，应该根

---

[1] 这里仅引用规制该行为的第一个条款，第419条：某人在未被授权的情况下管理他人事务，应像管理自己事务一样，对本人承担责任。

[2] Cfr. H. Honsell, Schweizerisches Obligationenrecht. Besonderer Teil, 10. ed., Bern 2017, 371.

[3] R. H. Weber, Art. 419 ff., in Obligationenerecht Honsell-Vogt-Wiegand hrsg., V. ed., 2011, 2650 RZ 3.

[4] 就该问题，Cfr. J. Hofstetter, Gewinnherausgabe und Aufwendungsersatz des unechten Geschäftsführers ohne Auftrag, in Zeitschrift des bernischen Jursitenvereins, 100, 1964, 221 s。

[5]《路加福音》10:30-37。耶稣回答："有一个人从耶路撒冷下耶利哥去，落在强盗手中。他们剥去他的衣服，把他打得半死，撇下他一个人就走了。正好有一个祭司，从那条路下来，看见他，就从旁边走过去了。又有一个利未人，来到那里，看见他，也照样从旁边走过去了。只有一个撒玛利亚人，旅行来到他那里，看见了，就动了怜悯的心，上前用油和酒倒在他的伤处，包裹好了，把他扶上自己的牲口，带他到客店里照顾他。第二天，他拿出两个银币交给店主，说：'请你照顾他，额外的开支，我回来的时候必还给你。'你想，这三个人，谁是那个落在强盗手中的人的邻舍呢？"他说："是那怜悯他的。"耶稣说："你去，照样作吧。"

[6] Cfr. Hofstetter, Gewinnherausgabe, 221 s.

[7] 这与第421条第2款是一致的。该条款特别规定了管理人未被授权的情况下承担犯罪责任的可能，这条是这么说的：管理人无法履行合同义务，当且仅当他获得利益或者为牟取盈利而欺诈时，须对管理行为承担相应责任。法律保留对他非法行为之更广泛责任的追究。

据瑞士债法第 67 条适用 1 年期的时效，而不是根据第 127 条将案件作为事务管理合同而适用 10 年的时效。[1]

文献和判例中关于管理人的主观状态的争议一直存在。立法者已经明确指出，条文中所称利益，应属现实存在的，未来的利益不在此列。主流观点将该条款进行了限制性的解释，认为不诚信(improbe)行为的实施是必要性的。[2]

不恰当管理规则十分重要，以至于有不少的文献将之在体系上从债法分则归入了债法总则。[3] 2016 年公布的被称为债法 2020 法律修正案对这一态度表示欢迎，用第 74 条对此做了规定，在“Delimitazioni”章节下，紧随不当得利之后。然而，法律并未继续提供一项基于不当得利的独立的救济，而是准用不当得利规则。这一修订案尚未被议会接受，仍然只是一个草案。

在瑞士的司法实践中，不恰当管理诉讼经常在工业法领域被提起。专利权人往往对管理人提起诉讼，主张管理人侵犯本人专利权，要求返还因专利所生利益。[4] 物品让渡和滥用代理权的案件也经常适用该规则。[5] 近来，这一规则甚至被运用于转租的案件。[6]

四、《德国民法典》中的不恰当管理他人事务(非真正的事务管理)

和《瑞士债法典》一样，德国民法典也接受了乌尔比安的观点。德国立法者在法典第 687 条规定在非真正的事务管理中，亦即某人在明知未授权的情况下却将之当作自己的事务管理时，准用不当得利的规则。[7] 在此，该规则将管理人行为的标准，确定为“将他人事务当作自己的进行管理”。

不得不说，与《瑞士民法典》相比，《德国民法典》对于管理人主观状态的描述更为精细。后者对主观状态的要求非常明确：以恶信对待自己的事务，以及未被授权管理的明知。从这个层面上来说，相较瑞士法，德国法与乌尔比安的学说的联系更为直接，更加关注行为的“不诚实”和“偷我钱财”的主观状态。

德国法对于利益冲突问题的解决方案，与瑞士法和学说汇纂的解决方案一样，本人对管理人所负义务仅以所获增益为限。与瑞士债法不同的是，第 687 条规定准用第 677 条及以下相关条款，如此，就没有产生一个独立的请求权。

这一规则的小标题不会让人产生“这到底是不是委托管理”的疑问，因为德

---

[1] Cfr. Honsell, Schweizerisches Obligationenrecht, 372 以及 J. Hofstetter, Der Auftrag und die Geschäftsführung ohne Auftrag, in hrsg. W. Wiegand, Obligationenrecht. Besondere Vertragsverhältnisse, Basel-Genf-München, 2000, § 33, 243.

[2] Honsell, Schweizerisches Obligationenrecht, 371.

[3] ZK-Schmid Art. 423 OR N 6; Schmid ZBJV 131, 1995, S. 267; Hofstetter 237 § 33.

[4] 请参阅联邦法院的以下判决：134 III 306, 97 II 169 ss; 35 II 658, 45 II 207, 49 II 507, 518 s。

[5] 这方面，参见 Honsell, Schweizerisches Obligationenrecht, 372。

[6] BGE 126 III 69, 73.

[7] 第 687 条内容如下：“1. 某人误认他人事务是自己事务而加以处理的，不适用第 677 条至第 686 条的规定。2. 某人虽知道自己无权将他人的事务当作自己的来对待却这样做的，本人可以主张基于第 677 条、第 678 条、第 681 条和第 682 条而发生的请求权。本人主张这些请求权的，依照第 684 条第 1 句对管理人负有义务。”

语 unechte Geschäftsführung 揭示了它的本质:非真正事务管理。[1] 德国理论界认识到,这种现象在客观上仅仅是一种管理行为,但从主观状态来看,该行为的恶信本质导致了规则被破坏,惩罚行为则是闯入他人权利领域的结果。由此,在德国民法典立法准备阶段,产生了两种背道而驰的观点,并对是否采用这一规则产生了完全相反的做法。[2] 最后,立法委员会决定自罗马法中继受该制度,以使之与历史上的制度相符,并且,特别明确的是,这也是对瑞士法典模板的参考。[3]

与瑞士不同,德国法教义学并未采用罗马准私犯的罗马主义范式。然而,这一做法并未产生任何实质后果,因为,在时效的问题上,德国法并未表现出合同和非合同的时效上的差别。

五、意大利法的选择

意大利立法者没有提出任何与乌尔比安的解决方案相对应的法案。如同其他民法典一样,意大利民法典同样认可了非为自己利益而管理其他人事务的可能性,未就管理行为的社会意义进行详细规定,也未区分行为的利己性和利他性。意大利方案中,对于主观状态的唯一描述出现在第 2028 条:"自觉"(或者"明知、故意"scientemente)。条文是这样表述的:"没有义务而自觉管理他人事务的人,直至利害关系人能够自己处理该事务之前,要承担继续管理并完成该事务的义务。""自觉"这个副词表明,很明确这是对他人权利范围的介入,而非自愿的意图。因此,这种解决方案并没有引起主观意志的疑问,但是他人事务的明知这个表述,正如一些学理观点所认为的,与管理人的主观状态相比较过于简单。[4]

意大利最高法院在多个判例中表达了这样一种倾向:如果管理人在管理自己事务的同时,因为一些间接或较远的原因而将他人事务当作自己的一样管理,无因管理(Negotiorum Gestio)将会因为构成要件的缺乏而不能成立。[5] 申言之,如果发生了管理人和本人之间的利益冲突,由于管理行为必须基于本人的利益,所以管理行为不被认可。[6] 这方面,有两个有趣的案件:一个医生因为给错了药物而陷入纷争,他主张自己的行为是基于其服务团体的利益;[7]被剥夺监护

〔1〕 然而,该小节以及《德国民法典》中所有相关部分都非 1900 年立法者规定的,而是后来制定并通过 2002 年债法改革确认的。

〔2〕 B. Ebert,Die Geschäftsanmassung. Zur Funktion des § 687 Abs. 2 BGB im privatrechtlichen Anspruchssystem,Berlin 2000,34.

〔3〕 Ebert,Die Geschäftsanmassung,34. Sulla base della numerazione dell'epoca,si trattava dell'art. 473 del Codicedelle Obbligazioni del 1883.

〔4〕 G. De Semo,Gestione di affarialtrui(dirittovigente),in NNDI 7,1957,819 s. 另可参阅:La distinzionetraanimus gerendi e contemplatio domininellechiarepagine di Riccobono,Dal dirittoromano,74.

〔5〕 Cass. 13 febbraio 1978,n. 667.

〔6〕 Cfr. Cass. 26 marzo 1980 n. 2002,Cass. 13 marzo 1964 n. 550,Cass 29 marzo 2001 n. 4623.

〔7〕 Cass. 6 agosto 1997 n. 7278:法院裁定,医生的行为并非为了省的利益,而是出于自利。

权的父亲继续供养女儿。[1] 在这两个案件中,法院均不认为对他人行为进行管理的事实存在。实质上,现行规则在法学理论上被解释为必须存在“管理他人事务之意图”。因此,在现行意大利法上,D. 3,5,5,5 所述案件并不能构成非真正无因管理。

唯一能够与为管理人利益而管理的条款是 2031 条第 2 款。[2] 该规则规定,本人应当履行管理人以他的名义承担的义务,应当承担管理人以其名义所承担的义务,并偿付全部的必要或有益的费用,除非有相反规定。随后,第 2 款规定:“该规定不适用于与利害关系人行为的禁止相抵触的已实施的管理,除非该禁止与法律,与公共秩序相抵触”。这种禁止即导致管理人行为非法性的负面要素。结果因此构思了对利益相关方的义务进行法律限制,以一项自足的制度条文:不顾本人拒绝而实行的无因管理(negotiorum gestio prohibente domino)。

值得注意的是,很有可能发生本人拒绝管理人管理行为与法律规定相悖的情况。在这些案件中,有利于管理人的义务仍然存在。仅在该种假设下,管理人对他人事务的介入及本人权利行使之间的冲突,得有利于管理人,本人之违法行为得撤销。[3]

不顾本人拒绝而实施的无因管理,尽管在司法实践中寥寥无几,但是它的存在允许我们提出不同于现有教义和理论的新的思考方向。[4] 第 2031 条规定,本人拒绝管理人管理,当这个禁止与法律规定不抵触的情况下,本人对管理人不负有任何义务。如此,第 2028 条及以下条款所规定的继续管理的行为也就不再适用,无论管理行为是否出于自利。[5] 立法者的标准不是社会意义上的,而是要和法律行为相符合,并造成了再造有用的代理主体的必要。[6] 依据制度的设计初衷,例如个体行为的自主性以及介入他人事务的非道德性,对于意大利法乃至整个法学理论来说,对于管理他人事务行为的边界,依然有探索的余地。

六、结论

乌尔比安对于管理人和本人之间利益冲突的解决方案表明,法学家为管理人介入他人事务提供了广阔的边界。这种管理行为,甚至与包括了一定范围的介入他人合法权益的非法行为。

这种处理方式为现代法律体系所采纳,如瑞士法和德国法,使得利益相关人

---

〔1〕 Cass. 22 dicembre 2004 n. 23823:法院裁定,父亲出于丈夫的利益而管理并不被禁止。

〔2〕《意大利民法典》第 2031 条以“利害关系人的义务”为题。该条内容如下:“在管理有效地开始时,利害关系人应当履行管理人以他的名义承担的义务,应当承担管理人以其名义所承担的义务,并偿付全部的必要或有益的费用及自支付费用之日起的利息。该规定不适用于与利害关系人行为的禁止相抵触的已实施的管理,除非该禁止与法律,与公共秩序相抵触。”

〔3〕 De Semo,Gestione,821.

〔4〕 Cfr. P. Sirena,La gestione di affarialtrui. Ingerenzealtruistiche,ingerenzeegoistiche e restituzione del profitto,Torino 2000,432.

〔5〕 Sirena,La gestione,432.

〔6〕 Sirena,La gestione,433 s.

可以因为管理他人事务的行为而获益。这种路径得到了该制度罗马名称的确认：无因管理。在瑞士法和德国法体系中，这种规则被称为“管理介入(interposizionegestoria)”；在意大利法体系中，因为其关注于对他人事务的干涉，而被归类于“管理他人事务(gestione di affarealtrui)”。

不仅如此，在意大利法学理论中，有人提出设计一个基于自己利益管理他人事务的可能。在这种情况下，意大利法应该向瑞士法和德国法学习，再次回到《学说汇纂》，回到乌尔比安，扩大管理他人事务制度的边界。

实体与程序双重视角下的股东出资义务加速到期实现路径研究

李　翀*

摘　要　《九民纪要》第一项例外情形未脱离破产唯一加速论窠臼，面临适用困境。实际上，非破产情形下股东出资义务加速到期具有正当性，符合资本维持原则、股东出资担保原则、权利义务对等原则和成本效益原则。在允许加速到期前提下，传统诉讼路径对股东主体地位的各种设置方式均有不足：一并起诉股东不符合必要共同诉讼合一确定裁判的特征，将股东作为无独立请求权人缺乏必要性基础，另案起诉股东可能因管辖法院不同而导致矛盾裁判和要件事实查明受阻。在执行中追加股东为目前最优选择，纠纷一次性解决、责任财产以及程序保障原理为其正当性基础。执行机构依托听证程序赋予股东前期程序参与权，明确公司不能清偿债务的识别标准为终结本次执行，同时设计执行异议之诉作为后发性救济程序。

关键词　股东出资义务加速到期；共同诉讼；执行中追加当事人；执行异议之诉

目　次

* 李翀（1987—），西南政法大学执行研究院研究员，重庆市人民代表大会常委会研究室干部，主要研究方向：民事诉讼法学、司法制度。

为活跃市场经济，降低准入门槛，2013 年《公司法》将公司注册资本制度改为无限认缴制，取消股东缴足出资的期限限制，不再将公司实收资本作为工商登记的事项，同时放宽了股东首次出资比例。这一系列规定在鼓励投资兴业、降低经营成本的同时，亦带来交易安全保护的隐忧。在公司出现偿债风险时，认缴期限极易成为部分股东恶意逃债的工具，极端情形下甚至有公司设定了 100 年的超长认缴期限，〔1〕使得公司股东自治与债权人权益保护成为难以平衡的矛盾，继而引发学界热议：当公司现有资产已不足清偿到期债务，而股东出资期限尚未届满之时，债权人能否要求股东提前补足认缴资本？目前法律对股东出资义务加速到期的情形明确予以认可的仅限于两种情况：根据《破产法》第 35 条和《公司法司法解释（二）》第 22 条之规定，企业法人处于破产和清算状态时，股东应足额补足资本而不受出资期限的限制。然而，破产和清算毕竟属于少数情况，除此之外的其他情形下，未足额缴纳出资的股东出资义务应否加速到期？2016 年，《最高人民法院关于民事执行中变更、追加当事人若干问题的规定》（以下简称《追加规定》）第 17 条规定公司作为被执行人不能清偿债务时，债权人可以申请追加未缴纳或未足额缴纳出资的股东为被执行人，但对于上述股东是否包含未届出资期的股东，实务中的理解并不统一。2019 年，《全国法院民商事审判工作会议纪要》（以下简称《九民纪要》）在第 6 条中规定非破产情形下股东出资义务原则上不允许加速到期，但两种例外情形除外，〔2〕规定了较为严格保守的加速条件，为非破产情形下股东出资义务加速到期提供了解决思路。从性质上而言，《九民纪要》并非司法解释，不能作为裁判依据直接引用，但其对于统一各地裁判尺度的影响仍然不容忽视。

综上，尽管司法解释或会议纪要均尝试对股东出资义务加速到期的问题进行回应，但以下现实问题仍然拷问着理论和实践：第一，非破产情形下股东出资义务加速到期的法理依据何在？《九民纪要》对于股东出资义务加速到期的例外规定是否过于严苛而可能导致实践中发生制度空转？第二，在允许加速到期的情形下，债权人应当通过何种程序主张自己的权利，是诉讼方式还是在执行阶段直接追加未足额出资股东？第三，如何设计程序路径和前提条件以尽量平衡公司自治与债权人保护？既往的研究多着眼于实体法层面，而鲜有文章结合程序研究股东加速到期的实现路径。又鉴于此，本文尝试从实体和程序双重维度对上述问题进行回应，以期更好地平衡股东出资期限利益与债权人权益保护之间的冲突，并尝试构建更为完善的程序保障各利益攸关方的合法权利。

---

〔1〕 甘培忠：《论公司资本制度颠覆性改革的环境与逻辑缺陷及制度补救》，《科技与法律》2014 年第 3 期，第 509 页。

〔2〕 《九民纪要》第 6 条规定：“在注册资本认缴制下，股东依法享有期限利益。债权人以公司不能清偿到期债务为由，请求未届出资期限的股东在未出资范围内对公司不能清偿的债务承担补充赔偿责任的，人民法院不予支持。但是，下列情形除外：(1)公司作为被执行人的案件，人民法院穷尽执行措施，，无财产可供执行，已具备破产原因，但不申请破产的；(2)在公司债务产生后，公司股东会决议或以其他方式延长股东出资期限的。”

一、股东出资义务应否加速到期的争议

围绕对《公司法司法解释(三)》第13条和《追加规定》第17条中"未履行或者未全面履行出资义务""未缴纳或未足额缴纳出资"应否作扩张解释,将未届出资期限的股东囊括在内,股东出资义务应否加速到期问题引发巨大争议。《九民纪要》第6条确立了原则否定加速,例外肯定加速的裁判规则,是否能够起到统一法律适用的作用,还是会导致更多矛盾裁判出现,尚需要实践做出进一步检验。

(一)《九民纪要》出台前的争议

《公司法司法解释(三)》第13条第2款规定:"公司债权人请求未履行或者未全面履行出资义务的股东在未出资本息范围内对公司债务不能清偿的部分承担补充赔偿责任的,人民法院应予支持。"对于如何理解此处的"股东未履行或未全面履行出资义务"? 理论和司法实务界的争执点在于除破产情形外,可否将法条扩张解释为无论股东出资期限是否届满,只要公司不能清偿对外债务时,债权人均可要求股东承担补充赔偿责任? 就此,产生了"肯定非破产加速论"和"否定非破产加速论"的两种争论:

肯定股东出资义务在非破产条件下可以加速到期的观点[1]认为:第一,出资期限是股东之间或股东与公司之间就公司内部经营管理所作的约定,不能直接对抗债权人,公司一旦陷入不能清偿到期债务的境地,股东的期限利益就应有所让渡。[2] 第二,认缴期限是期间段而非时间点,股东应视公司经营状况在认缴期间内缴足出资,并非只能在最后认缴节点缴纳出资。[3] 第三,破产程序烦琐、启动复杂,应当允许当事人选择更为经济的司法路径以节约司法资源,破产作为唯一通道不利于债权人利益保护。[4] 第四,在公司不能对外偿债时,股东出资期限利益丧失赖以存在的基础,仍然固守维护期限利益实际在鼓励股东滥用公司独

---

〔1〕 肯定者的观点参见赵旭东:《资本制度变革下的资本法律责任——公司法修改的理性解读》,《法学研究》2014年第5期;梁上上:《未出资股东对公司债权人的补充赔偿责任》,《中外法学》2015年第3期;李建伟:《认缴制下股东出资责任加速到期研究》,《人民司法》2015年第9期;黄耀文:《认缴资本制度下的债权人利益保护》,《政法论坛》2015年第1期;王涌:《论公司债权人对未实缴出资的股东的请求权》,《公司法评论》2015年第25辑;石冠彬:《注册资本认缴制改革与债权人权益保护——一个解释论视角》,《法商研究》2016年第3期;郭富青:《论公司债权人对未出资股东及利害关系人的求偿权》,《北方法学》2016年第4期;张其鉴:《论认缴制下股东补充赔偿责任中的"不能清偿"标准》,《政治与法律》2017年第3期;蒋大兴:《论股东出资义务之"加速到期"——认可"非破产加速"之功能价值》,《社会科学》2019年第2期;刘铭卿:《股东出资义务加速到期研究》,《政治与法律》2019年第4期。

〔2〕 广东省广州市中级人民法院(2018)粤01执异694号执行裁定书、湖南省衡阳市中级人民法院(2017)湘04执异65号执行裁定书。

〔3〕 浙江省杭州市上城区人民法院(2016)浙0102民初1545号民事判决书、河南省焦作市山阳区人民法院(2018)豫0811民初963号民事判决书。

〔4〕 江苏省苏州市虎丘区人民法院(2019)苏0505执异16号执行裁定书。

立人格。[1]

否定股东出资义务在非破产条件可以加速到期的观点[2]认为:第一,加速到期缺乏法律依据,应严格解释《公司法司法解释(三)》第13条第2款,只有在破产条件下股东出资义务才可加速到期。[3] 第二,股东享有出资期限利益,认缴期限已经过工商登记,债权人有理由知晓股东出资期限,根据风险自担原则,债权人也应承担相应后果。[4] 第三,公司不能清偿债务时大概率已陷入破产境地,非破产情形下的加速到期实质允许公司对单个债权人个人清偿,有损其他债权人利益。[5]

(二)《九民纪要》第一项例外情形未脱离破产唯一加速论

为平息争议、统一法律适用,《九民纪要》出台后,确立了原则上保护股东期限利益,例外情形下允许股东出资义务加速到期的裁判规则。对于股东会延长出资期限这一例外情形争议不大,而对于另一种例外情形,最高人民法院的态度显得过于谨慎保守,笔者认为,其实质与破产唯一加速论并无不同,反而会带来实践适用难题。

首先,《九民纪要》第一种例外情形规定条件过于严苛,容易使制度空转。第一种例外情形需同时满足"穷尽执行措施无财产可供执行"、"已经具备破产原因"和"不申请破产"3个条件,"已具备破产原因"这一条件尤难判断。对于被执行企业是否已经具备破产原因,是由债权人承担证明责任还是由执行机构初步审查,不无疑问。如若由债权人承担证明责任,则难度极大。[6] 破产原因条件规定于《破产法》第2条之中,明确企业法人不能清偿到期债务,并且资产不足以清偿全部债务或者明显缺乏清偿能力为破产的法定条件。公司不能清偿到期债务不必过多解释,《破产法司法解释(一)》第3条和第4条分别对何为"资产不足以

〔1〕 杭州市富阳区人民法院(2016)浙0111民初第1150号民事判决书、安徽省合肥市中级人民法院(2017)皖01民终6212号民事判决书、湖北省武汉东湖新技术开发区人民法院(2018)鄂0192执异6号、15号、18号、21号、22号、34号、35号、46号执行裁定书。

〔2〕 持否定论的观点参见俞巍、陈克:《公司资本登记制度改革后股东责任适法思路的变与不变》,《法律适用》2014年第11期;王东敏:《公司法资本制度修改对几类民商事案件的影响》,《人民司法》2014年第5期;李霖:《非破产情形下有限公司股东出资义务不应加速到期——江苏泰州高新区法院判决吴红兵诉冠星公司等委托合同纠纷案》,人民法院报2016年12月22日第6版;章恒筑等:《认缴资本制度下的债权人诉讼救济》,《人民司法》2016年第16期。

〔3〕 上海市高级人民法院(2019)沪民终112号民事判决书,浙江省高级人民法院(2017)浙民申1110号民事裁定书、四川省高级人民法院(2018)川民申3304号民事裁定书、广东省佛山市禅城区人民法院(2018)粤0604民初20394号执行裁定书。

〔4〕 最高人民法院(2019)最高法民终230号民事判决书,上海市高级人民法院(2019)沪民终112号民事判决书、新疆维吾尔自治区高级人民法院生产建设兵团分院(2018)兵民申148号民事裁定书、宁夏回族自治区高级人民法院(2018)宁民终105号民事判决书、浙江省杭州市中级人民法院(2018)浙01民终2682号民事判决书。

〔5〕 四川省成都市中级人民法院(2017)川01民终11290号民事判决书。

〔6〕 从《九民纪要》起草小组观点来看,更倾向于由债权人进行举证。最高人民法院民事审判第二庭编著:《〈全国法院民商事审判工作会议纪要〉理解与适用》,人民法院出版社2019年版,第128页。

清偿全部债务”[1]及“明显缺乏清偿能力”[2]做了规定，对于资产不足以清偿全部债务的情形，由于需要通过公司的资产负债表、审计报告或资产评估报告来判定企业资产负债情况，债权人作为与公司交易的相对方并不能轻易获取上述信息。且非经破产或清算程序，审判环节法院一般也不会委托专业评估机构出具公司的上述信息。即使进入执行，执行法院也只是向被执行企业发出“执行通知书”和“财产报告通知书”，并不会主动调查企业资产负债情况，因此该情况如由债权人举证则很难适用。而对于企业明显缺乏清偿能力的情形，除了“经强制执行，无法清偿债务”之外，其余情况如公司是否长期亏损无力扭转、资产是否难以变现等于债权人而言也难以掌握。正是因为由债权人举证破产原因难度极大，《破产法》才对破产原因与破产申请条件作出不同规定，根据《破产法》第 7 条的规定，[3]债权人申请企业破产的，只需具备企业不能清偿到期债务的条件即可，无须达到《破产法》第 2 条的破产原因条件。而《九民纪要》将“已具备破产原因”作为股东出资义务加速到期的条件，显著增加了实践适用难度，可能成为僵尸条款难以启动。

其次，《九民纪要》第一种例外情形无法回应破产撤销权诘问。在全国法院第八次民商事审判工作会议上，最高人民法院对股东出资义务加速到期亦持否定态度，理由在于“如果公司不能清偿单个债权人到期债权，其往往也资不抵债，或者明显缺乏清偿能力，或者有丧失清偿能力的可能。此时按照《企业破产法》第 2 条，公司已经符合破产条件，所以更应当保障全体债权人的利益”。[4] 而《九民纪要》与上述观点有所不同，尊重“勤勉竞赛、先到先得”的个别清偿原则，允许例外情形下股东出资义务加速到期后对单个债权人受偿，却未回应如下问题：单个债权清偿是否符合《破产法》第 32 条破产撤销权的立法精神？[5] 置言之，由于第一种例外情形需达到“具备破产原因”这一条件，既然公司已经具备破产原因，只要公司还有其他债权人，从理性经济人的角度考量，其他债权人为能在追回的股东资本中分得一杯羹必将申请公司破产。而破产申请一旦受理，根据《破产

---

[1] 《破产法司法解释(一)》第 3 条规定：“债务人的资产负债表，或者审计报告、资产评估报告等显示其全部资产不足以偿付全部负债的，人民法院应当认定债务人资产不足以清偿全部债务，但有相反证据足以证明债务人资产能够偿付全部负债的除外。”

[2] 《破产法司法解释(一)》第 4 条规定：“债务人账面资产虽大于负债，但存在下列情形之一的，人民法院应当认定其“明显缺乏清偿能力”：(一)因资金严重不足或者财产不能变现等原因，无法清偿债务；(二)法定代表人下落不明且无其他人员负责管理财产，无法清偿债务；(三)经人民法院强制执行，无法清偿债务；(四)长期亏损且经营扭亏困难，无法清偿债务；(五)导致债务人丧失清偿能力的其他情形。

[3] 《破产法》第 7 条规定：“债务人有本法第二条规定的情形，可以向人民法院提出重整、和解或者破产清算申请。债务人不能清偿到期债务，债权人可以向人民法院提出对债务人进行重整或者破产清算的申请。企业法人已解散但未清算或者未清算完毕，资产不足以清偿债务的，依法负有清算责任的人应当向人民法院申请破产清算。”

[4] 杨临萍：《当前商事审判工作的若干具体问题》，《人民司法应用》2016 年第 4 期。

[5] 《破产法》第 32 条规定：“人民法院受理破产申请前六个月内，债务人有本法第二条第一款规定的情形，仍对个别债权人进行清偿的，管理人有权请求人民法院予以撤销。但是，个别清偿使债务人财产受益的除外。”

法》第32条的规定，受理前六个月的单独清偿行为就会被撤销，即使债权人已经获得清偿，其辛苦忙碌的一切成果都将归零，徒增成本，那么直接用《破产法》第35条申请企业破产即可，又何必多此一举？

二、股东出资义务加速到期的法理基础

由上文可知，《九民纪要》第6条第一种例外情形将股东出资义务加速到期限定于具备破产原因过于苛刻，在实践中存在适用困境，实则并未脱离否定论的窠臼，笔者认为应取消具备破产原因这一条件，只要符合不能清偿到期债务的条件，就可使股东出资义务加速到期，具体理由如下：

（一）资本担保制度的题中之义

"公司是现代社会经济的细胞，是股东利益、公司债权人利益、社会公共利益等各种利益的错综物"。[1] 为了在各方利益博弈中实现基本平衡，设计能够相互制衡的机制十分必要，股东出资担保责任就是平衡股东利益和债权人利益的重要制度安排。根据《公司法》第3条之规定，一方面，公司以其全部财产对外担保全部债务；另一方面，股东以认缴或认购的出资额为限对公司承担出资担保责任。

首先，公司注册资本金是公司与他人交易的基本财产担保，公司对外公示的注册资本金基本数额是债权人与之交易时考察公司经济实力的重要依据。而公司注册资本金由股东认缴或认购组成，股东对公司承担的出资责任从深层次上实为对债权人的责任，认缴制下股东的出资义务亦可视为股东对债权人在出资范围内的一种担保和承诺。在公司不能清偿债务时，如果股东出资不能加速到期，则极大损害了对公司注册资本有信赖利益的交易相对方债权人的利益，使认缴制成为股东向债权人转嫁经营风险的借口。[2]

其次，股东以认缴资本而非实缴资本向公司承担担保责任。出资期限暂缓到来并不代表股东出资义务永久免除，即使公司注册资本制由实缴制改为认缴制，也并不意味着股东的出资义务有所变化。尽管实缴资本具有认缴资本不可取代的功能，即能够反映公司真实的财产实力，但实缴资本并非公司对外承担责任的依据。[3] 相反，认缴制下股东承诺以一定的出资金额购买公司相应的股权和股份进而享有股东权利，其出资构成公司融资的一种渠道，相应认缴的资本，无论是否已经实际缴纳，都成为股东对公司承担责任进而担保公司维持正常运转的基本条件。当公司财产不足以清偿债务这一条件成就时，股东尚未缴纳的出资理应成为公司的补充资产对外承担责任。

---

〔1〕 大偶健一郎、今进宏：《最新会社法概说》，有斐阁1991年版，第29页。

〔2〕 王涌：《论公司债权人对未实缴出资的股东的请求权》，《中国工商报》2014年8月9日第3版。

〔3〕 赵旭东：《资本制度变革下的资本法律责任——公司法修改的理性解读》，《法学研究》2014年第5期。

（二）资本维持原则的应然要求

资本维持原则，也称为资本充实原则，是指在存续过程中，公司应当维持与公司资本总额相当的财产，尽可能用具体有形的财产充实抽象的资本。[1] 资本维持原则是法定资本三原则的核心内容之一，即使采取认缴制，也不能动摇资本维持原则这一基石。资本维持原则在认缴登记资本制下应做特殊理解，即在股东认缴的资本额全部出资到位前，公司应能够进行正常经营，维持基本的资本运作，保持不出现无法清偿对外债务的状态。而一旦公司进入资不抵债状态且不能正常经营，则应要求未出资股东向公司补缴认购的出资，以使公司资本能够维持在正常的水平。[2] 质言之，当公司的实际资本规模与其经营内容已经严重脱节，不足以应对既存的债务风险、已不能正常经营时，认缴制下公司股东的期限利益就丧失了赖以存在的基础。此时如果还单向强调保护股东出资期限利益，使股东出资义务长期处于不确定状态，则明显对债权人不公，不利于维持市场经济正常的交易秩序。[3]

（三）权利义务相一致原则的根本体现

权利与义务相一致原则是一切民事法律关系的基础，认缴制下股东享有诸多权利，包括充分意思自治原则下的出资期限利益、在并未足额缴纳出资的情况下即开始享有表决权、利润分配请求权、查阅公司账目权等多项股东专属权利。而任何权利都对应相应的义务，股东在享有认缴制带来的高度自治、有限责任等种种权利的同时，在公司经营状况出现恶化，不能偿还到期债务时，如若仍以出资期限利益为由不履行出资义务帮助公司渡过难关，则背离了权利义务相对等的法理基础，有违认缴制的立法本意。我国《公司法》第 3 条第 2 款的规定明确股东承担有限责任具有两面性：一方面，无论是有限责任公司还是股份有限公司，股东的责任都是有限的，在一般情况下股东无须与公司一起对债权人承担连带责任，另一方面，股东享有有限责任的同时亦需要承担出资担保责任，即保证在其认缴额范围内的公司资产足以偿还债务。[4]

（四）成本效益原理的理性选择

认为破产是股东出资义务加速到期的唯一路径的观点无法解决如下问题：其一，破产程序启动难。我国破产程序的启动主体为债权人、债务人、负有清算责任的人以及国务院金融监管机构，实践中主要是债权人和债务人启动。一方面，债权人启动破产程序的利益驱动不足，破产程序秉持的"概括清偿"原则使债

---

〔1〕 柯芳枝：《公司法论》，中国政法大学版社 2004 年版，第 127 页。

〔2〕 蒋大兴：《论股东出资义务之"加速到期"——认可"非破产加速"之功能价值》，《社会科学》2019 年第 2 期。

〔3〕 黄耀文：《认缴资本制度下的债权人利益保护》，《政法论坛》2015 年第 1 期。

〔4〕 刘铭卿：《股东出资义务加速到期研究》，《政治与法律》2019 年第 4 期。

权人担心债权在破产程序中被稀释，故而缺乏积极性。另一方面，受思维定式的影响，债务人对企业破产存在天然排斥思想，认为破产程序使企业归于灭亡，中途还会使企业的财务状况、经营状况彻底公之于众，因此债务人对破产普遍存在抵触情绪，不会主动申请破产。[1] 其次，破产程序周期长。破产中的多项法定程序均十分耗时，如管理人选任、债权申报及债权人会议、资产评估与审计、财产变价等，期间需要经过多次公告，以债权申报与财产变价为例，债权申报时间短则1个月，长则3个月，而财产变价中的拍卖环节亦可能经过一拍、二拍、三拍等多个环节，使得破产案件审理周期十分漫长。再次，破产程序成本高。破产程序中管理人费用、审计费用、评估费用均为必不可少的费用。即使能够实现清偿，也要扣除上述处于第一顺位的费用以及员工工资、社保、税务等各项费用后，各债权人才能在剩余财产中按比例分配，最终能够分得的资产十分有限。相比而言，非破产加速情形下上述费用并不会产生，显然更为经济，更能节约成本。

三、股东出资义务加速到期诉讼路径之质疑

如上所述，允许股东出资义务在非破产情形下加速到期，符合《公司法》与《合同法》的基本原理，能够有效填补认缴制的规则漏洞。那么在允许加速到期的前提下，如何设计符合程序保障要求的具体程序，才能更好兼顾平衡各方利益呢？传统观点均认为应通过诉讼路径使股东出资义务加速到期。而未出资股东承担责任的性质直接决定了其在后续诉讼中的主体地位，《公司法司法解释三》第13条第2款将股东向债权人承担的责任定位为“补充赔偿责任”。所谓补充责任，是指当责任人的财产不足以承担其应负的民事责任时，由承担补充责任的人对不足部分在补充责任范围内进行补充的责任。[2] 补充责任最突出的特点就是责任承担具有明显顺位，当数个债务人对债权人负担共同责任时，先由负担基础债务的债务人履行，履行不能时再由承担补充责任的债务人在不足范围内递补履行，[3]未出资股东承担责任的形态符合补充责任的特点。在此基础上，在诉讼程序中将股东作为诉讼参与人加入诉讼，而根据股东不同主体地位，诉讼路径又存在三种观点。

（一）诉讼路径的三种观点

一是先起诉公司，在强制执行环节查明公司无可供执行的财产，再起诉未足额出资股东。[4] 此种观点认为股东出资义务加速到期的前提为“公司不能清偿到期债务”，股东享有先诉抗辩权，先诉抗辩权的核心在于只有主债务人的财产经强制执行仍无法偿还债务时，才能向承担补充责任的债务人主张权利，在此之

---

〔1〕 王雪丹：《试论破产程序与执行程序的竞争与共生》，《江西师范大学学报（哲学社会科学版）》2018年第5期。

〔2〕 魏振瀛主编：《民法学》，高等教育出版社2000年版，第48页。

〔3〕 肖建国、宋春龙：《民法上补充责任的诉讼形态研究》，《国家检察官学院学报》2016年第2期。

〔4〕 李建伟：《认缴制下股东出资责任加速到期研究》，《人民司法应用》2015年第9期。

前，享有先诉抗辩权的补充责任人都可以拒绝承担责任。[1] 而未经审判和执行程序，无法判断公司是否无力偿还到期债务，因此只有公司作为诉讼主体经过了执行程序后，才能另案起诉未足额出资股东。

二是提起必要共同诉讼。[2] 持此观点的学者们亦认可补充债务人的先诉抗辩权，但认为补充责任的顺序性并不意味着起诉或审理顺序的先后，而应理解为履行责任的先后顺序，体现在权利实现阶段而非权利确定阶段。换言之，补充责任人享有先诉抗辩权对抗的是当事人的强制执行请求权而非诉权，其只有在强制执行中才享有先诉抗辩权，在此之前并不享有优先于主债务人的顺位利益，因此不应在起诉阶段限制债权人的诉权。为便于纠纷一次性解决减轻当事人诉累，应将主债务人和补充责任人列为共同被告，成立牵连必要共同诉讼。[3] 补充责任人的先诉抗辩权则体现在强制执行环节，只有主债务人无力履行债务时，执行名义中载明的补充责任人履行责任的条件才能成就。

三是未足额出资股东作为无独立请求权第三人参加诉讼。[4] 根据《民事诉讼法》第 56 条第 2 款规定，[5]一方面，未足额出资股东与债权人之间虽无直接债权债务关系，但是却与公司有债权债务关系，负有补足公司资本的义务。在公司无法清偿债权人债务时，债权人享有代位权，代位公司要求未出资股东补足出资以弥补公司偿债能力。另一方面，因债权数额属于要件事实，债权人诉讼请求中确定的债权数额与未足额出资股东具有法律上的利害关系，由其以无独立请求权人身份加入诉讼，就债权数额大小进行攻击防御具有必要性。

（二）对三种诉讼路径的评析

选择诉讼路径的优点在于，在诉讼对审程序构造中，法官与当事人能够共同发挥作用推进诉讼程序进行，有利于当事人进行充分的攻击防御，确保各项权利主张及时合法提出，并在此基础上提供据以支撑主张的各项证据。[6] 然而，其不足之处也是十分明显的。

第一，先起诉公司后起诉未出资股东将使权利实现严重迟滞。因前后两次诉讼的管辖法院并不相同，此种方式将会给事实认定带来困难，同时诉讼安定性也将面临严峻挑战。根据《民事诉讼法》第 21 条的规定，除约定管辖之外，前诉应由被告住所地即公司住所地法院管辖。而后诉系针对未出资股东提起的诉

---

〔1〕 李中原：《论民法上的补充债务》，《法学》2010 年第 3 期。

〔2〕 肖建国、宋春龙：《民法上补充责任的诉讼形态研究》，《国家检察官学院学报》2016 年第 2 期；梁上上：《未出资股东对公司债权人的补充赔偿责任》，《中外法学》2015 年第 3 期；周珺：《论公司债权人对未履行出资义务股东的直接请求权》，《政治与法律》2016 年第 5 期。

〔3〕 肖建国、宋春龙：《民法上补充责任的诉讼形态研究》，《国家检察官学院学报》2016 年第 2 期。

〔4〕 曹云吉：《论"民事共同责任"的诉讼形态——以〈公司法司法解释（三）〉中的民事共同责任为分析对象》，《民事程序法研究》（第十三辑），第 103—105 页。

〔5〕《民事诉讼法》第 56 条第 2 款规定："对当事人双方的诉讼标的，第三人虽然没有独立请求权，但案件处理结果同他有法律上的利害关系的，可以申请参加诉讼，或者由人民法院通知他参加诉讼。"

〔6〕 陈桂明：《程序公正与诉讼保障》，中国法制出版社 1996 年版，第 84 页。

讼，诉讼请求为判令未出资股东在未缴纳出资范围内承担补充赔偿责任，故其实质为“债权人代位权诉讼”或“侵害财产权诉讼”。[1] 在确定管辖法院时，也只能适用普通的管辖规则，即一般应由被告股东住所地法院管辖，而不能适用《民事诉讼法》第26条及《民事诉讼法司法解释》第22条确定的涉公司组织类诉讼由公司住所地法院管辖的诉讼规则。质言之，此时前诉管辖法院为公司住所地法院，后诉管辖法院为股东住所地法院，前后两诉的管辖法院大概率下非同一法院。而后诉审理时需要查明的要件事实有二：一是公司无力偿还到期债务，二是股东未足额出资。第一个要件事实又以以下间接事实为前提——公司应当向债权人偿还债务。在前后两诉的管辖法院不同的情形下，一方面后诉法院为查清事实，很可能追加公司为第三人参加诉讼，使公司陷入循环往复的诉讼之中徒增讼累，更为严重的后果是，受地方保护主义等不确定因素影响，后诉法院可能作出矛盾判决动摇前诉生效判决的既判力；另一方面，公司是否具有清偿能力，执行法院往往最清楚，在前后两诉法院非同一法院的情形下，信息交流沟通成本大幅增加，特别当两诉法院分处不同省份时，跨省诉讼本就面临裁判标准不统一的风险，为查明这一要件事实很可能导致诉讼严重拖延。

第二，将股东作为必要共同诉讼当事人不符合共同诉讼基本原理。根据《民事诉讼法》第52条之规定，共同诉讼分为两种：诉讼标的共同和诉讼标的同种类，前者构成必要共同诉讼，后者为普通共同诉讼。借用大陆法系“共同诉讼必要”和“合一确定必要”两个概念，[2]学界将共同诉讼细化为固有必要共同诉讼、类似必要共同诉讼和普通共同诉讼。[3] 首先，从未足额出资股东、债权人、公司三者之间的关系来看，按照我国司法实务采用的旧诉讼标的理论，公司与债权人之间、债权人与未出资股东之间构成不同法律关系。公司与债权人之间系基于基础交易活动产生的法律关系，而债权人与未出资股东之间则是基于债权人代位请求权产生的法律关系，故二者诉讼标的不同，不能构成固有的必要共同诉讼。其次，将未足额出资股东作为共同被告的裁判是否有“合一确定的必要”，进而构成类似必要共同诉讼吗？即无须一并诉讼，但只要合并起诉，则裁判结果必须合一确定吗？持牵连必要共同诉讼观点的学者在此处发展了类似必要共同诉讼理论，认为共同诉讼当事人之间有事实上或法律上的紧密牵连关系，相互之间的诉讼行为不仅有共同损益关系甚至可能相互冲突，需要法院对彼此之间承担的责任进行明确，存在矛盾判决的可能，因此有合一确定的必要。[4] 因最直接的

[1] 黄耀文：《认缴资本制度下的债权人利益保护》，《政法论坛》2015年第1期。

[2] 大陆法系经典理论将共同诉讼分为固有的必要共同诉讼、类似必要共同诉讼和普通共同诉讼，而区分三者的依据为共同诉讼的必要性及“合一确定的必要性”，合一确定的必要是指诉讼资料统一和程序进行的统一。固有必要共同诉讼具有当事人共同诉讼的必要且须合一确定诉讼资料和程序，类似必要共同诉讼无共同起诉的必要，但有合一确定的必要，普通共同诉讼既无共同诉讼的必要，也无合一确定的必要。高桥宏志：《重点讲义民事诉讼法》，张卫平、许可译，法律出版社2007年版，第184—185页。

[3] 王亚新、陈杭平、刘君博：《中国民事诉讼法重点讲义》，高等教育出版社2017年版，第131页。

[4] 章武生、段厚省：《必要共同诉讼理论误区与制度重构》，《法律科学》2007年第1期。

债权债务关系发生在债权人和公司之间，债权人在最初起诉时往往不清楚公司的实际财产状况，无论从合同相对性的角度还是交易相对性的角度来理解，显然一同起诉股东并无必要。但如若债权人同时起诉公司和股东，有无合一确定判决的必要呢？从大陆法系对合一确定的概念界定而言，合一确定包括两个方面，即诉讼资料统一和程序进行的统一，防止矛盾判决。[1] 而即使不将公司和股东一并作出判决，他们各自的责任也是明确的，因为基础债权债务关系是发生在公司和债权人之间的，这点就决定了公司是直接责任，股东是在未足额缴纳出资范围内承担补充责任，且其承担责任一定在公司承担责任之后，因此并没有统一提交诉讼资料或统一进行诉讼程序的必要。如此看来，牵连必要共同诉讼或类似必要共同诉讼在本文探讨的语境下都不适用。再次，普通共同诉讼亦不属于本文探讨的情形，构成普通共同诉讼的前提在于诉讼标的属于同一种类，债权人与公司之间，债权人与股东之间的诉讼标的也不属于同一种类。综上，选择共同诉讼的方式在追加股东时并没有诉讼法依据。

第三，追加未出资股东为无独立请求权第三人缺乏必要性。根据《民事诉讼法》第 56 条第 2 款之规定，无独立请求权第三人参加诉讼的前提是对原被告双方争议的诉讼标的缺乏独立请求权，但“案件的处理结果同他有法律上的利害关系”。单从法条文义理解，追加未出资股东似乎已同时具备上述两个条件：一方面，未出资股东就债权人与公司之间基于基础交易关系产生的诉讼标的并无独立请求权，另一方面，公司如若需要承担责任，则未出资股东也可能承担责任，故案件处理结果与股东有利害关系。然而，事实上，案件处理结果与股东有利害关系建立在股东有可能承担责任的基础上。股东承担责任基于以下逻辑，即债权人起诉公司→公司承担责任→公司无力偿还债务→未出资股东在认缴出资范围内向债权人承担责任，认为可以追加股东为无独立请求权第三人的逻辑推演过程缺失了一个重要环节，即公司无力偿还债务，而这个环节并不会在追加股东为第三人的诉讼中解决。这一点与能够追加无独立请求权当事人的案件存在显著区别，普通追加无独立请求权当事人的案件中原被告之间的胜败结果会对无独立请求权当事人直接产生影响。比如出租人和承租人就租金问题发生争议，出租人起诉承租人要求解除租约，次承租人申请作为无独立请求权第三人加入二者诉讼，此时合同是否解除会直接影响到次承租人利益。无独立请求权第三人参加诉讼的动机，就是为了维护自身权益提出分别对抗双方当事人的主张及证据，避免未能提出对己有利的主张或证据却受到裁判结果的制约或影响。[2] 而公司无力偿还债务作为未出资股东承担责任的要件事实之一，并不会在本次诉讼中作为事实进行审理，此时未出资股东加入公司与债权人的诉讼中进行攻击防御的重要基础随即丧失，追加其为无独立请求权第三人并无实质意义。

---

〔1〕 魏振瀛主编：《民法学》，高等教育出版社 2000 年版，第 48 页。

〔2〕 王亚新、陈杭平、刘君博：《中国民事诉讼法重点讲义》，高等教育出版社 2017 年版，第 172 页。

四、股东出资义务加速到期执行路径之证成

由上文可知，选择在审判环节起诉股东，无论将股东置于共同被告、第三人还是另案被告的诉讼主体地位，都存在难以克服的困境。《追加规定》第 17 条为非破产情形下股东义务加速到期提供了一个执行法上的解决路径，即在强制执行环节直接追加股东。尽管保守者仍然认为第 17 条中“未缴纳或未足额缴纳出资的股东”也应理解为“未按期缴纳”，[1]但司法解释在此处并未特意添加“未按期”的表述，加之《九民纪要》虽对加速到期持原则否定的态度，亦承认在穷尽执行措施被执行企业仍无财产可供执行，已具备破产原因但不申请破产的情形下可以支持加速到期，从某种程度上也为在执行阶段追加股东提供了依据。

（一）执行中追加股东的优势

首先，在执行程序中更易于判断股东出资义务加速到期的前提条件。股东出资责任加速到期的触发条件为公司不能清偿到期债务，无论追加股东为共同诉讼当事人或无独立请求权第三人，面临的共同困境均在于无法确定公司是否不能清偿债务，而公司的真实财务状况只有在强制执行环节才能逐渐显现。在追加程序之前，法院已经尽可能穷尽一切强制执行措施，包括运用“总对总”“点对点”财产查控系统进行财产查找、查封、扣押、拍卖和变卖公司财产，交付财物或者票证、对不动产进行执行等一系列措施，此时被执行企业仍无财产可供执行的，由执行机构对被执行企业不能清偿债务作出认定显然比债权人自行举证更为方便。

其次，在执行程序中追加股东能够最大限度尊重股东有限责任的程序遮蔽作用。公司独立人格原理是公司制度的基石，股东承担有限责任具有实体和程序两方面的遮蔽作用。若公司一旦涉诉就任由公司债权人随意将股东牵扯进诉讼中来，使其经常处于被诉的不安定状态之中，则混淆了公司责任和股东个人责任的界限，严重背离了公司与股东人格分离原则。[2] 而只有经过强制执行才能使股东承担责任的大前提——公司无力偿还到期债务确定下来。在此之前起诉公司和股东，股东是否承担责任处于不确定状态，在公司完全有能力以自己的经营资产清偿债务的情况下，显然构成对股东的过度打扰。在执行中追加股东以公司不能清偿债务作为前置过滤要件，能够防止股东动辄卷入公司涉诉纠纷之中，有利于最大限度地平衡股东和债权人利益，同时能够规避诉讼路径的股东主体地位设置难题，防止诉讼结构过于复杂。

---

〔1〕 广东省佛山市禅城区人民法院(2018)粤 0604 民初 20394 号民事判决书。

〔2〕 实务中持此观点者亦不在少数，典型案例如上海市第一中级人民法院(2016)沪 01 民终 2471 号案件，法院认为：“上诉人与被上诉人宏活公司的债权尚未进入执行程序，仅凭现有证据无法认定被上诉人宏活公司存在‘不能清偿’本案上诉人债务的情形，故上诉人现要求被上诉人邓子扬承担责任，条件尚不完备，难以支持。”

(二)执行中追加股东的正当性基础

尽管在执行中追加未出资股东符合效率原则、更具便利性，但不得不直面如下理论追问：未出资股东并非执行依据载明的义务人，追加其为被执行人正当性基础何在？

首先，在执行中追加股东符合纠纷一次性解决法理。[1] 民事纠纷解决制度的设计和运用过程应以尊重当事人的程序利益为原则，即在解决实体纷争的同时，尽可能地减少当事人劳力、时间、费用、精力等方面的消费或付出。[2] 这一程序利益是宪法赋予当事人的基本权利，是维护程序利害关系人以及纷争当事人所享有的程序主体地位所必须保障的权利。其深层的法理在于，当事人系争的实体法律关系受宪法保护，其他系争外的财产权和自由权等基本权利亦受宪法保护。一次诉讼中能够解决的争议，就不应当让当事人再行争执，以减轻其讼累。因此在设计相应制度时，既要考虑当事人实体权利的保护，也要兼顾其程序利益，否则即对当事人构成促进诉讼的突袭。[3] 执行中追加股东符合纠纷一次性解决的价值追求，能够有效地保护当事人的程序利益。一方面，先起诉公司、在公司不能清偿债务时再起诉股东固然尊重了未出资股东的先诉抗辩权，却以牺牲效率为代价。不仅与纠纷一次性解决的价值追求相悖，使债权人陷于两次诉讼中，亦造成司法资源的浪费。而直接在第一个诉讼的执行环节追加股东，是对执行公司被执行人的接续，在明确公司不能清偿债务后，无须再调取执行案件财产查控资料，显然更便于迅速、高效地实现债权人权益，防止在漫长的诉讼程序中股东转移财产从而损害债权人利益；另一方面，执行环节追加股东不存在管辖法院不同的问题，从而能够有效地避免因不同法院之间信息传递成本的增加而使程序拖延。

其次，贯彻责任财产原理追加未出资股东具有正当性。在我国，执行力主观范围的扩张大致可分为两种情形：一是既判力主观范围扩张情形，包括当事人的继受人、为当事人持有标的物之人、诉讼担当时的被担当人。[4] 二是既判力主观范围扩张之外的情形，如持有诉讼标的物之外的责任财产持有之人、[5]与被执行人承担连带债务之人等。未出资股东为持有公司责任财产之人，可被执行力主观范围扩张所及。所谓责任财产，是指能够满足或实现债权人请求权、可以作为强制执行客体适格的财产。一般而言，责任财产包括了属于债务人的一切可以转化为金钱的不动产、动产、知识产权、债权、股权等。[6] 我国《公司法》第 3 条第 1 款对公司责任财产做了明确，“公司以其全部财产对公司的债务承担责任”。

---

〔1〕 广东省深圳市中级人民法院(2018)粤 03 民终 6845 号民事判决书。

〔2〕 邱联恭等：《程序利益保护原则》，民事诉讼法研究基金会：《民事诉讼法之研讨》(十二)，元照出版有限责任公司 2004 年版，第 5 页。

〔3〕 邱联恭：《程序利益保护论》，三民书局 2010 年版，第 5 页。

〔4〕 肖建国：《民事执行法》，中国人民大学出版社 2014 年版，第 80—84 页。

〔5〕 谭秋桂：《论民事执行当事人变化的程序构建》，《法学家》2011 年第 2 期。

〔6〕 赖来焜：《强制执行法总论》，元照出版有限责任公司 2007 年版，第 410—411 页。

《企业法人登记管理条例》第 12 条第 1 款亦规定:“注册资金是国家授予企业法人经营管理的财产或者企业法人自有财产的数额体现”,故注册资本属于公司责任财产,未足额缴纳出资的股东认缴的资本构成公司责任财产的一部分。责任财产是维持交易安全的重要保障,根据“债务人的责任财产为债权人的债权提供总担保”[1]的责任财产制基本原理,责任财产一经确定即不能随意改变。进入强制执行环节,公司应以当下拥有的全部责任财产担保债权实现。一方面,公司股东实际已经投入的货币、劳务、知识产权资本及公司日常经营所得的财产自然属于公司责任财产,另一方面,公司对外享有的债权也具有财产利益,同样承担着维持公司正常经营和对外营利的重要功能,因此也应被囊括在责任财产范畴中。认缴制下股东尚未补齐的出资在本质上而言与一般债务并无区别,理应视为公司对股东的债权,[2]继而成为公司责任财产的一部分。此时,为债务人持有责任财产的第三人,可以被执行力的主观范围扩张所及。

最后,类推执行到期债权次债务人原理赋予被追加股东程序保障权利,可弥补无执行依据执行未出资股东的缺陷。在加速到期的特殊制度安排之下,未出资股东地位与被执行人到期债权次债务人地位类似。二者地位唯一不同之处在于到期债权已届履行期,而未出资股东的出资期限尚未到来。但是,在允许加速到期的特殊制度安排之下,在执行阶段,被执行公司已不能清偿到期债务,股东不应再享有出资期限利益,其对公司的出资义务也应加速到期,那么此时未出资股东与到期债权次债务人的地位并无实质不同,既然在执行阶段具备一定条件时可以直接执行到期债权次债务人财产,那么在未出资范围内执行未出资股东财产也并非难以理解。我国台湾地区所谓的“强制执行法”第 119 条第 2 项规定:到期债权第三人于不接受执行法院命令后十日内声明异议,亦未依命令将金钱支付债权人时,执行法院可根据债权人的声请,直接向该第三人强制执行。[3]其理论依据在于:其一,法律赋予次债务人在一定期限内对债务真实性及数额提起异议,而其并未提起异议,那么到期债权的成立存在高度盖然性。其二,执行法院向次债务人发放履行通知书时通过询问次债务人的方式赋予其陈述意见的机会,同时次债务人可以声明异议或提起异议之诉的方式主张自己的权利,对其程序保障亦较为充分。[4]《民事诉讼法司法解释》第 501 条亦规定了人民法院可执行被执行人对他人的到期债权。与之相对应相类比分析,一方面,公司对股东享有债权,相较普通债权而言,股东实际出资金额系工商登记事项,具有公示效力,执行机构凭借权利外观主义能够做出基本判断,除非股东已依法出资而未进行工商变更登记,否则该债权存在的可能性极高。另一方面,只要赋予未出资股东充分的陈述和举证权利,确保其程序保障权利,则在执行中追加未出资股东就

[1] 赖来焜:《强制执行法总论》,元照出版有限责任公司 2007 年版,第 410—411 页。

[2] 安徽省合肥市中级人民法院(2017)皖 01 民终 6212 号民事判决书、山东省烟台市牟平区人民法院(2016)鲁 0612 民初 961 号民事判决书。

[3] 杨与龄:《强制执行法论》,中国政法大学出版社 2002 年版,第 505 页。

[4] 许仕宦:《执行力扩张与不动产执行》,学林文化实业有限公司 2003 年版,第 115—124 页。

具备正当性。循此原理，构建执行机构略式审查程序与充分后置性救济程序相结合的方式，[1]追加未出资股东应先启动听证程序允许股东就已缴纳出资或公司财务状况提出意见，同时辅之以完备的后发性救济程序，被追加股东可通过异议之诉进行充分地攻击防御，即可弥补未有执行依据直接执行股东的程序保障缺陷。

五、股东出资义务加速到期执行路径的具体设计

如前所述，当公司财产不足以清偿债务时，在执行程序中直接追加未届出资期股东为被执行人，要求其提前履行出资义务，能够贯彻执行及时原则，节约司法资源，提高执行效率，是现阶段除破产之外实现公司债权人利益的最优选择。具体而言，应从前置要件、略式审查、后发救济几个层面对执行中追加股东的程序予以完善。

(一)以终结本次执行作为识别公司不能清偿到期债务的标准

对于“公司不能清偿到期债务”的标准，笔者赞同《九民纪要》征求意见稿中的意见，[2]认为应将“穷尽执行措施，被人民法院裁定终结本次执行”作为“公司不能清偿到期债务”的识别标准，理由如下：

其一，终结本次执行条件可以填补破产加速的规则漏洞。公司不能清偿到期债务在执行阶段有两种处理方式，一是终结本次执行，二是破产。两者情形虽然存在交叉，但是前者适用范围显然更广。根据最高人民法院 2016 年《关于严格规范终结本次执行程序的规定(试行)》第 1 条之规定，法院穷尽财产调查措施，未发现被执行人有可供执行的财产或者发现的财产不能处置，法院终结本次执行程序。[3] 该规定从程序要件和实体要件两个层面作了规定，其中穷尽财产调查措施，无财产可供执行与财产不能处置为核心条款。[4] 与破产相比，从具体条件、标准、举证难度、启动方式、申请主体等方面考虑，范围更广，更易操作。以终本实质条件中的财产不能处置为例，所谓财产不能处置，包括两种情形，一是被执行的财产经法定程序拍卖、变卖仍未能成交；二是查封特殊动产档案，却无

---

[1] 黄忠顺：《执行力的正当性及其制度展开》，《国家检察官学院学报》2016 年版。

[2] 在《九民纪要》征求意见稿中，例外情形包含 3 种情况：“(1)股东恶意延长出资期限以逃避履行出资义务的；(2)股东作为被执行人的案件，因穷尽执行措施无财产可供执行，被人民法院裁定终结本次执行的；(3)人民法院受理公司破产申请的，而最终正式版本将“终结本次执行”条件删除，笔者不能认同。”

[3] 《最高人民法院关于严格规范终结本次执行程序的规定(试行)》第 1 条规定：“人民法院终结本次执行程序，应当同时符合下列条件：(一)已向被执行人发出执行通知、责令被执行人报告财产；(二)已向被执行人发出限制消费令，并将符合条件的被执行人纳入失信被执行人名单；(三)已穷尽财产调查措施，未发现被执行人有可供执行的财产或者发现的财产不能处置；(四)自执行案件立案之日起已超过三个月；(五)被执行人下落不明的，已依法予以查找；被执行人或者其他人妨害执行的，已依法采取罚款、拘留等强制措施，构成犯罪的，已依法启动刑事责任追究程序。”

[4] 百晓锋：《中国民事执行年度观察报告(2016)》，《当代法学》2017 年第 3 期。

法实际控制相应财产。[1] 此时被执行企业虽然有财产，但无法变现或不能变现，对于债权人而言，其债权依然无法实现。但该条件并不属于破产条件，以终结本次执行作为加速到期的条件，显然能够在更大范围内辐射企业法人不能清偿债务的情形，更全面地保护债权人利益。

其二，终结本次执行条件更符合执行比例原则。所谓比例原则，包含合适性原则、必要性原则和狭义比例原则。合适性原则是指法律或公权力的行使手段应以能达到其目的为标准。必要性原则是指在所有能够达成目的的方法中应选择对民众侵害最少的方法。狭义比例原则是指在符合合适性与必要性原则的基础上采取的执行措施不能与造成的侵害不成比例。[2] 与破产相比，终结本次执行加速条件能够通过个别股东出资义务提前到期的方式，免于让公司走向破产和死亡，符合广义执行比例三原则。实践中，在股东未缴出资金额较大，债权数额较小的情形下，持股比例较高的股东一旦履行出资义务，通过股东出资重新为资金链暂时断裂的公司注入资本，使其恢复生产经营，盘活融资，创造更多社会价值，就能完全解决公司现有债务困境，更有利于保护其他债权人的利益，符合善意执行理念，从而形成良性循环。[3] 而一味地通过破产让企业退市，最终结果可能是鱼死网破，两败俱伤。特别是对于仍有发展潜力的被执行企业，应尽量避免让其陷入万劫不复的深渊，运用“欲其生而不欲其死”的善意执行理念能给企业注入更多生机，促使债权人和公司实现双赢。诚如学者所言：“从结果上看，要求债权人提起破产申请和仅仅要求股东出资责任加速到期，对股东的责任影响并无二致，差别在于前者导致公司终结，后者不影响公司存续。因此，允许股东出资责任加速到期，具有救济成本低、效益高之优势。”[4]

（二）完善追加股东为被执行人的略式审查程序

强制执行应秉持形式审查原则，但不代表执行机构在执行环节可以不做任何审查随意追加未出资股东。在终结本次裁定作出后，公司客观上已处于不能清偿债务的状态，此时追加未出资股东的触发条件也已成就，可以通过听证程序听取被追加股东意见，追加其为被执行人。

1. 明确启动程序

应建立依债权人申请追加和执行法院执行进度告知义务相结合的追加股东启动程序。对于追加被执行主体是否可由执行法院依职权启动，法律并无明确规定。从性质来看，民事执行权兼具司法权和行政权双重属性，故其在权力行使

---

〔1〕 刘贵祥、孟祥、朱燕：《关于严格规范终结本次执行程序的规定（试行）的理解与适用》，《人民司法》2017年第16期。

〔2〕 姜世明：《民事程序法之发展与宪法原则》，元照出版社2003年版，第294—295页。

〔3〕 如在内蒙古自治区高级人民法院（2018）内民申3098号案件中，法院认为：股东闫小东认缴出资额为980万元，出资日期为2020年12月31日前，实缴出资额20万元，截至原告农户起诉时，认缴出资额仅达到2%，其与陈涛共同出资仅为100万元，而涉案106户农民未结清的玉米款为3923634.2元。股东闫小东的出资完全可以清偿本案债务。

〔4〕 李建伟：《认缴制下股东出资责任加速到期研究》，《人民司法应用》2015年第9期。

和实现时亦具有行政权的主动性和单向性特征，在一定范围中可以不以当事人的意志为转移，在公权力主导下主动实施执行措施。[1] 那么，在执行法院已查明被执行法人无可供执行的财产，可否依职权追加未届出资期股东为被执行人？根据民事执行权的两权构造说，民事执行权可分为执行实施权和执行裁决权，其主动性和单向性特征仅适用于执行实施类事项，如查封、扣押、冻结、拍卖等无须做出判断和裁量的执行措施，对于执行裁决权则应保持谦抑和中立。执行主体的变化属于执行裁决类事项，执行机关不应主动追加，否则有违被动和中立原则。[2] 只有在债权人申请追加时，执行机关进行审查后才能进行追加。但是，受职权主义传统模式的影响，我国执行阶段财产查找主体仍然是执行机构而非当事人。债权人通过普通路径很难掌握被执行企业的财务状况，因此，应当明确执行机关对于公司被执行人的执行进度告知义务，秉持执行公开原则，执行机关应及时向申请执行人披露查控公司责任财产的实时状况，方便申请执行人在得知公司法人的财产不足以清偿本案债务时，及时向执行机构提出变更、追加未届出资期股东为被执行人。

2. 运用听证程序

《最高人民法院关于人民法院执行公开的若干规定》第 12 条规定，人民法院对于变更、追加被执行主体等重大执行事项一般应予以听证进行审查。在追加股东裁定作出之前，执行机构应启动听证程序，主要目的在于使得被追加股东能够在前期参与到执行程序中来，就两项事宜提出意见：一是股东是否足额缴纳出资，二是公司还有无其他可供执行的财产。这一举措不仅为被追加股东提供了一定的程序参与权以在一定程度上影响执行机构的追加裁定，更重要的是有助于倒逼未达破产界限、但信用缺失的企业及时缴纳欠账。公司法人不能清偿债务存在主观清偿不能与客观清偿不能 2 种情况，破产加速主要解决客观清偿不能问题，难以解决公司故意隐匿财产的主观清偿不能问题。[3] 在实践中，法院的查控手段虽逐渐完善，但仍有局限，加之信息时代被执行企业规避执行的手段日趋新型化和多样化，为主观清偿不能的公司法人恶意逃避债务创造了客观条件。而股东作为公司高管，往往更清楚公司财产的真实走向，为避免资本加速到期，股东会尽可能向法院提供公司隐匿的财产线索，从而起到倒逼公司偿债的功能，有利于从源头上化解执行难的问题。

3. 划定责任范围

未出资股东应承担限额补充义务，其承担责任的范围仅限于未缴纳的出资本金，而非公司不能清偿的全部金额。对于股东认缴的出资额，系工商登记事项，执行机构凭商事外观主义进行形式审查可以做出基本判断。

---

〔1〕 谭秋桂：《民事执行原理研究》，中国法制出版社 2001 年版，第 50—51 页。

〔2〕 谭秋桂：《论民事执行当事人变化的程序构建》，《法学家》2011 年第 2 期。

〔3〕 蒋大兴：《论股东出资义务之“加速到期”——认可“非破产加速”之功能价值》，《社会科学》2019 年第 2 期。

首先，有学者认为，对于股东与公司未约定出资期限的，可以将其解读为股东主观上不具有出资的真实意思表示，故符合《公司法》第 20 条的否认公司独立人格情形，此时股东的出资责任不应限于其认缴的份额。[1]笔者不同意此种观点，股东有限责任原则是《公司法》的基石，不应轻易动摇。2013 年修改《公司法》的目的即为充分尊重公司意思自治，故赋予股东与公司自由协商出资期限的权利，法无禁止皆自由，何况本文设计非破产情形下股东出资义务加速到期路径，已经是对公司法认缴制缺陷的一种弥补，故不应对股东承担责任的范围无限放大。其次，未出资股东补足出资范围仅限于出资本金而不包括利息。《公司法司法解释(三)》第 13 条第 2 款明确未出资股东承担补充责任的范围为“未履行或未全面履行的出资额及利息”。有学者认为，股东提前履行出资义务非自身过错，因此不应承担额外的赔偿责任，故承担责任的范围只应限于出资本金而不包括利息。[2] 笔者同意此种观点，利息的本质为资金占用损失，在章程规定的出资期限到来之前，公司并无损失可言，股东并未违反公司章程规定，不存在迟延履行出资义务的问题，要求其提前履行出资义务的目的在于维持公司正常资本运转而采取的平衡安排，故不应支付利息。最后，在股东未缴纳的资本金数额大于公司所负债务金额时，股东加速到期的出资数额应以能够支付公司欠付债务金额为限，剩余部分继续享有出资期限利益，如此，才符合执行比例原则之必要性原则，尽可能平衡股东与债权人双方利益。

(三)设置后发性救济程序

执行程序虽然拥有快捷高效的天然优势，但相较于诉讼程序而言，其对当事人的权利保障难免有所缺陷。尤其是对于被追加股东而言，未经审判程序即被追加为被执行人，其听审请求权极易被侵害。为平衡程序保障与执行效率之间的冲突，设置完备的后发性救济程序以弥补略式审查对被追加股东的程序保障不足问题，显得十分必要。

“执行是以实现债权人的合法权益为目标，但如果实现债权人的权利以损害他人的合法权益为代价，则违背了强制执行设置的初衷，违反了公平、公正的法律理念”。[3] 为充分保障执行当事人的实体权利，大陆法系国家和地区普遍采取诉讼的方式作为执行中的实体争议的救济路径。德国、日本、韩国等实行执行文制度的国家通过执行文程序处理执行当事人适格问题，包括变更、追加执行当事人等问题，其中程序性争议问题通过对执行文异议解决，而对于当事人主体变更中的实体争议问题，则主要通过付与执行文之诉与付与执行文异议之诉来处理。[4] 我国台湾地区无执行文制度，对执行力主观范围扩张不服的，通过设立债

---

[1] 石冠彬:《注册资本认缴制改革与债权人权益保护——一个解释论视角》,《法商研究》2016 年第3 期。
[2] 张磊:《认缴制下公司存续中股东出资加速到期责任研究》,《政治与法律》2018 年第 5 期。
[3] 常廷彬:《试论执行力主观范围的扩张》,《法治论坛》2010 年第 1 期。
[4] 马登科:《案外人救济制度研究》,法律出版社 2016 年版,第 219—223 页。

权人许可执行之诉和债务人不适格异议之诉解决。[1] 其原理在于，无论在审判还是执行中，当事人对涉及自身实体权利义务的争议都有听审请求权，这是宪法赋予当事人的基本权利。[2] 审判程序遵循审级保障原则、对审原则、辩论原则、公开原则，能够确保与程序结果有利害关系或可能因该结果而承受不利影响的人，都能参与到程序进程中，并通过提出自己主张和证据或反驳对方主张的方式来维护自己的合法权益。[3] 在解决执行难的现实需要和纠纷一次性解决的理念之下，直接追加未出资股东更注重效率价值追求，但并不代表被追加股东的程序保障利益就应被忽视。在执行中追加未出资股东时，对于股东是否足额出资、公司是否不能清偿债务、股东应当出资的责任范围均为民事实体性权利义务问题，在当事人对上述问题存有争议时，理应通过诉的方式寻求救济。质言之，略式审查作为向执行效率原则让渡的一种制度选择，必须辅之以完备的后发性救济保障程序，如此，才能在公正与效率这一对永恒的争议中求得最大程度的平衡。

为保障被追加股东的程序保障利益，《追加规定》同样考虑了后发性救济问题，其中第32—34条规定了不服追加裁定的救济途径，第32条[4]明确了特定条件下对变更、追加裁定不服的，申请人和被申请人均可提起执行异议之诉，包含了对追加未出资股东裁定不服的情形。同时，第33条规定，被申请人提起的执行异议之诉理由成立的，“判决不得变更、追加被申请人为被执行人或者判决变更责任范围”。可见，《追加规定》设立的执行异议之诉相较域外债务人不适格异议之诉与许可执行之诉而言审理对象更广，既包括对追加主体不服的债务人不适格异议之诉，也包括对责任范围认定不服的诉讼。质言之，被追加股东既可以其并非适格被执行人为由提起执行异议之诉，亦可针对执行机构划定其承担的责任范围不当提起异议之诉，此处的责任范围，可能包含2种情况：一是被执行人本身承担的责任范围，二是执行依据成立之后，因清偿、抵消等行为而使债权人能够申请执行的实体请求权范围有所变化，此时被执行人亦可通过异议之诉提起争议。那么此时的被申请人异议之诉，兼具复合构造，复合了请求异议之诉、债务人不适格异议之诉以及德国的责任范围异议之诉的功能构造，纠纷一次性解决的理念跃然纸上。相较域外的债务人不适格异议之诉仅针对主体争议而

---

〔1〕 我国台湾地区强制执行相关规定：“执行当事人是否为执行名义效力所及之人，涉及执行当事人是否适格，执行法院自应依职权调查认定之。如认非执行名义效力所及，应以裁定驳回之。如认为执行名义效力所及，债务人不服时，得声明异议。如涉及实体上争议，债权人得依第十四条之一第二项对债务人提起许可执行之诉，债务人亦得依同条第一项对债权人提起异议之诉，以求救济。”杨与龄：《强制执行法论》，中国政法大学出版社2002年版，第113页。肖建国：《执行当事人变更与追加的救济制度研究——基于德、日韩执行文制度的比较研究》，《法律适用》2013年第7期。

〔2〕 张卫平：《执行救济制度的体系化》，《中外法学》2019年第4期；马登科：《程序上的执行救济与实体上的执行救济》，《湖北社会科学》2001年第8期。

〔3〕 谷口安平：《程序的正义与诉讼》，王亚新、刘荣军译，中国政法大学出版社2002年版，第11页。

〔4〕 《追加规定》第32条规定：“被申请人或申请人对执行法院依据本规定第十四条第二款、第十七条至第二十一条规定作出的变更、追加裁定或驳回申请裁定不服的，可以自裁定书送达之日起十五日内，向执行法院提起执行异议之诉。被申请人提起执行异议之诉的，以申请人为被告。申请人提起执行异议之诉的，以被申请人为被告。”

言，对被追加的股东的权利保障更为全面充分。但笔者注意到，强制执行法征求意见稿并未给被执行人设计相应实体诉讼，仅设计了类似于域外请求异议之诉的被执行人异议之诉[1]和为保障债权人权益的许可执行之诉[2]，请求异议之诉适用于既判力基准时后出现清偿、免除、抵消等新事实，与执行依据载明的实体权利义务不符的情形，执行许可之诉则立足于保障债权人权益，与被追加股东提起异议之诉的事由并不相符。如何在强制执行法中做好相应条款的衔接，是下一步强制执行法立法应当予以明确的问题。

结语

2013 年《公司法》变实缴资本制为认缴资本制后，使资本制度成为一把双刃剑：一方面认缴制在鼓励创业、聚集资本、股份流通方面有不容忽视的作用，但另一方面，过长的出资期限却可能导致股东将投资风险从自身转移到债权人身上，使债权人蒙受巨大的损失。[3] 为寻解困之道，创设非破产情形下股东出资义务加速到期规则，不仅必要而且可行。资本维持原则、股东出资担保义务、权利义务对等原则均要求股东在享有出资期限利益的同时，在公司经营发生重大变化资不抵债时，理应提前履行对公司的出资承诺以维持公司资本正常运转。《九民纪要》虽在例外情形下允许股东出资义务加速到期，但其第一项例外原则实质与破产唯一加速论并无二致，应取消同时具备破产原因这一条件，允许在达到终结本次执行条件时对股东出资义务加速到期。

然而，程序上如何实现非破产路径下股东出资义务加速到期，并无定论。本质上，未出资股东承担的责任属于民法上的补充责任。基于此，学界提出了三种权利实现路径，分别是追加股东为必要共同诉讼人，无独立请求权第三人和在公司执行不能后另案起诉股东。将股东列为共同诉讼当事人不符合诉讼法上牵连必要共同诉讼判决"合一确定"必要的特征，股东和公司的责任划分是明确的，不存在矛盾判决的可能。将股东列为无独立请求权第三人亦无必要，此时公司是否无力偿还债务尚不清晰，股东是否承担责任并不明了，其作为无独立请求权当

---

[1] 2019 年《强制执行法征求意见稿》第 82 条规定：执行依据为人民法院判决、调解书或者仲裁裁决、调解书，消灭或者妨碍申请执行人请求的事由发生在辩论终结后的，被执行人可以在执行程序终结前，以申请执行人为被告，向执行法院提起诉讼，请求不予执行。执行依据为前款规定之外的法律文书，存在消灭或者妨碍申请执行人请求的事由的，被执行人可以在执行程序终结前，以申请执行人为被告，向执行法院提起诉讼，请求不予执行。存在多个异议事由的，被执行人应当在异议之诉中一并主张。但是，被执行人能够证明其未主张的事由发生在异议之诉法庭辩论终结后的除外。

[2] 2019 年《强制执行法征求意见稿》第 30 条规定了对人的许可执行之诉，明确被执行人的财产不足以清偿执行依据确定的债务，申请执行人认为具有下列情形之一的，可以向执行法院提起诉讼，请求许可对应当承担责任的第三人在法律规定的责任范围内执行：①作为被执行人的有限合伙企业的有限合伙人未按期足额缴纳出资的；②作为被执行人的法人的股东、出资人、发起人未缴纳或者未足额缴纳出资的；③作为被执行人的法人，其股东、出资人抽逃出资的；④作为被执行人的法人的股东未依法履行出资义务即转让股权的；⑤作为被执行人的公司，有限责任公司的股东、股份有限公司的董事和控股股东未履行清算义务即办理公司注销登记，导致无法进行清算的；⑥作为被执行人的一人有限责任公司的股东不能证明公司财产独立于自己的财产的。

[3] 赵旭东：《公司资本制度改革研究》，法律出版社 2004 年版，第 311 页。

事人进行攻击防御并无基础。在对公司执行不能后另案起诉股东,虽然可行,但因前后诉管辖法院不同而造成的矛盾判决风险及信息沟通成本增加导致的查明事实的迟滞,使其缺失效率价值。相较之下,在执行中追加未出资股东系当下最优选择,纠纷一次性解决、责任财产原理为其正当性奠定了基础,类比执行到期债权次债务人原理,只要在执行程序中给予被追加股东充分的程序保障权利,通过前置性听证程序与完备后发性救济程序相结合的设置,即能兼顾执行效率与程序保障。未出资股东承诺的出资系公司责任财产,被追加股东认为自己并非执行名义效力所及之人或对责任范围有所争议时,可提起执行异议之诉,此异议之诉与大陆法系债务人不适格异议之诉以及请求异议之诉均有区别,涵盖范围更广,强制执行法立法应注意兼顾这一问题。如此,就能弥补仅在执行程序中追加股东而未设计相应的救济路径的缺陷,建立较为严密的程序保障程序。

实证视域下商事仲裁释明制度问题研究

马占军*
吴阳艺**

摘　要　释明制度的理论研究在民事诉讼中已具体系化，而在商事仲裁中尚呈碎片化，无论是商事仲裁理论界还是实务界均亟待形塑释明制度。检视商事仲裁实践中的释明困境，存在释明概念性质不明、畛域不清、法律效果不确定问题。商事仲裁制度本身与释明理论具有内在一致性，引入释明制度具备正当性基础，并符合现实需求。释明制度的引入必须消除与当事人意思自治和商事仲裁员独立公正原则相悖的疑虑。通过明确商事仲裁释明性质、框定商事仲裁释明畛域和规范商事仲裁释明效力以构建科学化、体系化的商事仲裁释明制度。

关键词　商事仲裁；释明制度；意思自治；商事仲裁员独立

目　次

---

* 马占军（1975—），澳门科技大学社会和文化研究所教授，博士研究生导师，主要研究方向：商事仲裁。

** 吴阳艺（1994—），澳门科技大学社会和文化研究所 2020 级国际关系博士研究生，主要研究方向：商事仲裁。

释明不是法官职权主义的基本特征，而是当事人主义的必然产物，其本质在于补充和修正处分原则和辩论原则。[1] 在民事诉讼中，释明包括2个方面：一是法官向当事人阐释、说明并针对性地提问，以平衡当事人之间的诉讼能力；二是法官向当事人开示庭审中形成的自由心证和法律判断，以防止突袭裁判。[2] 著名学者西塞罗认为："我们来到法院期待的是案件的胜诉或者败诉，但将争议交由商事仲裁员时期待的却是我们既不会什么也得不到，也不会完全得到我们想要的。"[3]故此，相较于民事诉讼，商事仲裁更加侧重经济、快速、彻底解决纠纷而非仅探寻事实本身追求绝对的公平、公正，避免落入"人们为了避免诉讼而转向仲裁，却发现最终自己还要在法庭上为仲裁的是非曲直而争斗"[4]的涡旋。

有学者认为，释明制度具有举足轻重的地位，是当事人主义诉讼模式与职权主义诉讼模式的平衡器。[5] 但释明制度的理论研究仅局限于诉讼体系内，其中有学者运用定性分析和定量统计方法对释明基础理论[6]、释明事项[7]、释明边界及界定标准[8]进行了细致研究。但商事仲裁领域较为匮乏。原因在于：第一，释明制度的本土化仍需时间。释明制度的研究扎根于民事诉讼程序中，但学界对于释明制度的基本理论尚未形成共识，如释明性质、释明范围和释明方式等。第二，商事仲裁对释明制度的需求不具有现实紧迫性。商事仲裁形成于商事行业内部，且所依据的程序规则是由行业成员共同规范，商事仲裁当事人之间不存

---

[1] 潘皞宇：《商事仲裁裁判原理与案例研习》，中国法制出版社2017年版，第217页。

[2] 肖建华、陈琳：《法官释明权之理论阐释与立法完善》，《北方法学》2007年第2期。

[3] 费恩·迈德森：《瑞典商事仲裁》，李虎译，法律出版社2008年版，第10页。

[4] William M. Landes, Richard A. Posner, *Adjudication as a Private Good*, *8 J. Legal Stud.* (*1979*), p. 258.

[5] 姚虹、苏涵：《仲裁程序中的释明权探析》，《山西省政法管理干部学院学报》2016年第4期。

[6] 杨钧、秦嫣：《论释明制度》，《法学》2003年第9期；陶恒河：《试论法官释明权》，《河北法学》第2004年第5期。蔡虹：《释明权：基础透视与制度构建》，《法学评论》2005年第1期；熊跃敏：《民事诉讼中法院的释明：法理、规则与判例——以日本民事诉讼为中心的考察》，《比较法研究》2004年第6期。严仁群：《释明的理论逻辑》，《法学研究》2012年第4期；翁晓斌、周翠：《辩论原则下的法官实质诉讼指挥与收集证据的义务》，《现代法学》2011年第4期；曹云吉：《释明权行使的要件及效果论——对〈证据规定〉第35条的规范分析》，《当代法学》2016年第6期。

[7] 江伟、刘敏：《论民事诉讼模式的转换与法官的释明权》，陈光中、江伟主编：《诉讼法论丛》(第6卷)，法律出版社2001年版，第343—346页；张卫平：《民事诉讼"释明"概念的展开》，《中外法学》2006年第2期；熊跃敏：《民事诉讼中法院释明的实证分析——以释明范围为中心的考察》，《中国法学》2010年第5期；王杏飞：《论释明的具体化：兼评〈买卖合同解释〉第27条》，《中国法学》2014年第3期。严仁群：《程序性事项释明之探析——以首例冷冻胚胎案为例》，《江苏行政学院学报》2016年第5期；张海燕：《论法官对民事实体抗辩的释明》，《法律科学》2017年第3期；亢晶晶：《民事释明权理论在刑事诉讼中的导入——以"审判中心主义"为视角》，《甘肃政法学院学报》2017年第4期；陈琳：《论当事人诉讼地位释明在共同诉讼中的适用》，《法律适用》2019年第19期，第95—101页；任重：《释明变更诉讼请求的标准——兼论"证据规定"第35条第1款的规范目的》，《法学研究》2019年第4期；王占林、杨志超：《论民事诉讼中释明制度存在的问题及完善——以200份民事裁定书为分析样本》，《法律适用》2019年第20期；任重：《法律释明与法律观点释明之辨》，《国家检察官学院学报》2020年第6期；任重：《我国新诉讼资料释明的反思与重构——以〈九民会议纪要〉与〈新证据规定〉为中心的解读》，《当代法学》2020年第5期。

[8] 任重：《我国民事诉讼释明边界问题研究》，《中国法学》2018年第6期。

在仲裁知识不对称，无须商事仲裁员做出晓谕、解释或提示。但问题在于，商事仲裁的运用情境已经发生了历史嬗变，其已演变为成为大众消费品，随之，商事仲裁主体也变得多元化，涵盖公司和个人。准此，为了平衡各方当事人之间的仲裁知识差距，有必要参考诉讼领域对释明制度的设计方案，从商事仲裁实践的基本问题出发，尤其应当处理好释明制度与当事人意思自治原则和商事仲裁员公正独立性的关系，使整个商事仲裁体系具有内在一致性。

一、商事仲裁实践引发的释明问题

释明制度是否存在于我国法律体系一直处于论争中，有学者主张《关于民事诉讼证据的若干规定》（本文以下简称《证据规定》）和最高人民法院颁布的一系列司法解释〔1〕以及部分地方法院出台的相关规定〔2〕首次确立了我国民事诉讼中存在释明制度并框定了释明的基本范围，〔3〕但亦有反对观点认为我国现有立法未对释明制度作出规定。〔4〕事实上，这种差异未影响释明制度的研究，而是日渐明晰释明制度的理论体系及内部构造。在此背景下，引发商事仲裁学者关注的是商事仲裁制度中是否存在释明以及如何规范商事仲裁中的释明行为。〔5〕尽管我国《中华人民共和国仲裁法》（本文以下简称《仲裁法》）没有对释明做出规定，但在商事仲裁实践中却已被广泛运用，但凸显出来的问题是理论基础与现实需求之间出现罅隙。准次，亟需细致研究商事仲裁制度中的释明问题，以期抛砖引玉，构建理论化、规范化、具有可操作性的商事仲裁释明制度。

虽然已经积累诸多商事仲裁释明实践，但囿于商事仲裁的保密属性，难以直接获取商事仲裁裁决书知悉商事仲裁当事人及商事仲裁员的具体观点和做法。因此，不得不通过检索、筛选和整理法院对商事仲裁进行司法监督时所作的裁定书，以析取商事仲裁实践中存在的释明问题。以"仲裁庭""释明""劳动仲裁""劳动合同法""人事争议""人事纠纷""人事劳动和社会保障争议""土地承包"为"关键词"在威科先行案例数据库中进行检索。〔6〕利用此检索算法，得到的结果仅是商事仲裁中的释明问题，符合本文的研究内容。根据年份和司法监督的方式对数据进行整理：商事仲裁裁决的执行程序中涉及释明问题的裁定书有 48 份；商

〔1〕 最高人民法院颁布的《关于审理民事案件适用诉讼时效制度若干问题的规定》《关于审理买卖合同纠纷案件适用法律问题的解释》《关于当前形势下审理民商事合同纠纷案件若干问题的指导意见》《关于审理建设工程施工合同纠纷案件适用法律问题的解释（二）》《关于适用简易程序审理民事案件的若干规定》和《关于审理人身损害赔偿案件适用法律若干问题的解释》等。

〔2〕 浙江省高级人民法院出台的《关于规范民商事案件中法官释明的若干规定（试行）》。

〔3〕 杨钧、秦嫱：《论释明制度》，《法学》2003 年第 9 期；熊跃敏：《民事诉讼中法院释明的实证分析——以释明范围为中心的考察》，《中国法学》2010 年第 5 期。

〔4〕 蔡虹：《释明权：基础透视与制度构建》，《法学评论》2005 年第 1 期。

〔5〕 刘凯湘：《论释明权在仲裁程序中的理解与运用》，《北京仲裁》2008 年第 67 辑；姚虹、苏涵：《仲裁程序中的释明权探析》，《山西省政法管理干部学院学报》2016 年第 29 期。

〔6〕 威科先行·法律信息库|专业的中英双语法律信息库，https://law.wkinfo.com.cn/judgment-documents/list? mode=advanced，访问日期：2021 年 9 月 20 日。这将劳动争议仲裁、农村土地承包经营纠纷仲裁排除在外，本文所称仲裁若无特别说明均指商事仲裁。

事仲裁裁决撤销程序中涉及释明问题的裁定书有 548 份，共计 596 份。

从图 1 可以看出，商事仲裁庭的释明问题已成为司法监督的重要事由。但不同的仲裁庭和法院对商事仲裁中的释明问题各执一词，尤其是对“释明界限的划定相当困难”[1]且“存在激烈的争议”。[2] 要厘清上述争论，则必须解决以下 2 个基本问题：第一，商事仲裁庭对于是否释明及如何释明；第二，商事仲裁庭的释明行为是否属于法院的司法审查范围。例如，在朱某瑜与无锡金科科润房地产开发有限公司之间的房屋买卖合同纠纷案中[3]，商事仲裁当事人、商事仲裁庭及法院的分歧在于商事仲裁庭是否有义务对当事人进行释明？若存在，释明范围理当如何界定？仲裁庭经过释明后对当事人、仲裁庭产生什么样的法律效果？人民法院如何对商事仲裁中的释明问题进行监督？

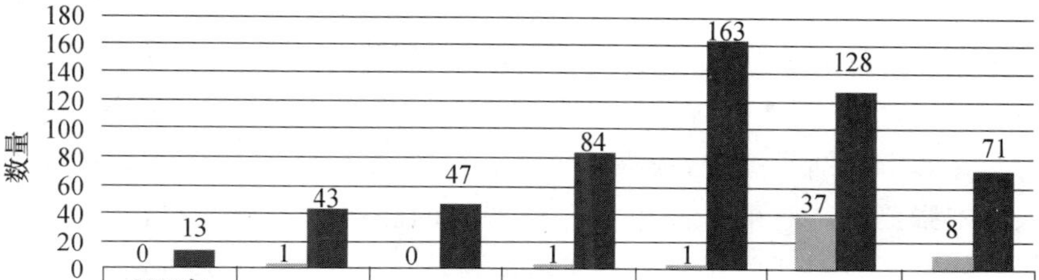

年度	2013年及之前	2014年	2015年	2016年	2017年	2018年	2019年
■执行	0	1	0	1	1	37	8
■撤销	13	43	47	84	163	128	71

■ 执行 ■ 撤销

图 1 商事仲裁司法审查案件中涉及“仲裁庭释明”年度—数量统计图[4]

二、商事仲裁释明制度的理论分析

释明是现代国家对追求“规则之治”的扬弃，是追求实质正义的体现。[5] 有无必要在仲裁中设立独立的释明制度，既关涉商事仲裁释明制度的理论根基和制度逻辑，亦决定了释明制度在商事仲裁程序中的价值。在诉讼呈井喷式增长的前提下，应当优化商事仲裁制度，履行好作为替代性纠纷解决机制的作用，为化解社会矛盾寻找新的出路。其中，构建商事仲裁中的释明制度是确保当事人在商事仲裁中的基本程序权利、合理规范商事仲裁主体的行为活动并促进商事仲裁程序有序推进的重要组成部分。

---

〔1〕 中村英郎：《新民事诉讼法讲义》，陈刚、林剑锋、郭美松译，法律出版社 2001 年版，第 178 页。

〔2〕 罗尔夫·施蒂尔、纳阿斯特里德·施塔德勒：《法官的积极角色》，米夏埃尔·施蒂尔纳编：《德国民事诉讼法学文萃》，赵秀举译，中国政法大学出版社 2005 年版，第 420 页。

〔3〕 朱吉瑜申请无锡金科科润房地产开发有限公司撤销仲裁裁决，江苏省无锡市中级人民法院（2019）苏 02 民特 75 号民事裁定书。

〔4〕 统计数据来源于威科先行案例数据库，统计时间截止到 2019 年 11 月 9 日。

〔5〕 王杏飞：《论释明的具体化：兼评〈买卖合同解释〉第 27 条》，《中国法学》2014 年第 3 期。

(一)商事仲裁释明制度的基础前提

建构商事仲裁释明制度的首要问题是考察的商事仲裁程序是否具备释明制度的必要条件。通常认为,处分主义和辩论主义被认为是释明制度的基础和前提,[1]设立释明制度是为了弥补自由资本主义思潮下当事人主义模式的不足,倡导法官发挥能动的指挥职能,对陈述不清、表达不明确、事实不充分的情形进行问询、说明、告知,以反向平衡当事人的诉讼水平,[2]防止过分强调当事人的自由处分权而忽视实质公平。也就是说,应当研究商事仲裁有无辩论主义和处分主义的基本要义。

第一,商事仲裁程序是否具备辩论主义的构成要件。辩论主义要求裁判者依据当事人主张的事实和证据,并在双方充分辩论的基础上作出裁判。[3] 该原则的理念实质是明确裁决形成程式:①程序构造方面,双方当事人两造对抗,裁决者居中裁决。双方当事人积极提出主张并说理论证,裁决者仅享有最低限度的程序指挥权,维护程序的规范性和合理性。②裁决依据方面,裁决内容是由当事人的主张和辩论结果决定,裁决者仅依据庭审认定的内容作出裁决,不得超出当事人的主张范围。商事仲裁作为一种特殊的法律服务商品,无论是机构仲裁还是临时仲裁其目的都旨在为当事人创设高效、便捷的法律服务,为商事仲裁当事人之间构筑和谐的仲裁环境。一方面,从商事仲裁的定义和程序构造模式来看,符合辩论主义模式,即由商事仲裁当事人主导实体事项,商事仲裁员负责程序事项。另一方面,商事仲裁具有显著的中立性,商事仲裁员只能处于中立角度对争论作出裁决,不得偏私更不得超过仲裁请求事项。由此,有理由确定商事仲裁制度与辩论主义联系密切,即商事仲裁制度涵射了辩论主义的要义,切实保障当事人提出辩论意见,避免商事仲裁落入"父爱主义"陷阱。

第二,商事仲裁制度是否符合处分主义的基本特点。处分主义是指当事人有权根据自己的自由意思行事,可以积极主张某种权利和消极放弃某种权利。具体特点是:①处分主体是当事人,而非法官和商事仲裁员所享有;②处分对象是当事人的私人权利,当事人仅能够处分是私人性的实体权益,不能事先处分程序性权利。商事仲裁制度致力于实现程序正义和实质公平的双重目的,其存在和运行的基础和前提是商事仲裁协议,[4]若没有当事人的仲裁意思则商事仲裁程序无正当性可言。而实际上,当事人选择商事仲裁解决争议的意思表示正是当事人对私人权利处分的具体表现和必然结果,尽管关于商事仲裁审理的范围有各种学说观点,但无论是广义说还是狭义说,对于私人争议的处理都是理所当

---

〔1〕 亢晶晶:《民事释明权理论在刑事诉讼中的导入——以"审判中心主义"为视角》,《甘肃政法学院学报》2017 年第 4 期。

〔2〕 杨钧、秦嫣:《论释明制度》,《法学》2003 年第 9 期。

〔3〕 杨钧、秦嫣:《论释明制度》,《法学》2003 年第 9 期。

〔4〕 施米托夫:《国际贸易法文选》,赵秀文译,中国大百科全书出版社 1996 年版,第 598 页。

然。再者，在《联合国国际贸易法委员会国际商事仲裁示范法》[1]《承认及执行外国仲裁裁决公约》[2]和各大多数国家的仲裁法都明确规定，仲裁庭仅对提交的商事仲裁标的和仲裁事项作出裁决，否则裁决将被撤销或者不予执行。鉴于此，当事人意思自治是商事仲裁制度存在之血液，商事仲裁制度是以处分主义为逻辑起点，具备释明制度的生长土壤。

尽管世界上主要国家的仲裁立法和仲裁规则很少对释明制度做出明确规定，但通过考究商事仲裁实践，已初现商事仲裁释明制度的基本框架和应用基础。如斯德哥尔摩商会仲裁院[3]、新加坡国际仲裁中心[4]、联合国国际贸易法委员会[5]、深圳国际仲裁院[6]、重庆仲裁委员会[7]、天津仲裁委员会[8]以及上

---

〔1〕《联合国国际贸易法委员会国际商事仲裁示范法》第 34 条规定：申请撤销，作为不服仲裁裁决的唯一追诉……c. 裁决处理的争议不是提交仲裁意图裁定的事项或不在提交仲裁的范围之列，或者裁决书中内含对提交仲裁的范围以外事项的决定；如果对提交仲裁的事项所作的决定可以与对未提交仲裁的事项所作的决定互为划分，仅可以撤销含有对未提交仲裁的事项所作的决定的那部分裁决……；第 36 条：拒绝承认或执行的理由①仲裁裁决不论在何国境内作出，仅在下列任何情形下才可拒绝予以承认或执行 1)援用的裁决所针对的当事人提出如此请求，并向被请求承认或执行的管辖法院提出证据，证明有下列任何情况……c. 裁决处理的争议不是提交仲裁意图裁定的事项或不在提交仲裁的范围之列，或者裁决书中内含对提交仲裁的范围以外事项的决定；如果对提交仲裁的事项所作的决定可以与对未提交仲裁的事项所作的决定互为划分，内含对提交仲裁的事项所作的决定的那部分裁决得予以承认和执行；……

〔2〕《承认及执行外国仲裁裁决公约》第 5 条：一、被请求承认或执行裁决的管辖当局只有在作为裁决执行对象的当事人提出有关于下列情况的证据的时候，才可以根据该当事人的要求，拒绝承认和执行该裁决：……(丙)裁决所处理之争议非为交付公断之目标或不在其条款之列，或裁决有关于交付公断范围以外事项之决定者，但交付公断事项之决定可与未交付公断之事项划分时，裁决中关于交付公断事项之决定部分得予承认及执行。

〔3〕《斯德哥尔摩商会仲裁院仲裁规则》(本文以下简称《SCC 仲裁规则》)(2017)第 31 条第 3 款：仲裁庭可以应一方当事人的要求，或在特殊情况下自行决定，指令当事人一方提供可能与案件有关并影响其结果的任何文件或其他证据。

〔4〕《新加坡国际仲裁中心仲裁规则》(本文以下简称《SIAC 仲裁规则》)(2016)第 27 条：除非当事人另有约定，除本规则明确规定的仲裁庭权力之外，在仲裁庭准据法中的强制性规定不禁止的情况下，仲裁庭还应具有下列权力：①作出对任何合同进行更正或修改的命令，但需在符合合同准据法规定的条件下；……③进行仲裁庭认为有必要或有利于案件顺利审理的质询；……⑥对于仲裁庭认为当事人占有或控制的、与案件有关联并影响案件裁决结果的文件，命令当事人向仲裁庭和其他当事人出示、接受检验，并提供文件副本；……⑧指示当事人或个人以宣誓陈述书或其他任何形式提供证据；⑨如果认为适当，对在一方当事人提交的书面陈述中没有明示或默示提出的争议焦点作出决定，但其前提是该争议焦点已得到了另一方当事人的明确注意，且该方当事人已被给予充分的机会就此进行过答复。

〔5〕《联合国国际贸易法委员会仲裁规则》(2013)第 24 条：仲裁庭应决定，除申请书和答辩书之外，还应要求各方当事人提交何种进一步书面陈述，或在各方当事人可提交何种进一步书面陈述，并应确定传递这些书面陈述的期间。

〔6〕《深圳国际仲裁院仲裁规则》(2019)第 36 条第 3 款：仲裁庭认为必要时，可以发布程序指令、发出问题清单、举行庭前会议、议定审理范围、要求当事人进行庭前证据交换、要求当事人披露相关文件、要求当事人共同拟定争议焦点问题、在适用法律许可的范围内行使释明权。

〔7〕《重庆仲裁委员会仲裁规则》(2018)第 46 条第 5 款：一方当事人陈述的事实，另一方当事人既不承认也不否认的，经仲裁庭说明并询问后仍不明确表示承认或者否认的，视为对该事实的承认。

〔8〕《天津仲裁委员会仲裁暂行规则》(2014)第 43 条：仲裁过程中，仲裁庭根据案件事实作出的认定与当事人主张的法律关系的性质或者民事行为的效力不一致的，可以进行释明。

海仲裁委员会[1]的仲裁规则中都规定了释明制度及具体的释明方式和程序，为商事仲裁中界定释明概念、属性、范围、行为方式及法律后果提供了实践指引和有益经验。

（二）商事仲裁释明制度的现实功效

将释明制度引入现有的商事仲裁体系中具有举足轻重的作用，具体表现是：①为商事仲裁员和商事仲裁当事人之间搭建良好的交流机制。释明制度的确立犹如在商事仲裁员与商事仲裁当事人之间增添"润滑剂"，能够促进各方协作沟通、案件信息快速交换。正如学者所说，释明制度所提供的有效沟通有助于保障案件审理的实质正义。[2] ②建立释明制度有利于保障当事人的程序权利和实体权利。一方面，商事仲裁程序重在实现"自然正义"，商事仲裁庭的释明有助于维护当事人最低限度的程序权利，涵盖管辖权异议、申请商事仲裁员回避、举证质证和充分陈述意见等。随着科学技术的发展，尤其应当重视并保障当事人的正当程序权利，以提高商事仲裁裁决的认可度。[3] 另一方面，商事仲裁旨在公平公正解决纠纷，平等对待各方商事仲裁当事人是商事仲裁的基本要求，也是仲裁程序的应有之义。而释明权的行使实际上正是正义女神蒙上眼布，并将天平人为地有所倾斜。[4] 但问题在于商事仲裁本身具有很强的专业性，具有知识壁垒，而商事仲裁当事人缺乏仲裁理论知识和仲裁实践经验，且并非每一个商事仲裁当事人均会委托专业律师，此时若允许商事仲裁庭进行合理释明将能够弥补双方当事人的仲裁知识差距。③释明制度在商事仲裁中的确定有利于平衡商事仲裁当事人的仲裁水平、避免落入多次仲裁的僵局，以提高商事仲裁的生命力和公信力。具体包括 2 个方面：一是快速解决争议。仲裁目的在于实质性解决商事纠纷，即公正价值位于效率价值。如果允许商事仲裁庭对当事人进行释明，则当事人可以根据释明变更仲裁请求、补充证据及论证充分，从而一次性解决争议，节约成本。二是有效解决争议。释明制度的重要功能还在于防止突袭裁决，如果法官未遵守事实或法律上的阐明义务，没有为当事人提供发表意见的机会，仅以自己的心证作出裁判，则可能会超过当事人的合理预期。[5] 若约定由商事仲裁庭对拟认定的事实、证据以及自由心证向当事人开示，[6]即使裁决结果与仲裁请求存在差异，但仍在当事人的预测范围，有助于降低商事仲裁当事人申请撤销或者不予执行商事仲裁裁决书的发生率。

---

〔1〕《上海仲裁委员会仲裁规则》(2018)第 36 条第 3 款：一方当事人对另一方当事人陈述的事实，既未表示承认也未否认，经仲裁庭询问后，仍不明确表示态度的，视为对该项事实的承认。

〔2〕新堂幸司《新民事诉讼法》，林剑锋译，法律出版社 2008 年版，第 314 页。

〔3〕熊跃敏：《民事诉讼中法院释明的实证分析——以释明范围为中心的考察》，《中国法学》2010 年第 5 期。

〔4〕张卫平：《民事诉讼"释明"概念的展开》，《中外法学》2006 年第 2 期。

〔5〕姜世明：《民事程序法之发展与宪法原则》，元照出版有限公司 2003 年版，第 82 页。

〔6〕谷口安平：《程序的正义与诉讼》(增补本)，王亚新、刘荣军译，中国政法大学出版社 2002 年版，第 79 页。

鉴于此,在商事仲裁中建立释明制度已经具有了正当的理论基础和丰富的实践经验。倘若允许商事仲裁庭合理和适度释明,能够缓解当事双方仲裁能力的悬殊,提高对仲裁裁决的可接受性。

三、商事仲裁释明制度与商事仲裁现有制度的冲突与平衡

将释明制度引入商事仲裁体系必须解决其与现有商事仲裁制度之间的冲突。商事仲裁作为一种争议解决机制,原始意义在于对冲突是非的判定,以解决矛盾促进社会和谐,[1]重在强调当事人的自由处分权以及商事仲裁员的独立公正地位。而释明制度则侧重平衡和救济当事人的能力,要求仲裁庭发挥主观能动作用,允许商事仲裁员在当事人陈述不清楚、不完整或者不明确时积极询问、说明。可见,释明犹如一把双刃剑,既有助于实现实质正义,也可能损害程序的正当性。[2] 因此,亟待解决的问题是释明制度应当与当事人意思自治原则和商事仲裁员的公正独立性进行协调。

(一)商事仲裁释明与当事人意思自治原则的冲突与平衡

商事仲裁的首要原则是当事人意思自治,[3]这是商事仲裁程序的基础和前提,如果没有当事人的意思自治,商事仲裁就等于无本之木、无水之源。根据当事人意思自治原则,当事人可以自由约定仲裁协议、选定仲裁机构、商事仲裁员以及法律的适用。这意味着在商事仲裁中当事人居于主导地位,具有显著的私人性。而商事仲裁释明制度是仲裁庭针对当事人不清晰、不明确的仲裁请求和主张进行阐释、询问,具有主动性。其强调的是仲裁庭基于当事人的授权对仲裁庭审程序的一种适当管理、约束。表面上这与当事人的意思自治背道而驰,是引入释明制度所面临的重要障碍。而事实上两者具有内在一致性。第一,从目的层面来看。当事人意思自治原则的目的在于当事人能够按照双方的真实合意选择仲裁高效、快速解决纠纷;释明制度目的在于弥补当事人主义的瑕疵,以探知和无限接近客观事实的这个“暗房”,是对当事人意思自治的补充。第二,从商事仲裁本质来看。当事人意思自治原则作为商事仲裁的逻辑前提,旨在保障当事人将争议提交专业仲裁机构快速解决期望的实现。于是,仲裁庭对案件进行询问、说明、确认、核验是必由之路。第三,从表现形式来看。当事人意思自治原则主要体现在仲裁协议、仲裁机构和仲裁庭选任、法律适用三个方面,属于宏观层面,对仲裁程序起指导作用。而在仲裁实践中,当事人意思自治原则的微观表现方面在于当事人对仲裁庭程序管理的认可,包括商事仲裁庭的阐释、说明,这是当事人意思自治原则的具体表现形式。

由此,商事仲裁释明制度与当事人意思自治原则两者之间不存在冲突,不会改变当事人意思自治的逻辑前提和宗旨。更甚者,若完全根据当事人的意思自

---

〔1〕 顾培东:《社会冲突与诉讼机制》,法律出版社 2015 年版,第 40 页。
〔2〕 张卫平:《民事诉讼“释明”概念的展开》,《中外法学》2006 年第 2 期。
〔3〕 施米托夫:《国际贸易法文选》,赵秀文译,中国大百科全书出版社 1996 年版,第 611 页。

治解决争议，仲裁庭和仲裁程序则形同虚设，与当事人和解不存在区别。因为在当事人基于意思自治将争议提交仲裁时，就会存在权利让渡。也就是说，仲裁总是一种相对的意思自治，[1]若由商事当事人完全自主决定，则商事仲裁程序将形同虚设，处于无序、混杂状态，而授权商事仲裁员对仲裁程序进行管理或适度释明，目的则在于由专业人员掌握“方向舵”，促进当事人意思自治的实质实现。

（二）商事仲裁释明与商事仲裁员公正独立性的冲突与平衡

仲裁和调解的生命力在于第三者的居间公正裁决和调和。[2] 因此，引入释明制度的另一个障碍在于释明是否会影响仲裁庭的独立地位，有违仲裁程序正当性之嫌。一则，商事仲裁员的公正独立性是商事仲裁制度的灵魂和关键所在。[3] 这要求商事仲裁员既不得积极干预，亦不得消极懈怠。具体是指：①商事仲裁员应当根据当事人的仲裁请求以及庭审中经过双方争辩的事实作出裁决。尤其是一方当事人所选任的商事仲裁员不得沦为当事人的代理人，代表当事人提出仲裁请求、主动调查当事人未出示证据和超过当事人的仲裁事项作出裁决等。②应当理性地解读商事仲裁员的公正独立性。为使法官保持消极和中立，有学者将此场景形象地描摹为庭审时法官闭上双眼，嘴里含水，待庭审结束后再吐出来。相反，有学者对此提出质疑，认为这仅是正义的想象，是理想诉讼模式的幻觉。[4] 由此，要求裁决者独立公正并非是将裁决者置于真空环境，而是应当准认商事仲裁员在特定情形下可以向商事仲裁当事人进行的合理、适度地说明、询问和提醒。二则，合理型塑商事仲裁员的庭审指挥权。通过检视商事仲裁实践，问题在于商事仲裁庭怠于或者怯于行使释明权，导致难以查明具体案件事实从而作出错误裁决。自明之理，仅通过司法监督方式判纠无法根治问题实质。值得考虑的方案是强化商事仲裁庭的权力，赋予商事仲裁员向商事仲裁当事人询问、说明的权力。

诚如斯言，释明似“达摩克利斯之剑”。构建商事仲裁释明制度不是追捧职权主义，[5]探知商事仲裁员的释明不是越俎代疱。虽然引入释明制度与当事人意思自治和商事仲裁员公正独立性存在冲突，但此种冲突并不是排异，而是能够通过设计合理、适度、有效的商事仲裁释明制度，最终实现商事仲裁制度之间的一致性和协调性。

四、商事仲裁释明制度理论建构径路

建立高效的商事仲裁程序的关键是商事仲裁员与商事仲裁当事人之间存在有效的对话机制。根据现代释明理论，大多数学者认为释明是特定关系主体之

---

[1] 汪祖兴：《当事人共任仲裁员不能之救济实践及完善》，《中国法学》2012 年第 5 期。

[2] 顾培东：《社会冲突与诉讼机制》，法律出版社 2015 年版，第 37 页。

[3] 马占军：《商事仲裁员独立性问题研究》，法律出版社 2020 年版，第 26 页。

[4] 王杏飞：《论释明的具体化：兼评〈买卖合同解释〉第 27 条》，《中国法学》第 2014 年第 3 期。

[5] 孙笑侠、郭春镇：《法律父爱主义在中国的适用》，《中国社会科学》2006 年第 2 期。

间的双向互动行为结构模式,包括两个阶段:一是裁决者根据程序进程对当事人积极主动发问;二是当事人根据裁决者的晓瑜和提醒被动地作出回应。[1] 本文赞同此种观点,即释明不是仅指商事仲裁庭单方面的诠释行为,而是应当包括商事仲裁员与商事仲裁当事人之间的互动过程。有学者对裁决者的发问、晓喻、提醒行为进一步分解为"使之释明"和"向当事人释明",[2]具体而言,前者是指在当事人陈述不清、主张不明确、证据存在瑕疵和法律适用存在错误时,裁决者向当事人提醒、发问,促使当事人作出回应,即消极释明。[3] 后者则指审理中裁决者认为当事人具有主张某一具体请求、事项的意思和能力,且该事项具有能够使裁决结果发生重大逆转的高度盖然性,但囿于当事人的行业知识或专业术语积累阙如,在综合考量各种因素后基于平等原则作出说明和告知,即积极释明。[4] 由此可见,释明范围呈夸张趋势,经历了由事实释明到法律释明,从消极释明到积极释明。[5] 近年来,虽然学界对于释明制度的功能及作用的已经形成共识,但有学者认为应对释明的形式及发展趋势进行限制,并在必要发展阶段予以摒弃。[6] 于商事仲裁而言,应当鼓励商事仲裁员主动、适恰和合理的释明,建构一套与其自身相契合的释明制度。

(一)明确商事仲裁释明性质

构建商事仲裁释明制度首先需要明确的是商事仲裁员的释明行为属于何种性质。学界对此存在三种学说:"权利说""义务说"和"权利义务结合说"。[7]同时,从各国的立法变迁来看,对释明性质之确定亦是摇摆不定。德国在 1890 年之前认为释明是一项权利,而在之后认为是一项义务;日本在引入释明制度时参照德国立法,采用"权利说",但之后受到英美法的冲击对释明采取消极态度。[8] 随着职权主义和当事人主义的相互交融,学界达成的共识是释明具有权利义务双重属性。从裁决者职权角度看,裁决者与当事人是一种支配与被支配的关系,释明为庭审指挥权的部分;从裁决者的职责和义务上,如果不释明将承担不利后

---

〔1〕 张卫平:《民事诉讼"释明"概念的展开》,《中外法学》2006 年第 2 期;姚虹、苏涵:《仲裁程序中的释明权探析》,《山西省政法管理干部学院学报》2016 年第 4 期;王占林、杨志超:《论民事诉讼中释明制度存在的问题及完善——以 200 份民事裁定书为分析样本》,《法律适用》2019 年第 20 期。

〔2〕 杨钧、秦嫣:《论释明制度》,《法学》2003 年第 9 期,第 79 页。

〔3〕 熊跃敏:《民事诉讼中法院释明的实证分析——以释明范围为中心的考察》,《中国法学》2010 年第 5 期。

〔4〕 熊跃敏:《民事诉讼中法院释明的实证分析——以释明范围为中心的考察》,《中国法学》2010 年第 5 期。

〔5〕 熊跃敏:《民事诉讼中法院释明的实证分析——以释明范围为中心的考察》,《中国法学》2010 年第 5 期。

〔6〕 姚虹、苏涵:《仲裁程序中的释明权探析》,《山西省政法管理干部学院学报》2016 年第 4 期;王占林、杨志超:《论民事诉讼中释明制度存在的问题及完善——以 200 份民事裁定书为分析样本》,《法律适用》2019 年第 20 期。

〔7〕 王杏飞:《论释明的具体化:兼评〈买卖合同解释〉第 27 条》,《中国法学》第 2014 年第 3 期。

〔8〕 张卫平:《民事诉讼"释明"概念的展开》,《中外法学》2006 年第 2 期。

果，包括申请裁决者回避、裁决被司法机关否定等，因此释明为一项义务。[1]

回望我国的立法及司法解释规定，存在诸多表述："不应""可以"和"应当"，[2]而在仲裁机构的仲裁规则中采用的术语是"可以"。由此，亟待探究的问题则是《民事诉讼法》中的释明与商事仲裁中的释明是否存在区隔。实际上，在商事仲裁中嫁接释明制度并非是完全照搬民事诉讼中的释明理论成果，而应当根据商事仲裁的特点进行取舍。两者的共同点在于都是基于公平公正价值，根据现实需要对案涉争议及具体细项做出说明，以弥补机制的内在缺陷，提高当事人对处理结果的认可度。但商事仲裁释明制度应当突出商事仲裁的私人属性，不得违反当事人的意思自治、削弱商事仲裁员的独立公正地位，唯此才能形成逻辑自洽的商事仲裁体系。经过比较研究和具体分析，仍然将商事仲裁中的释明定性为具有权利义务双重属性。原因在于：其一，能够合理解释释明权的权源。在仲裁程序中，商事仲裁员基于仲裁当事人的意思自治而享有管理仲裁程序的权利，能够对案件事实、程序性事项进行释明，并公正独立地解决仲裁当事人之间的争议。其二，防止商事仲裁制度内部逻辑出现断层，无法形成一个完整的权利义务体系。即如果仲裁庭的组成人员怠于履行或者不正确履行职责就会受到仲裁员管理规范的约束甚至被替换；若其作出的仲裁裁决存在撤销或不予执行的事由，则商事仲裁当事人可以申请司法监督，以维护其仲裁权益。

（二）框定商事仲裁释明畛域

释明作为当事人处分权的补充和辅助，应对其适用范围持谨慎态度，商事仲裁员不得恣意行使释明权，否则将构成程序违法，丧失仲裁的独立性。学界关于释明范围尚未形成共识，有学者采用广义说，即认为所有的说明、询问、解释、提醒都应该属于释明范围。如日本学者奈良次郎认为释明权的行使没有界限，并将释明概括为澄清不明确的释明、消除不妥当的释明、补充诉讼材料的释明、新提出诉讼材料的释明和举证方面的释明。[3] 德国学者鲁道夫·本德尔认为，为了正确裁判，保护当事人的权利，原则上法官可以采取任何形式的释明。[4] 我国

---

[1] 蔡虹：《释明权：基础透视与制度构建》，《法学评论》2005 年第 1 期。

[2] 《关于审理民事案件适用诉讼时效制度若干问题的规定》第 3 条规定，当事人未提出诉讼时效抗辩，人民法院不应对诉讼时效问题进行释明及主动适用诉讼时效的规定进行裁判；《关于当前形势下审理民商事合同纠纷案件若干问题的指导意见》第 8 条规定，人民法院可以就当事人是否需要主张违约金过高问题进行释明；《关于审理买卖合同纠纷案件适用法律问题的解释》第 27 条规定，人民法院应当就法院若不支持免责抗辩，当事人是否需要主张调整违约金进行释明。一审法院认为免责抗辩成立且未予释明，二审法院认为应当判决支付违约金的，可以直接释明并改判；《关于审理人身损害赔偿案件适用法律若干问题的解释》第 5 条规定，人民法院应当将放弃诉讼请求的法律后果告知赔偿权利人，并将放弃诉讼请求的情况在法律文书中叙明。

[3] 高桥宏志：《民事诉讼法：制度与理论的深层分析》，林剑锋译，法律出版社，2003 年版。

[4] 鲁道夫·瓦塞尔曼：《从辩论主义到合作主义》，米夏埃尔·施蒂尔纳编：《德国民事诉讼法学文萃》，赵秀举译，中国政法大学出版社 2005 年版，第 368 页。

有学者将其可分为积极释明与消极释明，[1]也有学者以处分原则与辩论原则[2]为基础作出的四分法，[3]也有学者在四分法的基础确定的五分法[4]甚至还有其他划分方法。[5] 实际上，虽然存在各种划分方法但彼此之间并非毫无关联而是存在重合。为准确地界定商事仲裁中的释明范围，有必要考察仲裁实践，提炼有益经验，以为释明制度的规范化、成文化提供依据。

通过整理所检索到的596份裁定书，针对案涉释明事项进行分类整理，详见图2。

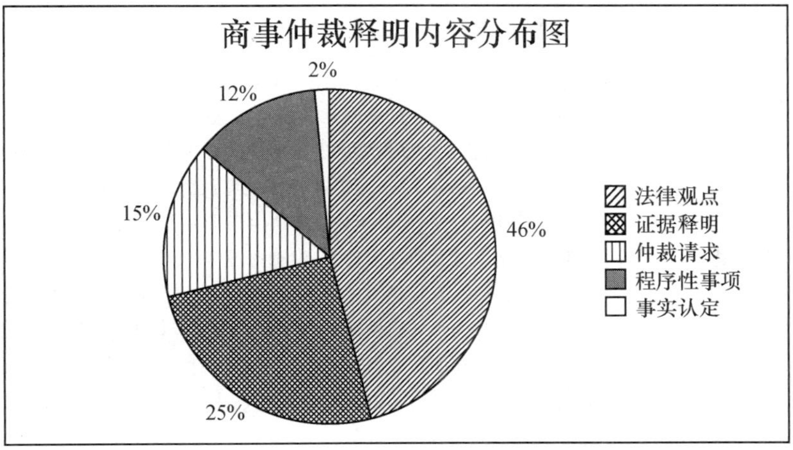

图2 商事仲裁实践中释明内容[6]

由图2可知：①商事仲裁庭释明或未释明都可能成为商事仲裁当事人申请司法监督的理由，并且两者所占比例相近；②案涉的释明事项中，法律观点、证据释明、仲裁请求、程序性事项突出，涵盖了实体事宜和程序事宜。原因在于商事仲裁中释明概念不清、定位不明、内容不详，由此导致商事仲裁当事人利用此缺漏援引《证据规定》及有关司法解释，恣意申请司法监督，阻却商事仲裁裁决的

---

〔1〕 积极释明是指在法官对于诉讼请求不清楚、不明确或陈诉不够准确主动做出询问、说明、提示；消极释明是指法官对于诉讼请求不清楚、不明确或陈诉不够准确敦促当事人予以明确。姜世明：《法官阐明制度发展之评估——评“最高法院”九五年台上字第九八六号民事判决》，《台湾本土法学杂志》2007年第100期。转引自任重：《我国民事诉讼释明边界问题研究》，《中国法学》2018年第6期。

〔2〕 诉讼请求释明属于处分原则下的是抗辩权释明、案件事实释明和证据释明属于辩论原则下的释明。任重：《我国民事诉讼释明边界问题研究》，《中国法学》2018年第6期。

〔3〕 释明范围包括：仲裁请求释明、证据释明、案件事实释明和法律释明。王杏飞：《论释明的具体化：兼评〈买卖合同解释〉第27条》，《中国法学》2014年第3期。

〔4〕 熊跃敏：《民事诉讼中法院释明的实证分析——以释明范围为中心的考察》，《中国法学》2010年第5期。

〔5〕 有学者认为释明范围应该包括诉讼请求、诉讼主体、法律观点以及诉讼标的的释明。李丽峰：《论我国民事诉讼法上的法官释明权及其完善》，《辽宁大学学报（哲学社会科学版）》2006年第3期。有的学者主张释明范围应该包括仲裁请求、事实主张、证据资料和举证责任分配的释明，而不认可对法律观点的释明，认为其与仲裁庭中立客观的身份不符。姚虹、苏涵：《仲裁程序中的释明权探析》，《山西省政法管理干部学院学报》2016年第6期。

〔6〕 数据来源于威科先行案例数据库。

执行。

同时，各个仲裁机构的仲裁规则也是研究商事仲裁发展趋势的优选素材。国内外仲裁规则中对释明的规定详见表1。

表1 仲裁规则中的释明范围

仲裁规则	释明规定
《SCC 仲裁规则》(2017)	第31条第3款：仲裁庭可以应一方当事人的要求，或在特殊情况下自行决定，指令当事人一方提供可能与案件有关并影响其结果的任何文件或其他证据。
《SIAC 仲裁规则》(2016)	第27条：除非当事人另有约定，除本规则明确规定的仲裁庭权力之外，在仲裁庭准据法中的强制性规定不禁止的情况下，仲裁庭还应具有下列权力：①作出对任何合同进行更正或修改的命令，但需在符合合同准据法规定的条件下；……③进行仲裁庭认为有必要或有利于案件顺利审理的质询；……⑥对于仲裁庭认为当事人占有或控制的、与案件有关联并影响案件裁决结果的文件，命令当事人向仲裁庭和其他当事人出示、接受检验，并提供文件副本；……⑧指示当事人或个人以宣誓陈述书或其他任何形式提供证据：如果认为适当，对在一方当事人提交的书面陈述中没有明示或默示提出的争议焦点作出决定，但其前提是该争议焦点已得到了另一方当事人的明确注意，且该方当事人已被给予充分的机会就此进行过答复。
《联合国国际贸易法委员会仲裁规则》(2013)	第24条：仲裁庭应决定，除申请书和答辩书之外，还应要求各方当事人提交何种进一步书面陈述，或在各方当事人可提交何种进一步书面陈述，并应确定传递这些书面陈述的期间。
《深圳国际仲裁院仲裁规则》(2019)	第36条第3款：仲裁庭认为必要时，可以发布程序指令、发出问题清单、举行庭前会议、议定审理范围、要求当事人进行庭前证据交换、要求当事人披露相关文件、要求当事人共同拟定争议焦点问题、在适用法律许可的范围内行使释明权。
《重庆仲裁委员会仲裁规则》(2018)	第46条第5款：一方当事人陈述的事实，另一方当事人既不承认也不否认的，经仲裁庭说明并询问后仍不明确表示承认或者否认的，视为对该事实的承认。
《天津仲裁委员会仲裁暂行规则》(2014)	第43条：仲裁过程中，仲裁庭根据案件事实作出的认定与当事人主张的法律关系的性质或者民事行为的效力不一致的，可以进行释明。
《上海仲裁委员会仲裁规则》(2018)	第36条第3款：一方当事人对另一方当事人陈述的事实，既未表示承认也未否认，经仲裁庭询问后，仍不明确表示态度的视为对该项事实的承认。

由此可见，无论是域内还是域外的仲裁规则中都涉及了商事仲裁庭的释明。因此，有必要在现有资料上对具体释明事项进行整理归纳，兹做下述：

第一，法律观点释明。法律观点释明在样本中所占数量最高，而事实上，违约金调整释明也可纳入法律观点的释明，合计274件，占比46.0%。通常大多数当事人认为仲裁庭的消极未释明行为可以构成撤销或不予执行的理由，要求仲裁庭发挥其“裁判者知法”的作用。以违约金释明为例，司法解释〔1〕规定违约金释明的前提是一方当事人请求支付违约金，而另一方仅提出合同不成立、无效或不构成违约的抗辩。人民法院在不支持此种抗辩意见时向当事人说明并征求意见是否对违约金过高提出抗辩。实际上，赋予法官有条件的对违约金进行释明的原因是：①防止违约金过高，严重损害一方当事人权益，违反公平原则。尽管合同纠纷属于当事人的私人领域，当事人能够自由约定合同事项及具体内容。但是根据通说观点，庭审中当事人与裁决者合作分工，前者负责提供事实证据，后者负责适用法律。只有当当事人的约定存在明显不公时，才可进行调整。②保障当事人的抗辩权，避免造成当事人的诉累。一方当事人以合同不成立、合同无效提出抗辩，但法院经过审理认定合同有效同时存在违约情形。此时，面临的问题是驳回当事人的诉讼请求还是按照合同违约继续审理。根据上述司法解释的规定，可以释明并由当事人自己决定是否对违约金提出抗辩。但此种做法能否在商事仲裁程序中适用呢？正如上文所说，释明理论的引入需要考虑到商事仲裁与民事诉讼的共同点及其本身的特殊性。从条文背景和宗旨来看，商事仲裁和民事诉讼都属于争议解决机制，目的都在于公平、合理、有效解决争议。从商事仲裁特点来看，商事仲裁具有较强的专业性，若商事仲裁庭不对专业的法律问题进行释明，难以彻底解决当事人之间的纠纷，存在二次仲裁或者诉之法院的可能性。尽管大多数法院认为法律观点的释明不属于《仲裁法》撤销或者不予执行正当事由，但从应然层面看，商事仲裁中的释明制度应当包括法律观点释明，除了违约金释明外，还应对法律救济途径、仲裁第三人、时效抗辩、法律性质认定及责任承担等做出释明。

第二，证据释明。无论是申请人还是被申请人都应当根据举证责任的分配提供证据。如果不能提出充分有效的证据，就会承担对己不利的后果。〔2〕在上述的研究样本中，涉及证据释明的问题有 151 件，占比 25.0%，商事仲裁当事人以释明或者未释明举证责任分配、拟制自认、举证不利后果和申请鉴定等〔3〕为由申请撤销或者不予执行仲裁裁决。不过，大多数法院认为，当事人的申请事由属于仲裁庭对实体事项的自由裁量范围，不符合撤销或者不予执行的法定理由，因此驳回当事人的撤销或者不予执行申请。从司法监督的裁定来看，既没有肯定也没有否定仲裁庭对证据的释明行为。由此可见，证据释明的决定权由仲裁庭决定，而仲裁庭的权利来自当事人约定或者具体的仲裁规则。如《SCC 仲裁规则》《SIAC 仲裁规则》《联合国国际贸易法委员会仲裁规则》《深圳国际仲裁院仲

〔1〕《最高人民法院〈关于审理买卖合同纠纷案件适用法律问题的解释〉》第 27 条规定，买卖合同当事人一方以对方违约为由主张支付违约金，对方以合同不成立、合同无效或者不构成违约等为由进行免责抗辩而未主张调整过高的违约金的，人民法院应当就法院若不支持免责抗辩，当事人是否需要主张调整违约金进行释明。

〔2〕程春华：《民事诉讼证明与法官释明之厘清》，《法律适用》2010 年第 1 期。

〔3〕民事诉讼中的证据释明内容同样涉及举证责任分配、拟制自认、举证不利后果和申请鉴定等。任重：《我国民事诉讼释明边界问题研究》，《中国法学》2018 年第 6 期。

裁规则》《重庆仲裁委员会仲裁规则》和《上海仲裁委员会仲裁规则》等规则中对证据释明做出明确约定。但问题在于,没有当事人约定或仲裁规则时,仲裁庭能否做出何种释明。这正是商事仲裁不同于民事诉讼的关键点,当事人意思自治是商事仲裁庭行使权力时不可逾越的红线。现阶段对于商事仲裁的证据释明没有立法支撑,因此,商事仲裁庭应当谨慎行使释明权,当事人的仲裁协议或者仲裁规则没有规定但对案件审理确有需要时,商事仲裁员可以当庭向当事人征询意见并记录在案,以保证释明行为的正当性。

第三,仲裁请求释明。样本中关于仲裁请求的释明数量位列第3,共89件,占比15.0%。具有代表性的案例是上文提及的朱吉瑜与无锡金科科润房地产开发有限公司之间的房屋买卖合同纠纷,商事仲裁庭认为申请人所主张的基础合同不存在,但被申请人确实对申请人造成了损害,此时商事仲裁庭面临的问题是应当依据何种请求进行审理?多数学者主张《证据规定》第35条第1款为变更请求的释明提供了法律依据,但有学者认为此规定仅属于告知而不应归为释明范畴。[1] 本文赞同第一种观点,因为释明理论的构建并非一蹴而就,需要不断积累成形,该规定可以作为我国释明制度的起点。商事仲裁机构同样需要确立释明机制,为商事仲裁庭和商事仲裁当事人提供合理预期。如在《SIAC仲裁规则》的第27条和《天津仲裁委员会仲裁规则》的第43条中都规定仲裁庭认定的法律性质与当事人主张的法律性质存在不一致时可以进行释明。再者,在法院对商事仲裁的司法监督中,仲裁请求的释明是疑难点,达至总数的15.9%,说明商事仲裁实践对仲裁请求的释明具有急迫的需求。因此,为了探求当事人的真实意思,平衡当事人的仲裁能力,商事仲裁庭应当合理、适度、公正地对仲裁请求进行释明。此外,仲裁请求的释明可以遵循民事诉讼中的研究成果,即采取广义说,涵盖变更仲裁请求、反请求、增加仲裁请求和明确仲裁请求。[2]

第四,程序性事项释明。商事仲裁的程序正义是不容侵犯的,具体要求:①仲裁庭必须充分保障当事人的实体权益;②法院对商事仲裁的司法审查实际上就是审查商事仲裁的程序正当性。尽管现有释明学者将程序事项的告知排除在释明范畴外,其原因为释明是一个互动的对话结构,而仅是程序性的告知不符合互动的特点。样本中,涉及程序性事项的释明案件数量有73件,占比12.0%,具体包括仲裁规则、仲裁规则适用、审理方式、告知当事人的权利义务和仲裁管辖。可以看出,商事仲裁中程序性释明包含了仲裁庭与当事人的互动过程,即互动结果应从广义理解,不应囿于辩论原则,而应评判此种告知是否有利于增强两者之间的沟通,[3]是否有利于程序推进和实体查明。将程序性事项纳入释明畛域能够保障当事人程序权益并提供保障机制。

---

〔1〕 武胜建、叶新火:《从阐明看法官诉讼请求变更告知义务》,《法学》2003年第3期。

〔2〕 熊跃敏:《民事诉讼中法院释明的实证分析——以释明范围为中心的考察》,《中国法学》2010年第5期。

〔3〕 熊跃敏:《民事诉讼中法院释明的实证分析——以释明范围为中心的考察》,《中国法学》2010年第5期。

第五，事实认定释明。研究释明理论之初，不容置疑的是案件事实当属于释明范围，但在选取的样本中，案件事实认定释明数量最少，仅有9件，占比2.0%。其中典型的情况是在仲裁庭尚未形成心证时，是否应向当事人开示心证。对此持肯定观点的学者认为，裁决者在未形成心证情形下，应当向当事人说明，以鼓励当事人协助仲裁庭对案件做出判断。[1] 相反，否定学者严守辩论原则，认为当事人与裁决者的分工应当明确，不能向当事人开示心证。[2] 目前肯定说是学界通说，认为不应当割裂仲裁庭与当事人之间的合作关系，不能剥夺当事人对事实认定和法律适用的参与权。[3] 同样，如果商事仲裁员未对裁决内容形成心证，将难以作出具有可执行力的裁决，而是应当发挥商事仲裁制度的灵活性，鼓励仲裁庭通过释明增强心证，以保证裁决具有说服力。

商事仲裁制度追求实体的自然正义和程序的正当性。根据"可以释明"和"必须释明"的基准将商事仲裁释明畛域进一步划分为：实体事项释明和程序事项释明。实体释明注重尊重当事人的意思自由；程序事项释明在于确保商事仲裁程序的正当性。因此，商事仲裁释明畛域的确定应当严守当事人的意思自治和商事仲裁员独立公正原则，既要肯定释明制度对商事仲裁的积极意义，也要遵循释明的边界，否则违反商事仲裁存在之根本。

（三）规范商事仲裁释明效果

释明是扬弃形式法治的"规则之治"，[4]是追求实质法治范畴的"正当公平"。徒法不足以自行，制度的生命力在于执行。因此，建构完整的商事仲裁释明制度还应该包括保障机制。有学者提出为避免裁决者怠于释明或过度释明，防止释明不合理、不适当使当事人之间的权益严重错位，因此，将裁决者的释明行为与绩效考核挂钩，以此激励裁决者积极、正当释明。[5] 同样，德国和日本的立法亦明确规定了释明不当的法律后果。将释明不当分为一般性违反和重大违反，在根据违反的程度不同将处理后果分为：认定裁判有瑕疵、发回重审和提起宪法抗告。[6] 学界的争鸣和立法的规定为商事仲裁释明制度的设计提供了思路，尤其是释明对商事仲裁当事人及法院所产生的法律效果。

第一，商事仲裁庭依照约定或规定的释明对商事仲裁当事人产生何种约束力？从商事仲裁实践来看，并非所有的当事人都对商事仲裁庭的释明做出积极回应，有的商事仲裁当事人仍固执己见，即仲裁庭进行提醒、晓喻、释明后，当事人未按照释明建议变更仲裁请求、补充不充分陈述等时。此时商事仲裁庭应该

---

〔1〕 金子文六：《释明权（释明义务）行使的标准》，竹内久雄：《民事诉讼的法理》，敬文堂1965年版，第264—265页。

〔2〕 波多野雅子：诉讼当事人视域中的民事诉讼》，日本法律出版社2006年，第223页。

〔3〕 熊跃敏：《民事诉讼中法院释明的实证分析——以释明范围为中心的考察》，《中国法学》2010年第5期。

〔4〕 王杏飞：《论释明的具体化：兼评〈买卖合同解释〉第27条》，《中国法学》第2014年第3期。

〔5〕 亢晶晶：《民事释明权力量在刑事诉讼中的导入》，《甘肃政法学院学报》2017年第4期。

〔6〕 王杏飞：《论释明的具体化：兼评〈买卖合同解释〉第27条》，《中国法学》第2014年第3期。

如何处理？是应当根据仲裁庭自己所认定的事实和法律关系径行裁决还是驳回当事人的仲裁请求？首先，根据释明的权利义务双重属性，商事仲裁庭的释明是一项约定义务，但不能对商事仲裁当事人产生强制约束力，原因在于释明是对辩论主义的补充和修正，不能要求当事人必须遵循释明的内容，否则将违反当事人的处分权，从而丧失了释明制度存在的基础和前提。其次，根据当事人的意思自治原则，商事仲裁员应当依照当事人的请求作出裁判，因为这属于商事仲裁当事人的私权利，其能够自由处分，裁判者不能诉外判决。〔1〕 因此，只能认定当事人的诉讼请求不能成立，而不能依据其认定的事实和法律关系作出裁判。〔2〕

第二，商事仲裁庭未释明或未合理释明的将会产生何种法律后果？有学者将不当释明分为轻微过度释明、未释明或过度释明、应释明而未释明。〔3〕 不同程度的违反必定对应不同程度的后果，商事仲裁当事人可以选择的救济途径有：①申请商事仲裁员替换、回避，甚至要求仲裁机构对商事仲裁员的不当释明行为进行惩罚，如纳入“黑名单”和罚款等。②申请司法监督。但存在的争议是释明是否属于司法监督范围。一种观点认为，商事仲裁庭的释明行为属于司法监督内容。如果商事仲裁庭未履行释明职责，法院应当认定为违反法定程序并撤销或者不予执行仲裁裁决。例如，有的法院〔4〕认为仲裁庭未向当事人释明，构成程序上的瑕疵，影响案件公正裁决并否定仲裁裁决的效力。另一种观点认为，仲裁中释明制度不属于司法监督内容。例如，有的法院〔5〕认为仲裁庭是否向当事人释明的问题属于实体问题，不属于人民法院的司法监督范围之内。实际上，存在上述两种不同实践的本质在于忽视了司法监督的出发点，即仅对商事仲裁的程序正当性进行监督。因此，应当根据商事仲裁庭的释明事项对法院的司法监督范围进行区分：一是程序性事项的释明属于法院监督范围。如仲裁庭未向当事人释明答辩、商事仲裁员委任、回避及替换等问题。二是实体性事项的释明不属于司法监督范畴，即仲裁庭未进行仲裁请求释明、法律释明、证据释明，未向当事人解释、说明、询问，则不能向法院申请司法审查，因为其属于仲裁庭的实体管辖范围内，与司法审查的程序审查相悖。正如施米托夫所说：“只要仲裁程序符合自然正义，当事人就应该有准备接受错误裁决。”〔6〕当事人不能在享受效率带来的利益同时又强调公正性，所谓鱼与熊掌不可兼得。因此，法院在进行司法监督

---

〔1〕 陶恒河：《试论法官释明权》，《河北法学》2004 年第 5 期。

〔2〕 孙永全、成晓明：《论释明权》，《人民司法》2002 年第 8 期。

〔3〕 任重：《我国民事诉讼释明边界问题研究》，《中国法学》2018 年第 6 期。

〔4〕 青海捷翔矿业投资有限公司与青海省第五地质矿产勘查院矿产权投资纠纷撤销仲裁案，青海省西宁市中级人民法院（2016）青 01 民特 9 号民事裁定书；岳阳圣发房地产开发有限公司、刘阳辉房屋买卖合同纠纷执行案，湖南省岳阳市中级人民法院（2018）湘 06 执异 262 号执行裁定书。

〔5〕 北京红林制药有限公司与上海高圣医药科技有限公司申请撤销仲裁裁决案，北京市第二中级人民法院（2016）京 02 民特 31 号民事裁定书；申请人内蒙古凯创投资集团有限责任公司与被申请人中国石油集团资本有限责任公司申请撤销仲裁裁决案，北京市第四中级人民法院（2017）京 04 民特 8 号民事裁定书和重庆市荣昌区迎宾石油化工有限公司申请重庆东银硕润石化集团有限公司撤销仲裁裁决案，重庆市第一中级人民法院（2018）渝 01 民特 198 号民事裁定书。

〔6〕 施米托夫：《国际贸易法文选》，赵秀文译，中国大百科全书出版社 1996 年版，第 674 页。

时首先应该明确释明的内容，针对不同的内容作出不同的裁定。

结语

“诉讼的目的是为了实现公平正义，而仲裁的目的是为了解决纠纷”。所以，仲裁庭仲裁时应该围绕解决纠纷而展开，以高效快速地解决纠纷，降低时间成本的目的，这也正是当事人选择的仲裁的原因。释明在民事诉讼中被誉为大宪章，是实现诉讼制度目的的修正器。[1] 而在商事仲裁中，释明是效率价值和公正价值的天平，是程序正当和实质正义的平衡点，释明制度的引入符合商事仲裁的价值追求。但囿于我国仲裁立法中尚未确定释明制度，只有少数仲裁规则中对释明制度做出规定，导致在商事仲裁实践中出现诸多问题。

本文论证了将释明制度引入商事仲裁中具有正当性并提出了具体的建构方案。但主要原因在于立法的缺陷，这种缺陷主要表现在两个方面：一是未明确规定释明制度；二是未明确规定仲裁中是否能够适用《中华人民共和国合同法》和《最高人民法院关于民事诉讼证据的若干规定》中的释明制度。这就导致了在仲裁实践中，仲裁庭因为没有法律依据怯于释明以及不知道如何适用释明制度，而仲裁当事人利用立法漏洞恣意行使救济权，申请法院对仲裁进行司法监督，进而导致不同法院也由于没有明确规定或指导案例的依据而做出相悖的裁定。释明的度是难以通过立法详细规范的，因此，释明的适度使用还是要依靠实践积累及公允良心。[2]

---

〔1〕 张卫平：《转换的逻辑：民事诉讼体制转型分析》，法律出版社 2004 年版，第 349 页。

〔2〕 曹建明：《程序公正与诉讼制度改革》，人民法院出版社 2002 年版，第 338 页。

商业健康保险中续保权的权利基础与规则构建[1]

王家骏*

摘　要　商业健康保险中续保权的设置，系为防范保险市场中显著的逆向选择问题，通过保障的固定化和平等化矫正市场缺陷。保费的超额收取是该权利的费率基础，构成了续保权的实际对价，决定了其形成权的属性；保费的平等化和稳定性是该权利的侧面效果，决定了其维持约定费率和原保障程度的权利内容。当投保人基于信赖形成事实上的保障固化和自我约束时，应允许其通过补交超额保费补充获得续保权以确保利益平衡。在规则适用上，含有续保权的合同的效力应以投保人的单方意思表示为准而非保费的交付，内容调整上应允许对非核心条款内容的调整，在持续续保中应适用不可抗辩条款。最后需注意，续保权具有实现商业健康保险社会功能的重要作用，在未来应考虑法定化的权利设置。

关键词　续保权；保证续保条款；市场缺陷；激励共容；利益平衡

目　次

---

* 王家骏（1990—），华东师范大学法学院讲师，主要研究方向：保险法。

〔1〕 本文系教育部人文社会科学研究青年基金项目“投保人（被保险人）保险法上不真正义务群的现代化改造研究”（18YJC820087）阶段性研究成果；中央高校基本科研业务费项目华东师范大学引进人才启动费项目“人身保险法律制度现代化研究”（2020ECNU-HLYT069）阶段性研究成果。

一、问题提出:司法实践中续保权的适用争议

续保权通常是指根据合同约定,在前一保险合同届满前,投保人要求保险人必须按照原条款和约定费率继续承保的权利,[1]作出该种约定的条款被称为保证续保条款。作为长期健康保险中常见的权利和条款设定,其效果与合理性一方面直接决定着投保人[2]是否可以获得长期稳定的保障,另一方面也决定着保险市场的对价平衡与经营持续,[3]但由于现有立法未有针对性规定,缺乏明确的裁判标准,导致司法裁判中产生了诸多不同观点:

第一,续保性质的判断。除保证续保条款外,实务中还存在一般续保条款,即条款约定在前一保险期间后投保人可连续投保,但保险人并无按照原条款和约定费率承保的义务。大部分判决从条款文义对两种条款作出了区分。[4] 有观点认为,一般续保属投保人的重新要约,对要约拒绝系保险人的单方权利。[5] 但也有代表性判决通过投保人期待、公平原则、交易习惯等因素,认为在投保人连续投保较长时间且保险人无理由拒绝的情况下,原有一般续保应转变为保证续保。[6]

第二,续保效力与保费缴纳。在保证续保的约定中,保险人多要求投保人需每年度申请续保,并可由保险人自动划扣保费。有判决认为即使约定自动续保,若投保人未缴纳保费,合同即告终止。[7] 有判决则认为,在此种情形下,即使投保人未申请续保,合同仍继续有效。[8]

---

〔1〕 刘冬姣主编:《人身保险》(第 2 版),中国金融出版社 2010 年第 2 版,第 142 页;杨艳华主编:《保险学》,厦门大学出版社 2016 年版,第 134 页;邢海宝:《中国保险合同立法建议及说明》,中国法制出版社 2009 年版,第 249 页。

〔2〕 由于我国保险法在主体上采取投保人、被保险人和保险人的三分法,投保人与被保险人并非当然为同一主体,但在续保中通常具有相同的利益诉求。为论述方便,下文中如无特别说明,统一以投保人代称。

〔3〕 田中军:《续保性是寿险公司持续稳健发展的根本保障》,《保险研究》2007 年第 3 期。

〔4〕 杨明威、杨锦坤与人保财险广州公司保险合同纠纷案,广东省广州市中级人民法院民事判决书(2020)粤 01 民终 15373 号;何晓与中德安联公司人身保险合同纠纷案,上海金融法院民事判决书(2020)沪 74 民终 297 号;胡元平与重庆泰康保险纠纷案,重庆市渝中区人民法院民事判决书(2017)渝 0103 民初 20011 号。

〔5〕 柴兴良、张雪梅与河北太平人寿保险合同纠纷案,河北省石家庄铁路运输法院民事判决书(2014)石铁民一初字第 579 号;安从付与四川中英保险保险合同纠纷案,四川省成都市锦江区人民法院民事判决书(2013)锦江民初字第 2801 号。

〔6〕 张馨予与吉林泰康人寿保险合同纠纷案,吉林省高级人民法院民事判决书(2015)吉民提字第 99 号。该案中,投保人在保险人处投保了 1 年期医疗保险。合同约定:保险期满后经保险人同意,被保险人可续保;如连续投保 3 年,被保险人可申请保证续保,经保险人审核同意,方可保证续保。投保人从 2004 年连续投保到 2012 年,但一直未申请保证续保。后其在 2013 年继续投保该险种时,保险人以被保险人 2012 年 3 月因病住院治疗为由不再接受续保,双方由此产生争议。

〔7〕 张晓兵与北京泰康人寿保险合同纠纷案,北京市朝阳区人民法院民事判决书(2012)朝民初字第 2816 号。

〔8〕 蒋德娥与重庆富德人寿保险合同纠纷案,重庆市渝中区人民法院民事判决书(2017)渝 0103 民初 17750 号。

第三,续保条款的性质。有判决认为关于续保的约定并非免责条款,不属于明确说明的对象,[1]另有判决则持相反观点,认为当保险人未对一般续保进行明确说明时,投保人有权要求续保。[2]

上述争议背后的核心问题在于,保证续保条款所蕴含续保权的性质和内容为何?这既决定着续保权的具体效力,也决定保证续保与一般续保的界限,以及明确说明义务等规则的适用。而更重要的是,该种条款在权利内容上是否应当受到一定法定最低标准之限制,还是将之完全视为自由约定的产物?这决定着保险人是否得以任意拟定该条款,向投保人施加如必须提出申请等续保条件。2019年修改的《健康保险管理办法》仅在定义、明确说明义务和时间界限方面对保证续保条款进行了笼统性规定,几乎未对2006年原办法做出改变,[3]而国内理论研究仍相对空白,这显然不能与商业健康保险的快速发展要求相适应。因此有必要对该权利的基础、内容和规则等进行研究,从而为续保权和续保条款的适用以及立法上的定位提供理论参考。

二、续保权的保险经济学基础与内容要求

商业健康保险市场中显著的逆向选择问题,使一般经营方式难以进行有效的应对,这决定了续保权以及保证续保条款存在的必要性,也产生了超额收取保费、维持保费平衡的必然效果。

(一)商业健康保险市场的固有问题:逆向选择与市场缺陷

从保险经济学角度,投保人极易利用其信息优势,高风险者会追求更为全面的保障并负担更高的费率,低风险者则会相反。这就会造成市场中高风险群体的涌入和低风险群体的退出,导致赔付概率的不断增加。[4] 而由于健康保险中

---

[1] 周淑青与黑龙江阳光人寿保险合同纠纷案,黑龙江省哈尔滨市中级人民法院民事判决书(2017)黑01民终7445号。

[2] 朱华科与四川中英人寿保险合同纠纷案,四川省成都市锦江区人民法院民事判决书(2013)锦江民初字第930号;邓子东与四川中意人寿保险合同纠纷案,四川省成都市中级人民法院民事判决书(2015)成民终字第3696号;刘增伟与上海美亚保险人身保险合同纠纷案,上海市浦东新区人民法院民事判决书(2017)沪0115民初17257号。

[3] 2019年12月颁布《健康保险管理办法》第21条规定:"含有保证续保条款的健康保险产品,应当明确约定保证续保条款的生效时间。含有保证续保条款的健康保险产品不得约定在续保时保险公司有减少保险责任和增加责任免除范围的权利。保险公司将含有保证续保条款的健康保险产品报送审批或者备案的,应当在产品精算报告中说明保证续保的定价处理方法和责任准备金计算办法。"第37条将"是否提供保证续保以及续保有效时间"作为保险公司应当以书面或者口头向投保人明确告知并由投保人确认的内容。

[4] Vip Patal, Mark V. Pauly, "Guaranteed Renewability and The Problem of Risk VaritationIn Individual Health Insurance Markets: A Way to Stabilize Coverage with Less Government Interference", *in Health Affairs*, 21(2002), p. 282.

消费者的异质性、疾病的易隐匿性和证明的困难,逆向选择倾向更为显著。[1] 这就使市场更明显地向高风险和高费率状态发展。在此背景下,若仍按照正常的费率标准就造成保险市场经营的恶化。

更特殊的问题是,健康的投保人最初通常只会以正常程度投保。但随着时间的推移,投保人将获得更明确的个人健康信息,这会促使其改变保障要求或退出市场。因而,若采取短期经营形式,投保人就会在前期保险结束后寻求不同程度的保障或脱离原有市场类型,这就产生了风险重新分类的难题,进而再次产生并加重上述逆向选择的现象。[2]

此外,保险人可区分风险概率的情况下,竞争的压力会促使其对低风险群体采取更低的保费,而以更高的费率应对高风险群体。但这种方式对后者将意味着高昂的负担或有限的保障范围,这会使得其无法获得期望的保障。[3] 如果按照传统费率标准和短期经营方式,保险人为应对上述问题,将不得不对高风险群体适用高额的保费或有限的保障范围,这将使得该类群体无法获得期望的保障。

(二)续保权对市场缺陷的矫正

1. 保障固化对逆向选择的调整

续保权以及保证续保条款的出现即是为了应对前述问题。该条款通过保障的固化使风险增加的投保方不能投保更高保障程度的保单,防止其逆向选择倾向。相应地,因该条款控制了保障程度增加所带来的保费上涨问题,投保人就可免受健康变化所带来的保费变化。[4] 因而对风险尚未增加的群体,该条款是一个对抗其他群体逆向选择的工具。[5] 此外,因含有该权利或条款的保单多以一年为计算基准,且保留了合同的有效性,可以以较一般长期保单更低的价格销售,[6]这也促使投保群体的稳定,减少逆向选择所引发的市场问题。

2. 保障平等对消费倾向的回应

投保方的消费倾向也会产生对续保权的要求。厌恶风险的投保人——无论

---

[1] 杨洋:《消费者异质性、逆向选择与商业健康保险公司经营绩效》,对外经济贸易大学 2018 年博士学位论文,第 101 页;刘金章、王晓珊:《人寿与健康保险》(第 2 版),北京交通大学出版社 2015 年第 2 版,第 134 页;陈滔主编:《健康保险》,中国财政经济出版社 2011 年版,第 5 页。

[2] Bradley Herring, Mark V. Pauly, "Incentive-Compatible Guaranteed Renewable Health Insurance Premiums", *in Journal of Health Economics*, 25(2006), p. 395.

[3] Vip Patal, Mark V. Pauly, "Guaranteed Renewability and The Problem of Risk VaritationIn Individual Health Insurance Markets: A Way to Stabilize Coverage with Less Government Interference", *in Health Affairs*, 21(2002), p. 282.

[4] Mark V. Pauly, Kai Menzel, Howard Kunreuther, Richard A. Hirth, "Guaranteed Renewability Uniquely Prevents Adverse Selection in Individual Health Insurance", in Journal of Risk and Uncertainty, 43(2011), p. 128.

[5] Vip Patal, Mark V. Pauly, "Guaranteed Renewability and The Problem of Risk Varitationin Individual Health Insurance Markets: A Way to Stabilize Coverage with Less Government Interference", *in Health Affairs*, 21(2002), p. 282.

[6] Robert R. Neal, "Health Insurance and the Practicing Lawyer", *in* 1962 *The Forum (American Bar Association. Section of Insurance, Negligence and Compensation Law)*, p. 261.

健康还是非健康的投保人——均倾向于获取不以其健康状况为基础的费率和保障,并避免价格波动,[1]这意味着潜在的投保方即使掌握了自身的健康信息,也不愿意因此支付不同的保费,"人们还是不太会同意这种理想化的(标准费率)保单,因为他们会被不同的保障范围贴上不同的价值"。[2] 续保权以及保证续保条款即通过将费率固定化,并对同一投保群体适用相同的费率,从而在不同个体间保持保费的平等与固定,减少因健康风险变化而产生的价值标签。

(三)费率基础与侧面效果

1. 费率基础:超额保费的预收

标准费率和短期保险的经营方式显然难以应对市场缺陷并满足消费者的需求。因而,蕴含续保权的保单采取了特殊的保费结构,该结构包括了通常的标准费率和额外的超额费率,通过后者应对未来风险增加所产生的成本。[3] 其机理是通过预收保费避免风险增加时整体保费的增加,使不同群体固定于同一保障程度,控制逆向选择的同时满足消费者的倾向。

在该结构下,虽然风险不变或降低的群体最初缴纳了超出正常标准的费率,但其得以通过支付本就愿意支付的保费以换取保障的稳定性。实际上,风险厌恶者更愿在起初选择费率更高的保单以对抗保费的波动,而不是在后期增加保费。[4] 这是为应对无法判断的长期健康状况以及可能的费率无效或不公提供解决方案。[5] "提前缴纳的超额保费是为了弥补在后期成本超出"。[6] 通过该条款,保险人可以同时向高风险和低风险的群体提供保险产品,防止风险增加的投保人被排除在市场之外。[7]

2. 侧面效果:保费的平等化和稳定化

作为保障固化和超额保费的要求,就需对不同群体持续采取相同的费率,以达成"激励共容"的效果。进一步而言,若采标准费率,对不同群体根据其健康状

---

[1] Feldman Roger, Schultz Jennifer, "Consumer Demand for Guaranteed Renewability in Health Insurance", *in Journal of Consumer Policy*, 27(2004), pp. 91-95.

[2] Vip Patal, Mark V. Pauly, "Guaranteed Renewability and The Problem of Risk VaritationIn Individual Health Insurance Markets: A Way to Stabilize Coverage with Less Government Interference", *in Health Affairs*, 21(2002), p. 288.

[3] Mark V. Pauly, Howard Kunreuther, Richard Hirth, "Guaranteed Renewability in Insurance", *in Journal of Risk and Uncertainly*, 10(1995), p. 143.

[4] Vip Patal, Mark V. Pauly, "Guaranteed Renewability and The Problem of Risk VaritationIn Individual Health Insurance Markets: A Way to Stabilize Coverage with Less Government Interference", *in Health Affairs*, 21(2002), pp. 282-287.

[5] Hofmann Annette, Browne Mark, "One-Sided Commitment in Dynamic Insurance Contracts: Evidence From Private Health Insurance in Germany", *in Journal of Risk & Uncertainty*, 46(2013), p. 82; Pauly M. V., Kunreuther H., Hirth, R., "Guaranteed Renewability in Insurance", *in Journal of Risk and Uncertainty*, 10(1995), pp. 143-156.

[6] Massachusetts Protective Ass'n v. United States, 114 F. 2d 304, 311(1940).

[7] 刘金章、王晓珊:《人寿与健康保险》(第 2 版),北京交通大学出版社 2015 年第 2 版,第 129 页。

况进行保费调整，风险增加的群体就可能被低风险群体排挤出市场，而后者也可能被其他保险人吸引，续保权就不可能奏效。[1] 因而含有续保权的保险合同采取介于低风险群体和高风险群体间的费率标准，使前者受成本累积而不易脱离保单，后者不因价格因素被排挤出市场。[2] 即使该方式与标准费率产生的总额相同，后种方式中低风险群体基于保障的稳定性也更倾向于继续保留在市场中。[3]

从博弈论角度，保费稳定化也能提供更为稳定的市场：一方面，投保人若在健康风险概率降低时退出保单，就可能因为年龄增加等原因无法以原有费率重新投保；另一方面，如果保险人在某阶段内调高了费率，投保人就会可能会转向更低价的其他保险产品。这两方面的不利，使保险人和投保人均选择保持约定的平均费率。[4]

三、续保权的法理基础、属性与效果

保证续保条款所形成的保费超额预收和费率平均化的特征，既决定了投保人续保权的实际对价和作为形成权的性质，也决定了该条款对危险增加规则的部分排除和集体化调整标准的遵循。

（一）法理基础：超额保费的对价与消费者保护

1. 私法角度：超额保费缴纳对稳定性的换取

审视保证续保的内在原理，投保人的续保权就不仅单纯来自双方的约定，而是基于市场运行产生的、应对逆向选择的特殊机制。投保人实际以超额保费换取保障的稳定性，[5]并同时受到保障程度的限制。该种费率结构体现了对保费和保障稳定性的要求。其虽在表面上仅缴纳当年度保费，但其中已包含了对未来风险变化的抵御成本，也对应着合同的长期维持效果。某些仅将保证续保作为营销手段的观点[6]显然未能透视投保人权利的真正来源。

由此，保险人对超额保费的收取与投保人要求续保的权利应是相对应的。

---

[1] Bradley Herring, Mark V. Pauly, "Incentive-Compatible Guaranteed Renewable Health Insurance Premiums", *in Journal of Health Economics*, 25(2006), p. 395.

[2] Abdus Salam, "A Game-Theoretical Interpretation of Guaranteed Renewability in Health Insurance", *in Risk Management & Insurance Review*, 13(2010), p. 205.

[3] Cochrane J, "Time-Consistent Health Insurance", *in Journal of Political Economy*, 103(1995), pp. 445-473; Pauly M, Kunreuther, H., Hirth, R., "Guaranteed Renewability in Insurance", *in Journal of Risk and Uncertainty*, 10(1995), pp. 143-156.

[4] Abdus Salam, "A Game-Theoretical Interpretation of Guaranteed Renewability in Health Insurance", *in Risk Management & Insurance Review*, 12(2010), p. 205.

[5] Abdus Salam, "A Game-Theoretical Interpretation of Guaranteed Renewability in Health Insurance", in Risk Management & Insurance Review, 12(2010), p. 205.

[6] 张建军主编：《保险理论与实务》，西安电子科技大学出版社 2013 年版，第 118—119 页；黄进才主编：《保险法学》（第 2 版），郑州大学出版社 2011 年版，第 148—149 页；詹昊、陈百灵、冯修华：《保险法原理精解与典型案例评析》，中国法制出版社 2007 年版，第 305—306 页。

"从保单持有人在一定保费下享有续保权的观点,应允许保险人对超额保费的收取"。[1] 从合同法权利理论审视,该部分超出标准费率的给付是为了换取保险人对持续续保的承诺是作为双务合同的保险合同中保险人特定义务的对价。[2] 美国早期判决即认为:"预收保费的原因是因为保险人已保证不再随着成本增加而增加保费,并在每次支付保费后自动续保。没有此条款的健康保险……不需要有额外的保费储备。"[3]显然,若允许保险人预收保费就必须从长期人身保险的角度赋予投保人的权利。

2. 市场角度:投保人对不利地位的防范

续保权同样是投保人通过超额缴费避免市场不利地位的工具。若转投其他保单的成本较低,则低风险的投保人在早期阶段经过后极易脱离原保单,这将导致原保单费率的大幅提高,续保权也难以起到作用。但在个人保险市场中,即使健康状况良好的个体在寻找产品和议价能力上也存在明显的弱势。[4] 即便重新投保,也可能因为年龄增加而面临更高的保费,以及复杂的手续和各类成本,这显然是不经济的。[5] 这使低风险群体更愿意缴纳较高的保费而维持原保单。

因而,投保人在保证续保条款中实际处于自我约束的状态,其通过接受超额保费的收取和保障程度的固化,以防范其在未来市场中的不利地位。这实际达成了投保人有权选择保险人而保险人无权选择投保人的效果。[6] 因此,投保人的续保权是在放弃其他缔约机会、接受合同约束情况下,换取的持续按照原条件续保的权利。由此,这种权利就不再是合同条款可以完全自由约定,而是需要根据双方已经投入的成本或受到的限制,确定法定最低内容标准。

(二)属性:维持个人费率和保障程度的形成权

1. 单方延长合同的形成权

在保证续保的机制上,投保人所缴纳的超额保费实际形成了续保权的对价。保险人以获取应对未来风险的保费,放弃了重新核保并厘定保费的权利。在此基础上,以保证续保条款为基础的续保权实际赋予了投保人一种延长保险合同的权能,即仅凭投保人的单方意思即可产生延长保险合同的效果,无须保险人对此的同意且后者仅能接受保单延长的结果。这是基于双方当事人事前"潜在同意"所产生的约定,凭借权利人单方意思,在长期债权债务关系中变更法律关系

[1] Orville F. Grahame, "Noncancellable and Guaranteed Renewable A and H Insurance", *in Insurance Law Journal*, 165(1956), p. 568.

[2] 傅鼎生:《义务的对价:双务合同之本质》,《法学》2003年第12期。

[3] Massachusetts Protective Ass'n v. United States, 114 F. 2d 304, 311(1940). 后期相关判决参见 Central Nat. Life Ins. Co. of Omaha v. U. S., 216 Ct. Cl. 290, 574 F. 2d 1067(1978).

[4] Scott E. Harrington、Gregory R. Niehaus:《风险管理与保险》(第2版),陈秉正、王珺、周伏平译,清华大学出版社2005年版,第318—319页。

[5] 黄进才主编:《保险法学》(第2版),郑州大学出版社2011年第2版,第148—149页。

[6] 修波主编:《人身保险》,中国金融出版社2014年版,第152页;池小萍、郑祎华主编:《人身保险》,中国金融出版社2006年版,第151页。

的形成权。[1] 而将保证续保条款视为短期合同集合的观点[2]显然也存在偏差。

在续保权的行使上，虽然包含保证续保条款的保险合同通常分年度收取保费，但其实质采取了长期保险的经营方式并通过对未来保费的收取维持经营状态，《健康保险管理办法》第4条也将该类保险纳入长期健康保险的范畴。由此，续保权的行使也应适用《保险法》中关于长期人身保险的宽限期（第36条）和复效期（第37条）制度。对于宽限期，在法定期间（60日）经过后未行使续保权者，该形成权应归于消灭，[3]但在此之前，合同仍然有效。对于复效期（2年），在该类保险合同已经产生现金价值的情况下，也应适用对应规定。此外，作为形成权的续保权的行使不得另附条件或期限，以免使合同的效力处于不确定状态。[4]

2. 个人费率与保障程度的维持权利

投保人续保权应包含继续维持双方原定费率标准和保障程度的效果：第一，在投保人风险增加的情况下，保障程度已受到限制，保险人需保持原有的范围和费率，不能再针对个人风险状况的变化进行调整，即不得再次进行核保；[5]第二，基于相同原理，其他主体成本增加已受提前控制，因而在保险共同体中其他投保人风险增加的情况下，保险人也不得因此而集体增加保费。总之，保证续保阶段内保险人没有权利变更任何既存条款，不得拒绝续保、提高保费、增加除外责任或延期承保。[6]

（三）效果：危险增加规则的部分排除与集体化调整标准

1. 危险增加规则的部分排除

国内理论倾向认为，《保险法》中针对财产保险投保人的危险增加通知义务、防灾减损义务以及保险人调整保费、解除合同的权利，应同样适用于人身保险中。[7] 然而，续保权的机制本在于对抗投保人自身或群体风险概率的变动问题，这意味着保险人不需要重新评估投保人的任何信息。[8] 因而保险人的续保不能根据个人健康状况的恶化或索赔记录单独提高费率，[9]否则违背了该权利以及

---

〔1〕 李永军：《民法总论》，中国政法大学出版社2012年版，第53页；卡尔·拉伦茨、曼弗瑞德·沃尔夫：《德国民法中的形成权》，孙宪忠译注，《环球法律评论》2006年第4期。

〔2〕 黄进才主编：《保险法学》（第2版），郑州大学出版社2011年版，第148—149页。

〔3〕 王泽鉴：《民法总则》，北京大学出版社2009年版，第80页。

〔4〕 朱庆育：《民法总论》（第二版），北京大学出版社2016年第2版，第519页。

〔5〕 河南平安人寿与李新荣人身保险合同纠纷案，河南省新乡市中级人民法院（2017）豫07民终2918号。

〔6〕 陈滔主编：《健康保险》，中国财政经济出版社2011年版，第22页；北京市经济法学会主编：《保险纠纷案例解析》，中国社会出版社2009年版，第9页。

〔7〕 孙宏涛：《我国〈保险法〉中危险增加通知义务完善之研究——以我国〈保险法〉第52条为中心》，《政治与法律》2016年第6期。

〔8〕 Vip Patal, Mark V. Pauly, "Guaranteed Renewability and The Problem of Risk VaritationIn Individual Health Insurance Markets: A Way to Stabilize Coverage with Less Government Interference", *in Health Affairs*, 21(2002), p. 282.

〔9〕 Scott E. Harrington、Gregory R. Niehaus：《风险管理与保险》（第2版），陈秉正、王珺、周伏平译，清华大学出版社2005年版，第318页。

对应条款的本意。

因此，对正常的个人危险增加情形，如因随着正常健康、职业变化等在投保时合理保险人应预见或可接受的情形，危险增加规则应当被排除适用。即使在保险期间内出现承保疾病的投保人，事故的出现也应属于预期范围。[1] 需要区分的是，这种限制范围在于正常风险增加，其应是可评估的未知变化。而对于投保人故意增加的风险，续保权显然难以起到防止逆向选择的作用，仍应有危险增加规则的适用空间。此外，保证续保条款对进入合同前投保人隐瞒的事实无法发挥作用，[2]因而对此仍应适用告知义务相关规则。

2. 保费调整的集体化标准

续保权中对费率的维持并不代表保费的绝对固定。在经营发展上，早期的保证续保条款确实绝对限制保费的变更，这被称为“不可撤销的保证续保保单”(Non-cancellable Guaranteed Renewable Policy)。[3] 但由于健康保险中保险金的支出，与社保覆盖程度以及通货膨胀有密切的关联，绝对性限制面临了较大的经营障碍。在随后发展中，该条款保留了基于同类群体风险或成本变动而变更保费权利，[4]“这一点很重要，因为这些费率受到通货膨胀的巨大压力。”[5]这是一种中间化的改良，[6]在该条件下，除保费外任何条款都不可更改，这被称为“不真正的保证续保保单”。[7]

由此，在不能基于个人健康状况而变动保费的前提下，保险人仍可保留根据投保人所在风险等级群体变更费率[8]或根据市场整体状况调整保费[9]的权利，即保费的提高必须基于团体而不是个人。[10] “如果保险公司的保费变化，它必须针对整体保单持有人阶层，而不是仅仅一个或两个成员”。[11] 根据该基础，只有

---

〔1〕《税优健康险示范条款》第 2.4.1 条。实践中健康保险多同时采取分年和累积限额赔付模式，即设定保险金的年度给付和总给付额度上限，此时保险人仅可根据支付额度终止合同。

〔2〕 Vip Patal, Mark V. Pauly, “Guaranteed Renewability and The Problem of Risk VaritationIn Individual Health Insurance Markets: A Way to Stabilize Coverage with Less Government Interference”, *in Health Affairs*, 21(2002), p. 283.

〔3〕 Robert R. Neal, “Health Insurance and the Practicing Lawyer”, *in* 1962 *The Forum* (*American Bar Association. Section of Insurance, Negligence and Compensation Law*), pp. 256-257.

〔4〕 G. 维克托·霍尔曼、杰瑞·S. 罗森布鲁姆:《私人财富管理》(第 8 版)，苏薪茗译，中国金融出版社 2014 年版，第 473—474 页。

〔5〕 小阿瑟·威廉姆斯、理查德·M. 汉斯:《风险管理与保险》，中国金融出版社 2006 年版，第 496 页。

〔6〕 Orville F. Grahame, “Noncancellable and Guaranteed Renewable A and H Insurance”, *in Insurance Law Journal*, 9(1956), p. 568.

〔7〕 Eugene J. Conroy, “Guaranteed Renewable-Noncancellable A and H Insurance: What's in a Name”, *in Insurance Law Journal*, 10(1956), p. 652.

〔8〕 Rejda, George E, *Principle of Risk Management and Insurance*, Boston Mass: Pearson, 2011. p. 432. 实践中的国内保险合同条款也通常做此表述。

〔9〕 刘冬姣主编:《人身保险》(第 2 版)，中国金融出版社 2010 年第 2 版，第 160 页。如税收优惠型健康保险合同中保留了根据国家政策调整合同内容的权利，仍是基于相同原理。

〔10〕 Scott E. Harrington、Gregory R. Niehaus:《风险管理与保险》(第 2 版)，陈秉正、王珺、周伏平译，清华大学出版社 2005 年版，第 318 页。

〔11〕 哈维·W. 鲁宾:《保险学词典》(第 4 版)，上海财经大学出版社 2010 年版，第 268 页。

在出现社会保险覆盖程度和通货膨胀出现显著变化等对整个群体产生影响的因素时,保费才可调整。

四、续保权补充获得路径的必要与构建

前述分析表明,续保权具有特殊的生成基础。而续保条款中最常见的问题,即个人仅长期投保一般续保的保险合同,此时投保人实际形成了自我约束状态,已部分达成了续保权的部分基础。在信息义务无法充分矫正实践问题的情况下,应从利益平衡的角度考虑赋予投保人补充获得续保权的路径。

(一)信息义务应对续保权实践问题的不足

首先,明确说明义务难以涵盖续保权。从理论上,续保条款涉及保险人是否续保或重新承保的前提条件,关乎合同效力和期限的基础,对对价平衡有实质性的影响,属核心给付条款,不应作为明确说明义务的对象。[1] 2019 年《健康保险管理办法》第 39 条[2]虽将保证续保条款作为明确说明对象,但仅属部门规章,不能直接成为裁判依据。[3] 深层次问题在于,我国法上的明确说明义务主要聚焦于免责条款,忽视了投保人对如是否获得续保权等核心产品信息的实质需求。[4]

其次,信息义务实际也无法矫正实践中投保人的不利地位。虽然 2021 年 1 月中国银保监会发布的《关于规范短期健康保险业务有关问题的通知》中,要求短期健康险不得保证续保,但在多次连续一般投保中,若投保人未选择离开本合同,则会在事实上形成对自我逆向选择的约束。尤其在该过程中,保险人通常不会做任何提示而收取或扣划保费的行为,更容易加深其对保证续保的印象。[5]同时,在经过长期的投保过程后,年龄的增加和健康状况的变化均会造成投保人重新投保的困难。可以说,信息义务的效果仅能够解决投保人是否“自由”进入保险合同的问题,对于合同本身长期存在而形成的实质限制问题却难以应对。即使借鉴比较法上保险人的信息提供义务或咨询义务,[6]也无法根本矫正投保人基于长期投保行为所形成的实质不利局面。

---

[1] 贺栩栩:《〈合同法〉第 40 条后段(格式条款效力审查)评注》,《法学家》2018 年第 6 期;马宁:《保险人明确说明义务批判》,《法学研究》2015 年第 3 期;王静:《我国〈保险法〉第 19 条司法适用研究——基于保险格式条款裁判的实证分析》,《政治与法律》2014 年第 11 期;马辉:《格式条款信息规制论》,《法学家》2014 年第 4 期;解亘:《格式条款内容规制的规范体系》,《法学研究》2013 年第 2 期。

[2] 该条系承袭 2006 年《健康保险管理办法》第 27 条,条款实际内容几乎未有变动,故原有判例仍反映相同的问题。

[3] 邓子东与中意人寿四川分公司保险合同纠纷案,四川省成都市中级人民法院民事判决书(2015)成民终字第 3696 号。

[4] 马宁:《保险人明确说明义务批判》,《法学研究》2015 年第 3 期。

[5] 张馨予与吉林泰康人寿保险合同纠纷案,吉林省高级人民法院民事判决书(2015)吉民提字第 99 号。

[6] 沈小军:《从明确说明义务到信息提供义务——保险消费者自主决定权保障制度再造》,《法商研究》2021 年第 2 期;马宁:《保险人明确说明义务批判》,《法学研究》2015 年第 3 期。

(二)续保权补充获得路径构建的必要性

尤为值得注意,续保权的意义并不局限于私法领域。商业健康保险中显著的信息不对称和逆向选择问题,迫使自由市场不得不对高风险群体歧视性的排除。这会使社会中真正亟需健康保险的高风险群体反而无法获得对应的保障,[1]进而产生违反社会平等的问题,而这也是社会健康保险存在的主要原因之一。[2]

作为应对工具,续保权提供了一种非歧视性的权利,使得潜在的高风险个体能够获得相同的待遇,且商业健康保险也可通过保证续保条款获得保护,并避免费率所引起的市场问题。因此,续保权的设定被认为具有重要的政策功能,可在全面提供保险产品的同时降低商业健康保险的社会成本。[3]

在商业健康保险占据较为重要地位的典型国家或地区的立法上,投保人的续保权更多地成为强制性的要求。如 2010 年美国《病人保护与可负担法案》要求保险人需保证续保,[4]并且近年来判例中开始认为,保险人应对包括保证续保在内立法要求的最低内容标准承担默示担保义务。[5] 德国法上同样要求商业健康保险保证续保,保险人一旦承保不得随意解约。[6] 也有如美国科罗拉多州[7]和澳大利亚[8]要求保险人不得基于健康状况对投保人在保费上区别对待,该类规则也是在采取保证续保的实质机理,通过集体而非个人的因素调整费率。此种措施通过对商业健康保险经营自由的一定限制,换取保障平等性与持续性的政策目的,显示了当市场缺陷难以调整且影响到了健康保障的功能时,商业健康保险必要的社会化发展方向。[9]

(三)平衡方式:补缴保费下对续保权的承认

文首部分案例中存在的问题,在于投保人已经形成的对其自身逆向选择的约束与续保权尚未完全成立之间的矛盾,对此可在补充权利基础的思路下,从期待保护和利益平衡角度分析续保权推定的可能。

---

〔1〕 孙祁祥、郑伟等:《商业健康保险与中国医改:理论探讨、国际借鉴与战略构想》,经济科学出版社 2010 年版,第 99 页。

〔2〕 Martin Feldstein,"Rethinking Social Insurance",*in American Economic Review*,95(2005),p. 3.

〔3〕 Vip Patal,Mark V. Pauly,"Guaranteed Renewability and The Problem of Risk Varitation In Individual Health Insurance Markets:A Way to Stabilize Coverage with Less Government Interference",*in Health Affairs* ,280(2002),pp. 283-288.

〔4〕 42 U. S. Code § 300gg-2.

〔5〕 Christine H. Monahan,"Private Enforcement of the Affordable Care Act:Toward an Implied Warranty of Legality in Health Insurance",*in Yale Law Journal*,126(2017),pp. 1118-1179.

〔6〕 冯鹏程、刘青:《谈谈德国商业健康保险》,《中国保险报》2015 年 6 月 10 日第 008 版。

〔7〕 Colorado Department of Regulatory Agencied Division of Insurance,Amended Regulation 402011(5)(b).

〔8〕 2007 年澳大利亚《私人健康保险法》第 3 章第 2 节 55-1 条。

〔9〕 Tom Baker,"Health Insurance,Risk,and Responsibility after the Patient Protection and Affordable Care Act",*in University of Pennsylvania Law Review*,159(2011),pp. 1580-1585.

第一，从期待角度，投保人在长期投保过程中，实际上对保险合同的续保性产生了合理依赖，且对逆向选择进行了实际控制，在事实上已并非单纯的心理期待，而与期待权中当事人对自身地位的改变极为接近。[1] 在此情况下，若仅凭投保人未签订保证续保条款而否认其续保权，显然将会忽视其地位改变的事实。

第二，从利益平衡角度，保证续保的存在基础包含了保费的超额缴纳和对投保可能性的潜在约束。在文首情形中，投保人的长期投保已经达成了后种效果，只是在续保权上尚未满足前种要求。对此，若允许投保人对超额保费进行补缴，不仅能够维持保险人以及保险共同体的利益，也能够兼顾续保权的存在基础，从而扭转投保人已经可能处于的不利情况。

此外，虽然是否保证续保仍属于保险人的经营自由，但该类条款的模糊性极易导致对投保人长期投保中的所形成期待的落空，此时如果肆意终止续保，将会导致这种已形成对逆向选择的控制重新归零，并将长期投保的投保人重新推回到市场的不利地位中。

由此，基于对期待的保护和对价平衡的确保，若投保人已长期投保同一险种，且未在投保期间增加保险金额度或扩大保障范围，应允许该投保人在补足保证续保条件下所应缴纳的保费后，获得保证确保的全部基础。对此，在立法或司法解释层面上可设置，在对连续投保保障范围、保险金额相同险种的投保人，且在此期间并未有出现承保范围内的疾病，在投保达到一定年份后（如 5 年以上），此时可通过补交在保证续保情形下应当缴纳的保费，获得对该保险合同续保权。

该规则虽对保险人的意思表示产生了一定限制，但其长期无提示续保的行为本也对投保人在意思表示上形成了错误印象，从利益平衡角度应赋予其获得续保的机会。需要区分的是，《最高人民法院关于适用〈中华人民共和国保险法〉若干问题的解释（二）》（本文以下简称《保险法司法解释二》）第 4 条规定，保险人已收取保费但未做出承保意思的，对符合承保条件时所发生的保险事故仍应承担责任，此仍应根据具体情形进行适用。

五、续保权的具体规则适用

（一）续保条款下保费缴纳与保单效力的判断

1. 保费未缴时的合同效力

通说认为，保险合同为非要物合同，不以保费缴纳等固定形式为生效要件。[2] 因而，根据续保权的形成权属性，仅凭投保人的行使即可产生权利效果。

---

〔1〕 申卫星：《期待权理论研究》，清华大学 2001 年博士学位论文，第 7 页。

〔2〕 最高人民法院民事审判第二庭编著：《最高人民法院关于〈保险法司法解释二〉理解与适用》，人民法院出版社 2015 年版，第 124 页。

且在保证续保条款下，合同本即作为长期性保险进行经营，超额保费的缴纳表明了对合同变更权利的获取，因而每一年度的续保也应作为原合同的继续而非新合同的重新成立。

因此，认为保证续保需投保人提出申请并经保险人同意的观点，〔1〕显然忽视了续保权的属性。在该类保险合同成立后，若投保人未缴纳当期保费，应根据立法上关于宽限期的规则确定合同效力，在此之前合同仍属有效。

2. 自动扣缴保费时的效力

实践中经常存在，在一般续保到达一定年限或阶段性的保证续保经过后，可由投保人申请转为或持续保证续保的约定。〔2〕在保费自动扣缴但投保人未申请续保时，保险人多主张保证续保未生效以免除责任。有法院认为，投保人未书面向申请保证续保，保险人亦未准备保证续保，单纯的自动划扣保费并不产生续保效果。〔3〕但也有法院认为，投保人未向保险人书面提出不再续保，且也不存在约定的不得续保的情形，保险人无理由终止保险合同。〔4〕

此种情形下，若保险人可划扣保费的同时又保留着拒绝续保的权利，实际上将投保人未主动申请时的意思表示完全交由保险人任意解释，〔5〕这与早期出现的保险人在收取保费后未做出承保的问题实际相同。在该类情形中，若任由保险人在收取保费后而任意拒保，不仅有违投保人在缴纳保费后产生的合理期待，更进一步刺激了保险人故意拖延核保的恶意，有违反诚信与公平原则之虞。〔6〕而且在由保险人自动划扣保费的情形中，投保人处于更为被动的状态。虽然《健康保险管理办法》第4条第5款将投保人申请作为保证续保的概念内容，但尚不能成为裁判依据，仅是对典型状态的一般描述。况且，虽有合同约定投保人需进行主动申请，但在续保情形下保险人又实际将投保人的默示作为申请的意思表示，此已违反禁止反言原则。〔7〕

因而，存在续保条款的合同中，应将投保人的默示视为提出续保申请的意思

---

〔1〕 国家法官学院案例开发研究中心：《中国法院2013年度案例：保险纠纷》，人民法院出版社2013年版，第167页。

〔2〕 前种方式中多为投保人一般续保达到3/5年时刻向保险人申请保证续保，参见《太平卓越医疗保险条款》(太平人寿[2009]医疗保险068号)第9条第1、2项。后种方式中则通常约定保证续保时间为3/5年，时间经过后需投保人重新申请，参见《泰康安康无忧住院费用医疗保险条款》(泰康人寿[2016]医疗保险032号)第4.2条。

〔3〕 倪桂芝与北京泰康人寿健康保险合同纠纷案，北京铁路运输法院民事判决书(2014)京铁民(商)初字第475号。

〔4〕 楚洪文与湖南平安保险人身保险合同纠纷案，广东省广州市中级人民法院民事判决书(2016)粤01民终11535号。

〔5〕 胡超琼与平安养老保险深圳公司保险合同纠纷案，广东省深圳市中级人民法院民事判决书(2019)粤03民终24471号。

〔6〕 最高人民法院民事审判第二庭编著：《最高人民法院关于〈保险法司法解释二〉理解与适用》，人民法院出版社2015年版，第125—128页。

〔7〕 如《安邦附加盛世安康住院医疗保险A款条款》(安邦人寿[2013]医疗保险024号)第4.4条拟定："在保证续保期间内本公司保证续保。在保证续保期间内，如果主险合同有效且您在本附加险合同届满前30日前未提出不续保申请，本公司视为您申请续保本附加险合同，本公司保证续保。"

表示。[1]《保险法司法解释二》第 4 条已规定在保险人收取保费后应在符合承保条件下对保险事故承担责任。因而,在投保人缴纳了保费或保险人主动扣除保费后,保险人即使尚未做出继续承保的承诺,其仍需承担赔付责任。

(二)合同内容变更的界限

除前述保费标准调整的限制外,在保证续保下,合同内容是否可以变更关系到变更条款的效力等问题。对此,部分法院持否定观点。[2] 但在更改定点医院的情形中,某些法院认为此可视为双方重新达成合意,投保人未在更改后的定点医院就医可作为保险人的拒赔事由。[3]

在保证续保下,任何实质内容的变动都会偏离保障固定化的效果,也会触及借以实现的激励共容。因而,对涉及合同基础的核心条款,不应允许双方当事人进行任意的变更,尤其是保险金的提高或承保疾病的扩大,否则将造成条款限制信息利用目的削弱。但未实质改变保障程度和金额的变更,如就诊医院、治疗方法等条款,并不会给投保人利用信息的机会,通常不会触发逆向选择的倾向。因此,在保险合同的存续期间,该类不影响整体费率的条款变动仍属有效。

(三)告知义务规则的适用

保证续保下的续保应被视为原合同的延续,因而告知义务等规则自应仅在合同订立时履行即可,而不应在续保中重复履行,[4]进而《保险法》第 16 条第 3 款规定的不可抗辩条款也自应适用。但在连续的一般续保或阶段性的保证续保中,会出现投保人在最初投保时未如实告知的情况,由此也引发不可抗辩条款等规则的适用问题。

对此,有法院认为,在每个续保阶段经过后,保险人有重新审核的权利,自有告知义务等规则的适用。[5] 诚然,告知义务的功能本在于在合同订立之前,准确评估危险因素,维护对价平衡并降低定约成本。[6] 非保证续保情形属于双方当事人重新合意成立新合同,自应适用。但实践中,连续的一般续保或阶段性的保证续保之间,保险人经常会自动扣划保费且不作重新询问,此时应为保险人将其已知道的信息作为评估危险的依据,不得再根据保险法中告知义务的相关规则

---

〔1〕 修某、修小鹏与利安人寿烟台公司人身保险合同纠纷案,山东省烟台市中级人民法院民事判决书(2019)鲁 06 民终 4427 号。

〔2〕 王喜生与保定平安保险人身保险纠纷案,河北省保定市中级人民法院民事判决书(2014)保民三终字第 90 号。

〔3〕 王艳伶与北京泰康人身保险合同纠纷案,北京市朝阳区人民法院民事判决书(2014)朝民初字第 2703 号。

〔4〕 孙玉平与重庆平安人寿保险合同纠纷案,重庆市江北区人民法院民事判决书(2016)渝 0105 民初 5474 号。

〔5〕 王东海因与北京中宏人寿人身保险合同纠纷案,北京市第四中级人民法院民事判决书(2016)京 04 民终 67 号;周淑青与黑龙江阳光人寿人身保险合同纠纷案,黑龙江省哈尔滨市中级人民法院民事判决书(2017)黑 01 民终 7445 号。

〔6〕 樊启荣:《保险契约告知义务制度论》,中国政法大学 2004 年版,第 79—82 页。

而主张免责。

进而,就不可抗辩条款,其功能本在于避免因合同订立时间较长,导致投保人在证明责任承担、投保地位方面的困境,通过设置除斥期间以确保稳定性。[1]在连续的一般续保或阶段性保证续保过程中,虽然合同系重新订立,但无论保障范围还是保险金额均无实际变化,告知义务也未实际重新履行。经过长期投保后,投保人在证明责任和地位方面面临着相同的局面。因而,虽有判决认为在一般续保中不适用不可抗辩条款,[2]但由于该情形中投保人的相似不利地位已经出现,完全排除不可抗辩条款的适用则会造成实质上的不公。因此,对首次订立合同时投保人未如实告知的事实,在经过两年后,若保险人仍按照原有条件续保,仍应在立法中考虑设置类推不可抗辩条款的规则。

余论:作为商业健康保险社会化路径的续保权

作为应对逆向选择、提供有效产品的工具,续保权以及相对应的保证续保条款在商业健康保险市场中显然有着重要的社会意义,其对于低风险和高风险群体的"激励共容",避免市场"糟糕的风险破碎性",[3]前述域外立法对于该种权利和条款的强制性规定印证了其在健康保险社会功能发挥中的作用。

就整体而言,我国现有以《健康保险管理办法》为代表的相关立法多关注到如经营范围、信息平衡、公平性维护等传统私法所带来的问题,而对如何防止市场缺陷、实现商业健康保险的社会功能等缺乏综合考量。在我国公共卫生支出仍有较大空缺的背景,将商业健康保险作为健康保障体系重要组成部分已成为国家政策的选择。然而,自由经营条件下商业健康保险中无法自动实现健康保障的全面覆盖,[4]现有立法也显然难以与政策要求相匹配。

续保权以及保证续保条款的设置能够确保商业健康保险产品在"供给侧"方面的优化甚至社会化,对费率和内容从长期性和平等性角度进行规范,防止对高风险群体的排斥。该种权利以及相关规则的设置已经成为商业健康保险发达国家或地区的"必选项",对此,在未来的立法上,应当逐渐考虑将续保权从单纯约定权利的规范转向法定权利的设置,从而最大程度地实现商业健康保险的社会功能。

---

〔1〕 王家骏:《欺诈性告知中保险人解除权与撤销权适用关系问题研究——基于典型司法判例的分析》,《上海保险》2017年第3期。

〔2〕 王某某与张掖中国人保保险合同纠纷案,甘肃省张掖市甘州区人民法院民事判决书(2014)甘民初字第2067号。

〔3〕 Vip Patal, Mark V. Pauly, "Guaranteed Renewability and The Problem of Risk VaritationIn Individual Health Insurance Markets: A Way to Stabilize Coverage with Less Government Interference", *in Health Affairs* 280(2002), pp. 283-288.

〔4〕 闫建军:《强制私营健康保险:双逻辑目标》,社会科学文献出版社2013年版,第70页。

强制盈余分配条款的法律适用

——兼评《公司法司法解释四》第15条但书

吴维锭*

摘　要　强制盈余分配条款的法律适用涉及司法介入与公司自治的边界厘定，学界和实务界对于该条款的构成要件和法律后果的认识却远未统一。强制盈余分配条款的规范目的在于通过矫正股东权利滥用现象，恢复公司正常的盈余分配秩序，即确保公司自由现金流的完全分配。强制盈余分配条款构成要件中“股东权利”特指能在公司盈余分配股东(大)会决议作出过程中发挥作用的那一类股东权利；“损失”对象为原告股东的期待权；“滥用”可以从主观、客观、损益均衡和权利本旨四个角度综合衡量。强制盈余分配条款的法律后果亦需进一步地厘清。从规范目的来看，法院应当直接厘定公司盈余分配方案，具体的标准是确保公司自由现金流的完全分配。在与其他法律规范的竞合问题上，强制盈余分配条款与《公司法》第20条第2款具有排他性竞合关系，强制盈余分配条款排斥《公司法》第20条第2款的适用。

关键词　抽象盈余分配制度；权利滥用；团体法；规范竞合；自由现金流

目　次

---

* 吴维锭(1995—)，中国人民大学法学院博士研究生，主要研究方向：民商法。

一、问题的提出

随着《最高人民法院关于适用〈中华人民共和国公司法〉若干问题的规定(四)》(以下简称《公司法司法解释四》)第15条但书条款的生效,强制盈余分配条款[1]正式进入我国公司法的视野。这一条款备受公司法学界瞩目,是因为此条款赋予法院在特殊情况[2]下强制公司[3]分配盈余的司法介入权。但遗憾的是,我国强制盈余分配条款在公司盈余分配事项上为“司法介入/公司自治”或“公权/私权”划定的边界并不清晰。首先,强制盈余分配条款以部分股东“滥用股东权利”作为司法介入的正当理由,但问题是滥用股东权利的形式多种多样,如何具体认定这里的滥用股东权利行为?其次,构成要件被满足后,原告股东固然有权请求被告公司分配公司盈余,但强制盈余分配条款并未指向任何具体的分配方案。

强制盈余分配条款的构成要件和法律后果部分都存在一定的瑕疵,从法律解释角度来看,这些瑕疵属于“授权漏洞”,即立法者有意识地授权法院进行自由裁量。[4] 由于“授权漏洞”的存在,法院在认定强制盈余分配条款的构成要件和具体的法律后果时具有较大的自由裁量空间。这一自由裁量权甚至具有立法权的性质。[5] “法律解释乃是法适用之不可欠缺的前提”,[6]如何填补这一授权漏洞是解释论必须回答的问题。为此,本文秉持解释论立场,试图解答我国强制盈余分配条款构成要件和法律后果存在的疑义及其与《公司法》第20条第2款的适用关系。

二、强制盈余分配条款构成要件的认定

在对强制盈余分配条款的构成要件展开详细分析之前,有必要指出《公司法》第166条对强制盈余分配条款的限制作用。《公司法》第166条的立法目的

---

〔1〕 从立法论角度来看,关于是否确立强制盈余分配条款这一问题存在正反两种意见。反对者从股东诉权的正当性、司法保护的必要性和司法介入公司运作的实效方面进行了反驳,参见陈颖:《股东利润分配请求权纠纷之司法裁判困境与出路》,《人民司法》2009年第1期。支持者则以公司失灵为论据,参见刘俊海:《现代公司法》(上册),法律出版社2015年版,第372页。另有论者以公司自治原则为论据,参见梁上上:《论股东强制盈余分配请求权——兼评“河南思维自动化设备有限公司与胡克盈余分配纠纷案”》,《现代法学》2015年第2期。综合考量之下,最终强制盈余分配条款正式进入我国公司法体系。

〔2〕 “违反法律规定滥用股东权利导致公司不分配利润,给其他股东造成损失。”

〔3〕 虽然我国强制盈余分配条款同时适用于有限责任公司和股份有限公司,但是司法实践中绝大部分案例都涉及有限责任公司。个别案例涉及的股份有限公司在股东人数和公司内部结构上与有限责任公司无异。

〔4〕 克莱默将法律漏洞分为法律内在的漏洞和法律政策的漏洞(也即拉伦茨所谓的制定法计划内部的法律漏洞和超越制定法的法律漏洞),而法律内在的漏洞又包括授权漏洞(法律文义内)、公开的漏洞(超出法律文义)和除外漏洞(违背法律文义)。恩斯特·A. 克莱默:《法律方法论》,周万里译,法律出版社2019年版,第159—161页。

〔5〕 伯恩·魏德士:《法理学》,丁晓春等译,法律出版社2013年版,第348页。

〔6〕 梁慧星:《民法解释学》,中国政法大学出版社1995年版,第193页。

在于保护公司债权人,要求公司分配盈余前必须弥补亏损和提取公积金。除了满足强制盈余分配条款本身设定的构成要件以外,还需满足《公司法》第166条的要求方可强制公司分配盈余。而回到强制盈余分配条款本身,该条款有待理清的构成要件要素是"股东权利""损失"和"滥用",其中"滥用"是核心。

(一)被滥用"股东权利"的具体类型

权利滥用的前提是权利的行使。不同于民法中的其他权利,股东权利是一个"权利簇",包含多种不同种类的细分权利。[1] 但并非每种股权都能构成强制盈余分配条款下被滥用的"股东权利"。从体系解释的角度来看,《公司法司法解释四》第15条但书要求适格股权必须是其被滥用后会"导致公司不分配利润"这一后果。换言之,适格股权必须是能在公司分配盈余股东(大)会决议做出过程中发挥作用的那一类股东权利。依据《公司法司法解释四》第15条,公司分配盈余以存在股东(大)会决议为原则,但书条款并非意味公司分配盈余无须股东(大)会决议。对但书条款的正确理解是,强制盈余分配判决是对公司处于正常秩序下将会作出的盈余分配股东(大)会决议的"替代"或"拟制",即行为人滥用股东权利阻碍了正常股东(大)会盈余分配决议的作出,破坏了公司正常的盈余分配秩序,而如果行为人正常行使股东权利,则关于分配公司盈余方案的股东(大)会决议应当会被作出。

公司盈余分配股东(大)会决议的作出包括以下环节:财务会计报告的披露和索取、股东(大)会的召集和主持、公司盈余分配提案的提出和公司盈余分配提案的表决。所以,适格股权包括知情权、股东(大)会召集权和主持权、提案权和表决权。应当说,知情权、股东(大)会召集权与主持权、提案权和表决权中,表决权是最为核心的适格股权。比如2009年10月的《公司法司法解释四(征求意见稿)》第24条[2]就曾直接用"滥用多数表决权"代替"滥用股东权利"的表述。

将适格股权限缩为知情权、股东(大)会召集权与主持权、提案权和表决权与这5类权利的"共益权"属性亦相互贴合。在公司法中,共益性质的股东权利必须以公司团体利益而为导向,这决然不同于以股东私人利益为目标的自益性股东权利,如分红权和优先认缴权等。[3] 自益性股权可以由股东为个人私益自由行使,构成滥用的门槛较高;而共益性股权须超脱股东个人利益以公司团体利益为依归,但具有私益导向的股东往往出于个人利益行使共益性股权,因而相对自益性股权,共益性股权构成"滥用"的门槛较低。

此外,适格股权是作为股东的权利而不是作为董事或者高级管理人员的义务,这一点对于大股东兼任公司董事或者高级管理人员的公司来说尤为重要。

---

〔1〕 刘俊海:《现代公司法》(上册),法律出版社2015年版,第273—277页。

〔2〕 "有限责任公司小股东请求分配利润并提供证据证明公司有盈利但长期不分配,且大股东利用其控制地位,滥用多数表决权,压榨小股东利益的,人民法院应判决公司依照公司法或者公司章程的规定分配利润。"

〔3〕 刘俊海:《公司法学》,北京大学出版社2020年版,第126页。

在以股东(大)会盈余分配决议为终点的程序链条中,既有股东的权利行使行为如提案权和表决权等权利的行使,亦有董事和高级管理人员等主体的义务履行行为,比如召集和主持股东(大)会等。股东与董事或高级管理人员为不同主体时自不滋生疑问,但当二者融为一体之时,则有区分之必要。譬如,2016 年版的《公司法司法解释四(征求意见稿)》的第 20 条第 2 款[1]但书即明确区分了因为股东滥用股东权利与因为董事、高级管理人员存在欺诈行为而导致的公司不分配利润。[2]

在做出公司盈余分配股东(大)会决议的 4 个环节中,财务会计报告的披露和索取、股东(大)会的召集和主持与公司盈余分配提案的提出都既涉及股东的权利,又涉及董事的义务。如果具有董事身份的大股东拒绝履行披露公司财务会计报告、召集和主持股东(大)会或者提出公司盈余分配提案的义务,则可侧面证明该行为股东也可能正在滥用股东权利。

(二)“损失”的具体内涵

《公司法司法解释》第 15 条但书指出,股东权利被滥用后必须“给其他股东造成损失”。这里需要对股东损失的性质进行澄清,即股东受损的到底是什么权利?

存在盈余分配股东(大)会决议的情形下,股东对公司享有债权,股东有权请求公司按照股东(大)会决议方案分配盈余。如果行为股东滥用股东权利导致公司拒绝对其他股东分配盈余,则其他股东受到损害的是盈余分配之债的债权。但是在股东(大)会决议空缺的情形下,其他股东对公司并不享有任何法定的民事权利。既无权利,何来损害?有学者认为,无公司盈余分配股东(大)会决议情形下,其他股东受损的是期待权,即“因大股东滥用表决权导致期待权向完整权转化失败”。[3] 法律行为附条件时,于条件成就前处于未确定状态,在此法律行为效力悬而未决期间,当事人仍应受其法律行为的拘束,而因为条件成就得取得某种权利的先行地位即为期待权。[4] 我国《民法典》第 159 条[5]即是期待权法理的具体体现。[6] 但是《民法典》第 159 条无法直接适用于行为股东滥用股东权利导致公司不分配盈余的情形,因为此种情形下,尚且不存在一项附条件的民事法律行为。具言之,在公司决议行为场域下,适用《民法典》第 159 条的前提是公

---

[1] “股东起诉请求公司分配利润,未提交载明具体分配方案的股东会或者股东大会决议的,应当驳回诉讼请求,但有限责任公司的股东有证据证明其他股东滥用股东权利或董事、高级管理人员存在欺诈行为导致公司不分配利润的除外。”

[2] 虽然司法解释的正式版本中后一情形被删除了,但并无明确理由表明司法解释不再对两种情形进行区分。删除背后的真实理由有二:第一,充分尊重盈余分配事项上的公司自治,缩减强制盈余分配的法定事由。第二,对董事、高级管理人员存在的欺诈行为可以借助《公司法》第 147 条和第 148 条的信义义务进行规制。

[3] 张红,裴显鹏:《公司利润强制分配》,《西北大学学报(哲学社会科学版)》2021 年第 1 期。

[4] 王泽鉴:《民法总则》,中国政法大学出版社 2001 年版,第 433 页。

[5] “附条件的民事法律行为,当事人为自己的利益不正当地阻止条件成就的,视为条件已经成就;不正当地促成条件成就的,视为条件不成就。”

[6] 王利明:《民法总则》,中国人民大学出版社 2020 年版,第 332—333 页。

司作出了一项附条件的决议。但是在强制盈余分配场景下，股东（大）会要么根本未对公司分配盈余事项进行决议，要么表决未通过分配公司盈余的议案。

当然，除了直接适用，也可以通过类推适用的方式将《民法典》第159条适用于行为股东滥用股东权利导致公司不分配盈余的情形。本文认为，这种类推路径是可行的。类推解释的基础在于"由于对法律评价有决定性意义的方面，两类事实构成彼此相似，因此应被相同评价"。[1] 法律不保护单纯的期待但保护期待权，而鉴别某项期待性利益属于单纯之期待还是期待权关键在于这种期待性利益是否具有足够的法律上的可指望性和保障性。[2]《民法典》第159条中，当事人的期待性利益立基于附着在民事法律行为上具有高度明确性的条件，只要具有明确性的条件成就，当事人的期待性利益即能转化为现实。当事人的这种期待具有法律上的可保障性和可指望性，所以附条件的民事法律行为是期待权的保护对象。在公司法场域下，期待权的认定和保护需要贴切公司法的特殊性。依据我国《民法典》第76条，公司是以取得利润并分配给股东等出资人为目的而成立的营利法人。应当说，股东对获得公司盈余分配的期待具有极强的法律保证性和可指望性。在符合《公司法》第166条的情况下，股东对于股东（大）会通过公司盈余分配决议的期待是一种期待权而非纯粹的期待。这一结论也得到了比较法经验的支撑。为了防范实践中大股东以商业判断规则为掩护在股利分配方面损害其他股东，作为制衡商业判断规则的合理期待原则逐渐成型。[3] 股东的合理期待是指公司股东间相互负有的以真诚、公平、符合常理的方式营运公司的义务以及股东间、股东与公司间最初具有和后来建立起来的良好企盼和愿望。[4] 合理期待原则来自行政法，首先在英国司法实践确立，于美国司法实践完善。合理期待的内容是股东参与公司的前提或根本目的，虽然无须书面注明但应为其他股东知悉，同时应当用动态的眼光进行认定。[5] 毋庸置疑，合法合章的公司盈余分配是股东的合理期待。

综上，虽然具有其他方面的不同，但是在同属值得法律保护的期待权这一点上，股东对于符合法定和章定的分配条件下股东（大）会将会通过公司盈余分配决议的期待与附条件的民事法律行为中的期待无异，二者在法律后果上的评价亦应当同一。具言之，行为股东出于个人利益滥用股东权利、不正当阻止公司盈余分配股东（大）会决议作出的，公司盈余分配股东（大）会决议应当视为已作出。

（三）"滥用"的识别标准

在私法领域，《民法》是一般法，《商法》是特别法，如无特别事由《民法》规范

---

〔1〕 卡尔·拉伦茨：《法学方法论》，黄家镇译，商务印书馆2020年版，第479页。

〔2〕 王睿：《期待权概念之理论源流与界定》，《北方法学》2017年第2期。

〔3〕 常健，张强：《商业判断规则：发展趋势、适用限制及完善——以有限责任公司股利分配为视角》，《法商研究》2013第3期。

〔4〕 杨署东：《合理期待原则下的美国股东权益救济制度及其启示》，《法律科学（西北政法大学报）》2012年第2期。

〔5〕 龚博：《有限公司股东股利分配权的司法救济》，《法学》2016年第12期。

可以适用于《商法》。禁止滥用股东权利原则实际上就是《民法》禁止权利滥用原则在《公司法》领域的映射，所以《民法》关于“禁止权利滥用”的理论探讨对于构建强制盈余分配条款中的“滥用股东权利”识别标准具有借鉴意义。但同时，《商法》逻辑有别于《民法》逻辑，《民法》禁止权利滥用原则被适用于《公司法》领域之际必须根据《公司法》的特殊性进行调整，以符合《公司法》法理要求。

1.“权利滥用”的《民法》鉴别标准

禁止权利滥用原则规定在我国《民法典》第132条，〔1〕但是对于何谓“权利滥用”，《民法典》第132条并未给出具体指导。从比较法和学术讨论来看，关于“权利滥用”的识别方法的观点也并不统一，存在主观标准、客观标准、损益均衡标准、权利本旨标准和综合标准等多种识别依据。主观标准以权利人主观状态为滥权认定依据，具体又包括故意标准说和过失标准说。故意标准说认为权利滥用以权利人具有损害他人的主观故意为核心，比如，《德国民法典》第226条规定：“权利之行使，不得专以损害他人为目的。”过失标准说则认为，除了故意，主观存在过失也会构成权利滥用。〔2〕客观标准以损害结果是否发生作为认定权利是否滥用的根据。比如，1922年《苏俄民法典》第1条规定“民事权利的行使违反社会的经济目的的，不受法律保护”。损益均衡标准认为认定权利滥用的关键不在于权利的行使对外界造成了损害，而是“权利之行使造成权利人所获利益与他人所受损失严重失衡”。〔3〕权利本旨标准也称权利目的标准，认为“权利之行使应符合法律之客观目的与精神任务，如违反法律赋予权利之本旨者，即属权利滥用”。〔4〕综合标准则为各类标准之兼合。如我国台湾地区民事相关规定第148条第1项规定：“权利之行使，不得违反公共利益，或以损害他人为主要目的”，其所综合的是主观标准和客观标准。而《荷兰民法典》第3编第13条第2款规定：“行使权利专以损害他人为目的，或者不符合授予其权利的目的，或者行使权利的人的利益与受到损害的人的利益不成比例，按照诚实信用原则不应允许其行使权利的，属于权利滥用。”其所综合的则是主观标准、客观标准和权利本旨标准。除了通过前述5种“标准”识别权利滥用，“类型化”方法也可被用来鉴别权利滥用。〔5〕

本文认为，“综合权衡”是最为妥当的权利滥用认定方法，即在个案中对各个

---

〔1〕“民事主体不得滥用民事权利损害国家利益、社会公共利益或者他人合法权益。”

〔2〕王艳玲：《关于民法中确立禁止权利滥用原则的思考》，《河北法学》2006年第7期。

〔3〕李敏：《我国民法上的禁止权利滥用规范——兼评〈民法总则〉第132条》，《法律科学》2018年第5期。

〔4〕林诚二：《民法总则》（下册），法律出版社2008年版，第583页；类似观点参见郑玉波：《民法总则》，中国政法大学出版社2003年版，第549页。

〔5〕“标准”方法和“类型化”方法不同，前者从概念的内涵定义权利滥用，后者则从概念的外延定义权利滥用。但是现有文献往往容易将类型同标准混同。比如，有论者将权利滥用类型总结为故意损害、缺乏正当利益、选择有害的方式行使权利、损害大于所取得的利益、违背权利目的、违反侵权法一般原则、与所引起信用相违背的行为、损害超过可忍受程度的行为和权利消极行使的行为，参见钱玉林：《禁止权利滥用的法理分析》，《现代法学》2002年第1期。但是前述列举的类型中很多都属于标准。

识别标准进行考察，然后根据案件之个性权衡不同识别标准的重要性，最终认定权利是否被滥用。如学者所说的“鉴别要素与权利滥用之间并非全有全无的关系，一项要素的不满足未必影响权利滥用的构成”。[1] 只有对个案的所有方面进行仔细分析和综合衡量，最终得出的裁判结论才能被认为是考察了所有方面因而满足程序正义。这一方面可以弥补立法者的智慧不足，另一方面可以提升法律适用的妥当性。具体而言，对权利滥用行为的考察应当从主观标准、客观标准、损益均衡标准和权利本旨标准四方面展开。

2. 强制盈余分配情景下“滥用”的识别

“权利不得滥用原则为传统民法确立的一项基本原则，主要针对内涵外延精确且封闭的传统民事权利，比如所有权等而设置的。然而，对于不属于典型民事权利的股东权利而言，由于内涵与外延的开放性，其权利内容、权利行使等方面会随着商事实践的变化而发生改变。”[2]《民法》“权利滥用”识别标准被迁移适用于《公司法》场域时，必须贴合《公司法》的特有情境。同时，由于本文讨论的是强制盈余分配条款下的“滥用股东权利”，所以识别标准也要与公司盈余分配场景相契合。具体而言，识别标准主要包括主观标准、客观标准、损益均衡标准和权利本旨标准 4 个方面，其中客观标准即对外界造成的损害已在上文被讨论，在此不再赘述。须指出，这 4 类识别标准与股东权利滥用之间并非全有全无的关系，一项标准的不满足不一定影响滥用的认定。[3] 但是被满足的标准越多，则对股东权利被滥用的证明强度越高。

第一，主观标准。行为人滥用股东权利的主观状态是过错，包括故意和过失两个方面。故意是指“行为人明知其行为会发生侵害他人民事权益的后果，仍有意为之的一种主观心理状态”。[4] 过失则是指行为人应注意能注意而未注意的心理状态，其判断依据是一种客观化的善良管理人或通常合理人标准。[5] 在股东(大)会上，行为股东对盈余分配提案投反对票导致盈余分配决议无法作出，其他股东无法获取分红。这里行为股东行使表决权的主观状态不应一概而论。行为股东投否决票可能出于多种动机，善意者如考虑到公司未来的发展需要，认为公司需要资金扩展业务或者偿还贷款；恶意者如排挤和压榨其他股东，使其他股东无法获取分红，从而向自己低价出售股权退出公司。后者显然构成“故意”。行为股东对公司盈余分配提案投否决票的表决权行使行为还可能构成一种过失，比如行为股东误以为公司需要资金以备发展，但是依据一个普通理性股东的通常认识，在公司当时的情况下将盈余分配给股东是更好的选择。

过错是一种主观状态，除了行为人自己，旁人无从知晓，所以必须借助外在

---

〔1〕 彭诚信：《论禁止权利滥用原则的法律适用》，《中国法学》2018 年第 3 期。

〔2〕 李燕：《双层股权结构公司特别表决权滥用的司法认定》，《现代法学》2020 年第 5 期。

〔3〕 结果标准不满足不会影响“滥用”的认定，但是会导致损害结果要件要素的不成立，最终导致构成要件不成立。

〔4〕 程啸：《侵权责任法》，法律出版社 2011 年版，第 198 页。

〔5〕 王泽鉴：《侵权行为法》，中国政法大学出版社 2001 年版，第 257—260 页。

事实进行分析。综合司法裁判、[1]学界观点和立法资料来看,行为股东的主观过错可以从以下几个方面的事实进行推断:一是变相分配公司盈余的事实。行为股东一方面阻碍公司盈余分配决议的作出,另一方面又通过各种方式攫取公司利润,形成针对行为股东自身的变相分红。这足以证明行为股东表决权行使行为具有损害其他股东利益的主观故意。这一观点也得到了学界、[2]立法资料[3]和司法实践[4]的一致认可。二是损害其他股东知情权的事实。行为股东借助控制公司的优势,通过隐瞒公司财务状况、不召开股东(大)会、不做股东(大)会会议记录和不披露公司相关信息等方式损害其他股东知情权,则行为股东显然具有滥用股东权利的主观故意。[5] 三是公司长期不分配利润且盈余充足的事实。依据《公司法》第4条,资产收益权是股东的主要权利,而公司盈余分配则是一种重要的资产收益形式。即便是股东大会也无权通过多数决超过合理的范围或者期间剥夺或者限制股东的盈余分配权利。[6] 公司长期不分配盈余(或者象征性分配)的事实违背了股东投资公司的主要目的,此时行为股东对公司盈余分配提案投否决票的行为往往带有故意损害其他股东的色彩。[7] 对于如何认定"长期"的问题,不宜划定统一标准,需要法官结合具体案情进行确定,包括公司经营事业的特殊性、公司的经营状况和财务状况等。四是违反股东协议或公司章程的事实。如果股东协议或者公司章程规定了具体的分配方案,在满足公司法和股东协议或者公司章程规定的条件的情况下,如果行为股东拒绝依照股东协议或

---

〔1〕 笔者以威科先行法律信息库和北大法宝法律数据库为案例来源。其中,借助威科先行法律信息库的条文引用文档功能,截至行文时间,获得自《公司法司法解释四》通过以来引用该解释第15条的裁判文书534篇。借助北大法宝法律数据库的法宝联想功能,截至行文时间,获得裁判文书454篇。删除重复和不相关案例,挑选其中法院认定强制盈余分配条款构成要件该当的案件,一共获得22则裁判文书。

〔2〕 刘俊海:《公司自治与司法干预的平衡艺术:〈公司法解释四〉的创新、缺憾与再解释》,《法学杂志》2017年第12期;马胜军:《司法可否介入公司股利的分配》,《法律适用》2013年第8期。

〔3〕 杜万华主编:《最高人民法院公司法司法解释(四)理解与适用》,人民法院出版社2017年版,第327—331页。

〔4〕 中华人民共和国最高人民法院民事判决书(2016)最高法民终528号、湖南省郴州市中级人民法院民事判决书(2019)湘10民终3095号;湖南省郴州市中级人民法院民事判决书(2019)湘10民终3096号;吉林省白城市中级人民法院民事裁定书(2019)吉08民终1057号、陕西省神木市人民法院民事判决书(2018)陕0881民初6529号;安徽省霍邱县人民法院民事判决书(2017)皖1522民初4417号、黑龙江省肇源县人民法院民事判决书(2016)黑0622民初2903号;广东省佛山市禅城区人民法院民事判决书(2018)粤0604民初4721号;广东省深圳市龙华区人民法院民事判决书(2018)粤0309民初4146号、湖南省怀化市鹤城区人民法院民事判决书(2017)湘1202民初3269号;湖南省郴州市苏仙区人民法院民事判决书(2018)湘1003民初13号和湖南省郴州市苏仙区人民法院民事判决书(2018)湘1003民初14号。

〔5〕 广东省高级人民法院民事裁定书(2019)粤民申9324号;广西壮族自治区桂林市资源县人民法院(2019)桂0329民初3号。

〔6〕 前田庸:《公司法入门》,王作全译,北京大学出版社2012年版,第471页。

〔7〕 李建伟、茅院生:《有限公司强制分配股利之诉的法理基础》,《当代法学》2010年第2期;施天涛:《公司法论》,法律出版社2018年版,第234页。案例参见河南省许昌市中级人民法院民事判决书(2018)豫10民终3874号。

者公司章程的规定行使表决权，则表明行为股东的表决权行使行为具有损害故意。[1] 比如，2009年10月的《公司法司法解释四（征求意见稿）》的第23条即曾规定“有限责任公司虽未召开股东会，但公司章程明确规定了具体分配方案，且公司符合法律和公司章程规定的分配利润条件，股东起诉请求公司依照公司章程向股东分配红利的，人民法院应予以支持”。五是公司经营状况和财务状况的事实。公司不分配盈余的正当理由是公司需要留存盈余以备未来经营，所以如果从公司的经营状况和财务状况来看公司并不需要留存盈余时，行为股东依然拒绝对公司盈余分配提案投赞成票即表明行为股东表决权被滥用。[2]

第二，损益均衡标准。比较行为人所得利益和他人所遭损害的相对大小，“权利的行使如果既对权利人没有什么益处，又对相对人造成损害，这种‘结合’就表明权利人存在损害意图”。[3] 比如，从公司经营状况和财务状况来看，公司除了满足未来经营需要的资金外还存在可分配盈余，则行为股东对公司盈余分配提案投反对票的行为既对自己没有任何利益，也阻碍了其他股东获取分红，甚至会导致公司组织的边缘化，可谓“损人不利己”，足以显示行为股东表决权的行使行为构成权利滥用。行为股东对公司盈余分配议案投否决票既可能出于压榨和排挤其他股东的恶意，也可能基于为公司未来发展考虑的善意。此时的举证义务落在行为股东一侧，即行为股东必须主动证明自己具有善意，否则推定其具有恶意。[4]

第三，权利本旨标准。前文述及，强制盈余分配场景下被滥用的股东权利是在股东（大）会公司盈余分配决议作出过程中发挥作用的一类股东权利，包括知情权、股东（大）会召集权和主持权、提案权和表决权。表决权等适格股权作为私权自然应当遵循《民法》上的意思自治原则，由股东自由处分。但同时，表决权等适格股权也是《公司法》上的权利，应当遵循《公司法》的特有逻辑。最核心的一点是，《民法》是个人法，而《公司法》是团体法。[5] 身处公司法这一团体法框架下的表决权等适格股权，其行使必然遵循团体法的一般逻辑。

适格股权影响公司股东（大）会决议的作出，而股东（大）会决议作为公司意思的载体和股东（大）会行使职权的主要方式，对于公司团体的正常运转不可或缺。所以，适格股权不仅仅关涉权利主体的个体利益，更牵连公司团体和与公司团体相勾连的其他利益相关者。我国《公司法》第1条[6]更是明确地将公司利益

---

[1] 浙江省杭州市中级人民法院民事判决书(2018)浙01民初763号；湖南省新化县人民法院民事判决书(2019)湘1322民初2077号。

[2] 天津市滨海新区人民法院民事判决书(2018)津0116民初62579号；湖南省长沙市雨花区人民法院民事判决书(2017)湘0111民初7667号。从比较法看，在美国“道奇诉福特案”中，上诉法院也明确指出在不损及公司商业运营的前提下，拒绝分红是自由裁量权滥用的表现。Dodge v. Ford Motor Co.，204 Mich. 459，170 N. W. 668(Mich，1919).

[3] 雅克·盖斯旦，吉勒·古博：《法国民法总论》，陈鹏等译，法律出版社2004年版，第733页。

[4] 可见损益均衡标准与主观标准之间也存在密切联系。

[5] 吴高臣：《团体法的基本原则研究》，《法学杂志》2017年第1期。

[6] “为了规范公司的组织和行为，保护公司、股东和债权人的合法权益，维护社会经济秩序，促进社会主义市场经济的发展，制定本法。”

的保护排在所有利益之首。可见,适格股权的行使并非以股东的个体利益最大化为本旨,而是以公司团体利益为依归,以维系公司团体的正常秩序为宗旨,具体而言包括实体最大化和永续性两个方面,即适格股权的行使一方面要能最大化公司总资产,另一方面要保证公司能够持续经营而维持生存。[1] 如果适格股权之行使违背公司团体利益,即已偏离权利本旨,证明股东权利正在被滥用。这也是表决权等适格股权作为共益权的真谛。

三、强制盈余分配条款法律后果的认定

法律后果是构成要件满足之后的应然性结果。[2]《公司法司法解释四》第15条但书部分并未阐述法律后果,而纵览全条,法律后果仅表述为"请求公司分配利润",但是并未指向具体的分配方案。

(一)三种裁判路径比较

关于强制盈余分配条款构成要件被满足后法院的裁判形式这一问题,一共存在三种观点。第一种观点即由法院直接在裁判文书中给出具体的公司盈余分配方案。比如梁上上教授提出法院可以通过确定最高盈余分配额(税后利润扣除公司亏损和公积金)、确定最低盈余分配额(参照1年期的银行定期存贷款利率)和参考上市公司分红比例(30%)的方法最终确定公司盈余分配方案。[3] 第二种观点认为,法院可以判决要求公司作出分配利润的决议。对这两种观点,立法资料都予认可。[4] 第三种观点则综合前两种观点,认为法院应当判决公司在一定期限内作出股利分配决议,同时在判决书中对决议分配期限、范围、比例等作出适当判决。如果公司在给定期限内未作出分配决议,则法院可依据申请执行判决书确定的分配方案。[5]

从规范目的和实践效果来看,由法院直接厘定公司盈余分配方案的第一种观点是最为适当的。当强制盈余分配条款构成要件满足后,股东权利已经坐实被滥用,公司已然"失灵"。失灵的公司不可能自主作出盈余分配决议,即便作出决议也难以保障其他中小股东的合法利益。法院判决由公司自身作出盈余分配决议,实无意义,不仅不能实现公司自治原则的价值追求,反而为滥权股东制造进一步滥用股东权利的机会。所以第二种方案应当被摒弃。第三种方案看似保

---

[1] 安德鲁·凯伊:《公司目标》,孙宏友、郑蔚然、王健译,中国人民大学出版社2014年版,第196—215页。

[2] 法律规范构成要件与法律后果之间的关系具有"应然"特性,区别于物理规则和自然规则因果关系。丹尼斯·劳埃德:《法理学》,许章润译,法律出版社2007年版,第14页。此外,也要区分法律规范的有效性(validity)和实效性(efficacy)。E.博登海默:《法理学:法律哲学与法律方法》,邓正来译,中国政法大学出版社2017年版,第348—349页。

[3] 梁上上:《论股东强制盈余分配请求权——兼评"河南思维自动化设备有限公司与胡克盈余分配纠纷案"》,《现代法学》2015年第2期。

[4] 立法资料提示法院"既可以判决分配利润,也可以判决公司作出分配利润的决议等",见杜万华主编:《最高人民法院公司法司法解释(四)理解与适用》,人民法院出版社2017年版,第331页。

[5] 李建伟、吴冬:《论有限公司强制分配股利之诉》,《法律适用》2008年第8期。

障了公司自治，但实质上亦只是徒增繁累，因为强制盈余分配之诉的提起意味着公司股东关系的僵化，要求公司自行作出利润分配决议已不太可能。即便公司自主作出了分配决议，这种决议分配比例只会低于判决书划定的方案，中小股东利益难以得到保障。

(二)公司具体分配方案的确定标准

如果法院应当直接划定公司盈余分配方案，那么分配方案应该如何厘定？显然强制盈余分配条款的法律后果部分存在制定法计划内部的法律漏洞，对于这一制定法内在的法律漏洞之填补，司法实践应受“制定法的调整意图、计划及其内在目的约束”。[1] 那么我国强制盈余分配条款的调整意图、计划及其内在目的是什么？笔者认为，强制盈余分配条款的规范目的是恢复公司正常的盈余分配秩序，而正常的公司盈余分配秩序是指公司自由现金流的完全分配。

依据《公司法》第1条，在公司法的立法目的中，公司团体利益的保护具有首位性。《公司法》上的权利的行使必须遵循这一团体法目的导向，以保护公司团体利益而非股东个人利益为宗旨。当股东权利的行使脱离公司团体利益这一正常轨道，《公司法》将会介入公司内部进行纠偏。强制盈余分配条款的规范目的也正在于通过司法权力将被滥用的股东权利拉回正常行使的轨道上来，最终恢复公司盈余分配的正常秩序。具体到公司盈余分配决议上，以公司团体利益为核心的盈余分配方案必须将公司自由现金流完全分配。自由现金流则是指超过为公司所有在按相关资本成本折现时具有正的净现值的项目提供资金所需的现金流，通俗而言，就是超过公司未来投资盈利项目所需资金的现金部分。[2] 自由现金流是自由现金流理论中的核心概念。作为代理成本理论在公司金融领域的发展成果，[3]自由现金流理论认为，当公司积累大量自由现金流时，公司的代理成本问题将非常严重。[4] 而对于自由现金流引致的代理成本，伊斯特布鲁克和詹森分别认为可以通过股利支付[5]和债券支付[6]的方式进行应对。从自由现金流理论来看，公司盈余分配决议应当将自由现金流按股东持股比例完全分配，既保障公司拥有充盈的发展资金，又避免代理成本的滋生。[7]

---

〔1〕 卡尔·拉伦茨：《法学方法论》，黄家镇译，商务印书馆2020年版，第465页。

〔2〕 Michael C. Jensen, “Agency Costs of Free Cash Flow, Corporate Finance, and Takeovers”, *in American Economic Review*, 76(1986), p. 323.

〔3〕 朱芸阳、王保树：《上市公司现金分红制度的自治与强制——以股利代理成本理论为逻辑基础》，《现代法学》2013年2期。

〔4〕 Michael C. Jensen, “Agency Costs of Free Cash Flow, Corporate Finance, and Takeovers”, *in American Economic Review*, 76(1986), p. 323.

〔5〕 Frank H. Easterbrook, “Two Agency-Cost Explanations of Dividends”, *in American Economic Review*, 74(1984), pp. 657-658.

〔6〕 Michael C. Jensen, “Agency Costs of Free Cash Flow, Corporate Finance, and Takeovers”, *in American Economic Review*, 76(1986), p. 324.

〔7〕 让·梯若尔：《公司金融理论》，王永钦、许海波等译，中国人民大学出版社2007年版，第344页。

(三)自由现金流的认定依据

如何准确测定公司的自由现金流是一个复杂的问题。可以说,“事实意义”上的自由现金流永远无法被测定,能够获取的只能是“法律意义”或者具有法律正当性的自由现金流。综合司法实践、立法资料和学界观点,认定公司自由现金流的依据主要包括以下5点:

第一,公司章程的规定或股东协议的约定。如果公司章程对公司盈余分配方案有规定,则可以默认这种盈余分配方案是对公司自由现金流的完全分配。背后的理由是公司具有信息优势,知道什么是对自身最好的盈余分配方案,也有激励将这种盈余分配方案设置在公司章程中。因为公司章程条款会被市场定价,[1]公司为了最大化自身价值和获取有利市场地位,其在公司章程中预设的盈余分配方案可以被认定为是最适合自身的方案,即能将自身自由现金流完全分配。2009年10月版的《公司法司法解释四(征求意见稿)》中涉及强制盈余分配条款的第23条和第24条都将公司章程规定的盈余分配方案作为分配公司盈余的依据。

此外,与公司章程类似,股东协议中对于公司盈余分配的约定也可以作为认定公司自由现金流的方法。比如,在“周某光与新化县联合矿业有限公司公司盈余分配纠纷案”中,[2]法院即按照《公司股东合作协议书》规定的盈余分配方案分配了公司盈余。

但是公司章程或股东协议的相关规定或约定作为认定依据也存在缺陷。一方面,由于滞后性,公司章程或股东协议中的盈余分配方案不一定贴合公司的现状。另一方面,许多公司的章程或者股东协议不一定就盈余分配事项进行了具体设定。

第二,董事会决议或者纪要。董事会处于公司经营管理的第一线,拥有公司经营状况和财务状况的充分信息,所以如果董事会决议或者纪要中对公司分配方案进行了厘定,则可默认这种分配方案是对公司自由现金流的完全分配。“邹某德与中力路桥诉德盛热力公司等人公司盈余分配纠纷”中,[3]法院即以董事会的决议为依据确定公司应当向原告股东支付的盈余分配额。但是董事会决议或者纪要对公司盈余分配做出安排的情形并不多见。

第三,公司往年的盈余分配方案。司法实践中也有法院参照公司往年的盈余分配方案确定自由现金流,如“沈某与佛山市好帮手知识产权代理有限公司、江月霞公司盈余分配纠纷案”中,[4]法院即参考最近年度的公司盈余分配方案确定最终分配方案。除了假定公司往年的盈余分配方案对公司该年的自由现金流

---

〔1〕 弗兰克·伊斯特布鲁克、丹尼尔·费希尔:《公司法的经济结构》,罗培新、张建伟译,北京大学出版社2014年版,第17页。

〔2〕 湖南省新化县人民法院民事判决书(2019)湘1322民初2077号。

〔3〕 吉林省白城市中级人民法院民事判决书(2019)吉08民终1057号。

〔4〕 广东省佛山市禅城区人民法院民事判决书(2018)粤0604民初4721号。

进行了完全分配外，这一参考依据同时还假设，公司的发展是平稳的，每年需要的资金比例变化不大。此种依据也有问题。公司的发展存在波动，公司每年对资金的需求也并不稳定，所以以往的盈余分配方案参考价值可能有限。而且如果最近年度的公司盈余分配方案并不一致，法院又应当以何者为准？

第四，已分配股东的分配情况。司法实践中也有法院将滥用权利股东从公司变相分取的所有利润视为公司自由现金流。比如，“孟某仁与神木市鑫轮矿业有限公司、孟文义公司盈余分配纠纷案”[1]和“霍邱县育才教育投资有限公司与安徽省霍邱中学盈余分配纠纷案”[2]中，法院以变相分配的利润总额为基数乘以原告股东持股份额来认定公司应当支付的利润分配额。此种认定依据假设控制大股东对公司的自由现金流信息熟稔于心，所以其从公司变相分配的盈余总额代表着公司自由现金流大小。但是也不排除变相分配总额并未考量公司未来发展的需要，而是仅仅出于变相分配股东私利最大化考量。

第五，原告持股期间公司全部可分配利润。当前述依据无法被用来确定公司自由现金流时，法院往往选择将原告股东持股期间公司积累的所有可分配利润作为分配总额。比如，最高人民法院公报案例“甘肃居立门业有限责任公司与庆阳市太一热力有限公司、李昕军公司盈余分配纠纷案”中，[3]最高院即以截至2014年10月31日公司所有可分配利润为基数，扣减争议款项后，进行分配。而且这种分配方案也是司法实践的主流选择。[4]

的确，除非公司不需要资金开展经营和发展，否则很难认为持股期间公司全部可分配利润就是公司的自由现金流。但须注意，法院认定的自由现金流永远是法律意义上的自由现金流，这一数额可能但不一定必须和公司事实意义上的自由现金流数额相等。自由现金流的法律厘定以平衡公司发展需要和降低代理成本两种价值追求为宗旨。当大股东滥用股东权利导致公司不分配利润时，在正常情况下给公司留存的发展资金亦往往会沦为代理成本的来源，即滥用权利的大股东并不会用这部分留存资金促进公司发展，而是会通过各种手段侵蚀这部分资金。如此，公司所有可分配利润都将成为自由现金流。当然，出于对公司

---

〔1〕 陕西省神木市人民法院民事判决书(2018)陕0881民初6529号。

〔2〕 安徽省霍邱县人民法院民事判决书(2017)皖1522民初4417号。

〔3〕 中华人民共和国最高人民法院民事判决书(2016)最高法民终528号。

〔4〕 湖南省郴州市中级人民法院民事判决书(2019)湘10民终3095号；湖南省郴州市中级人民法院民事判决书(2019)湘10民终3096号；广东省深圳市龙华区人民法院民事判决书(2018)粤0309民初4146号；湖南省郴州市苏仙区人民法院(2018)湘1003民初14号；湖南省郴州市苏仙区人民法院民事判决书(2018)湘1003民初13号；湖南省怀化市鹤城区人民法院民事判决书(2017)湘1202民初3269号；黑龙江省肇源县人民法院民事判决书(2016)黑0622民初2903号；广东省高级人民法院民事裁定书(2019)粤民申9324号；天津市滨海新区人民法院民事判决书(2018)津0116民初62579号；广东省深圳市南山区人民法院民事判决书(2018)粤0305民初4502号；广东省深圳市中级人民法院民事判决书(2018)粤03民终18665号；湖南省长沙市雨花区人民法院民事判决书(2017)湘0111民初7667号；广西壮族自治区资源县人民法院民事判决书(2019)桂0329民初3号；河南省许昌市中级人民法院民事判决书(2018)豫10民终3874号；河南省长葛市人民法院民事判决书(2017)豫1082民初4682号。

本身、公司债权人和其他利益相关者的保护,《公司法》第 166 条限制公司超过可分配利润分配公司盈余。

综合而言,关于认定标准的具体适用,法院在司法裁判中应当默认以“原告持股期间公司全部可分配利润”作为公司分配总额,将举证责任分配给被告公司,由被告公司通过公司章程的规定或股东协议的约定、董事会决议或者纪要、公司往年的盈余分配方案和已分配股东的分配情况等方面的证据的举证证明公司的自由现金流大小。法院应当综合考量这些方面的证据。如果依然无法认定公司的自由现金流,则法院应当以“原告持股期间公司全部可分配利润”作为公司分配总额,以实现对中小股东、公司本身和公司债权人等其他利益相关者的保护。

四、强制盈余分配条款适用中的规范竞合问题

“假使两个以上的法条的构成要件互相重合或交集,则便可能发生同一法律事实同时为它们所规范的情形。于是相对于该法律事实这些法条便处于竞合的状态。”[1]法条竞合发生之时如果不同竞合之法条规定的法律后果相同自无疑问,但若法律后果不同,则需要区分法条之间的竞合关系究属排他性竞合还是累积性竞合。[2] 综合来看,强制盈余分配条款与《公司法》第 21 条第 2 款和第 152 条不具有真正的竞合关系,法律后果得同时发生;强制盈余分配条款与《公司法》第 20 条第 2 款则具有真正的竞合关系,且属于排他性竞合,强制盈余分配条款排斥《公司法》第 20 条第 2 款的适用。

(一)不真正的规范竞合

在有限责任公司和部分股份有限公司中,大股东往往也担任着公司的董事或高级管理人,这种身份的融合使得《公司法》中的部分法律规范与强制盈余分配条款产生了虚假的竞合关系。以《公司法》第 152 条为例,如果大股东滥用股东权利导致公司不分配利润损害其他股东的同时,兼任公司董事或者高级管理人员的大股东又违反了法律、行政法规或者公司章程的规定,则强制盈余分配条款和《公司法》第 152 条的法律后果得同时发生且并行不悖,即一方面受害股东有权请求公司分配盈余,另一方面受害股东还有权要求滥权大股东基于董事或者高级管理人员身份依据《公司法》152 条承担法律责任。[3]

此外,股东滥用股东权利的形式千变万化,强制盈余分配条款中被滥用的股东权利特指在股东(大)会公司盈余分配决议做出过程中发挥作用的一类股东权利,包括知情权、股东(大)会召集权和主持权、提案权和表决权。公司控股股东在滥用这些股东权利导致公司不分配盈余损害其他股东的同时,还往往伴随着

---

〔1〕 黄茂荣:《现代民法与法学方法》,中国政法大学出版社 2001 年版,第 168 页。

〔2〕 罗尔夫·旺克:《法律解释》,蒋毅、季红明译,北京大学出版社 2020 年版,第 163 页。

〔3〕《公司法》第 152 条并未指明具体的法律后果,仅仅说明受害股东有权提起诉讼。笔者认为,这里的法律后果主要是指损害赔偿。

关联交易这样的变相分配公司盈余的行为，此时强制盈余分配条款和《公司法》第21条第2款的法律后果亦得同时发生，两法律规范之间并不存在竞合关系。除了因为被滥用股东权利的类型不同外，两条法律规范构成要件中的损害对象亦存在区别，强制盈余分配条款要求损害其他股东，而《公司法》第21条第2款要求损害公司。所以当案件事实同时满足这两条法律规范之时，一方面控股股东应当向公司承担损害赔偿义务，另一方面受害股东有权向公司请求分配盈余。

(二)真正的规范竞合

《公司法》第20条第2款规定"公司股东滥用股东权利给公司或者其他股东造成损失的，应当依法承担赔偿责任"。本条的构成要件包括主体要素(公司股东)、行为要素(滥用股东权利)和结果要素(给公司或者其他股东造成损失)，而强制盈余分配条款的构成要件除了前述主体要素、行为要素和结果要素之外，还包括"导致公司不分配盈余"这一要素。所以逻辑上来看，满足强制盈余分配条款的构成要件的事实必然也满足《公司法》第20条第2款的构成要件，两法条构成真正的竞合关系。但是两法条的法律后果并不相同，强制盈余分配条款为受损股东有权请求公司分配盈余，而《公司法》第20条第2款为受损股东有权要求滥权股东承担损害赔偿责任。如此便需要分辨两法条之间是排他性竞合关系还是累积性竞合关系。

首先，不能适用"上位法优先于下位法"的法律适用规则，因为司法解释既然是对法律的解释自然应当与被解释的法律在法体系中处于同一位置。[1]《公司法司法解释四》第15条但书条款是对《公司法》第20条所确立的股东权利不得滥用原则在公司盈余分配领域的具体化，[2]二者位阶自然相同。而"新法优先于旧法"的规则也无法被适用。"盖同一法律中之任何条文的修正或增加，理论上修正或增加而公布之法条，对其他法条并不构成后法与前法的关系，因为其他法条虽未经修正或新增，但其与修正或新增法条一起在同一法律中容许其继续存在的事实，亦意味着立法者不因系争法条之修正或新增而否定其他旧法条之效力"。[3] 强制盈余分配条款和《公司法》第20条第2款并存之事实即证明二者不存在新旧关系。

在此，亦不能直接套用"特殊法优先于一般法"的法律口诀。"一般规范可能规定了某些从属性的法律后果，而为特别规范规定的法律后果并不包括这些从属性的法律后果，且与这些法律后果相兼容。这种情况下，对这些从属性的法律后果也应尽可能地与特别规范规定的法律后果一起适用"。[4] "只有当具有逻辑

---

[1] 刘俊海：《现代公司法》(上册)，法律出版社2015年版，第56—57页。

[2] 杜万华：《关于发布〈最高人民法院关于适用《中华人民共和国公司法》若干问题的规定(四)〉的新闻发布稿》，https://www.pkulaw.com/lawexplanation/1d4a4430c834403207de857ad4a14209bdfb.html?keyword=关于发布《最高人民法院关于适用〈中华人民共和国公司法〉若干问题的规定(四)》的新闻发布稿，访问日期：2020年10月11日。

[3] 黄茂荣：《现代民法与法学方法》，中国政法大学出版社2001年版，第172页。

[4] 齐佩利乌斯：《法学方法论》，金振豹译，法律出版社2009年版，第55页。

上之特别性的法条所规定之法律效果排斥具有逻辑上之普通性的法条所规定之法律效果时，该特别法才有必要排斥该普通法之适用。盖若不然，系争特别法便反而根本没有适用的余地”。[1] 所以考察强制盈余分配条款和《公司法》第20条第2款究竟是排他性竞合关系还是累积性竞合关系，关键在于评判二法律规范的法律后果是“兼容”还是“排斥”，而评判的标准则是立法目的，即应当从规范目的入手，借助“目的性衡量”予以厘清。[2]

大股东滥用股权导致公司不分配利润对其他股东造成的损害主要是一种公司正常盈余分配秩序被破坏的损害，具体而言，是本该获得公司盈余分配而未获得的损害。《公司法司法解释四》第15条但书生效之前，受损股东只能借《公司法》第20条第2款向滥权股东主张损害赔偿，但是这一请求权基础存在法理层面的困境：能否将赔偿数额厘定为公司正常盈余分配秩序下受损股东应当获得的盈余分配额？如果答案是肯定的，那么意味着公司规模越大、可分配利润越丰厚，滥权大股东负担的损害赔偿责任越大，这无疑是不正当的。如果答案是否，那么又将依据何种规则确定其他股东的损失？从法理上而言，对于受损股东的最佳救济方案不是“损害赔偿”而是“恢复原状”，具言之，即恢复公司正常的盈余分配秩序，判令公司股东（大）会作出本该作出的盈余分配决议。这也是强制盈余分配条款的立法理由。所以，强制盈余分配条款和《公司法》第20条第2款是排他性竞合关系，前者排斥后者。当公司被强制分配盈余，公司正常的盈余分配秩序旋即恢复，受损股东的损害也将消失，滥权股东的赔偿责任亦失去根基。

五、结论

在《公司法》领域，公司自治是公司运行的基本原则，但前提是公司内部的正常运行秩序未遭破坏。公司盈余分配事项上，公司正常的盈余分配秩序是对公司的自由现金流进行完全分配，以同时满足公司发展的需要和公司代理成本的降低这二元目标。如果大股东善意参与公司盈余分配秩序的构建，正常行使股权，帮助公司形成自由现金流完全分配的股东（大）会决议，《公司法》自不必强行介入。但是如果大股东滥用股权导致公司不作出盈余分配决议，此时即意味着公司正常的盈余分配秩序遭到了破坏。《公司法》有必要从外部介入公司自治，矫正股权滥用，恢复公司正常的盈余分配秩序。强制盈余分配条款的规范目的即在于以强制盈余分配判决替代或拟制公司正常盈余分配秩序下的股东（大）会决议，以恢复公司的盈余分配秩序。

强制盈余分配条款的构成要件中“股东权利”“损失”和“滥用”等构成要件要素有待澄清。并非每种股权都能构成强制盈余分配条款下被滥用的“股东权利”。适格股权必须是能在公司分配盈余股东（大）会决议作出过程中发挥作用的那一类股东权利。“损失”则指原告股东的期待权落空。“滥用”的判断则是构

[1] 黄茂荣：《现代民法与法学方法》，中国政法大学出版社2001年版，第174页。
[2] 齐佩利乌斯：《法学方法论》，金振豹译，法律出版社2009年版，第55页。

成要件中的核心难点，借鉴《民法》关于权利滥用的识别标准，可以从主观、客观、损益均衡和权利本旨四个标准综合衡量。

强制盈余分配条款的法律后果亦须被进一步厘清。从规范目的和实践效果来看，法院应当直接厘定公司盈余分配方案，具体的标准是确保公司自由现金流的完全分配。法院在司法裁判中应当默认以“原告持股期间公司全部可分配利润”作为公司盈余分配的总额，并将举证责任分配给被告公司，由被告公司通过公司章程的规定或股东协议的约定、董事会决议或者纪要、公司往年的盈余分配方案和已分配股东的分配情况等方面的证据的举证证明公司的自由现金流大小。

在与其他法律规范的竞合问题上，强制盈余分配条款与《公司法》第 21 条第 2 款和第 152 条不具有真正的竞合关系，法律后果得同时发生；强制盈余分配条款与《公司法》第 20 条第 2 款则具有真正的竞合关系，且属于排他性竞合，强制盈余分配条款排斥《公司法》第 20 条第 2 款的适用。

内幕交易与强制披露的完整性[1]

[美]詹姆斯·帕克* 著
薛前强**
陈翠微*** 译

摘 要 内幕交易监管主要可以划分为两种理论。一种观点认为,对重要信息的不平等获取破坏了证券市场的完整性;另一种观点则认为,内幕交易属于盗取公司财产范畴。市场完整性和财产框架的主导地位掩盖了规范内幕交易的一个重要原因——内幕交易可能破坏证券法规定的信息披露完整性。此类披露制度的建立旨在使所有投资者受益,而不应被少数人利用进行获利。内幕交易在定期披露体系中尤其成问题,在这一体系中,重要信息被故意延迟发布,以便对其进行分析和核实。本文认为,保护强制披露的完整性是内幕交易监管的一个有力理由。与市场诚信理论和产权理论相比,这种披露方法对内幕交易法及其执法的范围提出了更明确的限制。

关键词 内幕交易;市场诚信理论;产权理论;盗取理论;强制性信息披露

目 次

---

* 詹姆斯·帕克(James J. Park)(1975—),加州大学洛杉矶分校法学院教授,主要研究方向:证券法。
** 薛前强(1990—),中央民族大学法学院讲师,硕士生导师,主要研究方向:公司法、证券法。
*** 陈翠微(1996—),中央民族大学硕士研究生,主要研究方向:刑法、公司法。
〔1〕 本文摘要与关键词为译者补充。本文系司法部2021年度法治建设与法学理论研究部级科研项目“后疫情时代公司应急治理法律问题研究”(21SFB4050)成果。

绪论

几十年来,有两种理论塑造了对内幕交易的监管。[1] 一种观点认为,应该禁止内幕交易,因为不平等的信息获取会破坏市场的完整性。另一种观点则认为,交易内幕信息是在挪用属于公司的财产。这两种理论都不完全令人满意。[2] 市场诚信理论未能解决这样一个现实问题——即投资者获取和分析信息的能力和意愿总是存在显著差异。产权理论则通过认为公司是犯罪的主要受害者来淡化内幕交易的危害。尽管以上理论都有其局限性,但最高法院在其最近几项重大内幕交易裁决之一的美国诉奥哈根一案(United States v. O'hagan)中,仍援引了这两种理论。[3]

市场诚信理论和产权理论的主导地位掩盖了规范内幕交易的一个重要原因——它会破坏证券法规定的关于上市公司信息披露的完整性。联邦内幕交易监管制度在处理强制披露信息的内幕交易时,处于最稳固的地位。随着联邦政府对强制信息披露的监管力度加大,防止此类信息披露引发内幕交易的理由也愈发充分。

本文并非首篇分析强制信息披露与内幕交易监管关系的文章。前美国证券交易委员会(以下简称 SEC)委员罗伯塔·卡梅尔(Roberta Karmel)教授曾写道,对内幕交易的监管是必要的,以"使强制性的持续披露系统发挥作用"。[4] 乔尔·塞利格曼(Joel Seligman)教授认为,内幕交易通常与证券法相悖,证券法力求通过信息披露促进信息的平等获取。[5]

然而,这些解释被批评为没有充分承认披露授权的有限范围。强制性的信息披露要求并不完善,公司在发布信息时有很大的自由裁量权。[6] 此外,如果平

---

[1] 法院已经审阅了 1934 年《证券交易法》的第 10(b)条,该条款允许 SEC 通过禁止任何"操纵或欺骗的手段与设计"的规则,15 U.S.C. § 78j,以及其执行规则,17 C.F.R. § 240.10b-5,来禁止内幕交易。例如,美国诉奥哈根案,521 U.S. 642,653-54(1997);基亚雷拉诉美国案,445 U.S. 222,228-29(1980)。1934 年《证券交易法》第 16(b)条也涉及内幕交易,该条款对管理人员、董事和控股股东的交易进行了监管。见 15 U.S.C. § 78p(2012)。

[2] 几十年来,学者们注意到,在内幕交易监管方面缺乏共识理论。理查德·A. 爱泼斯坦,*Returning to Common-Law Principles of Insider Trading After* United States v. Newman,125 YALE L. J. 1482,1485(2016)(观察到"管理内幕交易的基本原则……即使在今天仍在发生变化");乔纳森·R. 梅西,*From Fairness to Contract: The New Direction of the Rules Against Insider Trading*,13 HOFSTRA L. REV. 9,9-10(1984)("内幕交易监管的历史,很大程度上是法律体系为禁止此类交易而寻找内在一致的理由的故事")。

[3] 521 U.S. 642(1997)。

[4] 罗伯塔·S. 卡梅尔,*The Relationship Between Mandatory Disclosure and Prohibitions Against Insider Trading: Why a Property Rights Theory of Inside Information Is Untenable*,59 BROOK. L. REV. 149,152(1993);珍妮·L. 施罗德,*Envy and Outsider Trading: The Case of Martha Stewart*,26 CARDOZO L. REV. 2023,2026(2005)。

[5] 乔尔·塞利格曼,*The Reformulation of Federal Securities Law Concerning Nonpublic Information*,73 GEO. L. J. 1083,1103-15(1995)。

[6] 斯蒂芬·M. 班布里奇,*Incorporating State Law Fiduciary Duties into the Federal Insider Trading Prohibition*,52 WASH. & LEE L. REV. 1189,1236-37(1995)(认为内幕交易只有在影响自由裁量披露决定时,才与强制性披露监管相关)。

等准入原则阻止管理者主动地向选定的分析师和投资者披露信息，那么它实际上可能会减少向市场传递的信息总量。

本文对内幕交易与强制披露制度不相一致的观点进行了重新审视。本文表明，即使信息的强制披露不是连续性的，也有充分的理由对上市公司必须编制的信息交易进行监管，以符合披露要求。定期披露制度以该理念为前提，即当最重要的公司业绩以一定的时间间隔方式进行汇编、核实和发布时，投资者会从这些信息中受益。某些交易员可利用这一体系中的一些漏洞，并损害该制度的完整性。与先前一些研究成果不同，本文承认在某些情况下，公司可以有选择地披露信息，并且这也不会破坏强制性信息披露的目标。

内幕交易与信息披露制度之间的关系可能没有得到充分研究，因为在内幕交易监管具有明显争议性的形成阶段，上市公司的强制性披露义务远少于当下。20世纪70年代之前，SEC只要求上市公司每年进行一次概括性披露。[1] 纽约证券交易所要求每季度进行披露，但披露的质量参差不齐。[2] 亨利·曼恩（Henry Manne）教授认为，由于SEC信息披露的无效性，内幕交易成为向市场传递信息的一种必要手段。[3] SEC和法院基本上通过10b-5规则（Rule 10b-5）来完善这一体系，[4]要求在上市公司在进行交易之前披露重要信息。

虽然联邦最高法院最终将10b-5规则的内幕交易责任限定在负有信息保密义务的个人之上，[5]但国会和证券交易委员会却逐渐提高上市公司的披露义务。这种强制性披露的主要目的是让人们平等地获得公司最重要的信息。上市公司不仅必须公布他们的财务业绩，还必须确保投资者能够信赖这些报告。在上市公司丑闻发生后通过的两项法律——《反海外腐败法》（FCPA）和2002年《萨班斯-奥克斯利法》（Sarbanes-Oxley Act）——要求上市公司投入大量财力物力来核实其披露信息的准确性。[6]

根据强制性披露报告中所包含的信息进行交易，从根本上说是与强制披露的政策目标不一致。如果允许提前了解并利用一家公司的季度收益报告进行交

---

〔1〕 1934年《证券交易法》，15 U. S. C. § 78m(1964)。

〔2〕 《向投资者披露》：A REAPPRAISAL OF FEDERAL ADMINISTRATIVE POLICIES UNDER THE '33 AND '34 ACTS 357-58(1969)。

〔3〕 亨利·G. 曼恩，*Insider Trading and the Law Professors*，23 VAND. L. REV. 547，565-66(1970)。

〔4〕 SEC10b-5规则全文如下：

使用操纵和欺诈的手段。

任何人直接或间接使用州际商业的任何手段或工具、邮件或利用任何全国性证券交易所的设施所实施的，与任何证券购买与出售有关的下列行为都是非法的。

①使用任何手段、计谋或策略进行欺诈的；

②对重要事实作出不实陈述，或省略必要的实质性事实，这一实质性事实在当时的情况下对确保陈述不具有误导性是必要的；

③在购买或出售证券的行为中，从事任何构成或可能构成欺诈他人的行为或商业活动的。

17 C. F. R. § 240. 10b-5(2018)。

〔5〕 基亚雷拉诉美国案，445 U. S. 222，228(1980)。

〔6〕 1977年《反海外腐败法》，Pub. L. No. 95-213，91 Stat. 1494；2002年《萨班斯-奥克斯利法》，Pub. L. No. 107-204，116 Stat. 745。

易，就意味着内部人员可以从本该为所有投资者提供的信息中获利。此外，在定期披露制度下，内幕交易问题尤其严重。定期披露制度固有的迟延性为内幕交易创造了机会，最有价值的信息会被汇编并立即发布，那么内部人员就不应该利用这一迟延性来核实并利用公司信息。

虽然亟需在强制定期披露制度中监管内幕交易行为，但也需要激励上市公司向投资者披露更多信息。除了需要季度报告的更新外，在市场上发现通过书面披露或新闻稿以外的形式接收信息也很有帮助。因此，长期以来企业一直在与投资者以及研究分析师的对话中自主选择性地披露信息。SEC 一直对选择性披露持怀疑态度，并试图通过《FD 条例》(Regulation FD)对其进行监管，但效果甚微。[1] 另一方面，在美国诉纽曼案(United States v. Newman)中，[2]第二巡回上诉法院的一个陪审团表示，他们担心内幕交易禁令的范围过于广泛，会破坏公司信息向市场传播的方式。[3]

与应该平等获取的强制披露信息相比，有一种情况是信息无须强制披露而应受产权制度管辖，允许选择性传播。但其难点在于，是否存在一种原则性的方法来区分"必须向所有投资者披露的信息"和"可以向少数投资者披露的信息"。虽然简单地交出公司季度收益的副本显然会破坏强制性信息披露的完整性，但选择性披露通常更为微妙。泄密者通常不会透露收益申报文件的具体内容，而是会给出一些提示，让精明的交易员能够预测其内容。即使没有利用季度业绩中的确切信息，这种交易也不符合 SEC 关于信息披露的监管要求。

当选择性披露所传达的信息与公司的长期计划和前景有关，而强制性披露无法有效地描述这些信息时，选择性披露所存在的问题较小。在披露文件的限制下，很难有意义地描述一家公司的战略和管理层特征的细微差别。与管理层的商业对话、参观新工厂、演示新产品相关的信息都是可以选择性地发布给那些愿意花费时间来了解公司的投资者。当选择性披露的信息不容易被披露出来，且不易用于预测公司的短期业绩时，就不太可能与强制披露的目标发生冲突。

与市场诚信理论或产权理论相比，保持强制性信息披露完整性为禁止内幕交易提供了更好的基础。信息披露理论不是试图在投资者之间实现不切实际的平等，而是将内幕交易监管的重点放在根据证券法必须披露的信息上。产权理论对于某些类型的自愿披露具有一定的吸引力，但不适用于必须根据政府命令进行汇编、核实和制作的信息披露。

文章最后讨论了内幕交易理论及其执法，以及其如何受到保护信息披露完整性的影响。内幕交易案件通常不是对所有信息进行交易监管，针对的是那些能够让投资者轻松预测公司短期业绩进行交易的信息。内幕交易法最具争议的

---

〔1〕 17 C. F. R. § 243.100.

〔2〕 773 F. 3d 438(2d Cir. 2014).

〔3〕 同上注，第 449 页。第二上诉法院在后来的判决中发现，纽曼案的做法与美国最高法院在萨尔曼诉美国一案中的判决不一致，137 S. Ct. 420(2016)。美国诉马托马案，869 F. 3d 58(2d Cir. 2017)，意见修正与取代，894 F. 3d 64(2d Cir. 2017)。

地方在于，它试图规范那些不是由公司产生以履行其证券披露义务的信息所进行的交易。当前的学说面临压力，因为它允许在显然是强制性披露信息的情况下进行交易。

值得强调的是，信息披露并不是审视内幕交易监管的唯一视角。有很多观点认为，我们应该基于道德理由禁止此类交易，[1]因为它会滋生腐败。[2] 然而，在证券法规范内幕交易的程度上，最好的理由是其保护了强制性信息披露的完整性。

本文内容共分5个部分。第一部分简要介绍了信息披露与内幕交易监管之间的关系；第二部分介绍了现代披露制度的基本要素，该制度主要是定期信息披露，辅以自愿性信息披露；第三部分讨论了这种披露制度如何为内幕交易创造机会，并且必须对强制披露进行监管以确保完整性，创造了激励某些类型的自愿披露的需要；第四部分将本文的信息披露理论与市场诚信理论和产权理论进行了比较；第五部分根据内幕交易监管的披露理论，讨论内幕交易的学说与实践。

一、信息披露与内幕交易

当SEC和法院首次制定内幕交易法时，他们制定了一套原则，利用信息披露来解决内幕交易问题。当时，对公司定期披露的要求很低，内幕交易法只要求在内幕人士进行交易之前披露信息。由于法院试图改变内幕交易的责任范围，使其更易于管理，因此内幕交易被重新定义为违反信义义务。最终，内幕交易法从信息披露规则转变为监管公司高管不当得利的规则。[3]

在SEC开始要求季度披露信息之后，随着季度报告的重要性增加，不平等获取公司信息并获益的新机会也随之出现。SEC试图通过一项规定来解决事先知晓盈利信息进行交易的问题，该规定要求公司公开披露其传递给研究分析师等特定方的重要信息。

（一）最小限度强制性信息披露中的内幕交易

关于内幕交易监管的早期争论，发生在一个上市公司信息披露看起来与今天大不相同的世界。在1970年之前，上市公司只需每半年提交一次定期披露，其中一份报告只包含粗略的信息。[4] 证券交易所要求上市公司进行季度报告，

---

〔1〕 唐纳德·C. 兰格沃特，*Rereading* Cady Roberts: *The Ideology and Practice of Insider Trading Regulation*, 99 COLUM. L. REV. 1319, 1328(1999)（指出禁止内幕交易可能是基于“法律的一般表达功能——如果法律系统地表达某些美德，那么法律和社会都会更好”的想法）。

〔2〕 金成辉，*Insider Trading as Private Corruption*, 61 UCLA L. REV. 928(2014)。

〔3〕 詹姆斯·J. 帕克，*Rule 10b-5 and the Rise of the Unjust Enrichment Principle*, 60 DUKE L. J. 345(2010). 最近两项重新思考内幕交易原则的努力，都在信义义务框架内进行，不过其中一项主张，此类义务不应延伸至盗取行为，见爱泼斯坦，前注2，而另一方则认为，只有从盗取的角度来考虑《内幕交易法》才有意义，见扎卡里·J. 古布勒，*A Unified Theory of Insider Trading Law*, 105 GEO. L. J. 1225(2017)。

〔4〕 这份报告是根据9-K表格填写的。见半年度报告，No. 34-5189(June 23, 1955)。9-K表格所披露的信息仅限于“损益和盈余账户的汇总”专题，*Insider Trading in Stocks*, 21 BUS. LAW. 1009, 1024(1966)。

但在披露内容方面给予了这些公司很大的自由裁量权。[1] SEC在报告中指出，这些早期的定期报告包含“很明显(交易所代表们也承认)，它们从极其有用到极其贫乏和严重缺乏信息”。[2]

在1964年之前，由于非上市公司不受联邦披露义务的约束，关于信息披露的强制性规定较为弱势。[3] SEC担心对上市公司实施严格的季度信息披露规定可能会促使公司退市。[4] 在1964年的《证券法修正案》(Securities Acts Amendments)强制要求对非上市公司进行信息披露监管之后，SEC在1970年开始要求所有上市公司提交季度报告(10-Q)。

在此之前，虽然SEC并未强制要求上市公司频繁披露信息，但信息披露已在各种情况下用于解决内幕交易问题。SEC在1961年对凯迪(Cady)、罗伯茨(Roberts)[5]作出的行政裁决中首先确立了10b-5号规则(Rule 10b-5)来禁止内幕交易。本案案情是纽约证券交易所(NYSE)一家公司的董事将决定削减其股息的信息传达给了一名经纪人，该经纪人出售了其客户的公司股票。[6] 凯迪(Cady)、罗伯茨(Roberts)一案最著名的成就是将内幕交易监管建立在广泛的平等获取原则之上。[7] 为此，它援引证券法中主要反欺诈条款10b-5规则(Rule 10b-5)，规定内部人士有义务在与外部人士进行交易之前披露他们已知的重大事实。[8] 如果“在进行收购或出售之前的披露是不恰当的或不切实际的”，SEC“认为其另一种选择就是放弃交易”。[9]

在一份不太引人注目的声明中，SEC还将此类交易描述为与纽约证券交易所的公司信息披露规定不一致。它观察到该交易所的规则要求“发行人立即公开发布股息信息”。[10] 在此声明的脚注中，SEC解释说，“交易所要求的存在……代表对有权获得内幕信息的人滥用的可能性认识……”。[11] 几年后，亚瑟·弗莱舍(Arthur Fleischer)撰写的一篇文章强调了这些披露规则，他曾在美国证券交易所研究凯迪(Cady)、罗伯茨(Roberts)一案。弗莱舍写道，股票交易政策的一个原因是“它防止公司内部人员或其他人有意或无意地在信息向公众提供之前获取信息”。[12]

在“或披露或弃权规则”之前，就已经有了使用信息披露来减少内幕交易机

〔1〕《向投资者披露》，前注8。

〔2〕同上注，第39页。

〔3〕1964年的《证券法修正案》将披露要求扩展到场外交易的公司。Pub. L. No. 88-467，78 Stat. 565.

〔4〕《向投资者披露》，前注8，第62页。

〔5〕凯迪、罗伯茨案，《交易法案》No. 6668，40 SEC Docket 907(1961年11月8日)。

〔6〕同上注，907页(11)。

〔7〕同上注，907页(12)。

〔8〕同上注。

〔9〕同上注，第911页。

〔10〕同上注，第915页。

〔11〕凯迪、罗伯茨案，《交易法案》No. 6668，40 SEC Docket，第911页，n. 29。

〔12〕小亚瑟·弗莱舍，*Corporate Disclosure/Insider Trading*，HARV. BUS. REV.，Jan.-Feb. 1967，129，132。

会的情形。正如迈克尔·佩里诺(Michael Perino)教授所记载的那样,在20世纪初美国钢铁公司(U. S. Steel)的董事长因为没有在公司财务报表披露之前让董事们提前了解财务报表,而激怒了他们。[1] 他这么做的原因在于,他认为董事不应该在股东之前利用这些内幕信息进行交易并从中获利。[2]

1968年,美国第二巡回上诉法院在SEC诉得克萨斯海湾硫磺案(SEC v. Texas Gulf Sulphur)的全席裁决中采用了凯迪(Cady)、罗伯茨(Roberts)一案中的平等获取理论(equal access theory)。[3] 它采取了一种利用内幕交易监管鼓励公司披露信息的方式。得克萨斯海湾硫磺案(Texas Gulf Sulphur)涉及的问题是,内部人士是否可以否认发现了一处储量巨大的矿藏,同时自己根据这一信息进行交易。[4] 第二巡回法院支持SEC的裁决,认为10b-5规则"是基于证券市场的合理预期,即所有在非个人交易所进行交易的投资者都有相对平等的获取实质性信息……"[5]

第二巡回法院援引凯迪(Cady)和罗伯茨(Roberts)一案的内容,制定了一项理论规则,该规则使用内幕交易监管来作为当时的最低披露要求。[6] 它制定了10b-5"或披露或弃权规则"(disclose or abstain rule),要求拥有重要信息的交易者要么向公众披露信息,要么停止交易。[7] 通过这种方式,弥补了当时披露要求方面的重大空白,并在此过程中将内幕交易与披露监管密切相连。因此,一些早期评论员认为,内幕交易只是违反了上市公司的披露义务,而不是一种明显的违法行为。[8]

即使上市公司努力增加强制性信息披露,在20世纪70年代证券信息披露的有效性仍令人怀疑。在计算机和互联网尚未广泛使用的时代,公众很难获得SEC的相关文件。正如企业信息披露咨询委员会(Advisory Committee on Corporate Disclosure)的一份报告所指出的那样,"1934年法案的定期报告并未广泛

---

[1] 迈克尔·A. 佩里诺,The Lost History of Insider Trading,2018 U. ILL. L. REV。(forthcoming 2018)(manuscript at 16),http://ssrn.com/abstract=3099682。

[2] 同上注。

[3] 401 F. 2d 833(2d Cir. 1968)(en banc)。第二巡回上诉法院在这方面有了新的突破,尽管它试图将其决定建立在先前的权威之上。见斯蒂芬·M. 班布里奇,*Equal Access to Information: The Fraud at the Heart of* Texas Gulf Sulphur,71 SMU L. REV. 643,651(2018)(认为得克萨斯海湾硫磺案是"建立在……沙石基础之上的")。

[4] 得克萨斯海湾硫磺案,401 F. 2d at 856。

[5] 同上注,第848页。

[6] 同上注。

[7] 见上注;也见美国证券交易委员会阿德勒案,137 F. 3d 1325,1338(11th Cir. 1998)(援引自凯迪和罗伯茨一案,创造了"或披露或弃权规则")。

[8] 莫里斯·梅德尔森,*The Economics of Insider Trading Reconsidered*,117 U. PA. L. REV. 470,473(1969)(书评)(认为"如果内幕人士利用可以公开的信息牟利,他就违反了联邦证券监管的披露政策")。今天第10b-5规则的主要关注点,即信息披露的准确性,还不是SEC执法的主要部分。见赫伯特·S. 万德,Book Review,24 BUS. LAW. 1407,1407-08(1969)。

传播”。[1] 公司年度报表与季度报表(Forms 10-K and 10-Q)的纸质副本是向华盛顿特区的 SEC 总部提交的,散户投资者很难拿到相关报表信息。[2]

由于公司信息披露的有效性有限,人们普遍认为公司会通过其他渠道传播信息,如与研究分析师的个人交流。[3] 这种选择性披露违反了凯迪(Cady)和罗伯茨(Roberts)案以及得克萨斯海湾硫磺案的平等获取原则,因为这使得分析师的客户能够提前获得重要信息。即使在内幕交易监管最广泛的时候,鉴于强制性披露存在的缺陷,有选择性的披露对于提高股票市场价格就变得十分必要。

不仅信息披露的频率低,其披露内容的信息量和可靠性也不如今日。直到 20 世纪 70 年代,SEC 都不鼓励公司在提交给 SEC 的文件中包含预测数据。[4] 因为投资者们普遍会相信官方文件的数据,而这一规定的目的在于防止当官方文件中包含不可靠的预测,导致投资者们过于相信这些预测。[5] 虽然公司仍然会发布预测,但它们是自愿如此的,在有限基础上来选择投资者。[6] 此外,直到 20 世纪 70 年代末,证券法才要求准确的账簿和记录,以及基本水准的内部控制以确保强制性披露的可靠性。[7] 如果没有此类控制,就很难保证披露是通过能够确保其准确性的程序而进行的。

亨利·曼恩(Henry Manne)认为,在这个强制披露极少的世界里,内幕交易

[1] 企业信息披露咨询委员会向证券交易委员会递交的报告 5(1977 年)[以下简称企业信息披露咨询委员会]。

[2] 荷马·克里普克,*The SEC, the Accountants, Some Myths and Some Realities*, 45 N. Y. U. L. REV. 1151, 1171(1970)(指出“分析师是否会定期地获取《交易法案》副本”是“值得怀疑的”)。

[3] 例如,多尔戈诉安德森案,53 F. R. D. 664, 687(E. D. N. Y. 1971)(观察到“内部人士也被鼓励发布信息,并向分析师敞开大门……”);*Investors Mgmt. Co., Inc.*,《交易法案》No. 3-1680, 44 SEC Docket 633, 646(1971 年 7 月 29 日)(“我们还认识到,公司管理层和分析师小组之间的讨论可能是有价值的,这些讨论为填补分析空白、形成对管理质量的直接印象或测试公开信息的意义提供了一个讨论平台”)。

[4] 未来经济运行预测披露,S. E. C. Release No. 5362, 1973 WL 149257(1973 年 2 月 2 日)“委员会的长期政策一般不允许在向提交委员会的招股说明书和报告中列入预测”。F. 阿诺德·道姆、霍华德·菲利普斯,*The Implications of* Cady, Roberts, 17 BUS. LAW. 939, 954(1962)(“销售、收益或评估报告如果公开发布,将对市场产生直接影响,不仅一般不会披露这些信息,在很大程度上也遭到了欧盟委员会的反对”)。从禁止强制性披露预测到鼓励强制性披露的转变开始于 20 世纪 70 年代,参见披露未来经济表现预测委员会的声明,《证券法》第 5992 号(1976 年 4 月 23 日),SEC 的政策转变花了几十年的时间才得以确立。特别是 1995 年,《私人证券诉讼改革法》为预测以及其他前瞻性陈述创造了法定的安全港。见 15 U. S. C. § 77z-2(2012)。这种保护旨在鼓励使用预测,在未实现此类预测时,保护发行人免受 10b-5 规则的限制。

[5] 马克·I. 斯坦伯格、罗宾·M. 戈德曼,*Issuer Affirmative Disclosure Obligations—An Analytical Framework for Merger Negotiations, Soft Information, and Bad News*, 46 MD. L. REV. 923, 937-38(1987)(描述了 SEC 立场的理由)。

[6] APPENDIX TO THE REP. OF THE ADVISORY COMM. ON CORPORATE DISCLOSURE TO THE SECURITIES AND EXCHANGE COMMISSION A272(Comm. Print 1977).

[7] 《海外反腐败法》,该法案直到 1977 年才实施。见 15 U. S. C. § § 78dd-1(a)-(c)(2012)。

是有益的，因为它可以有效地将信息传递给股票市场。[1] 换句话说，曼恩将内幕交易视为披露信息的替代品。曼恩特别指出，SEC 要求的有限披露不足以对证券进行定价，因为它没有包括公司预测。他写道，“公司的现值不是基于当期收益而是基于尚未或确实不能在任何受 SEC 监管的财务报表中合法披露的信息”。[2] 尽管曼恩的观点在提出时就备受争议，但在一个被普遍认为 SEC 信息披露无效的世界里，他的观点更有说服力。

早期对曼恩持批评态度的人中，有些在披露政策方面做出了回应。他们认为，如果内幕交易被允许，那么管理层将有动机推迟发布内幕信息，以便在消息公布前有时间进行交易。[3] 禁止内幕交易“往往会鼓励提前披露，因为披露是公司防止其管理层和雇员进行此类交易的最佳方式”。[4] 这一论点反映了自由裁量披露在证券披露早期的主导地位。后来的学者将这种早期披露的论点用于内幕交易监管，却没有考虑内幕交易是否与要求更多披露的现代体系相一致。[5] 虽然曼恩的主张是推测性的，[6]但支持禁止内幕交易的反对意见也是推测性的。正如曼恩无法证明内幕交易提高了股价效率一样，内幕交易监管的支持者也无法证明它扭曲了公司内部人士的披露决定。[7]

---

[1] 亨利·G. 曼恩，INSIDER TRADING AND THE STOCK MARKET 77-101（1966）；亨利·曼恩，*Insider Trading and the Law Professors*，23 VAND. L. REV. 547，565（1970）（“股市的有效运作，实际上是支持不受限制的内幕交易的最有力论据之一，尽管乍一看，它似乎与眼下的问题没有什么关系”）。但见佐哈尔·戈森、吉迪恩·帕尔乔莫夫斯基，*On Insider Trading*，*Markets*，*and ‘Negative’ Property Rights in Information*，87 VA. L. REV. 1229，1234（2001）（认为分析师在向市场传递信息方面比内部人士更有效率）。

[2] 曼恩，*Insider Trading and the Law Professors*，前注 47，第 571 页。

[3] 梅德尔森，前注 39，第 476 页（77）（“如果允许内幕人士利用这类内幕信息进行交易，那么在没有理由拖延的情况下，就会有拖延信息的倾向。”）；罗伊·肖特兰，*Unsafe at Any Price*：*A Reply to Manne*，*Insider Trading and the Stock Market*，53 VA. L. REV. 1425，1448-49（1967）（“如果我们放弃对内幕交易的限制，就会诱使内部人士推迟披露，以便他们能够购买更多的股票或为更多的购买安排融资”）。

[4] 大卫·费伯，*The Case against Insider Trading*：*A Response to Professor Manne*，23 VAND. L. REV. 621，623（1970）。

[5] 劳拉·班尼，*Insider Trading Laws and Stock Markets around the World*：*An Empirical Contribution to the Theoretical Law and Economics Debate*，32 J. CORP. L. 237，248（2007）（注意到一个观点，即“内幕交易可能会扭曲管理者及时披露信息的动机”）；弗兰克·H. 伊斯特布鲁克，Insider Trading，Secret Agents，Evidentiary Privileges，and the Production of Information，1981 SUP. CT. REV. 309，333（“内部人士获利的预期可能会导致公司延迟信息的发布，而这种延迟会给公司带来额外的成本”）；戈森、帕尔乔莫夫斯基，前注 47，第 1260 页（“如果延迟披露给内幕人士提供了更好的交易机会，增加了其预期利润，她就会延迟披露。”）；塞利格曼，前注 5，第 1095 页（“无论是好还是坏，内部人士都有推迟发布的个人动机”）。

[6] 詹姆斯·D. 考克斯，*Insider Trading and Contracting*：*A Critical Response to the “Chicago School*，” 1986 DUKE L. J. 628，648。

[7] 迈克尔·P. 杜利，*Enforcement of Insider Trading Restrictions*，66 VA. L. REV. 1，19 & n. 90（1980）（“然而，没有证据表明内幕交易通常会导致信息传播延迟；这显然没有效果”）；也见肯尼斯·E. 斯考特，*Insider Trading*：*Rule 10b-5*，*Disclosure and Corporate Privacy*，9 J. LEGAL STUD. 801，810（1980）（声称延迟披露的可能性很小）。

(二)信义义务原则的兴起

在20世纪80年代和90年代,最高人民法院的一系列裁决将信息披露和内幕交易监管分开,现在《内幕交易法》是以交易者和信息源之间的法律义务为基础的。这种转向关注被告是否有某种特定的不交易义务,最初是希望将责任范围限制在可识别的个人身上。具有讽刺意味的是,它后来成为将内幕交易监管范围扩大到不受SEC披露监管约束的基础。

第二巡回上诉法院的"或披露或弃权"规则的问题在于,它试图规范每一个拥有重要信息的个人的交易。虽然公司内部人士应该知道这一义务,但得克萨斯海湾硫磺公司却可以被解读为与公司没有关系的交易员,即所谓的外部人士,而不是内部人士。或披露或弃权规则不适用于监管那些没有能力向公众广泛披露信息的外部人士。这样的规则可以解读为禁止在任何不为公众所知的重大信息优势上进行交易。

1980年,美国联邦最高法院在基亚雷拉诉美国案(Chiarella v. United States)[1]中将"或披露或弃权"规则限制在有披露义务的个人身上。[2]美国联邦最高法院指出,根据他们对股东负有的信义义务,内部人士有积极的披露义务。[3]这一要求被视为与反欺诈条款10b-5规则的起源一致。[4]尽管内幕交易不涉及任何肯定性的虚假陈述,但负有披露义务的受托人未能向股东披露信息的,可以被定性为欺诈。

基亚雷拉案的经典内幕交易学说使该法案偏离了联邦证券监管的观点。信义义务诉讼通常被认为是州公司法的范畴,因为法院在基亚雷拉案的前几年才在圣达菲工业诉格林(Santa Fe Industries v. Green)一案中强调了这一点,[5]它驳回了一项试图提出州信义义务索赔的10b-5规则的申诉。[6]在基亚雷拉案中,法院将焦点从证券市场的诚实信用,转移到了公司董事和高管的对股东履行信义义务的诚实信用上。经典内幕交易学说似乎是以这样一种信念为前提的,即内幕交易的错误在于受托人为自己攫取了本属于股东的公司机会。[7]因此,此案将内幕交易重新定义为不当得利的问题,而不是违反信息披露要求。

---

[1] 445 U.S.222(1980).

[2] 同上注,第233页(拒绝"市场交易的所有参与者都有义务放弃基于实质性、非公开信息的行动")。

[3] 同上注,第228页(29)("这种关系产生了披露的义务,因为'有必要防止公司内部人士利用不知情的少数股东……')。一种理论认为,这种交易可能会以牺牲股东的利益为代价,因为它损害了公司的声誉。钻石诉奥雷亚穆诺案,248 N.E.2d 910(N.Y.1969)。

[4] 基亚雷拉案,445 U.S. at 234-35(强调10b-5规则的重点是欺诈);得克斯诉SEC案,463 U.S.646,666 n.27(1983)("要违反10b-5规则,就必须有欺诈行为")。

[5] 430 U.S.462(1977).

[6] 同上注,第476页(78)(认为违反信义义务本身并不违反10b-5规则,该规则要求具有"欺骗、虚假陈述或不披露")。

[7] 事实上,在特拉华州,内幕交易禁令是公司法的一部分。以下情形属于违反忠实义务:"1)公司受托人拥有非上市公司的重要信息;2)公司受托人通过进行交易不当使用该信息,因为她的全部或部分动机是该信息的实质内容。"*In re Oracle Corp. Derivative Litig.*,867 A.2d 904,934(Del. Ch. 2004).

1995 年，乔尔·塞利格曼教授批判了这种将内幕交易监管与信息披露分开的做法。他描述了 1934 年《证券交易法》(Securities Exchange Act of 1934)的立法历史过程中是如何体现出人们对掌握高级信息的内部人士剥削散户投资者的担忧。[1] 强制披露要求旨在通过将散户投资者置于与内部人士同等的地位来平衡这种差距。[2] 在塞利格曼教授看来，“或披露或弃权”的内幕交易规则与证券披露的基本目标是一致的。[3] 内幕交易规则和强制披露都具有促进“市场诚信”的共同目的。[4] 换句话说，塞利格曼认为，强制披露是内幕交易监管建立在市场完整性理论基础上的一个原因。塞利格曼因此提议“修订联邦证券法，禁止任何人在掌握重大非公开信息时进行交易……”。[5]

SEC 还拒绝了在特定的收购要约背景下的信义义务框架。在基亚雷拉案后不久，通过 14e-3 规则禁止交易与要约收购有关的实质性信息。[6] 这么做的部分原因是与拥有和收购要约有关的内幕信息的个人进行交易的投资者相比，“实际上被剥夺了披露的好处，以及《威廉姆斯法案》(Williams Act)的实质性保护”。[7] 因此，SEC 的监管将潜在收购信息的内幕交易问题与证券法的披露要求联系起来。

几十年来，在收购要约之外，责任定义了内幕交易规则。在禁止对受托人的不正当得利之后，法院很自然地得出结论，其他市场参与者的类似得利也应该受到监管。[8] 美国联邦最高法院在得克斯诉美国证券交易委员会(Dirks v. SEC)[9] 一案中发现，根据 10b-5 规则的规定，那些从提供信息者那里获取和交易内部信息的人，如果他们知道或应该知道这些信息的披露违反了受托人的规定，那么他们将承担责任。[10] 在 1998 年奥哈根案的裁决中，最高法院将内幕交易责任延伸至信义义务关系以外的范围，涵盖了那些负有保密信息义务的人。[11] 在这种盗取理论(misappropriation doctrine)下，内幕交易法延伸到涵盖具有信托关系某些特征但并非全部特征的关系中。

通过扩大可能引发内幕交易责任的义务类别，法院进一步将内幕交易监管

---

〔1〕 塞利格曼，前注 5，第 1109 页。

〔2〕 同上。

〔3〕 同上注，第 1110 页。也见威廉·H. 佩因特，*Inside Information*：*Growing Pains for the Development of Federal Corporation Law under Rule 10b-5*，65 COLUM. L. REV. 1361，1385(1965)(“在向公众公布内幕信息之前，先向少数人披露内幕信息，这是一种带有滥用职权的行为，且该行为在 20 世纪 20 年代非常普遍，也构成了《交换法》的背景”)。

〔4〕 塞利格曼，前注 5，第 1115 页。

〔5〕 同上，第 1137 页。塞利格曼也承认，这种全面禁止应该有一些例外。同上，第 1138 页。

〔6〕 17 C. F. R. § 240. 14e-3(2018).

〔7〕 要约收购，SECRelease No. 6239，1980 WL 20869，at * 5(1980 年 9 月 4 日)。

〔8〕 为了讨论这一观点，见帕克，前注 18，第 360 页(74)。

〔9〕 463 U. S. 646(1983).

〔10〕 463 U. S. 646，660(1983). 泄密者在传达信息时一定违反了某些信义义务。违反义务要求存在某种义务，并且泄密者能从传递信息中获得个人利益。而受密者则必须在一定程度上知道，该信息是在违反信义义务的情况下传达的。

〔11〕 美国诉奥哈根案，521 U. S. 642，652(1997)。

与上市公司披露分开。保密义务可以完全脱离个人和上市公司之间的关系而产生。例如,一家报纸所制定的禁止披露即将发生的报道的政策足以触发盗取理论。内幕交易法现在适用于交易不符合披露要求的信息的情形。[1]

(三)季度预测所存在的问题

对职责的关注范围过于狭小造成了内幕交易监管方面的漏洞,随着季度披露重要性的增强,这种漏洞变得越来越明显。现在,一家公司的股价会根据其业绩是否符合预期而剧烈波动。随着使用此类信息预测短期价格变动的机会增加,长期以来一直是行业惯例的选择性披露变得更加成问题。由于10b-5规则的限制,SEC试图使用一个广泛的披露规则,即《FD条例》来减少对收益信息的交易。

由于公司的股价在很大程度上取决于市场对其未来收益的预期,因此估值需要对公司的业绩进行预测。长期以来,大公司一直在创建内部预测系统来管理他们的资源。研究分析师为公司的业绩制定自己的外部预测,但与公司的管理层相比,他们明显处于劣势。尽管SEC的规定直到20世纪70年代才允许提交这类预测,但并未禁止公司自愿披露其预测。[2] 如前所述,许多公司有选择地向市场专业人士披露公司未来业绩的信息。[3]

早在20世纪60年代,就有人质疑选择性披露那些与公司预测有关的信息是否恰当。负责凯迪(Cady)、罗伯茨(Roberts)案裁决的前SEC职员亚瑟·弗莱舍(Arthur Fleischer)称,"公司管理人员……经常会面对经纪公司和投资银行的预测,并被要求确认这些数字"。[4] 他指出,尽管该公司最好是不对这些预测发表评论,但"提醒分析师注意其假设或计算中的任何严重错误,却都是恰当的"。[5]

SEC从禁止预测转向鼓励预测,其原因可能是对选择性披露感到不安,因为这种披露传达了一家公司能否实现其季度预测的信息。如果公司可以在提交给SEC的文件中包含预测,那么对于优先此类预测信息的公司而言,其优势就会减少。正如乔尔·塞利格曼所指出的那样,SEC认识到"通过禁止披露盈利预测,使一种差异披露形式得以延续"。[6] SEC的政策在增加发布预测的公司数量方面取得了

[1] 理查德·W.佩因特、金伯莉·D.克拉维茨、辛西娅·A.威廉姆斯,Don't Ask,Just Tell:*Insider Trading After* United States v. O'Hagan,84 VA. L. REV. 153,190(1998)("盗取理论的一个严重缺陷"是"内幕交易责任不在于对市场的影响或对买卖股票的潜在损害,而在于对信息来源负有的责任,不管这个来源是证券的买方、卖方甚至是市场参与者");也见维克多·布鲁德尼,O'Hagan's *Problems*,1997 SUP. CT. REV. 249,260。

[2] 布鲁斯·A.希勒,*The SEC and the Courts' Approach to Disclosure of Earnings Projections,Asset Appraisals,and Other Soft Information:Old Problems,Changing Views*,46 MD. L. REV. 1114,1118 n.8(1987)。

[3] 同上注,第1118页(20)。

[4] 小弗莱舍,前注31,第134页。

[5] 同上注。

[6] 乔尔·塞利格曼,*The SEC's Unfinished Soft Information Revolution*,63 FORDHAM L. REV. 1953,1956(1995)。

相应的成就，但它也突显出对选择性披露的担忧，这种担忧一直持续到今天。

随着20世纪60年代和70年代的董事中心主义让位给股东财富最大化，预测的重要性增加了。新的季度报表确保了公司将被要求报告季度业绩，市场可以用其来对公司进行估值。正如一位评论员在1981年评论企业高管时所指出的那样，“他们能否在职场上生存，取决于能否实现让金融界满意，且每季度稳定增长的利润”。[1]

到了20世纪90年代，公司业绩能够满足季度预期对投资者变得尤为重要。[2] 两位金融学教授报告称，“自20世纪90年代中期以来，但不是在那之前，投资者明确地回报了……公司报告季度收益会议……分析师预期”。[3] 随着预测方法的改进和预测的广泛传播，它们成为判断一家公司是否在正轨上的直接方法。如今，很明显，“在股市上，达到或超过预期往往会得到回报，而未能达到预期则会受到惩罚”。[4]

投资者渴望获得盈利结果，而公司也有提供此类信息的动机。通过有选择地与分析师沟通，企业可以塑造市场认知，避免盈利意外。正如主席莱维特(Levitt)解释的那样，“越来越多的公司会向分析师透露他们认为自己的收益将是……以避免错过分析师的共识预测”。[5] 此外，公司可能会通过向投资者和分析师通报意外的收益损失来与他们建立关系。通过向有影响力的市场参与者提供信息以鼓励他们对其股票进行大量投资。

选择性披露收益看起来像内幕交易，但根据10b-5规则往往无法约束。如果内部人士没有从信息披露中获得个人利益，那么基亚雷拉案中的信义义务就未被违反。根据奥哈根案中的相关规定，如果一名员工在获得信息所有者同意的情况下传播了这些信息，就不存在违反保密义务的行为，而仅属于不当使用。根据得克斯案的相关规定，只要没有违反义务，10b-5规则并不禁止信息接收者利用该信息进行交易。

为了弥补法律中的这一漏洞，SEC通过了《FD条例》，要求发行人同时向公众披露提供给特定方(如研究分析师)的重要信息。[6] 通过这一方式，间接地规

---

[1] 史蒂夫·罗尔，*Overhauling America's Business Management*，*N.Y.TIMES*，Jan.4，1981，§ 6，at 15。

[2] 20世纪90年代初，分析师的共识预测首次被系统地收集并向市场公开。见约瑟夫·诺塞拉，*The Trouble with the Consensus Estimate*，6 MONEY 59-60(1998)。

[3] 劳伦斯·D.布朗、马库斯·L.凯乐，*A Temporal Analysis of Quarterly Earnings Thresholds: Propensities and Valuation Consequences*，80 ACCT. REV. 423，425(2005)。

[4] 金融高管研究基金会，投资者关系与收益指导调查3(2015)。

[5] 亚瑟·莱维特，TAKE ON THE STREET WHAT WALL STREET AND CORPORATE AMERICA DON'T WANT YOU TO KNOW 89(2002)。早在20世纪70年代，SEC就强调过这个问题。见布雷德福·库克，*The Role of the Investment Analyst in the Evolving Market System*，在纽约证券分析师协会的演讲(1973年3月27日)，http://www.sec.gov/news/speech/1973/032773cook.pdf [https://perma.cc/NE5J-B4E9]。

[6] 17 C.F.R. § 243.100(2018)。然而，该法规并没有“要求发行人披露重要信息(只是在非选择性的基础上进行披露)”。选择性披露与内幕交易，65 Fed. Reg. 51，715，51，731(2000年8月24日)(汇编于17 C.F.R. pts. 240，243，249)。

范了私下传递此类信息并选择利用这些信息进行个人交易获利的做法。SEC 没有通过处理内幕交易案件而是通过建立强制披露规则来解决选择性披露的问题。正如当时 SEC 主席亚瑟·莱维特所解释的那样：

> 我们需要一个不同的诱饵，SEC 总法律顾问、哥伦比亚大学法学教授戈德施密德找到了一个。他没有把重点放在内幕交易上，而是转向了证券法的部分内容，该部分内容允许 SEC 监管上市公司之间的通信，在股票发行前披露 SEC 备案文件或招股说明书中的重要信息，或在股票发行后 25 天保持"安静期"，那么为什么不要求他们同时向所有股东披露重要信息呢？[1]

正如在得克萨斯州海湾硫磺案中，第二巡回法院试图通过要求在交易前披露来禁止内幕交易一样，SEC 使用披露规则禁止选择性传播季度盈利信息。

《FD 条例》恢复了一种或披露或弃权规则，但其影响有限。SEC 规定违反《FD 条例》不构成违反 10b-5 规则的证券欺诈行为。[2] 该规则仅规定了对发布信息的公司的责任，并没有惩罚可能利用该信息进行交易的人。SEC 也并未大力执行该规则。因此，有证据表明选择性披露收益的做法仍然很普遍。[3]

内幕交易与披露制度有着密切的关系。首先，披露是一种可以用来防止内幕交易的工具。其次，信息披露制度可能会为内幕交易创造机会，而为了保证制度的完整性，必须解决这一问题。

二、现代信息披露体系

要理解内幕交易引发的问题，就需要了解现代信息披露的监管体系。自得

---

〔1〕 莱维特，前注 82，第 92 页。

〔2〕 选择性披露与内幕交易，前注 83，第 51 页，718。

〔3〕 有大量传闻证据证明，选择性信息披露仍在继续。托马斯·格里塔、瑟琳娜·吴、西奥·弗朗西斯，*Analysts Steered to "Surprises"*，WALL ST. J.，Aug. 5，2016，at A1；瑟琳娜·吴、托马斯·格里塔，*Analysts Say 'Buy' to Win Special Access*，WALL ST. J.，Jan. 20，2017，at A1；瑟琳娜·吴、安东·特罗亚诺夫斯基，*How Some Investors Get Special Access to Companies*，WALL ST. J.，Sept. 27，2015. 学术研究还表明，投资者仍然会在与经理人的私下会面中获得内幕信息。例如，布赖恩·J. 布什，迈克尔·郑、& 格雷戈里·S. 米勒，*Do Investors Benefit from Selective Access to Management?*（2016 年 7 月）（发现经理人和投资者在会议上一对一会面后，交易规模和交易收益有所增加的证据），https://ssrn.com/abstract=1880149；T. 克里夫顿·格林、罗素·贾梅、斯塔尼米尔·马尔科夫和穆萨·苏巴西，*Access to Management and the Informativeness of Analyst Research*，114 J. FIN. ECON. 239(2014)（有证据表明，在投资者会议上与管理层会面，这将会对分析师有益）；大卫·所罗门和尤金·索尔特斯，*What Are We Meeting for? The Consequences of Private Meetings with Investors*，58 J. L. & ECON. 325(2005)（发现投资者与公司私下会面后，做出的交易决定更为明智）。

另一方面，有证据表明，《FD 条例》减少了公众与投资者之间获取管理信息的不对称性。见，例如，文卡特·R. 艾雷斯瓦拉普、雷克斯·汤普森和库马尔·文卡塔拉曼，*The Impact of Regulation Fair Disclosure: Trading Costs and Information Asymmetry*，39 J. FIN. QUAN. ANAL. 209(2004)（在《FD 条例》通过后，发现交易价差有所降低）；弗兰克·赫夫林、K. R. 苏布拉马尼亚姆、Yuan Zhang，*Regulation FD and the Financial Information Environment: Early Evidence*，78 ACCT. REV. 1(2003)（在《FD 条例》通过后，自愿性披露有所增加）。

克萨斯州海湾硫磺公司和亨利·曼恩为内幕交易辩护以来,联邦证券监管要求披露的信息已大幅增加。上市公司不仅必须比20世纪70年代更频繁地披露信息,而且对信息披露可靠性的预期也有所提高,尤其是在国会于2002年通过萨班斯—奥克斯利法案之后。为了使强制披露更加可靠,就必须推迟披露,以便公司能够核实其备案文件的准确性。因此,最重要的公开信息将被汇编、广泛分析,并按季度向公众发布。公司也可以自愿披露比联邦证券法规定要求的更多信息。这种自愿披露对市场很有价值,但如果有选择性地披露,则可能会引发公平性问题。

本部分讨论了目前上市公司的证券披露制度,为第三部分分析内幕交易监管奠定基础。第一部分解释了为什么最重要的公司信息是定期披露而不是连续披露。第二部分描述了美国证券法规定的披露范围,并讨论了延迟是披露制度固有的一部分,还指出了自愿性披露在补充强制性披露方面的作用。

(一)信息披露频率

典型的上市公司需要经常与公众沟通。然而,公司最重要的财务信息是按季度发布的,而不是连续发布的。[1] 法院一贯认为,公司没有立即发布重要信息的一般义务。[2] 上市公司以这种方式披露信息,部分原因是为了更好地分析和核实数据。[3] 而定期披露制度所固有的披露缺口,为补充披露的产生创造条件。

1. 定期信息披露

有人提议,公司应不断地向公众披露信息。你可以想象一个来自公司的实时数据流,它会在股票市场发生销售时,实时报告销售情况。乍一看,这样的系统会比季度披露系统更好地告知投资者,并使市场更有效率。然而,这些提议都

---

〔1〕 小亚瑟·弗莱舍,*Securities Trading and Corporate Information Practices*:*The Implications of the* Texas Gulf Sulphur *Proceeding*,51 VA. L. REV. 1271,1300(1965)("委员会过去曾拒绝强制报告目前所有重大事件的建议,显然是由于这个标准太模糊,很难遵守;此外,它可能会使公司面临重大的责任风险");米图·古拉蒂,*When Corporate Managers Fear a Good Thing Is Coming to an End*:*The Case of Interim Nondisclosure*,46 UCLA L. REV. 675(1999)(在披露临时发展情况信息的责任方面缺乏明确性);注,*Living in a Material World*:*Corporate Disclosure of Midquarter Results*,110 HARV. L. REV. 923,923(1997)("一般来说,如果一家公司没有交易自己的股票,没有发行自己的证券,没有就公司发展发表公开声明,也没有为分析师的错误预测承担责任,那么它甚至不需要披露中期的重大发展信息")。有人认为,《S-K法规》的第303项要求披露"将导致成本和收入之间关系发生重大变化"的"已知趋势或不确定性",规定了披露的义务。然而,一些法院不愿意执行这一义务的宽泛版本。*In re NVIDIA Corp. Sec. Litig.*,768 F. 3d 1046,1054(9th Cir. 2014)(发现违反第303项义务的行为,在10b-5规则下不具有可操作性)。

〔2〕 马特里克公司诉锡拉库萨诺案,563 U. S. 27,44(2011)("第10(b)条和10b-5(b)规则并未规定披露任何和所有重要信息的积极义务");贝西克诉莱文森案,485 U. S. 224,239 n. 17(1988)("根据10b-5规则,在没有披露义务的情况下保持沉默不会产生误导性")。

〔3〕 金融工业基金公司诉麦克唐纳道格拉斯公司案,474 F. 2d 514,519(10th Cir. 1973)(指出披露义务是有限的,以使披露能"得到充分核实,使高层人员和董事对其准确性有充分信心")。

失败了，上市公司的信息披露仍是周期性的，而不是连续的。[1] 这就提出了一个问题，为什么美国证券法主要要求季度披露？

披露制度反映了投资者和公司之间的平衡。[2] 相较于与每个投资者讨价还价，企业更有效的做法是同意使投资者满意的标准披露规则。因此，信息披露实际上反映了希望获得更多信息的投资者和希望披露较少信息的公司之间的妥协。了解信息披露的周期性性质需要考察投资者和公司的利益。

一种可能性是定期披露是一种常态，因为公司抵制持续性披露。不断报告业绩会增加上市公司的成本。企业向竞争对手隐瞒敏感信息的自由裁量权将会减少。拒绝持续的强制性信息披露可能反映了上市公司最小化其信息披露义务的权力。

但是，有限的强制性披露可能不仅仅是因为上市公司的这部分利益。投资者严重依赖与管理层来确定公司财务业绩的现实也促使了这一点。如果没有一些有条理的分类分析规则，公司日常交易的原始数据对大多数股东来说毫无帮助。[3] 持续不断地提供信息可能会让投资者感到困惑，增加公司股价的波动性，而不能够说明公司的业绩。股市表现的暂时涨跌，将被赋予比市场所能保证的更大的重要性。

因此，公司的财务业绩是根据评估特定时期业绩的会计准则来报告的。在报告原始结果之前，管理人员必须汇编信息并进行分析。会计规则促进了标准结果的生成，使之能够进行有意义的分析。定期报告可以让投资者将公司的季

---

〔1〕 戴尔·亚瑟·奥斯特勒，*The Inexorable March Toward a Continuous Disclosure Requirement for Publicly Traded Corporations*:*'Are We There Yet?'*，20 CARDOZO L. REV. 135，139-41(1998)(描述披露的周期性)；罗伯特·B. 汤普森和罗纳德·金，*Credibility and Information in Securities Markets After Regulation FD*，79 WASH. U. L. Q. 615，626(2001)("联邦证券法并不要求披露所有重要信息")。

〔2〕 弗兰克·伊斯特布鲁克、丹尼尔·R. 费舍尔，*Mandatory Disclosure and the Protection of Investors*，70 VA. L. REV. 669，682-83(1984)(指出投资者可以与公司协商双方同意的信息披露)。虽然投资者可以单独与公司协商披露的信息，但由于上市公司有很多投资者，这个过程将是低效率的。通过提供一套符合所有投资者需求的标准披露规则，可使证券监管降低交易成本。例如，弗兰克·伊斯特布鲁克、丹尼尔·R. 费舍尔，THE ECONOMIC STRUCTURE OF CORPORATE LAW 288 (1996)(观察到"公司的决定有效地'协调'了许多不能直接讨价还价的投资者的行为")。在《破产法》中，学者们也注意到，个人债权人同样需要一套强制性的破产规则。如果债权人单独与债务人讨价还价，他们可能会以违背其集体利益的方式行事。因此，《破产法》反映了债权人为降低交易成本的谈判。托马斯·H. 杰克逊，*Bankruptcy*，*Nonbankruptcy Entitlements*，*and the Creditors' Bargain*，91 YALE L. J. 857，860(1982)(观察到破产可能被视为"一种旨在反映人们期望债权人之间达成协议的体系，如果他们能够事先协商达成协议……")；道格拉斯·G. 贝尔德，*The Uneasy Case for Corporate Reorganizations*，15 J. LEGAL STUD. 127，128(1986)("如果有机会，公司的投资者可能会提前同意接受破产程序，以避免在若干投资者行使撤回对公司贡献的权利时，导致公司资产可能出现破坏性的争夺")。

〔3〕 理查德·A. 罗森，*The Statutory Safe Harbor for Forward Looking Statements After Two and a Half Years*:*Has it Changed the Law? Has it Achieved What Congress Intended?*，76 WASH. U. L. Q. 645，668(1998)(观察到连续披露将是"暂时和零碎的")。

度收益与前一年的季度进行比较,或与类似公司的业绩进行比较,以促进估值。[1]

定期披露可以让公司核实信息的准确性。推迟发布财务报告可以让公司有时间剔除错误和不良信息。审计人员可以审查财务结果,以确保没有重大错误。持续的披露可能会导致错误的报告,而这些报告必须在以后加以修订。[2]

投资者似乎对信息只是定期发布而不是连续发布感到满意。如果是不满意的话,他们就会游说改革或将资金转移到别处。定期披露不仅反映了上市公司的利益,还有助于对公司财务业绩进行有意义的分析。

2. 临时信息披露

定期披露系统的缺点是它创建了3个月的时间间隔,在这段时间间隔中,公司不需要提供有关其业务的实质性更新。投资者将要求披露一些临时信息,提供的这些信息符合大多数公司的利益。

在许多情况下,临时披露是必不可少的。有些事件非常重要,必须在季度结束前报告。例如,如果公司的审计师或一名董事突然辞职,这类消息可能是公司的潜在动荡信号,有充分理由立即披露这一消息。重大合同或融资决策对公司而言非常重要,如果不立即披露,其股价可能会不准确。

管理层也可能利用临时信息披露来塑造市场认知。如果有谣言称该公司将无法实现盈利预期,该公司可能会发布迄今为止销售强劲的信息。或者,如果一家公司看起来将无法实现其盈利预期,该公司可能会在本季度结束前发布坏消息以避免给市场造成过大的动荡。[3]

在定期披露制度中,强制性临时披露必然受到限制。如果要求公司立即披露每个事件,那么它们实质上将受到持续披露的约束。因此,定期披露制度为上市公司提供了决定是否自愿披露临时信息的空间。

(二)信息披露的范围

美国证券监管要求定期披露和一些临时披露。随着联邦法律对信息披露的准确性要求越来越高,因此也无法避免延迟披露。长期以来,公司自愿披露额外信息被认为是对证券法规定的有限信息披露的必要补充。然而,此类信息的选

---

〔1〕 帕特丽夏·M. 德肖、道格拉斯·J. 斯金纳,*Earnings Management: Reconciling the Views of Accounting Academics, Practitioners, and Regulators*, 14 ACCT. HORIZONS 235, 238(2000)["权责发生制的本质也许是这样,但作为一个经验问题,权责发生制往往会抑制实体基础现金流的波动,从而产生一个对投资者(用于评估经济表现和预测未来现金流)比当期经营现金流更有用的数字"]。

〔2〕 沃利·苏帕普,*Getting It Right Versus Getting It Quick: The Quality-Timeliness Tradeoff in Corporate Disclosure*, 2003 COLUM. BUS. L. REV. 661, 665(2003)(注意到在披露制度中,"高质量性和及时性目标是相互矛盾的")。

〔3〕 这种提前披露可以降低股东诉讼的风险。道格拉斯·J. 斯金纳,*Earnings Disclosures and Stockholder Lawsuits*, 23 J. ACCT. & ECON. 249, 249-50(1997)(总结关于自愿披露和诉讼的文献)。对中期信息披露的一种批判是,公司披露正面信息的动机大于披露负面信息的动机。马克·J. 斯坦伯格,*Insider Trading, Selective Disclosure, and Prompt Disclosure: A Comparative Analysis*, 22 U. PA. J. INT'L ECON. L. 635, 658(2001)。

择性发布一直存在争议。[1]

1. 强制性信息披露

任何希望其股票公开交易的公司，都必须遵守证券法的强制性信息披露要求。[2] 多年来，这类任务的要求已大大增加。与内幕交易监管形成时期相比，上市公司的信息披露更加频繁，质量也更高。

正如前面提到的，直到20世纪70年代，SEC才要求上市公司提交季度报告。[3] 如今，上市公司必须每年披露一份年度报表，以及每个季度的季度报表。[4] 此外还有大量的临时披露要求。[5] 公司必须立即在重大事件表格(Form 8-K)上报告某些计划之外的重大事件。[6] 在之前提交的财务报表中发现重大会计错误[7]、更换公司审计师，[8]或董事辞职，[9]都是非常重要的事件，必须在季度结束前披露。[10]

强制披露的特点是必须以书面形式提交给SEC，并对其准确性进行核实。因此，即使公司选择在没有法律授权的情况下进行披露，证券法也会影响此类披露，因为它们在最终提交信息时创造了对信息可靠性的预期。而要达到这样的

---

〔1〕 卡尔·W. 施耐德，*Nits, Grits, and Soft Information in SEC Filings*，121 U. PA. L. REV. 254，270-73(1972)(讨论了强制披露和自愿披露的区别)。

〔2〕 强制披露的理由已被充分证明。例如，小约翰·C. 科菲，*Market Failure and the Economic Case for a Mandatory Disclosure System*，70 VA. L. REV. 717(1984)。但见斯蒂芬·M. 班布里奇，*Mandatory Disclosure: A Behavioral Analysis*，68 U. CIN. L. REV. 1023(2000)；罗伯塔·罗曼诺，*Empowering Investors: A Market Approach to Securities Regulation*，107 YALE L. J. 2359(1998)。

〔3〕 定期披露的要求由1934年《证券交易法》第13条规定。15 U. S. C. § 78m(2012)；梅尔文·艾隆·艾森伯格，*The Structure of Corporation Law*，89 COLUM. L. REV. 1461，1484(1989)(提供强制性披露要求的概述)。

〔4〕 SEC. & EXCH. COMM'N, FORM 10-K(2018)[以下简称10-K表格]；SEC. & EXCH. COMM'N, FORM 10-Q[以下简称10-Q表格](2018). 10-Q表格通常在财政季度结束后40天至45天到期。见上注，在通用说明A部分。10-K表格通常在会计年度结束后60天至90天到期。见10-K表格，在通用说明A(2)部分。

〔5〕 其中许多要求与特定事件或交易有关。根据《证券交易法》第5条，公司在出售证券时必须提交一份注册声明，15 U. S. C. § 77f，并根据《证券交易法》第14条提交与股东投票有关的委托书，15 U. S. C. § 78n. 对内部人士的证券交易也有披露要求，15 U. S. C. § 78p(a)，收购投标人，15 U. S. C. § 78n(d)，以及机构投资者15 U. S. C. § 78m(f)。

〔6〕 SEC. & EXCH. COMM'N, FORM 8-K(2017).

〔7〕 同上注，第4.02条。

〔8〕 同上注，第4.01条。

〔9〕 同上注，第5.02条。

〔10〕 8-K表格、10-Q表格和10-K表格要求的定期披露之间存在一些重叠。在向SEC提交这些报告之前，公司有权发布定期报告中包含的信息。然而，如果它这么做了，它就必须向SEC提交声明。如果一家公司"做出任何公开声明或发布……披露有关注册人在已完成的财政季度或年度期间的经营结果或财务状况的重要非公开信息"，它必须提交带有版本文本的8-K表格。同上注，第2.02(a)条。SEC为实施2002年《萨班斯-奥克斯利法》第409条而增加了这一条款，该条款涉及"实时发行人信息披露"。见Additional Form 8-K Disclosure Requirements and Acceleration of Filing Mandatory Date, Release No. 33-8400, 69 Fed. Reg. 15, 594, 15, 609(2004年3月16日)(将汇编于17 C. F. R. pts. 228, 229, et al.)。

监管预期,往往需要延迟而不是持续披露信息。[1]

《证券法》规定了具体要求和一般义务,这将推迟上市公司的信息披露。长期以来,要求上市公司将其年度财务报表提交独立审计师进行核实。[2] 这一基本规则意味着,上市公司的年度财务报表必须接受独立审计师的核实。此外,根据10b-5规则对欺诈性行为责任的规定,也促进了公司在提交披露文件之前对其准确性的审查。

近年来,旨在提高公司信息披露准确性的监管不断增加。1973年,在得克萨斯海湾硫磺案的几年后,SEC开始要求采用公认会计原则(GAAP)取代之前被批评为"零碎"的会计准则框架,因为"标准没有基于一致的、潜在的主题或框架"[3]。它创建了财务会计准则委员会,并使其有关公认会计准则的标准具有权威性。[4] 1977年的《反海外腐败法》(Foreign Corrupt Practices Act)要求上市公司的账簿和记录"准确、公平地反映出发行人的资产交易和处置情况"。[5] 该法还要求公司"设计并维持一套内部会计控制系统,以提供合理保证",确保公司的会计符合公认会计准则。[6] 25年后,萨班斯-奥克斯利法案扩大了上市公司在内部控制方面的义务。它要求管理层提交年度报告,评估"内部控制结构和程序的有效性";和公司的审计师对公司"证实并报告管理层的评估"。[7] 随着对强制披露的可靠性的期望越来越高,很难想象一家上市公司会不断地向公众发布原始信息。

除了定期义务外,公司有时还被要求发布临时信息披露。这类义务的范围有些不明确。禁止证券欺诈的10b-5规则已被解读为对上市公司施加积极义务,以更新和纠正它们先前发布的信息。然而,这些义务只有在特殊情况下才会触发,例如,当先前发布的声明在没有新披露的情况下变得具有重大误导性时。[8] 此外,纽约证券交易所有一项规定,"上市公司应迅速向公众发布任何可能对其证券市场产生重大影响的消息"。[9] 尽管从表面上看,这一规定似乎要求立即披露临时发展情况,但实际上并没有得到切实执行。[10]

---

[1] 保罗·G. 马奥尼,*Technology, Property Rights in Information, and Securities Regulation*, 75 WASH. U. L. Q. 815,819(1997)("延迟为会计师、律师和经理提供了一次检查和再检查信息的机会");罗森,前注92,第669页。(指出"公司需要时间来生成关于当前业绩的准确并可靠的信息")。

[2] 10-K表格,前注99,第8(a)条。

[3] SEC. & EXCH. COMM'N,根据2002年《萨班斯-奥克斯利法》第108(D)条关于美国财务报告制度采用基于原则的会计制度的研究 19(2003),https://www.sec.gov/news/studies/principlesbasedstand.htm [https://perma.cc/JV77-4BBH]。

[4] 会计系列发布第150号,关于建立和完善会计原则和标准的声明(1973)。

[5] 《证券交易法》§ 13(b)(2)(A),15 U.S.C. § 78m(b)(2)(A)(2012)。

[6] § 13(b)(2)(B).

[7] 2002年《萨班斯-奥克斯利法》§ 404,Pub. L. No. 107-204,116 Stat. 745。

[8] *In re Time Warner Inc. Sec. Litig.*, 9 F. 3d 259,267(2d Cir. 1993)("如果原始意见或预测因干预事件而变得具有误导性,则有义务更新意见和预测")。此外,要触发证券欺诈责任,违反该义务必须具有欺诈意图。同上注,第268页。

[9] 《纽约证券交易所上市公司手册》§ 202.05。

[10] 奥斯特勒,前注90,第163页。

最近，法律增加了公司在季度报告中披露信息的义务。例如，萨班斯-奥克斯利法案要求 SEC 扩大 8-K 规则（Rule 8-K），以增加触发立即披露的临时事件的类型。在该规则的最终版本中，SEC 指出，“在之前的重大事件表格（Form 8-K）制度下，公司需要报告的重大事件较少”。[1] 它解释说，“我们今天通过的修正将通过增加目前必须披露的毫无疑问或假定的重大事件的数量而使市场受益”。[2]

在亨利·曼恩言论发布的当时，强制披露的要求是最低的，但随着投资者要求更多更优质的信息，证券投资的世界已经发生了变化。

2. 自愿性信息披露

尽管强制性披露已经变得更加广泛和可靠，但公司仍有必要自愿向公众披露更多信息。这种自愿披露包括根据证券法规定，发行人不需要披露的信息。[3] 自愿披露是对定期披露的补充，但也会导致滥用的情况。

自愿披露可以通过向投资者传递额外的信息从而使市场受益。由于 SEC 的文件必须是业绩的总结，因此它们不会披露公司的所有事实。由于其采用书面形式，强制性披露可能是与市场沟通的一种笨拙方式。[4] 投资者没有机会表达他们想了解且感兴趣的内容，公司只会提供不深入细节的模糊陈述。与书面形式的 SEC 文件或新闻稿相比，个人沟通可能是一种更有效的信息披露方式。[5] 例如，公司召开电话会议讨论季度收益是很常见的。愿意花时间倾听的投资者可以通过倾听他们如何回答投资者的问题来了解管理层的能力。另一个自愿披露的例子是产品演示或参观新工厂。[6] 目睹产品演示或参观工厂比阅读书面描述能提供更多的信息。

不能期望公司及其管理层出于利他的原因自愿披露信息。[7] 他们只会在此类披露中受益的范围内行事。如前所述，披露信息的动机之一是通过在定期披露中先发制人以建立市场信誉。只要将信息传播给所有投资者并且公司不试图操纵市场，这种策略就没有问题。

另一种更具争议的自愿披露形式是选择性地向有影响力的分析师和投资者

---

〔1〕 Additional Form 8-K Disclosure Requirements and Acceleration of Filing Date, Securities Act Release No. 8400, 69 Fed. Reg. 15594 (Mar. 16, 2004)（将汇编于 17 C. F. R. pts. 228-30, 239, 240, 249）。

〔2〕 同上注，第 15594 页（95）。

〔3〕 出于本条的目的，选择加快定期报告的发布（这是一种常见做法）将不被视为自愿披露。

〔4〕 SEC 一直在努力使信息披露更具可读性，它的申报文件必须包含叙述性的管理讨论和分析部分。虽然这种披露可能是有用的，但它并没有消除在披露环境之外进行信息交流的必要性。

〔5〕 罗森，前注 92，第 662 页（观察到公司更愿意通过电话传递一些信息）；唐纳德·C. 兰格沃特，*Investment Analysts and the Law of Insider Trading*, 76 VA. L. REV. 1023, 1029-30 (1990)；丹尼尔·R. 费舍尔，*Insider Trading and Investment Analysts: An Economic Analysis of Dirks v. Securities and Exchange Commission*, 13 HOFSTRA L. REV. 127, 144 (1984)（“公司自愿向分析师传递信息，这表明使用分析师是传达信息的有效方法”）。

〔6〕 假设有一家公司拥有一款秘密的新产品，它认为这款产品很有前途，并且会增加公司的价值。强制性披露的书面形式将是传达产品潜力的一种劣拙方式。通过演示进行自愿披露，将是向投资者展示该产品可能获得成功的最佳方式。不过，这款产品还没有发展到可以向全世界展示，且不会被竞争对手窃取产品细节的阶段。披露这一信息的最佳方式是通过对一小群人的亲身演示。

〔7〕 奥斯特勒，前注 90，第 159 页（强调鼓励公司自愿披露多于强制披露要求的信息的重要性）。

披露信息。由于公司高级管理层只能亲自主持有限数量的会议,公众无法参加此类会议。正如最高法院所承认的,"这是此类信息的本质……它不能同时提供给公司的所有股东或一般公众"。[1]

长期以来,这种选择性披露被认为是向市场传播信息的必要条件。公司信息披露咨询委员会(Advisory Committee on Corporate Disclosure)在 1977 年的一份报告中指出,与分析师的会议被用来传达"比通常包含在年度报告或年度报表中的更具体或更及时的信息"。[2] 最高法院在得克斯案中描述了分析师"挖掘和分析信息的过程……必要时会见公司管理层和其他内部人士并向他们提问"。[3] 如前所述,在美国诉纽曼案中,美国第二巡回法院认为公司与分析师之间就盈利和盈利模型进行的沟通没有问题。[4] 即使是对内幕交易监管采取严格的平等获取原则的《欧盟市场滥用条例》(EU Market Abuse Regulation)也指出,它"无意禁止股东和管理层就发行人的业务和市场发展进行的一般性讨论。这种关系对市场的有效运作至关重要,本条例不应禁止这种关系"。[5]

选择性披露可以成为管理者与有影响力的市场参与者建立信任的一种方式。即使没有明确讨论新的信息,偶尔与 CEO 的会面也会提供丰富的信息,这些信息是无法通过新闻稿或 SEC 文件复制的。如果与管理层面对面交流的分析师的感想能够传达给市场的其他人,那么市场就会受益。[6] 另一方面,这种选择性的获取可以创造机会,将内幕信息提供给受青睐的个人。

一些评论员并不担心这种可能性。他们认为,公司应该能够补贴那些投入时间关注公司的市场参与者。[7] 由于上市公司数量众多,市场参与者对他们将

---

[1] 德克斯诉 SEC 案,463 U. S. 646,659(1983)。

[2] 企业信息披露咨询委员会,前注 40,第 13 页;SEC 诉鲍什和隆布公司案,565 F. 2d 8,14(2d Cir. 1977)(注意到经理会向分析师传达额外的信息)。

[3] 得克斯,463 U. S. at 658-59(引用 21 SEC 纪要,第 1406 页)(描述了"市场分析师的角色",他们是"维护健康市场所必需的");也见埃尔金德诉利吉斯和迈尔斯公司案,635 F. 2d 156,165(2d Cir. 1980)("与分析人员的会议和讨论在收集、评估和传播供公众使用的公司信息方面发挥着重要作用")。对于分析师总是促进市场效率这一假设的批评,见兰格沃特,前注 120。

[4] 773 F. 3d 438,454-55(2014).

[5] 《理事会条例》596/2014,序言(19),2014 O. J. (L 173)1,4。

[6] 美国诉切斯特曼案,947 F. 2d 551,578(2d Cir. 1991)(观察到"平等准入原则将导致一个由相对程度的不可知所控制的证券市场,因为独立生成公司信息的利润动机将大大减少");安东尼 · T. 克罗曼,*Mistake, Disclosure, Information, and the Law of Contracts*,7 J. LEGAL STUD. 1,15-18,20-21(1978)(讨论寻找投资信息的动机)。

[7] 史蒂芬 · J. 崔,*Selective Disclosures in the Public Capital Markets*,35 U. C. DAVIS L. REV. 533,548(2002)("因此,公司可以通过选择性披露制度来补贴分析师和大股东,从而提高总体股东的福利";海伦 · A. 加滕,*Insider Trading in the Corporate Interest*,1987 WIS. L. REV. 573,625(描述了公司与研究分析师关系的益处);刘易斯 · D. 所罗门、丹 · 威尔克,*Securities Professionals and Rule 10b-5: Legal Standards, Industry Practices, Preventative Guidelines and Proposals for Reform*,43 FORDHAM L. REV. 505,518(1975)("在 SEC 或自身利益的推动下,各公司认识到需要与证券分析师保持良好关系")。海伯尔教授与亨德森教授提出了一种替代现行体系的市场方案,即投资者可以向发行方付费以获取信息。见凯文 · 海伯尔、托德 · 亨德森,*Making a Market for Corporate Disclosure*,35 YALE J. REG. 383(2018)。

研究的公司有一定的选择权。有选择性的披露可能对一家规模较小的公司尤其重要,因为它很难找到愿意对其进行报道的分析师。[1] 而包括提起纽曼案的SEC和司法部(Justice Department)在内的其他机构则认为,这种选择性披露应当被禁止。

三、强制披露与内幕交易监管

本部分阐述了内幕交易如何破坏披露制度的完整性。内幕交易监管是强制性定期披露制度的必要条件,以实现其为公众投资者提供平等获取发行人高质量信息的目标。这种制度固有的信息披露延迟,为内部人员创造了从对季度业绩发布的短期反应中获利的机会。为了公众投资者的利益,不应允许内部人员利用核实信息披露准确性所必需的延迟来进行谋利。此外,由于定期披露制度赋予公司可以不立即披露重大信息的自由裁量权,则内部人员也不应被允许利用这种自由裁量权获利。虽然应鼓励公司自愿披露信息,但不应允许他们有选择地披露那些可以轻松预测其短期业绩的信息。

(一)强制性信息披露的完整性

考虑这样一个世界,即公司被要求并且能够向市场提供持续的信息披露。所有公司的信息都将被立即发布,没有任何延迟。还要假设投资者能够即时理解并分析这些信息,从而迅速纳入市场价格中进行考虑。在这样一个世界里,几乎没有必要对内幕交易进行监管。[2] 受青睐的投资者很难利用内部信息获得比其他投资者更大的优势。

欧盟试图通过强制要求持续披露信息来消除获取信息方面的差异。《欧盟市场滥用条例》(The EU Market Abuse Regulation)规定,"发行人应尽快告知公

---

〔1〕 戈森、帕尔乔莫夫斯基,前注47,第1269页(认为对于"股票交易流动性较低的小公司",选择性披露"是通向具有竞争力的分析师范畴的必要一步");小保罗·B. 布隆塔斯,*Rule 10b-5 and Voluntary Corporate Disclosures to Securities Analysts*,92 COLUM. L. REV. 1517,1538(1992)("分析师和公司对具有持续性且自愿的企业沟通有着强烈的兴趣:如果不这样做的话,许多企业在很大程度上会被忽视,就可以通过分析师的信息传播功能,来获得相当一部分市场的关注……")。

〔2〕 所罗门、威尔克,前注129,第544页("持续的公司信息披露将有助于分析师进行分析,并消除部分寻求内部信息的诱惑");也见伊曼·阿纳布塔维 *Toward a Definition of Insider Trading*,41 STAN. L. REV. 377,396(1989)("如果股票的正确定价是有效的,那么通过采用要求公司全面披露重大非公开信息的披露规则,就可以立即实现这一目标");杰西·M. 弗里德,*Reducing the Profitability of Corporate Insider Trading Through Pretrading Disclosure*,71 S. CAL. L. REV. 303(1998)(建议强制内部人士在交易前披露信息)。著名的德克斯案的被告,雷蒙德·L. 德克斯写了一本关于这桩丑闻的书。他提出持续披露是解决内幕交易问题的一种方法,并解释说:解决办法是由公司自愿、全面和不断地披露信息。每当公司运营中发生重大事件时,都应该将其公开。如果任何投资者利用内幕信息股票交易,他们就会因未公开该信息而受到诉讼。而实际上,在对未能完全披露的行为进行惩罚之前,是不可能完全披露的。现在也没有这样的惩罚。RAYMOND L. DIRKS & LEONARD GROSS,THE GREAT WALL STREET SCANDAL INSIDE EQUITY FUNDING 286(1974).

众与发行人直接相关的内部信息”。[1] 或许是承认企业不一定总是能立即提供所有内幕信息的这一现实，欧盟禁止“任何掌握内幕信息的人……该人知道或应该知道这是内幕消息”。[2] 此外，禁止“非法披露内幕信息”，除非“是在正常行使雇佣、职业或职责时”。[3] 欧盟的强制性披露制度反映了一项政策决定，即为投资者提供获得所有内幕信息的平等机会。基于这些信息进行的任何交易均不符合披露政策。[4]

相比之下，如前所述，美国证券监管并未要求持续披露信息。延迟发布信息不仅是被允许的，也是法规有效要求的。证券法已经做出了政策判断，即投资者可以从对公司信息进行评估和核实的延迟中受益。不过，这种延迟意味着定期披露的内容对市场而言更为重要，与持续强制披露的制度相比为内幕交易创造了更大的机会。此外，在一个没有要求持续披露信息的体系中，有必要鼓励企业自愿发布欧盟未掌握的信息。

1. 定期信息披露

对于想通过交易快速获利的投资者来说，未公布的季度报告的内容是有价值的。多年来，股票市场已经结构化，公司财务业绩的披露往往会对其短期股价产生直接影响。与持续披露制度不同，有关公司季度业绩的最佳信息会被延迟，并每年向市场公布四次。投资者根据这些结果是否符合、超过或低于先前的收益预期，进而做出相应的决策。美国的强制性定期信息披露制度带来了一个问题，即受青睐的投资者可能会从公司的早期消息中获利。

证券信息披露的前提是，投资者应该有平等的机会了解上市公司的定期业绩。基于这些结果进行的内幕交易从根本上与这一目标不符。推迟披露这类结果的主要原因是为了所有公众投资者的利益，这些结果可以得到核实。如果一个系统强制要求人们平等地获取最可靠的信息，但在这些信息向公众发布之前却允许对这些信息进行自由交易，那么这个系统内部就会出现矛盾，且缺乏诚信。

尤其值得怀疑的是，上市公司及其代理人利用这种延迟来达到自己的目的。上市公司受到定期而非持续披露的约束，主要是因为这符合它们在限制披露义务方面的利益。他们不能允许他们的代理人利用此类系统中固有的有限数量的披露事件，来从他们对季度业绩的预先了解中获利。

允许一些投资者提前获得强制性定期披露的信息，所带来的公众利益是微乎其微的。这种信息披露的提前发布，充其量只会导致信息在一定程度上提前被纳入市场价格。正如伊斯特布鲁克（Easterbrook）和费舍尔（Fischel）教授所观

---

〔1〕《理事会条例》596/2014，art. 17(1)，2014 O. J. (L 173) 34。

〔2〕 同上注，第 8(4) 条款。

〔3〕 同上注，第 10(1) 条款。

〔4〕 爱德华·格林、奥利维亚·施密德，*Duty-Free Insider Trading?*，2013 COLUM. BUS. L. REV. 369，410。

察到的，略微提高信息的发布速度，不会带来实质性的社会收益。[1]

此外，虽然盈利数据可以影响股价，但它们可能不是对公司进行长期估值的良好指标。即使市场能更快地通过内幕交易得知短期业绩，但这并不意味着股价能更准确地反映公司的长期前景。对季度业绩的不健康关注甚至可能扭曲公司的决策。人们担心市场过于关注短期价值，如果允许个人从定期业绩中获利，就会增加投机而非投资的动机。

虽然有一种观点认为，公司可以通过培养某些投资者和分析师，让他们提前获得定期业绩，并从而从中受益，但如果允许建立这种关系将会破坏估值过程。一些投资者不会因为一家公司的潜力而投资，而是看重其投入的资金，因为他们会对股价的波动有所警觉。只有符合信息披露规定，且信息披露规定旨在为投资者提供平等获取某类信息的渠道的情况下，公司才能获准与市场参与者建立联系。

2. 临时信息披露

如果允许对《证券法》要求需要通过 8-K 表格立即披露的特定事件进行提前交易的话，这也会产生一定的问题。在定期披露制度中，只有部分事件是必须临时披露的。这类事件之所以被单独列明，是因为它们对投资者来说特别重要，会对公司估值产生直接影响。监管部门已做出决定，让公众平等地了解公司的相关新闻，如董事辞职等信息。如果允许对此类信息进行内幕交易，则将违背了相关的规定，应立即将相关情况告知所有投资者。

持怀疑态度的人可能会注意到，强烈反对内幕交易的人可能会通过增加强制披露的范围，进而完全禁止此类交易的发生。但这种范围的扩大不太可能，因为上市公司会反对这种政策的成本。因此，美国的内幕交易监管是有限的，其部分原因在于可以强制披露的信息是有限的。[2]

因此，信息披露制度和内幕交易监管是紧密交织在一起的。有充分的理由认为，利用强制性披露这一要求产生的信息进行内幕交易，将会破坏一个既要求平等获取披露信息、又通过延迟披露信息以便更可靠的系统的完整性。在这种

---

〔1〕 他们写道：一些信息，如公司的季度收益，为交易收益提供了机会；第一个知道消息的人可以获得巨大的利润。然而，在更重要的程度而言，这些信息是毫无价值的。根据无论如何都会出现的消息进行交易，不会改变未来，也不会带来对证券的更好的新投资。价格最终会变化，以反映真实收益。改变一天或更短的时间，对于效率配置来说不是很重要。

伊斯特布鲁克、费舍尔，前注 91，第 288 页；也见弗里德，前注 131，第 315 页（指出由于强制披露的存在，“内幕交易能够使价格更准确的时间可能相当短”）；梅里特·B. 福克斯，劳伦斯·R. 格罗斯腾、加布里埃尔·V. 劳特伯格，*Informed Trading and Its Regulation*，43 J. CORP. L. 817，853(2018)（认为这种交易只能“在短时间内提高价格准确性……不会对实体经济的效率产生重大影响”）。此外，一些评论人士质疑内幕交易是否真的提高了股价的效率。威廉·K. S. 王、马克·I. 斯坦伯格，INSIDER TRADING § 2:2.2(3d ed. 2010)。

〔2〕 甚至欧盟的信息披露制度也不是真正的强制性和持续性的。欧盟只要求半年度报告，而不是季度报告。《理事会指令》2013/50，2013 O. J. (L 294) 13(EC)。此外，它的法规规定，如果这样做会“损害”其利益，发行人可以“延迟向公众披露内部信息”，不披露也“不太可能误导公众”，那么公司就能够“确保信息的机密性”。《理事会条例》596/2014，art. 17(4)，O. J. (L 173) 1，34。此外，如果欧盟的义务没有得到积极执行，其持续披露义务并不大于纽约证交所的连续披露义务。奥斯特勒，前注 90，第 163 页（描述了纽约证券交易所系统）。

强制性披露信息的基础上进行预先交易，几乎没有任何理由可以证明内幕交易人员的腐败得利是正当的。

(二)自愿信息披露

在定期披露制度中，对于不受强制性定期或临时披露约束的信息，公司有两种自由裁量权。他们有权延迟披露这类信息。它们也有权向投资者披露比证券法要求的更多的信息。但当这些额外的信息被传达给特定的个人时，就会引起相应的争议。

1. 自主延迟

为了使披露制度真正具有周期性，就必须给予公司延迟披露的自由裁量权。没有义务立即披露所有重要信息。[1] 如果有一项规定要求上市公司必须迅速披露每一项重要信息，那么它就会受到持续披露，而不是定期披露。长期以来，在披露时间方面，美国的相关制度让管理人员拥有很大的自由裁量权。正如第二巡回上诉法院在得克萨斯海湾硫磺案中所描述的那样，信息披露是“在交易所和美国证券交易委员会颁布的肯定性信息披露要求的范围内，受委托管理公司的公司高管的商业判断问题”。[2]

对于上述的自由裁量权，必须谨慎地进行行使。《证券法》不要求持续披露所有重要信息，部分原因是沉默通常符合公司的最佳利益。如果管理人利用自己的能力，在重要信息公开之前就对其进行交易，从而延迟信息披露，那么这种延迟是否真正符合公司利益就会引起质疑。卡梅尔教授解释说，禁止这种延迟披露交易是“必要的，以确保商业秘密不会被滥用，且会不被公司管理者和员工个人进行秘密获利”。[3] 即使无法证明此类交易实际上导致了延迟，如果允许这样的交易，也会引发人们对延迟交易的质疑。

当未披露信息的重要性随着时间的推移而波动时，评估延迟披露的交易是否恰当就变得尤为复杂。[4] 不妨考虑一下得克萨斯海湾硫磺案的事实。当一家公司发现了有价值矿物的初步证据，但其发现的程度非常不确定。证券监管将不要求披露该信息。如果内部人士利用这些投机性信息进行交易会破坏信息披露系统的完整性吗？有观点认为这不会破坏信息披露系统的完整性，因为根据这些不确定信息购买股票的内部人士，正在承担着公司找不到具有实质性价值的矿产的风险。

---

〔1〕 前注 88 援引案例；也见唐纳德·C. 兰格沃特，*From Texas Gulf Sulphur to Chiarella：A Tale of Two Duties*，71 SMU L. REV. 835，849-51(2018)(解释称在得克萨斯海湾硫磺事件后，法院从未制定出披露信息的一般义务)。

〔2〕 SEC 诉得克萨斯海湾硫磺案，401 F. 2d 833，850，n. 12(2d Cir. 1968)；也见金融工业基金公司诉麦克唐纳道格拉斯公司案，474 F. 2d 514，518(10th Cir. 1973)(enbanc)(注意到自愿披露的时机“从根本上而言，几乎完全与自由裁量权和商业业务判断有关”)。

〔3〕 卡梅尔，前注 4，第 170 页(71)。

〔4〕 相比之下，强制性披露报告中的信息，尤其是收益报告中的信息，更有可能是成熟的、明显重要的信息。

在某一时刻，当人们开始清楚地认识到这是一个巨大的矿藏，将对公司的业绩产生重大影响。[1] 即使在这一点上，也没有义务立即披露这些信息(尽管它最终必须包括在强制性的定期披露中)。要求立即披露可能会危及项目，损害公司利益。[2] 与信息的重要性不确定的情况相反，允许利用明显会影响公司股价的信息进行交易，将是一件麻烦的事情。如果一个内部人士利用这些信息进行交易，他就会利用自己的自由裁量权，在风险很小的情况下隐瞒这些信息以牟取个人利益。这样的个人敛财行为会让人质疑延迟披露的决定是否公正。

2. 自主支配的选择性信息披露

定期披露制度不仅赋予企业延迟披露的自由裁量权，还允许企业披露超出监管要求的信息。[3] 这种自愿披露在向公众公布时并不成问题。当公司有选择地向少数投资者或研究分析师披露信息时，就会出现难题。当选择性自愿披露可以轻松预测公司的短期业绩时，它可能会破坏强制性披露的完整性。另一方面，与公司长期发展相关的选择性披露不太可能出现问题。

(1)选择性披露短期信息

在一项重要的早期裁决中，第二巡回上诉法院试图就选择性披露是否引发内幕交易责任提供了相应的指导。在埃尔金德诉利吉斯和迈尔斯公司(Elkind v. Liggett & Myers, Inc)案中，[4]该判决比纽曼案早了 30 多年，上诉法院描述了这样一种情况：一名公司员工证实了分析师的观点，即由于库存和竞争，"销售正在放缓"，但不证实这将显著影响收益。[5] 这些信息暗示了未来财务业绩的内容，但法院发现其在传达披露的确切内容方面，并没有明确越过界限。与此形成对比的是，埃尔金德法院认为分析师询问"收益下降的可能性是否很大，并得到的是肯定的(勉强的)的回答"这一行为是不恰当的。[6]

法院似乎区分了能够明确预测公司盈利的信息和与公司业绩趋势相关的模糊信息。[7] 如果投资者在财务业绩公布前就了解了公司业绩，他就不必冒重大风险从这些信息中获利。如果信息是模糊的，投资者就需要进行分析和确认信

---

[1] 此类事件的重要性通常通过权衡事件的概率和规模来评估。贝西克诉莱文森案，485 U. S. 224, 238 (1988)。

[2] 斯考特，前注 53，第 804 页(05)(讨论得克萨斯海湾硫磺公司对发现矿石的消息进行保密的兴趣)。

[3] 以前的一些研究没有认识到自愿披露在补充主要是定期披露的强制性披露制度方面的重要性。维克多·布鲁德尼，*Insiders, Outsiders, and Informational Advantages Under the Federal Securities Laws*, 93 HARV. L. REV. 322, 326(1979)(描述了连续披露制度)；卡梅尔，前注 4，第 152 页(认为有必要制定内幕交易法，"以使强制性的持续披露体系发挥作用")。但见班布里奇，前注 6，第 1236 页(37)(认为公司披露信息的自由裁量权反驳了内幕交易损害强制披露完整性这一论点)。

[4] 635 F. 2d 156(2d Cir. 1980)。

[5] 同上注，第 160 页(61)。

[6] 同上注，第 161 页。

[7] 指导性规则：选择性披露与内幕交易，64 Fed. Reg. 72590, 72595 (Dec. 28, 1999)(将汇编于 17 C. F. R. pts. 230, 240, 243, 249)("更笼统的背景信息不太可能是具有实质性意义的")；也见 EC 诉西贝尔西斯公司案，384 F. Supp. 2d 694(S. D. N. Y. 2005)(发现公司的声明过于笼统，不能被视为有关公司业绩的实质性信息)；*In re Schering-Plough Corp.*，《交易法案》No. 48461, 81 SEC Docket 54 ¶ III. C. 3. a. (2003 年 9 月 9 日)(区分"明确的，相对偶发性事件的声明")。

息的含义,以便充分利用该信息。

为了保护信息披露的完整性,必须对选择性信息披露进行监管,因为选择性信息披露可以方便地预测市场对强制性信息披露的反应。定期报告的内容不需要准确传达给交易员,也可从公司股价的短期变动中获利。只要投资者知道最终结果,他就能提前掌握到报告的内容。

在现代,很难看出将季度收益结果提供给选定的群体对于市场效率来说有何必要。在SEC要求的信息披露尚未广泛传播,且公司新闻稿在印刷报纸上发表之前不会向公众公布的时代,这样的做法可能是有必要的。通过公司已建立的市场联系网络进行交流的速度可能比书面的公开交流要更高效率。但在当今这个即时通信的世界里,对这种幕后渠道的需求就不那么强烈了。

内幕交易监管可以抵消市场对从短期信息中获利的关注。允许有选择地披露盈利结果,将增加交易员收集公司资源的动力,让他们能够猜测一家公司是否会达到最新的盈利数字,而不是努力了解一家公司的长期前景。通过提高获取公司季度业绩信息的成本,内幕交易法可以帮助交易员偏离这种短期策略。即使它不会显著地阻止这种现象的发生,但至少禁止过早获得短期信息进行获利是有意义的。

(2)选择性披露长期信息

对不容易预测短期股价走势的信息进行选择性披露,将不太可能与强制披露的目标相冲突。即使信息不会立即影响公司的股价,但它对寻求了解公司长期前景的投资者也是有用的。选择性披露此类长期信息不太可能破坏强制性披露的完整性。

强制性信息披露更能传达公司的短期业绩,而不是详细地说明公司的长期计划。虽然证券监管要求在定期报告中对公司的计划和业务进行一般性讨论,但很难在书面披露文件中有意义地描述一家公司的长期战略。SEC的文件通常是笼统的泛泛之谈,不允许进行反复讨论。公司可能会发现,在与较小的投资者群体的对话中传达这些信息更有效。例如,一家陷入困境的零售商可以解释它将如何增强其电子商务能力以应对亚马逊的威胁。与书面法律文件相比,此类会议将为该战略提供更丰富、更具互动性的描述。允许有选择地披露长期信息将使公司能够通过披露来传达信息。

有选择性地披露公司的长期前景信息,不太可能导致不公平的信息差异。尽管一些投资者将获得更多有关公司的见解,但他们也必须投入时间与管理层面对面交流。由于预测公司长期前景的固有困难,这种选择性披露不会轻易获得收益。投资者和分析师要想从这些信息中获得优势,就必须承担巨大的风险和努力。从长期信息中获利所需要的努力将消除这样的担忧,即某些投资者仅仅因为自己的有利地位而不公平地获利。

在实施允许选择性披露长期信息而非短期信息方面,存在着一些挑战。如何让投资者预测一家公司的短期业绩,这将是一个艰难的判断过程。一家公司如果能传达一个令人信服的长期计划,那也就能向投资者发出信号来表明它将持续实现其短期业绩。此外，随着时间的推移，与管理者的频繁互动可以让投资者和分析师在公司业绩发布前判断公司经营氛围方面获得优势。

即使其存在一定的复杂性，公司和市场参与者之间有重大个人互动的系统，也比仅以书面形式披露的系统更可取。只要此类对话没有透露出可以轻易预测短期价格变动的信息，就不会与我们的信息披露制度相冲突。

因此，内幕交易监管的披露理论有两个层次的区分。首先，它将区分强制披露和自愿披露。在强制披露方面对提前交易进行监管有特别强烈的政策理由，特别是在这种披露受到监管延迟的情况下。其次，它将区分短期信息和长期信息。公司应只被允许有选择地披露那些不传达强制性报告中所包含的市场变动实质的信息。

四、强制披露的完整性与内幕交易监管理论

本文认为，最好将内幕交易监管理解为披露监管体系的一部分。本部分将披露理论与内幕交易监管的2大主要理论——市场诚信理论和产权理论进行了比较。与这些流行的方法相比，披露理论为监管内幕交易提供了更集中的解释。它提供了一个更令人信服的解释，说明为什么内幕交易监管应该被视为证券法监管的问题，而不是其他法律体系的问题。[1] 将内幕交易监管与强制披露联系起来，也解决了一些长期存在的有关禁止内幕交易的难题。

(一)内幕交易监管理论

1. 市场诚信理论

如前所述，SEC最初将内幕交易监管建立在一个简单的原则上，即投资者应该平等地获得任何重要信息。这一理论的问题在于，它在对所有来源产生的信息进行潜在审查时，涉及面太广。披露方法的范围更窄也更可行，因为它侧重于强制披露的完整性而不是整个市场的完整性。[2]

SEC在凯迪(Cady)、罗伯茨(Roberts)的行政裁决中，创立了现代内幕交易原则，其提到“一方明知与他交易的人无法获得(内幕)信息，却利用了(内幕)信息，这涉及内在的不公平”。[3] 第二巡回法庭在得克萨斯海湾硫磺案中采用了SEC的观点，并将其与市场诚信联系起来，指出该禁令“是基于对证券市场合理预期的政策，即所有在非个人交易所进行交易的投资者都可以相对平等地获取重要信息……”。[4]

---

[1] 证券监管倾向于保护交易投资者的利益。詹姆斯·J. 帕克，*Reassessing the Distinction Between Corporate and Securities Law*，64 UCLA L. REV. 116(2017)。根据披露理论，内幕交易监管进一步实现了为交易投资者提供平等获取某些类型信息的政策目标。

[2] 鉴于新形式的市场操纵层出不穷，人们可能还会质疑，监管内幕交易是否有能力维持公众对市场的信任。汤姆·C. W. 林，*The New Market Manipulation*，66 EMORY L. J. 1253(2017)。

[3] *In re Cady, Roberts & Co.*，《交易法案》No. 6668，40 SEC Docket 907(1961年11月8日)。

[4] SEC会诉得克萨斯海湾硫磺案，401 F. 2d 833，848(2d Cir. 1968)(enbanc)。

部分著名学者支持市场诚信理论。[1] 维克多·布鲁德尼(Victor Brudney)教授认为,如果其他投资者不能“合法地克服信息优势,无论他们是非常努力还是拥有着丰富的资源”,那么平等获取理论就应该禁止这种信息优势。[2] 这些信息将包括所有人“因法律限制而不能向公众投资者披露”的任何“非公开信息”。[3] 几十年后,乔尔·塞利格曼教授在书中写道,平等获取原则植根于强制性披露要求中,旨在通过将散户投资者置于与内部人士同等的地位来平衡这种差距。[4] 在塞利格曼看来,内幕交易规则和强制披露有一个共同的目的,那就是促进“市场诚信”。[5]

如前所述,在基亚雷拉和德克斯等案件中,最高法院放弃了最广泛的市场诚信原则。这些决定在一定程度上是出于对市场诚信原则被过分解读的担忧。证券市场的特点是投资者获取和分析信息的能力和意愿存在显著差异。[6] 必须有某种方式来区分正当利益和不正当利益,法院依赖于狭义的欺诈概念来确定其违反某项义务,是违反 10b-5 规则的必要条件。[7]

尽管有这些阻碍,市场诚信理论仍然具有影响力。事实上,最高法院在奥哈根案中也提到了内幕交易法,它写道,内幕交易法的作用是“确保证券市场的诚信,从而提高投资者的信心”。[8] 法院引用了布鲁德尼教授的学术研究理论,并指出了如果普通投资者不信任市场,将存在投资者退出市场的担忧。[9] 此外,很明显,SEC 仍将市场诚信视为一项政策理由,以广泛的禁止利用内幕信息进行交易。在奥哈根案判决几年后,SEC 通过了一项法规,明确了家族成员对彼此负有保密义务,这可能会引发因不当行为而承担内幕交易责任。[10] 在发布该规则时,SEC 援引布鲁德尼教授的话说,如果没有该规则,就会出现“无法通过理论或技

---

〔1〕 威廉·L. 凯里,*Corporate Standards and Legal Rules*,50 CALIF. L. REV. 408,415(1962)(认为内幕交易“影响市场诚信”);荷马·克里普克,*Manne's Insider Trading Thesis and Other Failures of Conservative Economics*,4 CATO J. 945,954(1985)(认为内幕交易“有可能破坏重要的公众利益,即对国家证券市场的信心”);佩因特,前注 63,第 1385 页(“在向公众公布内幕信息之前,先向少数人披露内幕信息,这是一种带有滥用职权的行为,且该行为在 20 世纪 20 年代非常普遍,也构成了《交换法》的背景”)。

〔2〕 布鲁德尼,前注 144,第 354 页;也见索尔·列夫莫尔,*Securities and Secrets:Insider Trading and the Law of Contracts*,68 VA. L. REV. 117,122(1982)。

〔3〕 布鲁德尼,前注 144,第 355 页。

〔4〕 塞利格曼,前注 5,第 1109 页。

〔5〕 同上注,第 1115 页。

〔6〕 有些投资者总是能够以比其他投资者更低的成本获得信息。见伊斯特布鲁克,前注 51,第 329 页(030);也见梅西,前注 2,第 16—17 页。

〔7〕 布鲁德尼教授的构想是试图找出这样的限制,但在实践中,该测试没有提供足够的指导,即什么是适当的优势。吉尔·E. 菲施,*Start Making Sense:An Analysis and Proposal for Insider Trading Regulation*,26 GA. L. REV. 179,221-24(1991)(讨论了区分公平与不公平优势的难点)。

〔8〕 美国诉奥哈根案,521 U. S. 642,658(1997)。

〔9〕 同上注,第 659 页。(指出“盗取信息对交易市场参与的抑制性影响”);也见王、斯坦伯格,前注 136,§ § 2-3(描述了内幕交易对投资者、市场和社会有害的论点)。

〔10〕 SEC10b-5-2(3)规则,17 C. F. R. § 240. 10b-5-2(3)(2018)。最高法在萨尔曼一案中似乎支持这种做法。见萨尔曼诉美国案,137 S. Ct. 420(2016)。

术克服”的信息差异。[1]

披露理论符合市场诚信原则的基本精神，同时对内幕交易的监管范围做出了限制。即使在所有市场交易中实现平等是不可能的，但也有可能对正确使用强制性披露信息产生期望。《证券法》禁止内幕交易的初衷不是为了实现对所有重要信息的平等获取，而是更好地将其理解为专注于在信息披露要求的前提下提供对信息的平等获取。因此，信息披露方法能够避免对市场诚信最有力的批评——它试图对以不合理方式获得的所有重要信息进行监管，这显得有些过界了。

对内幕交易的监管有了更坚实的基础，因为它是根据公司产生的信息进行交易的，以期符合证券监管规定，而不是所有可能影响股价的重大信息。当信息不受强制披露的约束时，选择性披露更能有意义地促进估值，因此有时可能存在政策的因素使得少数人获利。当信息需要被强制披露时，较早披露的增量利益并不足以成为破坏证券法完整性的正当理由。

2. *产权理论*

第二种理论主要由法经济学者提出，其认为内幕交易是对公司财产权的侵犯。[2] 产权理论有其吸引力，但它也不适用于将内幕交易视为证券监管对象的一种方法。披露理论拒绝对强制性披露信息采用产权理论，而对某些类型的自愿披露却进行采用。

产权理论可以被理解为反对《公司法》强制性的一大争论点。如果《公司法》主要是为私人交易或为合同签订提供便利，那么法律就不应该在塑造公司治理方面发挥实质性作用。同样，如果内幕交易主要涉及侵犯私有财产权，那么法律在禁止此类交易方面的作用应该是很小的。相反，内幕交易可以主要通过私下指令进行管理，各方签订协议允许或禁止内幕信息交易，这也许是为了激励高管。[3] 利用内幕信息进行的非法交易可能被视为盗窃行为，并由地方检察官而

---

〔1〕 选择性披露与内幕交易，《交易法案》No. 7881，2000 WL 1201556 at * 25(2000 年 8 月 15 日)。

〔2〕 见斯蒂芬·M. 班布里奇，*Insider Trading Regulation*：*The Path Dependent Choice Between Property Rights and Securities Fraud*，52 SMU L. REV. 1589，1591(1999)（“禁止内幕交易应当被视为保护信息产权的手段，而不是防止证券欺诈的手段”）；丹尼斯·W. 卡尔顿、丹尼尔·R. 费舍尔，*The Regulation of Insider Trading*，35 STAN. L. REV. 857，865-66(1983)（“关于内幕交易的争议实际上是关于哪一方更重视产权的争议”）；拉里·E. 里布斯坦，*Federalism and Insider Trading*，6 SUP. CT. ECON. REV. 123(1998)（认为盗取理论是建立在产权基础上的）。

〔3〕 曼恩，前注 47，第 138 页(41)（认为内幕交易是补偿经理人的有效方法）；卡尔顿、费舍尔，前注 164，第 862 页(64)（认为投资者可以通过将内幕交易权分配给经理人而受益）；大卫·D. 阿道克、乔纳森·R. 梅西，*A Coasian Model of Insider Trading*，80 NW. U. L. REV. 1449，1451(1987)（分析称将内幕交易权分配给经理人可能是最优的情况）；也见伊恩·艾尔斯、史蒂芬·崔，*Internalizing Outsider Trading*，101 MICH. L. REV. 313(2002)（认为将交易权分配给内部人士比会比允许外部人士交易更有效率）。内幕交易监管的支持者普遍认为，允许高管利用内幕信息进行交易以补偿他们的好处微乎其微。见，例如，考克斯，前注 52，第 649 页(53)。允许经理人通过内幕交易获利，将产生操纵市场和信息披露的动机。伊斯特布鲁克，前注 51，第 332 页(33)。

非联邦检察官起诉。[1]

审理奥哈根一案的法院在采用盗取理论时接受了产权理论的一种形式。它指出，公司的“机密信息”是“该公司拥有独家使用权的财产”。[2] 它随后推断，只要交易“完全披露”，公司可以授权并利用这些内幕信息进行交易。[3]

产权理论存在的问题是，它过度地认为公司是其信息的唯一利益方。当一家公司选择上市时，它就放弃了完全控制其业绩和前景数据的权利。强制性披露规定了公司必须收集的信息，以及信息的核实过程。根据政府的要求，上市公司必须向政府机关提交向公众传播的信息，上市公司并不拥有全部的财产权。[4] 正如一位评论员指出的那样，“上市公司乐于接受这样一种观点，即有关公司财务表现的历史数据‘属于’投资方……”[5]。由于越来越多的强制性披露信息是出于公共目的而产生的，因此说明在此类披露中进行的内幕交易仅仅是公司决定如何处理自己的财产的问题。

另一方面，上市公司对不受披露规定约束的信息拥有更强的产权。在不破坏强制性披露制度的完整性的情况下，可以允许公司在一定程度上使用这种自愿披露信息。如前所述，公司应被允许有选择地披露长期信息，以补充其书面披露并发展与分析师和投资者的关系。因此，正如披露理论的某些方面与市场诚信理论相一致那样，披露理论的某些方面也与产权理论相一致。

在某种程度上，披露理论比产权理论更能限制内幕交易法。如果内幕交易涉及产权，那么与公司披露无关的大量信息交易可能导致内幕交易责任的产生。根据披露理论，内幕交易监管主要涉及公平获取为遵守《证券法》而产生的公司信息。

---

[1] 乔纳森·梅西，*Getting the Word Out About Fraud:A Theoretical Analysis of Whistleblowing and Insider Trading*，105 MICH. L. REV. 1899，1922(2007)(“禁止内幕交易的规定旨在保护上市公司和投资者，使本应属于他们的信息不被窃取”)。这一论点的含义是内幕交易法不应该是联邦法律。见，例如，班布里奇，前注 6，第 1241 页(“在缺乏可信的投资者伤害报告的情况下，联邦证券法保护投资者的目标并不能证明联邦统一的信义标准是合理的”)；里布斯坦，前注 164，第 154 页(认为州法律更好地规范了财产利益)。禁止内幕交易的规定，应当解释为一种保护想要垄断市场信息的股票经纪人的利益集团的规定，而不是以公共利益为动机的规定。大卫·D. 阿道克、乔纳森·R. 梅西，*Regulation on Demand:A Private Interest Model，with an Application to Insider Trading Regulation*，30 J. L. & ECON. 311(1987)。各州在是否要在内幕交易执法中发挥作用的观点上产生了分歧。唐纳德·C. 兰格沃特，*Federalism in Corporate/Securities Law:Reflections on Delaware，California，and State Regulation of Insider Trading*，40 U. S. F. L. REV. 879，880-81(2006)。

[2] 美国诉奥哈根案，521 U. S. 642，654(1997)。

[3] 同上注，第 655 页(指出完全披露将排除盗取理论下的责任)。一些法院对当事人可以通过利用此类信息公开交易来避免内幕交易责任的想法持谨慎态度。SEC 诉罗克拉奇案，470 F. 3d 1(1st Cir. 2006)(拒绝当事人同意交易内部信息的观点)。

[4] 伊斯特布鲁克、费舍尔，前注 91，第 286 页(指出“强制性披露制度……需控制披露的时间、地点和方式”)；也见卡梅尔，前注 4，第 151 页(认为产权理论没有充分考虑内幕交易与强制性披露监管之间的关系)。

[5] 马奥尼，前注 106，第 844 页；也见伯利·克拉维茨，*Fairness，Efficiency，and Insider Trading:Deconstructing the Coin of the Realm in the Information Age*，95 NW. U. L. REV. 443，493-94(2001)(认为公司对公司信息没有专属财产权)。

（二）关于内幕交易的难题

披露理论解决了有关内幕交易监管的一些长期难题。首先，如果内幕交易不会对特定投资者造成重大直接伤害，我们为什么要禁止内幕交易？其次，为什么内幕交易在证券市场受到监管，而在大宗商品市场却不受监管？本节简要概述了这些问题的一些潜在答案。

多年来，许多评论人士指出，在公开市场上，内幕交易不会对特定投资者造成实质性损害。[1] 与面对面的交易相比，在市场交易中，内部人员的收益与购买者的损失相对应，很难证明某个投资者因为内部人员的购买或出售行为而受到了严重损害。如果内部人员的收益没有造成太大的损害，那么就很难声称内幕交易是不道德的。

其他有关内幕交易监管的理论对这一论点没有令人信服的回应。根据市场诚信理论，当一些投资者比其他投资者更具有实质性优势时，则损害可能发生于市场本身。这种观点的问题在于，即使没有内幕交易，一些投资者也会更加老练、更具经验，以牺牲缺乏相应经验的投资者赚取回报。[2] 很难解释为什么一些信息差异会损害市场的完整性，而另一些则不会。产权理论认为，内幕交易损害的不是市场，而是对信息失去控制的公司。在这种情况下，很难弄清楚主要是保护投资者的 SEC 为何要介入。企业是十分复杂的个体，因此如果内幕交易影响到他们的利益，他们可以期望以禁止此类交易的政策来做出回应。

在披露理论下，禁止内幕交易的重点不是对特定交易投资者的损害。相反，禁止内幕交易的主要理由是，内幕交易破坏了管理上市公司信息披露的监管制度的完整性，该制度旨在让人们平等地获得重要的公司信息。滥用选择性披露或强制性信息披露会破坏这一目标，因此应该加以规范。就强制性披露信息的交易涉及不公正地使特定个人获利的欺诈性意图而言，有理由对其进行严厉的民事或刑事制裁。

第二个令人困惑的问题是，为什么股票市场专门对内幕交易进行监管，而其他一些市场却没有。如果市场诚信是很重要的，那么为什么不是所有的交易市场都受《内幕交易法》的约束？安德鲁·弗斯坦（Andrew Verstein）教授在主张对大宗商品市场实施更多内幕交易监管时，对大宗商品市场和股票市场之间的相似之处进行了广泛而深入的阐述。[3] 然而，在披露理论下，监管证券内幕交易有

---

〔1〕 举个最近的例子，见约翰·P. 安德森，*Greed，Envy，and the Criminalization of Insider Trading*，2014 UTAH L. REV. 1，7-14。其他重要解释也发现了内幕交易带来的不同成本。金，前注 17，第 961 页(67)（详细列出了腐败成本）；威廉·K. S. 王，*Trading on Material Nonpublic Information on Impersonal Stock Markets：Who Is Harmed，and Who Can Sue Whom Under SEC Rule 10b-5?*，54 S. CAL. L. REV. 1217，1234-35(1981)（制定《证券保护法》）。

〔2〕 举个最近的例子，高频交易的兴起给那些投资于科技的人带来了巨大的优势。叶莎·亚达夫，*Insider Trading and Market Structure*，63 UCLA L. REV. 968(2016)（认为高频交易导致了对内幕交易的质疑）。

〔3〕 安德鲁·弗斯坦，*Insider Trading in Commodities Markets*，102 VA. L. REV. 447，466-93(2016)。

其独特的理由。与确定大宗商品价格相比，强制披露对于与特定公司业绩挂钩的证券估值而言更为重要，大宗商品的价格涨跌主要取决于市场状况。大宗商品监管确实要求交易员和交易商披露一定程度的交易信息，[1]但它不会像证券监管般产生那么多影响市场的敏感信息。[2] 利用大宗商品的非公开信息进行交易，可能会引发与利用证券的非公开信息进行交易类似的市场诚信和公平问题，但它不会威胁到对公司发行人估值至关重要的强制定期披露制度的完整性。[3] 监管大宗商品市场的内幕交易可能有令人信服的理由，但披露理论不会为此类监管提供基础。

《内幕交易法》的目标不应要求对所有信息的平等获取，而应更适度地争取对《证券法》规定的披露信息的平等知情权。在公司信息披露的背景下，产权理论并不具有说服力，公司信息披露是由证券在公开市场交易时所必须满足的监管要求决定的。通过更好地阐明内幕交易与更广泛的证券监管目标之间的关系，披露理论为监管内幕交易提供了比以往更坚实的基础。

五、强制披露和《内幕交易法》的完整性

《内幕交易法》经常因未能在允许交易与不允许交易之间建立明确的界限而受到批判。尽管存在差异，但主流的市场诚信理论和产权理论都支持扩大 10b-5 规则的责任范围。由于希望惩罚不公平获取信息的行为，法院倾向于扩大诚信义务的概念。产权理论支持将内幕交易规则扩展到几乎所有的信息源。本部分讨论披露理论如何形成，并更好地限制内幕交易原则和施行。

（一）内幕交易原则

理论框架可能很难与能够实施它的具体法律条款相匹配。例如，SEC 用来提起内幕交易案件的主要法规 10b-5 规则要求能够证明存在欺诈意图。[4] 因此，10b-5 规则对强制性披露的选择性传播进行监管的能力是有限的。[5] 《FD

---

〔1〕 同上注，第 491 页(92)。

〔2〕 《商品交易法》，Pub. L. No. 74-675，ch. 545，49 Stat. 1491(1936)。

〔3〕 关于《内幕交易法》是否适用于债券市场，也存在类似的疑问。唐纳德·C. 兰格沃特，INSIDER TRADING REGULATION，ENFORCEMENT AND PREVENTION § 3.12(2018)(指出盗取理论应适用于“债券交易中的滥用行为”)；雷内·彭格拉，*Insider Trading*，*Debt Securities*，*and Rule 10b-5*：*Evaluating the Fiduciary Relationship*，67 N. Y. U. L. REV. 1354(1992)(描述有关债务的内幕交易法律的不确定性)。由于公共债务受制于强制性披露要求，对内幕交易的监管比对大宗商品市场的监管更有理由。

〔4〕 *Edward J. Goodman Life Income Tr. v. Jabil Circuit*，*Inc.*，594 F. 3d 783，793(11th Cir. 2010)(“知情是第 10(b)条和 10b-5 规则中内幕交易索赔的组成部分”)。

〔5〕 例如，研究证据表明，交易员在 SEC 的证券信息电子化披露系统文件向公众公开之前，就会利用这些信息。见瑞安·特雷西、斯科特·帕特森，*Fast Traders Are Getting Data From SEC Seconds Early*，WALL ST. J. (Oct. 29，2014)，https://www.wsj.com/articles/fast-traders-are-getting-data-from-sec-seconds-early-1414539997 [https://perma.cc/X46G-XXW3]。这种交易破坏了强制性披露的完整性，但它不会违反 10b-5 规则，因为交易员和公司之间没有相关义务。

条例》不仅限于欺诈,而且不能用于制裁个人交易。[1]

内幕交易原则已经足够成熟,以至于如果完全从头开始提出建议,未免显得过于雄心勃勃。此外,《内幕交易法》已经禁止了许多可能破坏披露系统完整性的不当行为。例如,经典的内幕交易原则限制内部人员的交易,其监管目标是最有可能通过提前获得披露过程产生的信息的公司高管和董事。

本文并没有提出雄心勃勃的改变,而是对披露方法如何与不同领域的学说相互作用进行了一些初步探讨。首先讨论了法院和监管机构如何有效地对重要性的概念进行范围限定,进而使只有与公司的短期前景有关的信息才有可能触发 10b-5 规则中的责任。然后讨论了盗取理论,[2]评论人士批评该学说对公司信息披露之外产生的信息也进行了监管。最后,研究了信息泄露的责任问题,目前的测试饱受诟病,因为它允许泄露者在某些情况下可以根据强制披露的信息自由交易。

1. 重要性

本文分析的一个含义是,在有关公司短期前景的信息上进行交易比在有关公司长期前景的信息上进行交易更有可能破坏披露体系的完整性。有一种观点认为,市场参与者和监管机构已经将重要性的概念解释为主要涵盖短期信息的交易,这就限制了 10b-5 规则和《FD 条例》的适用范围。因此,上市公司在与投资者和分析师就长期发展进行选择性沟通方面有一定的自由裁量权。

联邦证券法一般只适用于重要信息。在内幕交易的特定背景下,只有"基于重要的非公开信息"的交易才能根据 10b-5 规则承担责任。[3] 换句话说,利用不重要的信息进行交易不会导致不公平优势从而引发内幕交易法的审查。同样,《FD 条例》公开披露信息的义务仅适用于"有关发行人或其证券的重大非公开信息……"。[4]

法院和 SEC 对重要性的概念进行了概括性定义。[5] 对于任何符合 10b-5 规则的情况,重要性包括对"理性投资者"购买或出售证券的决定有重要意义的

---

〔1〕 一些学者认为,《FD 条例》是发现选择性披露可能违反 10b-5 规则的依据。迈克尔·古腾塔格,*Selective Disclosure and Insider Trading*,69 FLA. L. REV. 519,525(2017)("鉴于《FD 条例》和奥哈根案带来的变化……个人利益的证据不应再成为认定选择性披露具有足够欺骗性、足以引发内幕交易责任的必要因素。");唐娜·M. 纳吉,*Beyond* Dirks:*Gratuitous Tipping and Insider Trading*,42 J. CORP. L. 1,36-41(2016)。另外,《FD 条例》谨慎地指出,它"不是反欺诈规则,也不是为了在联邦证券法的反欺诈条款或私人诉讼权利下创造新的义务"。选择性披露与内幕交易,65 Fed. Reg. 51,715,51,726(2000 年 8 月 24 日)(汇编于 17 C. F. R. § § 240,243,249)。

〔2〕 法院经常把盗取作为一种理论。奥哈根,521 U. S. at 649. 该文将其称为一种学说,以区别于市场诚信理论和产权理论。

〔3〕 奥哈根,521 U. S. at 651-52。

〔4〕 17 C. F. R. § 243. 100(a)(2018).

〔5〕 为了更广泛地讨论这一点,詹姆斯·J. 帕克,*Assessing the Materiality of Financial Misstatements*,34 J. CORP. L. 513,524-26(2009)。

所有信息。[1] 但法院没有就理性投资者的相关特点提供多少指导。[2] 因此很难事先确切地知道某个信息是否重要。

(1)实践中的重要性

有证据表明,内部人士利用他们获得公司信息的途径,在与外部人士的交易中获得优势。大量研究表明,管理人员在交易其雇主的股票时获得了非正常回报。[3] 杰西·弗里德(Jesse Fried)教授指出,这种交易在很大程度上可能反映了这样一个现实,即内幕人士可以利用他所说的"次要信息"进行交易。[4] 管理人员不是利用对股票有直接影响的季度业绩进行交易,而是利用他们对公司长期前景的理解来做出有利可图的投资决策。

从市场诚信的角度来看,这种优势令人不安,但没有人呼吁积极根除高管们利用长期信息进行的交易。SEC 或许可以提起此类诉讼,并主张对重要性做出积极的解释,其中包括对公司股价不会立即产生影响的信息。如果确实如此,可能会引发对内幕交易监管范围的强烈反对。禁止管理人员利用他们对公司业务的深入了解进行交易,实质上就意味着他们不能进行交易。

SEC 已经在某些方面发出信号,它将限制基金经理只允许根据短期信息进行交易。例如,通过设立了一个程序,如果管理人员提前承诺进行证券交易,他们就可以对内幕交易指控进行正面辩护。[5] 这样的方式使得根据收益信息进行交易变得困难,但仍允许管理人员利用他们对公司发展轨迹的了解获利。SEC 的立场基本上承认,其主要关注的是那些公然利用能够立即影响公司股价的强制性披露信息的内容所进行的交易。

在选择性披露背景下,SEC 已经认识到并非每一条内幕信息都会导致不公平。在解释《FD 条例》的发布稿中,它指出"如果发行机构分享了一些由其与精通专业知识的分析师通过将公开信息拼凑在一起而形成的一些无关紧要的数据,这也不会传达出重要的非公开信息,且有助于形成揭示重要的非公开信息的'马赛克'"。[6] 这种"马赛克理论"已被一些法院认可,认为其可以减少人们对利用非公开信息进行交易并引发内幕交易责任的担忧。[7]

---

〔1〕 贝西克诉莱文森案,485 U. S. 224,231-32(1988)。

〔2〕 可以想象有很多方法来缩小这个标准。如果《证券法》的目标是促进准确估值,那么一个"合理"的投资者可能只包括知情的投资者,而不是不知情的投资者。

〔3〕 亨利埃塔·拉维娜、保拉·萨皮恩扎,*What Do Independent Directors Know? Evidence from Their Trading*,23 REV. FIN. STUD. 962(2010)(发现高管和独立董事从公司股票交易中获得异常收益)。但见德克·金特,*Market Timing and Managerial Portfolio Decisions*,60 J. FIN. 1903,1906(2005)(发现"在控制了规模和账面市值效应后,内幕交易的超额回报与零几乎没有区别")。

〔4〕 弗里德,上注 131,第 335 页(37)。

〔5〕 17 C. F. R. § 240. 10b5-1(2018).

〔6〕 美国证券交易委员会公司财务司,合规与披露解释 101. 03(Aug. 14,2009),http://www. sec. gov/divisions/corpfin/guidance/regfd-interp. htm [https://perma. cc/6Z55-9VAT]。

〔7〕 SEC 诉鲍什和隆布公司案,565 F. 2d 8,14-15(2d Cir. 1977)(指出允许披露"公司内部信息",以填补"分析空白"或测试"公共信息的意义")。在判例法中,对马赛克理论的看法不统一。见王、斯坦伯格,前注 136,§ 4:2. 3。

关于本文前面描述的缺乏监管《FD 条例》实施的一个解释是，SEC 在这种情况下接受了对重要性的狭义定义。SEC 并没有调查管理人员和分析师之间的私人互动，而是假定高管和分析师在讨论马赛克的信息，以了解公司的长期前景。

(2)狭义的重要性测试

如果 SEC、公司经理和研究分析师基本上将重要性的概念局限于短期信息，那么，可能会有一种观点认为应该更正式地限制重要性测试。评论人士指出，在内幕交易监管的背景下，重要性的定义不够明确。[1] “理性投资者”可找到对投资决策可能很重要的广泛信息。[2]

在内幕交易案件中，一些关于重要性的表述侧重于会立即影响公司股价的信息。一份早期裁决指出，“在涉嫌向分析师泄露信息的案件中，确定重要性的一个相关决定是，这些泄露的信息如果是泄露给公众的，是否有可能影响潜在买家和卖家的决定”[3]。另一个法院将“或披露或弃权”规定限制在“性质特殊”和“合理确定会对证券市场价格产生重大影响”的重要信息上。[4] 如今，欧盟对重要性采用了狭义定义，要求其需“具有确切性质的信息”，即“可能对证券价格产生重大影响”[5]。

本文的分析表明，那些可能具有重大意义的信息类型是存在层次结构。强制性披露报告的预印副本是最令人怀疑的。基本上传达这类报告内容的资料几乎也是有问题的。在未被明确强制披露的信息是否重要时，法院可能会考虑各种因素，比如，它是否允许预测公司股票的短期价格变动，以及它是否允许交易员在不承担重大风险的情况下获利。

限制重要性的概念将有助于解决《内幕交易法》涉及面太广、监管机构拥有太多自由裁量权的担忧。它将为发行人和投资者提供更多关于可以选择性披露和交易的指导。[6] 最后，它会更好地将《内幕交易法》与要求平等获取信息的披露制度结合起来，同时依靠企业自愿补充其要求的披露。

2. 盗取理论

如前所述，根据最高法院的盗取理论，10b-5 规则不仅适用于违反对公司的信义义务的交易，也适用于违反任何合同保密义务的交易。这种对内幕交易监

[1] 琼·麦克劳德·海明威，*Materiality Guidance in the Context of Insider Trading：A Call for Action*，52 AM. U. L. REV. 1131，1160(2003)(主张更精确地定义重要性)。最近的一篇文章讨论了重要性的定义，它将包括任何需要在 8-K 表格中存档的信息，这些信息将对股票价格产生统计上的显著影响。辛迪·A. 史基帕尼、H·内贾特·塞洪，*Defining "Material，Nonpublic：" What Should Constitute Illegal Insider Information?*，21 FORDHAM J. CORP. & FIN. L. 327，363-64(2016)。

[2] 此外，在联邦邮政和电信欺诈案件中，一些法院对重要性的标准比“理性的”投资者测试更宽松。威廉·K. S. 王，*Application of the Federal Mail and Wire Fraud Statutes to Criminal Liability For Stock Market Insider Trading and Tipping*，70 MIAMI L. REV. 220，276-85(2015)。

[3] 埃尔金德诉利吉斯和迈尔斯公司案，635 F. 2d 156，166(2d Cir. 1980)。

[4] 鲍什和隆布公司案，565 F. 2d at 14-15。

[5] 《欧洲议会条例》596/2014，art. 7(1)(b)，2014 O. J. (L 173)1，24(EU)。

[6] 另一方面，限制重要性可能为无道德原则的投资者提供一个避免惩罚的途径。

管的广泛观点与市场诚信理论和产权理论相一致，但不符合披露理论。对挪用责任范围的不适，与《内幕交易法》应以维护强制披露的完整性为核心目标的观点是一致的。

盗取理论一直备受争议，因为它将内幕交易监管范围扩大到公司产生的信息之外。在奥哈根案后不久后就遭到了许多学者的批评，因为它允许将证券法运用于不针对任何市场参与者的欺诈行为。[1] 例如，正如前面提到的，在奥哈根案之后，10b-5 规则可能会因一家报社与其员工之间的保密协议被违反而触发。[2] 如果专栏作家在他推荐的股票上市前进行交易，根据盗取理论，他将因欺骗性地违反与该报社的合同而承担法律责任。

扩张性盗取理论既符合市场诚信理论，也符合产权理论。[3] 市场诚信理论的支持者希望禁止对那些肯定会影响市场的报纸专栏中的信息的不平等获取。产权理论的支持者则会认为对专栏内容的利用，其实就是对财产的侵占。

事实上，这两种理论都支持将内幕交易责任扩大到盗取理论之外。[4] 如果市场诚信是目标，那么交易者应该对市场负有一般义务，在掌握重要信息的情况下避免交易。[5] 如果保护产权是目标，那么没有保密义务的陌生人窃取敏感信息并被用于交易的话，就违反了 10b-5 规则。[6]

根据披露理论，不清楚为什么内幕交易责任应由并非出于监管目的而产生的信息触发。一篇报纸文章可能会影响市场，但它不受证券披露要求的约束。如果内幕交易监管主要关注的是保持强制性披露的完整性，那么记者的腐败充其量只是次要问题。

有一种观点认为，盗取理论主要限于与为遵守强制性披露要求而产生的信

---

〔1〕 见前注 72。

〔2〕 卡朋特诉美国案，484 U. S. 19(1987)，《华尔街日报》的一篇专栏文章主题是分析盗取理论。

〔3〕 A. C. 普里查德，United States v. O'Hagan：*Agency Law and Justice Powell's Legacy for the Law of Insider Trading*，78 B. U. L. REV. 13，48(1998)（"盗取理论保护的不仅仅是有价值的信息产权。它还保护了股票市场的完整性和公众对这些市场的信心"）。

〔4〕 这是国会议员利用非公开信息进行交易时提出的问题。尽管政府官员可能不像金成辉教授所说的那样，对投资者负信义义务，但他们受到反腐败准则的约束，根据盗取理论，这可能为发现他们的交易存在欺诈提供依据。金成辉，*The Last Temptation of Congress：Legislator Insider Trading and the Fiduciary Norm against Corruption*，98 CORNELL L. REV. 845(2013)。

〔5〕 菲施，前注 159，第 235 页（认为"内部人士对市场负有信义义务"）；唐娜 · M. 纳吉，*Reframing the Misappropriation Theory of Insider Trading Liability：A Post-*O' Hagan *Suggestion*，59 OHIO ST. L. J. 1223，1224-25(1998)。

〔6〕 在多罗日科案中，第二巡回上诉法院发现，一名外部人士，即一名电脑黑客，在从一家公司的电脑中窃取公司的收益报告时，可能会盗用信息。SEC 诉多罗日科，574 F. 3d 42，44-46(2009)。这次盗窃被定性为欺诈，因为黑客谎报了自己的身份。同上注，第 51 页（"为了获得不被允许的信息而虚构自己的身份，然后窃取这些信息，这显然是'欺骗性的'"）。有知名学者质疑此案是否涉及欺诈行为。唐纳德 · C. 兰格沃特，"*Fine Distinctions" in the Contemporary Law of Insider Trading*，2013 COLUM. BUS. L. REV. 429，458-60（指出"盗窃通常既不是违反信义义务，也不是欺诈"）；小约翰 · C. 科菲，*Introduction：Mapping the Future of Insider Trading Law：of Boundaries，Gaps，and Strategies*，2013 COLUM. BUS. L. REV. 281，294（指出多罗日科划出了一条"可疑的界线"）。

息有关的保密协议。[1] 因此,在诚实披露的原则下,未出版的报纸专栏或对国会将通过市场推动立法的信息进行交易,不会违反10b-5规则。与证券披露要求无关的违规行为可以通过其他法律规定加以监管。联邦邮件欺诈法规广泛禁止“任何欺诈计划或手段”,可能包括从发行人以外来源的一些盗用行为。[2] 通常独立生成市场变动信息的经纪交易商,受到滥用“重要的、非公开信息”相关规定的约束。[3]

考虑到盗取理论已成为公认的理论,这样的改革可能过于激进。它还需要进行艰难的界限划分,这将使法律变得不明确。与其放弃盗取理论,更现实的解决方案可能是SEC通过限制对不符合披露要求的信息进行交易的执法力度,来降低对盗用行为的重视程度。

3. 泄密责任的范围

10b-5规则只适用于欺诈性不当行为,因此没有法律义务需要避免此类交易的人,是被允许进行部分选择性披露和强制披露交易的。[4] 有限责任范围的信息泄露传播链条在个体与个体之间进行着传递,这样之后的信息接受者就没有触发10b-5规则的责任,这令人十分失望,因为它允许大量这样的交易存在,便会破坏强制性披露的完整性。

在德克斯案下,从泄密者那里获得内幕信息的人只有在知道或应该知道该信息是违反信义义务传达的情况下,才能根据10b-5规则要求其对该信息进行的交易负责。[5] 这种泄密行为通常要求泄密者通过将信息传递给受密者而获得

---

〔1〕这不是一个完全新颖的想法。在基亚雷拉案中,最高法院建立了内幕交易的信义义务理论,基亚雷拉的律师试图区分公司信息(如收益)和市场信息(如基亚雷拉交易的投标报价)。基亚雷拉认为,“与使用非公开的‘内部’信息不同,非公开‘市场’信息的使用不应受10b-5规则的监管。上诉人摘要,基亚雷拉诉美国案,445 U.S. 222(1980)(No. 78-1202),1979 WL 199452,at＊36(1972年6月29日)。证券业协会的一份法庭之友简报称,支持“公司内部信息(根据10b-5规则,大多数政府和私人行为的传统主体)与外部市场信息之间的区分”。证券业协会法庭之友简报,基亚雷拉案,445 U.S. 222(No. 78-1202),1979 WL 199456,at＊11(1972年6月29日)。这篇法庭之友简报的作者亚瑟·弗莱舍写过一篇关于这类市场信息的文章,他将其定义为“影响公司证券市场,但不影响公司资产或盈利能力的事件或情况的信息”。小亚瑟·弗莱舍、罗伯特·H. 门西姆、小约翰·C. 墨菲,*An Initial Inquiry into the Responsibility to Disclose Market Information*,121 U. PA. L. REV. 798,799(1973)。因此,基亚雷拉认为,平等准入原则应只适用于受到强制披露的某些类型的信息,而不适用于其他类型的市场信息。最高法院在基亚雷拉案中赞同并引用了这一区别。它强调了一个事实,即“基亚雷拉所依赖的‘市场信息’与目标公司的盈利能力或运营无关”,并得出结论,基亚雷拉案“根据第10(b)条……,对该信息的使用不属于欺诈行为”。基亚雷拉案,445 U.S. at 231。它还指出,“第10(b)条下的披露义务并非仅因为拥有非公开市场信息。”同上注,第235页(着重强调)。首席大法官伯格在他的异议意见中页明确指出了这一区别的重要性。他说,第10(b)条和10b-5规则的条文内容没有区分公司信息和市场信息。同上注,第240 n.1(伯格,异议);也见布鲁德尼,前注144,第331页(32)(指出证券法并未“区分非公司信息和公司信息”)。尽管缺乏信义义务是推翻基亚雷拉案定罪的决定性因素,但法院似乎保留了一种可能性,即内幕交易责任可能部分取决于交易所依据的信息类型。基亚雷拉对公司信息和市场信息的区分后来被法院明确驳回,见德克斯诉SEC案,463 U.S. 646,656 n.15,后来内幕交易法开始强调信义义务。

〔2〕18 U.S.C. § 1341(2012).

〔3〕1934年《证券交易法》§ 15(g),15 U.S.C. § 78o(g)(2012)。

〔4〕17 C.F.R. §240.10b-5(2018).

〔5〕德克斯案,463 U.S. 第660页。

“个人利益”。[1] 因此，在美国诉纽曼案中，戴尔公司的投资关系部主管将季度收益数据泄露给分析师和投资者的行为，并未触发 10b-5 规则规定的责任，因为这是根据公司政策而进行的而不是为了任何人的个人利益。[2] 由于这种选择性披露的普遍存在，第二巡回上诉法院认为，“任何理性的陪审团都不会认为这些提示信息是可疑的，以至于（被告）知道或有意避免知道这些信息来自公司内部人士，或者这些内部人士通过披露信息获得了任何个人利益”[3]。

当公司是泄密者时，泄密的责任就变得非常复杂。10b-5 规则中的信义义务框架不适合于公司认为有选择地披露信息是符合公司的最佳利益的情形。如前所述，公司希望与投资者和分析师建立关系的原因有很多。这种关系可能符合股东的利益。当然，现在《FD 条例》使这一行为变得更为复杂。这种选择性的披露可能会引发制裁（尽管 SEC 并不经常执行这一规定），[4]而且可能会有人认为公司的任何违法行为都会损害股东的利益。[5]

由于公司泄露强制性披露信息的决定并没有确切的违反信义义务，而德克斯案中因要求违反了信义义务才有可能承担泄露责任，[6]所以其可能并不适用于此种情形。这个检验的前提假设是，公司高管为了自己的私利未经允许传播公司的信息。[7] 但是它没有清楚地说明当公司是信息传播者时的这一复杂情况。

虽然这并不违反信托义务，但很明显，公司有选择性地披露定期报告破坏了强制性披露的完整性。[8] 如果公司定期公布盈利数据，投资者就能轻易地从公司短期业绩中获利。因此，检察官和一些评论人士正在寻求扩大泄密责任的范围。

对于 10b-5 规则无法规制这种公司信息披露的问题，一个可能的解决方案是通过一项法令来禁止利用非公开收益信息进行交易。[9] 这种方法似乎在有关收

---

[1] 同上注，第 662 页(63)。

[2] 美国诉纽曼案，773 F. 3d 438，454-55(2014)。

[3] 上注，第 455 页。

[4] 吉尔·菲施，*Regulation FD: An Alternative Approach to Addressing Information Assymetry*, *in* RESEARCH HANDBOOK ON INSIDER TRADING 112，129(斯蒂芬·班布里奇著，2013)(描述 SEC 在《FD 条例》下的策略)。

[5] 纳吉，前注 179。

[6] 德克斯案，463 U. S. at 647。

[7] 同上注，第 660 页(61)。

[8] 有证据表明，在第二巡回上诉法院缩小了纽曼案中“泄露责任”的范围后，合并公告中的内幕交易增加了。梅内什·S. 帕特尔，*Does Insider Trading Law Change Behavior? An Empirical Analysis* (2017 年 9 月 29 日)(未发表稿件)，http://papers. ssrn. com/sol3/papers. cfm? abstract_id=3044118。

[9] 彼得·J. 亨宁，*What's So Bad About Insider Trading Law?*，70 BUS. LAW. 751，773-75(2015)；斯蒂芬妮·罗素·卡夫，*Rakoff Calls for Clear Statute to Define Insider Trading*，LAW360(2015 年 3 月 20 日，4:57PM)，http://www. law360. com/articles/633008/rakoff-calls-for-clear-statute-to-define-insidertrading(最后一次访问于 2018 年 10 月 20 日)；也见米里亚姆·H. 贝尔，*Insider Trading's Legality Problem*，YALE L. J. FORUM 129(2017)(认为法规可以更好地区分不当行为的类型)。

购要约等重要信息的交易方面取得了成功，这是SEC的14e-3规则所禁止的。[1]《信息披露法》的优点在于，将扩大对内幕交易的监管范围，使所有利用选择性披露的收益信息进行交易的个人都能够进行规制。缺点在于，由于大量市场参与者试图预测一家公司的收益报告，这样的法规可能会对市场造成太大的破坏。因此，最好保留目前的框架，因为在这一框架下通常把最严重的制裁限制在违反某项义务进行交易的个人身上。

另一种可行的路径是，更积极地执行《FD条例》。如果一家公司在有选择性地披露季度信息时会产生成本，那么它可能会被阻止这样做。但这一政策不会影响那些获取和利用这类信息进行交易的个人。

最后一种可能是尽量减少或消除德克斯案中的那种个人利益要求。学者们对这个问题进行了广泛的讨论。[2] 根据最高法院在萨尔曼诉美国(Salman v. United States)一案中的判决，第二巡回法院的一项重要裁决对泄密责任的看法与纽曼案的看法截然不同。[3] 在美国诉马托马(United States v. Martoma)案中，[4]第二巡回上诉法院认为，即使是将信息赠与陌生人，如果内幕人士"将内幕信息披露给他预计其会利用该信息进行交易的人"，只要该交易"类似于内幕人士进行的交易，然后将利润赠与接受者"，就有可能引发法律责任。[5] 第二巡回上诉法院后来在修正意见中澄清，如果有"使告密者受益的意图"，则能够满足使个人获利这一要求。[6] 它解释说，"陪审团通常可以推断出公司内部人士在没有公司目的的情况下，故意披露有价值的机密信息，并期望受密者利用这些信息进行交易，从而获得个人利益(即违反了信义义务)"。[7]

虽然现在还不知道法院将如何适用这一标准，但它似乎采用了更广泛的个人利益观点。该测试可能涵盖公司内部人员选择性披露强制披露信息的一些其他形式。例如，如果一位内部人士有选择地披露信息以与投资者建立联系，并进一步发展自己的职业生涯，那么他在马托马案中可能要承担责任，而在纽曼案中则不必承担责任，因为纽曼案要求"交易是客观的、间接的而且至少代表了一种金钱或类似性质的潜在收益"。[8] 第二巡回上诉法院之所以改变做法，可能是担心狭义的泄露责任可能会过度阻碍对强制性披露信息的交易监管。

(二)执法重点

即使在原则不完全明确的情况下，执行政策也可以有效地限制内幕交易法

---

〔1〕 17 C. F. R. § 240.14e-3(2018).

〔2〕 相比于爱泼斯坦，前注2，古腾塔格，前注179，以及史基帕尼、塞洪，前注191(认为个人利益不应成为泄密者责任的要求)，以及A. C. 普里查德，*Dirks and the Genesis of Personal Benefit*，68 SMU L. REV. 857(2015)(认为个人利益要求与德克斯案中的一致)。

〔3〕 137 S. Ct. 420(2016).

〔4〕 869 F. 3d 58(2d Cir. 2017)，意见修正与取代，894 F. 3d 64(2d Cir. 2017)。

〔5〕 同上注，第71页(援引自萨尔曼案，137 S. Ct. at 427)。

〔6〕 894 F. 3d at 74.

〔7〕 同上注，第79页。

〔8〕 纽曼案，773 F. 3d at 452。

的适用范围。如果内幕交易监管的主要目的是保护强制披露制度的完整性，那么执法工作应该集中在有明确证据表明强制披露信息存在不当交易的案件。

在某种程度上，联邦检察官已经认为自己是在对最敏感信息交易的完整性进行监管。例如，前纽约南区联邦检察官普里特·巴拉拉（Preet Bharara）认为，“有一些重要的核心非公开信息是如此重要且影响着市场，他们不应该比普通投资者更具有利用这些信息的优势，我认为大多数人都会同意这一点，这就是我们提起的案件”。[1]

执法政策可能会对不同披露类型的交易进行区分。[2] 根据是否涉及强制性或自愿披露信息，对内幕交易违规行为的制裁可能有所不同。对内幕交易的刑事起诉，要求出示“故意”违反证券法的证据，[3]应主要限于涉及强制披露信息的交易案件。[4] 对于不能明确预测强制性披露报告内容的信息进行交易，民事制裁（如处罚或追缴）将更为合适。在某些情况下，信息的性质特别不明确的，甚至可能引起警告的处罚而不是金钱支付处罚。[5]

六、结语

本文认为在上市公司信息披露监管框架下可实现对内幕交易监管制度的最好解读。随着信息披露范围的扩大和质量的提高，内幕交易与披露制度为所有投资者提供最可靠信息的初衷变得越来越不一致。由于美国证券监管依赖于定期披露，内部人士和其他人有机会利用监管延迟进行获利。内幕交易破坏了信息披露的基本目的，即为投资者提供平等的机会以了解公司的重要发展情况。有选择性地披露允许预测短期业绩的信息最有可能破坏强制性披露的完整性。内幕交易监管不应监管所有影响市场诚信和产权的交易，而应侧重于确保公平获取发行人为满足披露要求而提交的信息。

---

〔1〕 杰弗里·图宾，*The Showman*，NEW YORKER，May 9，2016，at 36，40。

〔2〕 或者立法机构可以通过《内幕交易法》规来更好地界定这种自由裁量权的界限。例如，贝尔，前注216，第147页（主张检察官可以通过法定分级来区分不同类型的内幕交易）。

〔3〕 1934年《证券交易法》§ 32(a)，15 U.S.C. § 78ff(a)(2012)。如果违反行为是“故意地”，而不是“无意的错误、疏忽或过失导致的结果”，那么它就应该定性为故意。美国诉迪克森案，536 F.2d 1388，1397(2d Cir. 1976).

〔4〕 关于刑事检察官在执行《证券法》方面的作用，见詹姆斯·J. 帕克，*Rules，Principles，and the Competition to Enforce the Securities Laws*，100 CALIF. L. REV. 115，154-57(2012).

〔5〕 例如，SEC并未在某些《FD条例》案例中处以罚款。雷神公司和富兰克林·凯恩公司案，《交易法案》No. 34-46897，78 SEC Docket 2851(2002年11月25日)。

商标的来源识别功能：理论演进、法律地位与制度完善〔1〕

杨祝顺*

摘　要　系统梳理商标功能的历史演进与法律地位，有助于完善我国商标注册审查和商标侵权判定的标准。商标起源于所有权标记和行会标记，其功能并非区分不同商品的来源。随着商品经济的发展，商标的来源识别功能开始萌芽并得到各国法律确立。伴随商品经济的深入发展，商标的来源识别功能呈现两方面发展：一是商标的匿名来源理论日益兴起；二是以来源识别功能为基础，商标的质量保障功能和广告功能得到发展。商标来源识别功能的法律地位在于，无论是商标注册的审查还是商标侵权的判定，都应以混淆可能性为标准。我国《商标法》规定了商标侵权判定的混淆可能性标准，未规定商标注册审查的混淆可能性标准，应以商标的来源识别功能为基础，规定推定混淆制度完善商标侵权判定的标准，采用“概括加列举”的立法模式完善我国商标注册审查的标准。

关键词　商标；来源识别功能；混淆可能性；推定混淆；概括加列举

目　次

---

* 杨祝顺（1988—），广西师范大学法学院副教授，主要研究方向：知识产权法。

〔1〕本文系2019年国家社科基金青年项目“商标混淆可能性的判定因素与实证研究”（19CFX053）成果。

商标是指示商品或服务来源的标记，来源识别功能是商标最初始和最基本的功能。[1] 来源识别功能是商标法律制度的理论基石，无论是商标注册的审查，还是商标侵权的判定，均以保护商标的来源识别功能为核心，排除可能导致消费者混淆的商标注册或者使用。

近年来，《中华人民共和国商标法》（以下简称《商标法》）几经修改，商标保护制度日渐完善，但仍然存在诸多问题，主要表现在商标注册审查制度和商标侵权判定制度。就商标注册审查而言，由于缺乏商标注册审查的明确标准，审查主要针对商品是否类似、商标是否近似，忽视商标来源识别功能以及消费者混淆可能性的关注，只要商标不相同、商品不同类往往就可以获得核准注册，导致商标抢注、商标囤积等商标注册乱象较为突出。就商标侵权判定而言，虽然商标法明确规定了混淆可能性，但相同商品、相同商标情形下是否适用混淆可能性并未明确，学界和司法实践仍然存在争议。[2] 梳理商标来源识别功能的发展脉络，明确商标来源识别功能的法律地位，有助于为我国商标制度的完善提供理论指引。

此外，围绕来源识别功能和质量保障功能、广告功能的相互关系，学界和司法实践亦不乏争议。有观点认为，商标的质量保障功能、广告功能附属于来源识别功能，并不具有独立属性，商标保护范围仍然以混淆可能性为标准。[3] 亦有观点认为，只要质量保障功能、广告功能受到损害，即便消费者未发生商品或服务的来源混淆，亦可构成商标侵权，进而可以干预商品的国内和国际流通。[4] 例如，在米其林集团诉欧某、谈某强侵害商标权案[5]中，我国法院就认为，被告从日本进口的“米其林”商品并未贴附中国 3C 认证标记，尽管涉案商品确实来自原告，但仍然存在安全隐患，侵犯了原告商标的品质保障功能，构成商标侵权。上述争议同样需要从商标来源识别功能的角度进行厘清。

本文将追根溯源，从理论演进的角度阐明来源识别功能的发展脉络，及其与质量保障功能、广告功能的相互关系。在此基础上，探讨来源识别功能的法律地位，进而检视我国的商标注册审查和商标侵权判定制度，提出相应的制度完善建议。

一、商标来源识别功能的起源

在工业革命之前，由于生产力水平和交通运输能力的限制，能够进入流通的商品数量非常有限，商品的生产和销售均在有限的地域范围内进行，消费者对于

---

[1] 刘春田：《知识产权法》（第 5 版），中国人民大学出版社 2014 年第 5 版，第 234 页。

[2] 有关争议观点的梳理可参见韦稼霖、朱冬：《体系化思维下混淆在商标侵权判定中的定位》，《电子知识产权》2020 年第 10 期，第 62—63 页。

[3] 吴汉东：《知识产权法》，中国政法大学出版社 2004 年版，第 234—235 页。

[4] 张鹏：《品质保证功能在商标侵权判断中的地位》，《知识产权》2020 年第 10 期，第 48 页。

[5] 湖南省长沙市中级人民法院（2009）长中民三初字第 0073 号民事判决书。类似案例参见浙江省杭州市余杭区人民法院（2015）杭余知初字第 416 号民事判决书（法院认为，商标具有识别商品来源的基本功能，也具有质量保障、商誉承载等衍生功能……对于商标的侵权足以达到损害其功能的程度的，无论是否具有市场混淆的后果，均可以直接认定构成商标侵权行为）。

同种商品也缺乏选择空间,而且一旦发现商品存在质量问题,消费者也可以很容易找到商品销售者。[1] 与之相应,商人在商品上使用标记并不是使消费者识别商品的来源,消费者一般也并不需要借助标记来识别其来源。此阶段的商品标记是判定商品所有权的标记,或者作为行会组织进行市场监管的工具,而非识别商品或服务的来源。[2]

(一)所有权标记

早期的商人将标记附着于商品之上,主要目的是用来区分商品的所有权,以便在可能发生的财产纠纷中作为物权证据。这种一般由生产者姓名构成的标记,在欧洲中世纪的商业活动中得到广泛使用。商人往往在其制造的商品或其包装上附着其个人标记,以便使不识字的仓库管理员进行区分,或者作为海事法院确定因船舶事故、海盗或其他灾祸而丢失的商品的权属证据。

以英国为例,在爱德华三世统治时期(1327—1377),海运的最大威胁是无休止的海盗,航海国家往往难以逃脱海盗的侵扰。当船舶在海上遭遇海盗,其装载的货物被冲上陆地时,除货物因印有标记进而被知晓之外,均属于国王所有。而且,按照当时的法律规定,在英国海域或海岸遭遇商品破坏的外国商人,在具有商品所有权证据的情况下,无须诉诸普通法即可以获得赔偿,而法律所列的确定商品所有权的证据之一,就是商品上附着的商人标记。[3] 例如,在1346年,英国德文郡的行政长官蒂雷尔就收到西班牙商人桑奇斯的赔偿请求,因为该西班牙商人在英国海岸遭遇海盗,其拥有的数桶酒也随之丢失。其中的两桶酒在英国德文郡的一家酒馆被发现,且贴有该西班牙商人的标记。于是,该西班牙商人请求行政长官判决酒馆进行赔偿。[4]

所有权标记在《商标法》发展的过程中占有重要地位,现代《商标法》中仍然可以找到依据商标确定财产所有权的影子。美国最高法院在相关案例曾指出,商标的主要和恰当功能是识别其所附着的商品的来源或者所有权。[5] 需要注意的是,虽然所有权标记在一定意义上也承担着区分商品来源的功能,但与现代商标具有实质性区别,因为所有权标记仅在确定特定财产的所有权的意义上发挥功能,或者仅仅承担表明商品生产者身份的功能,而非防止消费者对商品的来源发生混淆——现代商标的基本特征。

(二)行会标记

行会标记(guild mark)是通往现代商标的重要阶段,它是欧洲中世纪发达的

---

〔1〕 杜颖:《社会进步与商标观念:商标法律制度的过去、现在和未来》,北京大学出版社2012年版,第13页。

〔2〕 Frank I. Schechter, "The Rational Basis of Trademark Protection", *in Harvard Law Review*, 40 (1927), p. 814.

〔3〕 李雨峰:《侵害商标权判定标准研究》,知识产权出版社2016年版,第26页。

〔4〕 Frank I. Schechter, *The Historical Foundations of the Law Relating to Trade-marks*, New York: Columbia University Press, 1925, p. 28.

〔5〕 Hanover Star Milling Co. v. Metcalf, 240 U. S. 403, 415, 36 S. Ct. 357, 60 L. Ed. 713(1916).

行会经济的产物。行会经济具有以下3个特点。第一,行会构成了整个国家的工商业体系,全国的生产活动均以行会系统组织开展,国王和议会亦利用行会对生产过程和贸易实施监管。第二,较高的产品质量标准,因为生产者、消费者均生活在共同的狭窄地域,使得产品质量的监督成为可能。第三,行会拥有其控制区域的贸易垄断权,行会外的竞争者难以开展竞争,行会内的经营者则只有合作没有竞争。以英国为例,中世纪行会制定的很多规章,都旨在防止引诱其他工匠的学徒,或者防止其他导向内部竞争的行为。

与行会经济的上述特点相适应,中世纪的欧洲出现了各种类型的行会标记,成为维持行会经济运行的重要工具,包括保证质量的责任标记、用于官方管制的监管标记、行会本身的行会标记、行会成员的个人标记等。[1] 为了维护行会的声誉和集体利益,行会强制性地要求其成员使用行会标记,包括代表行会成员的个人标记与代表行会本身的行会标记。使用行会标记的强制性要求,主要有以下两个目的。

第一,追踪假冒或瑕疵产品,处罚违反产品质量标准的工匠。根据行会制度,销售偷工减料或工艺不完美的商品,不仅会触犯刑法或监管条例,而且从民法的角度来看,还构成对行会集体商誉的损害。例如,面包行业是行会强制性要求使用生产标记的典型代表,英国亨利三世统治时期(1266—1272)的相关法律规定,每个面包师都应当在其制作的面包上使用自己的标记,从而使每块面包的制造者被知晓,任何提供销售而未印有生产标记的面包,都会被监管人员没收,而违反规定的面包师将会面临严重的罚款。

第二,加强贸易壁垒,防止行会外的竞争者在垄断区域内销售竞争产品。根据行会制度,特定的产品只能由特定的行会生产,行会掌握着其控制区域的贸易垄断权,严格监管和反自由竞争是行会经济的典型特征。从事某一行业的经营者必须加入行会才能经营,且加入者必须在其生产的商品上使用代表行会本身的行会标记。通过行会标记的强制性使用,行会可以及时识别那些非本行会成员提供的产品,并采取没收措施。

需要指出的是,行会标记维护的是行会的整体利益和集体商誉,并不允许行会成员积累个人商誉或开展广告宣传。例如,行会禁止其成员将代表行会成员的个人标记通过比代表行会本身的行会标记更为突出的方式使用,以达到抑制其成员积累个人商誉的目的。而且,行会管理规章并不是为了保护消费者,而是为了便于行业控制和打击竞争对手。

由此可见,尽管行会标记在中世纪的欧洲得到广泛使用,但无论是在功能方面,还是在法律地位方面,均与现代商标相去甚远。[2] 具体而言,它并不承担现代商标识别商品或服务来源的功能,使用行会标记的强制要求亦不是防止消费者的混淆,而仅仅是保持行会生产标准与垄断权利的工具。同时,行会标记代表

---

〔1〕 胡开忠:《知识产权法比较研究》,中国人民公安大学出版社2004年版,第382页。

〔2〕 文学:《商标使用与商标保护研究》,法律出版社2008年版,第27页。

行会的集体商誉,行会成员不能利用行会标记进行广告宣传和积累个人商誉。因此,行会标记本质上是一种监管标记和责任标记。

二、商标来源识别功能的确立

伴随着商品经济的萌芽和发展,市场中的同类商品出现竞争。为了将不同经营者的同类商品区分开,识别商品或服务来源意义上的商标便出现了。在欧洲的罗马帝国时期,得益于商品经济的不断发展,生产者在商品上添加标记的现象非常普遍,而且出现了假冒他人商标的现象。典型的例证就是,使用在油灯上的"PORTIS"商标在罗马帝国范围内被广泛冒用。在我国,受北宋时期发达的商品经济的影响,也出现了在商品上附着商标的现象。郑成思教授曾指出:"将一定标识用在商品包装上,有目的地使消费者认明商品来源,不仅有文字记载,而且有实物流传至今的,恐怕仍旧要推中国宋代山东刘家'工夫针'铺使用的'白兔'商标"。[1]

尽管早在西方罗马帝国时期、我国北宋时期就出现了商品经济的萌芽,商人在商品上使用的标记也确实承担了区分商品来源的功能,但由于缺乏与之配套的商标保护制度,故仍然与现代商标制度相去甚远。商标区分商品来源的功能真正得到体现,且被法律所承认和保护,则始于欧洲工业革命以后。[2]

首先,工业革命提高了人类的生产力水平,不仅商品的丰富性大为提高,而且机器、铁路、海运使得商品生产和交通运输的效率大幅提高,进而商品可以销售到更为遥远的市场。于是,出现了大量直接以交换为目的的商品生产,使得工业从农业中分离出来。

其次,随着工业革命的推进,欧洲中世纪以行会经济为核心的生产关系,难以适应由工业革命带来的先进生产力。于是,在服装行业、刀剑铸造行业,鼓励自由竞争的先进生产关系率先替代了行会经济下抑制自由竞争的落后生产关系,[3]以自由竞争为特点的商品经济得到全面发展。

最后,便利的大规模生产和远距离的商品销售,拉开了生产者和消费者之间的距离,催生了商标使用和商标保护。[4] 一方面,商品的远距离销售是商标制度产生的前提,只要商品的生产者和消费者能够近距离接触,商标就不可能发展成承载商誉的价值符号。商品的远距离销售使得消费者无法通过生产者、经营场所等传统特征来识别商品的来源,使用商标来销售商品日益渗透到越来越多的领域。"当一个特定生产者在其他区域取得声誉之后,为了使该声誉可视化和永久化,他通过商标的使用实现与竞争产品相区别,制造者身份也可以在商品流通

---

〔1〕 郑成思:《知识产权论》,社会科学文献出版社 2007 年版,第 6 页。

〔2〕 胡开忠:《知识产权法比较研究》,中国人民公安大学出版社 2004 年版,第 382 页。

〔3〕 Frank I. Schechter, *The Historical Foundations of the Law Relating to Trade-marks*, New York: Columbia University Press, 1925, pp. 78-81.

〔4〕 John M. Murphy, Brand Strategy, New York: Prentice Hall, 1990, p. 18.

中得到有效维持”。[1] 于是，商品的远距离销售使得商标成为连接消费者和生产者的纽带，商标的来源识别功能得到体现。

另一方面，随着商标在商品的远距离销售中得到广泛运用，消费者开始依赖商标来区分商品的来源，由此也带来了大量的商标仿冒。对商标进行整体保护的需求日益提高，尤其是随着现代广告和大规模零售产业的发展，商标保护的需求进一步强化，[2]商标保护制度逐渐形成。例如，1618 年英国出现了商标保护的最早案例萨瑟恩诉豪，该案涉及一布匹商未经许可冒用另一布匹商的商标的情形，法官认为，被告的商标使用行为构成欺骗消费者，应予以制止，该案孕育了英国早期商标保护制度——仿冒诉讼。[3]

此外，消费者个性化的消费文化也促进了商标来源识别功能的形成。欧洲的文艺复兴运动、资产阶级的启蒙思想以及宗教改革运动，使人们摆脱了旧的思想束缚，天赋人权思想深入人心，自由、平等、个性、独立的价值观日益形成。而工业革命带来的生产力和商品经济的发展，为个性、独立的消费文化的形成奠定了经济基础。与此同时，工业革命不仅带来了商品生产与销售的扩张，而且带来了商品广告的扩张。商人开始通过广告培育以商标为表彰的品牌文化，商标日益成为社会地位、个性风格、生活方式的代表，成为精神世界的一个可视窗。[4] 在此基础上，向消费者准确传达商品或服务的信息，防止消费者对商品或服务的来源发生混淆，便成为商标的基本功能。由此，商标使用不仅是生产者吸引顾客、推销产品、积累商誉的工具，而且也是消费者表彰自己身份的重要手段。[5]

随着第一次工业革命的完成，19 世纪中后期西方各主要国家以保护商标的来源识别功能为基础，纷纷制定了商标法律。例如，法国在 1857 年颁布了世界上第一部《商标法》；英国于 1862 年制定了首部《商标法》，并于 1875 年颁布了《注册商标法》；德国于 1874 年颁布了《注册商标法》；美国于 1870 年制定联邦《商标保护法》。在此基础上，1883 年缔结的《保护工业产权巴黎公约》明确将商标纳入知识产权国际保护的范畴，从制止混淆的角度对商标提供法律保护。这样，伴随工业革命带来的生产力提高，商品经济的迅速发展，商标的来源识别功能真正得到体现，并被各国法律和国际公约所承认。

三、商标来源识别功能的内涵发展：匿名来源理论

与商品经济的持续发展相适应，商标来源识别功能的内涵亦与时俱进，从识别商品或服务的具体来源，发展到识别商品或服务的匿名来源。在商品经济的早期，商标的来源识别功能指向的是商品或服务的“具体来源”，即消费者通过商

〔1〕 Banjamin G. Paster, “Trademarks-Their Early History”, *in Trademark Reporter*, 59(1969), p. 551.

〔2〕 William Cornish, David Llewelyn & Tanya Aplin, *Intellectual Property: Patents, Copyright, Trademarks and Allied Rights* (*Eight Edition*), London: Sweet & Maxwell Press, 2013, p. 630.

〔3〕 李明德：《美国知识产权法》(第 2 版)，法律出版社 2014 年第 2 版，第 455 页。

〔4〕 杜颖：《社会进步与商标观念：商标法律制度的过去、现在和未来》，北京大学出版社 2012 年版，第 19 页。

〔5〕 文学：《商标使用与商标保护研究》，法律出版社 2008 年版，第 29 页。

标能够知道商品或服务的具体提供者。美国1905年商标法就规定:"商标被认为服务于单一的功能:向消费者表示使用该商标的商品的具体来源"。[1] 美国第八巡回上诉法院亦曾指出,商标的转让和许可应当连同出让人或许可人的商业一并转让或许可,以确保商品或服务的具体来源相同,否则相关商标属于错误或欺骗的名称。[2]

19世纪末至20世纪初,随着贸易的扩大和商业模式的变迁,尤其对于全球范围销售或通过现代复杂的商品流通渠道销售的知名产品,购买者客观上根本无法知晓其具体来源。从消费者角度来说,急剧膨胀的贸易也减少了消费者对特定商品具体来源的关注。消费者仅依靠商标就可以做出满意的选择,能否通过商标识别商品的具体制造者变得无关紧要。[3] 因为消费者关心的并不是商品来自哪一具体生产者,而是商品是否具有其所期望的恒定品质。"商品生产者的特点或个性并不需要清楚地被消费者知道,一个商标仅仅向消费者保障相关商品来自相同——可能是匿名的来源,或者通过与特定商品相同的渠道到达消费者,而消费者对该使用相同商标的特定商品非常满意"。[4] 这样,消费者只要大体知道,该商品或服务来源于某一特定的提供者即可。

商标的匿名来源理论得到司法实践的确认。相关法院在具体案例中承认,消费者并不关注相关商品的实际提供者,而是关注相关商品是否来自单一的提供者,进而是否具有恒定的质量。美国案例就曾指出:"显然,在先商标使用人应当被消费者知道是制造者的要求是不必要的,相反,如果相关商品被人知道来自单一的——尽管是匿名的来源就足够了。"[5]英国法院亦曾表示:"人们可能会被误导,可能会错误地将一家产品当成他家产品,尽管他们并不知道两家生产者的具体姓名。对于生产者而言,当其商标被竞争者模仿时,无论具体姓名是否被消费者知道,均会对生产者的贸易造成损害。他所使用的商标已经给他的商品带来了商誉,他的贸易很大程度上依赖于这种商誉,他的商标在销售他的商品。"[6]

在司法实践的基础上,商标的匿名来源也得到了相关立法的明确规定。美国1984年《兰哈姆法》第45条规定:"商标包括词语、姓名、符号、短语或任何之组合……用以识别和区分其商品……即使该来源并不知晓。"这样,商标从识别商品或服务的具体提供者,发展到识别商品或服务的匿名或者单一提供者,丰富了商标来源识别功能的内涵。

---

〔1〕 Marlene B. Hanson & W. Casey Walls, "Protecting Trademark Good Will: The Case for a Federal Standard of Misappropriation", *in Trademark Reporter*, 81(1991), p. 482.

〔2〕 MacMahan Pharmacal Co. v. Denver Chemical Mfg. Co., 113 F. 468(8th Cir. 1901).

〔3〕 李明德:《知识产权法》(第2版),法律出版社2014年第2版,第198页。

〔4〕 Frank I. Schechter, "The Rational Basis of Trademark Protection", *in Harvard Law Review*, 40(1927), p. 816.

〔5〕 Coty. Inc. v. Le Blume Import Co., Inc., 292 F. 264, 267-268(S. D. N. Y), aff'd, 293 F. 344(2d Cir. 1923).

〔6〕 Powell v. The Birmingham Vinegar Brewery Company, Limited, 13 Rep. Pat. Cas. 235, 250(1896).

英国1926年的麦克道尔案[1]是运用匿名来源理论保护商标的典型案例。该案中,商标申请人申请注册纽沃尔(Nuvol)商标,商标异议人以纽加尔(Nujol)驰名商标提出异议。商标申请人认为,商标异议人并没有以自己的名义向英国消费者销售纽加尔(Nujol)商标产品,而是通过美国的代理人进行销售,故英国消费者实际上并不知道纽加尔(Nujol)商标产品的实际来源。英国商标异议机构支持了该商标异议,认为实际知道纽加尔(Nujol)商标产品来自商标异议人的事实并不具有决定性,因为消费者会推断使用纽沃尔(Nuvol)商标的产品与使用纽加尔(Nujol)商标的产品具有相同来源,而无论纽加尔(Nujol)商标产品的具体来源如何。英国上诉法院同意商标异议机构的观点,指出:"允许异议商标注册可能造成这样的欺骗,即两种产品均源自相同的来源。对于当前的问题,我认为公众是否知道具体的来源是无关紧要的。"

显然,商标匿名来源理论推动了商标保护理论的发展完善。一方面,商标匿名来源理论推动了商誉理论的形成。匿名来源理论强调,商标不仅是指示商品或服务的具体来源,同时也指示使用相关商标的商品或服务具有符合消费者预期的恒定品质。而消费者所预期的恒定品质,正是商标所承载的商誉——对商品或服务的积极评价。"商誉承载功能和品质指示功能均依托于识别功能而发挥作用"。[2] 由此,商标的匿名来源实质上体现了商誉理论,二者存在高度的理论契合。另一方面,商标的匿名来源理论为商标保护范围的扩大奠定了理论基础。商标保护从竞争性产品向非竞争性产品的扩张,从来源混淆向赞助混淆的扩张,从混淆理论向淡化理论的扩张,从商标的来源识别功能向商标的品质保障功能、商标的广告宣传功能的延伸,实质上均与商标的匿名来源理论密切相关。

四、商标来源识别功能的外延扩张:质量保障功能与广告功能

随着商品经济的深入发展,商标逐渐成为商品质量的表征,同时也是经营者推销商品的广告载体。在此背景下,以商标的来源识别功能为基础,延伸出了商标的其他功能,主要包括商标的质量保障功能和广告功能,并在相关国家的立法和司法实践中得到认可。欧盟法院在山啄木鸟案[3]中就明确指出:"商标的功能(functions)不仅包括商标的实质性功能——向消费者保障商品或服务的来源,而且还包括其他功能,特别是保障商品或服务质量的功能,以及交流、投资或广告的功能。"美国第二巡回上诉法院在托马斯普莱德米尔斯公司诉孟山都公司案[4]中亦指出:"商标的基本功能是表明使用该商标的商品具有唯一的来源,并向终端消费者保证这些商品符合原有的质量标准,或者在许可使用的情况下,保证商品质量由商标权人控制。"

---

[1] In the Matter of McDowell's Application, 43 Rep. Pat. Cas. 313(1926).

[2] 冯术杰:《商标法原理与应用》,中国人民大学出版社2017年版,第2页。

[3] Die BergSpechte Outdoor Reisen und Alpinschule Edi Koblmüller GmbH v. Günther Guni and trekking. at Reisen GmbH, C-278/08, ECR 2010 I-02517.

[4] Thomas Pride Mills Inc. v. Monsanto Co., 155 U.S.P.Q. 430(2d Cir. 1959).

(一)商标的质量保障功能

伴随国际贸易的发展,商品的实际制造者和商标的所有者发生分离,产生了商标的质量保障功能。[1] 商标的质量保障功能,是指商标代表着特定商品或服务的质量,保障商品或服务符合消费者的预期。[2] 商标的质量保障功能是商标的匿名来源理论的延伸,其理论前提在于,消费者并不关心商品或服务的具体来源,而是关心使用商标的商品或服务是否具有恒定的质量。"消费者并不是将商标视为来源的指示,而是将其视为质量的保障:使用该商标的商品与其之前所关注的贴有相同标签的商品具有相同的质量"。[3] 相关研究甚至表明,如果取消区别商品生产者的标记,则商品的平均质量将下降。[4]

商标的质量保障功能与商标的保护范围密切相关,因为商标的保护范围是由其功能决定的,商标保护的目的是确保商标能够实现其功能。[5] 如果承认商标除具有来源识别功能之外,还具有独立的质量保障功能,那么商标权人可根据商标的质量保障功能遭受损害为由,追究被告的商标侵权责任,而无论消费者是否容易发生混淆。

相关司法实践存在根据商标的质量保障功能判定商标侵权的案例。在美国季诺大卫杜夫有限公司诉 CAS 公司案[6]中,原告是高端奢侈品的生产者,拥有用于香水产品的 COOL WATER 不可争议商标。[7] 为了保障产品质量和应对假冒,原告在每件香水瓶及其外包装的底部均使用了独特的产品编码(UPC 编码)。由于该编码记录了相关产品的信息,故通过该编码,原告不仅可以识别相关产品的真伪,而且可以发现和召回存在质量缺陷的真品。为了维持产品的尊贵特点,原告只授权有限的奢侈品零售商销售其产品。被告是一家连锁药店,并没有获得原告的销售授权,却从其他渠道获得了大量的 COOL WATER 产品,包括假冒产品和平行进口的真品,原告起诉被告商标侵权。

起初,原告仅请求法院发布禁令,仅禁止被告销售假冒产品。但在诉讼过程中,原告发现被告将大量 COOL WATER 产品的 UPC 编码做了移除,故请求法院扩大禁令的范围,禁止被告销售所有使用 COOL WATER 商标的产品。被告同意停止销售 COOL WATER 假冒产品,但不同意停止销售平行进口的 COOL WATER 产品。地方法院认为,将 UPC 编码从其商标产品上移除会干预商标权

---

[1] 王迁:《知识产权法教程》(第 6 版),中国人民大学出版社 2019 年第 6 版,第 401 页。

[2] William Cornish, David Llewelyn & Tanya Aplin, *Intellectual Property: Patents, Copyright, Trade-marks and Allied Rights (Eighth Edition)*, London: Sweet & Maxwell Press, 2013, p. 644.

[3] Frank I. Schechter, *The Historical Foundations of the Law Relating to Trade-marks*, New York: Columbia University Press, 1925, p. 150.

[4] 吴汉东:《知识产权法》(第 5 版),法律出版社 2014 年第 5 版,第 213 页。

[5] 孔祥俊:《商标与不正当竞争法原理和判例》,法律出版社 2009 年版,第 45 页。

[6] Zino Davidoff SA v. CVS Corp., 571F. 3d238, 246(2d Cir. 2009).

[7] 不可争议商标(Incontestability Trademark),是指为保护业已形成的商业现状,对连续使用 5 年的注册商标,法律禁止对其提起宣告无效的挑战。参见美国《兰哈姆法》第 15 条。

人识别假冒产品的能力和合法产品质量的能力,进而削弱原告的商标,故支持了原告的禁令请求。被告上诉认为,移除UPC编码的产品都是平行进口产品——即真品,由于这些产品是以其原包装的形式进行销售,原告的商标清晰可见且未做任何改变,故UPC编码的移除并不会否定其为真品的事实,故不构成商标侵权。

美国第二巡回上诉法院认为,被告的观点忽略了重点,相关产品是平行进口产品并不能使被告的抗辩成立,地方法院发布禁令的理由在于,原告UPC编码的移除违法干预了原告的商标权利,而无论该产品是否被原告授权合法销售。上诉法院进一步认为,《兰哈姆法》并不禁止带有真实商标的真品销售,即使该销售未经商标权人授权,因为这样的销售本身并不会引起混淆或淡化。但如果商品并没有遵守商标权人的质量控制标准,或者与商标权人授权销售的产品存在实质性区别,则该商标不是真品。当被告干预商标权人的质量控制能力,原告的诉讼主张不会因为原告无法证明被告所销售的商品存在质量缺陷而被驳回。这是因为干预商标权人控制质量的合法步骤,会不合理地使商标权人面临商标声誉受损的风险。而《兰哈姆法》所提供的最为重要和有价值的保护是赋予商标权人对其制造和销售的商标产品进行质量控制的权利。由此,上诉法院维持了地方法院关于商标侵权成立的判决。

值得注意的是,商标的质量保障功能仅仅表明,带有这一商标的商品或服务具有比较稳定和一贯的质量,而非保证其使用的商品或服务具有很高的质量。[1]商品的质量高低以及是否符合相关安全标准,均属于《产品质量法》《消费者权益保护法》等法律的调整范围。从权利保护角度来看,商标的质量保障功能保护的是商标权人的利益,保护的是私权,应由《商标法》调整;而产品质量高低保护的是消费者的利益,保护的是公共利益,应由公法调整。从市场角度来看,商标产品质量的高低以及是否满足消费者需求,完全属于市场调整的范畴。商品物美价廉,自然会受到消费者的追捧,从而赢得市场;而质次价高的商品自然会被市场所淘汰。因此,没有必要在商标法中对商标与产品质量之间的关系做强制性规定,否则将会混淆《商标法》与《消费者权益保护法》《产品质量法》的职能。[2]

(二)商标的广告功能

商标不仅是消费者识别商品或服务来源的工具,而且随着广告营销的不断发展,商标日益成为经营者开展商品推销的广告载体。这就是商标的广告功能。商标的广告功能体现在两方面。一方面,消费者的口碑相传。商标本身往往由简短、便于记忆的词语或者图形组成,使用在相关商品或服务上,不仅起到区分同类商品或服务的作用,而且还便于人们识别、呼叫、比较、讨论,其本身就属于

---

〔1〕 刘春田:《知识产权法》(第5版),中国人民大学出版社2014年第5版,第234页。

〔2〕 《商标法》第1条规定:"为了加强商标管理,保护商标专用权,促使生产、经营者保证商品和服务质量……特制定本法。"一般认为,应从宣示的角度来理解该规定,即《商标法》鼓励商标使用者提供较高质量的商品,但并不表明较高质量的商品是《商标法》的强制要求。

商品或服务的广告。另一方面,商标本身是广告投资的对象。经营者广泛运用电视、互联网等媒体对商标进行宣传,提高商标的知名度和识别相关商品或服务来源的能力,进而吸引和保持消费者的忠诚度。

与质量保障功能相同,商标的广告功能亦与商标的保护范围密切相关。如果承认商标具有独立的广告功能,则商标权人可根据商标的广告功能受到损害为由,追究被告的商标侵权责任,而无论消费者是否容易发生混淆。

相关司法实践已经在相关案例确认保护商标的广告功能。在欧盟英特花卉案[1]中,欧盟法院认可了商标的广告功能,并对商标广告功能遭受损害的标准做了解释。该案中,原告是鲜花运送业务的提供者,拥有注册商标 INTERFLORA。被告是英国零售商,其业务范围也包括鲜花运送,是原告的竞争者。被告将原告商标及其变体设为关键词广告,当网络用户在谷歌搜索引擎中输入"Interflora"或相关变体后,被告的广告即出现在搜索页面的第一条链接。原告向英国高等法院起诉被告商标侵权,英国高等法院请求欧盟法院对相关问题做出前置裁决。欧盟法院对《商标指令》第5(1)(a)条的适用做了解释,认为尽管第5(1)(a)条规定,在相同商品和相同商标的情况下,商标权人拥有绝对的权利,但仍然应当考察商标的功能是否受到不利影响,而商标的功能不仅包括来源指示功能,广告功能也是相关的。

关于被告的行为是否对原告商标的广告功能造成不利影响,欧盟法院认为,尽管第三人在关键词广告中使用原告商标,会对原告的广告使用造成不利影响。尤其是当原告也将其商标做类似的使用时,不得不支付更高的费用以使自己的广告链接排在竞争者之前。但是,第三人将与原告商标相同的标记使用在相同的商品或服务上,迫使商标拥有者不得不加强其广告宣传,以维持或加强其在消费者脑海中的印象这一事实,并不是判定商标的广告功能遭受不利影响的充分基础。因为,尽管商标是欧盟法律所努力建立的公平竞争系统的必要要素,但其目的并不是保护商标权人免受"正当竞争"的影响。本案中的关键词广告属于正当竞争的范畴,因为它的目的仅仅是向网络用户提供关于商品或服务的另外一种选择,将与原告商标相同的标记用作关键词广告,并没有剥夺商标拥有者有效利用其商标来告知并赢得消费者的机会。由此,原告商标的广告功能并没有遭受损害。

由此可见,欧盟法院在保护商标的广告功能时,区分了侵权行为和正当竞争行为。如果竞争者的行为仅仅是增加商标权人获取和维持消费者吸引力和忠诚度的广告成本,而没有实质性地危害商标的广告功能,则属于公平竞争行为。

(三)商标其他功能独立性的争论

关于商标的其他功能,司法实践和学界讨论较多的问题是质量保障功能和

---

[1] Interflora Inc., Interflora British Unit v. Marks & Spencer plc, Flowers Direct Online Ltd., C-323/09, ECR 2011 I-08625.

广告功能是否具有独立性。换言之,法院能否单以质量保障功能或者广告功能受到损害为由,判定构成商标侵权。

对于这个问题,存在两种不同的观点。支持者认为,应当采取更加宽泛、更加现代的路径保护商标。商标法不仅保护商标的来源识别功能,而且保护商标的质量保障、广告功能,即"某种难以琢磨、与消费者的感觉和潜意识密切相关的东西,商标法应当等同地保护商标的质量保障功能"。[1] 欧盟法院就曾指出:"一个具有显著性的标记能够同时指示贸易来源、商标所有人的声誉以及其所代表的商品的质量……没有理由不保护商标的其他功能,而仅仅保护商标指示商品或服务来源的功能。"[2]

反对者则认为,《商标法》应当只关注商标的来源识别功能,它不仅识别商品或服务的具体来源,而且也识别商标的匿名来源。商标的质量保障功能、商标的广告功能都可以包含在广义的来源识别功能之中,并没有完全脱离商标的来源识别功能,进而它们并非《商标法》保护的独立法益。日本著名学者田村善之教授就认为,品质保障功能从属于来源识别功能,属于商标的从属功能,并非商标法独立保护的法益。[3]

笔者认为,商标的质量保障功能、商标的广告功能均是在商标的来源识别功能的基础上延伸出来的功能,属于商标来源识别功能的外延,与商标的来源识别功能具有密切联系,并不具有独立性,或者说商标的质量保障功能和广告功能的内容,实质上均指向商标的来源识别功能。

首先,商标的质量保障功能是商标来源识别功能的题中之意。由于商标的来源识别功能不仅识别商品或服务的具体提供者,同时也识别商品或服务的匿名提供者。而匿名来源指示功能的理论基础在于,消费者并不关心商品或服务具体由谁提供,而仅关心商品或服务是否具有消费者期望的恒定质量。由此可见,恒定的商品质量是商标匿名来源指示功能的关注内容和必然要求,任何破坏消费者关于商品恒定质量的期待的行为——破坏商标的质量保障功能,都会损害商标的来源识别功能,使得消费者对商品或服务的来源发生混淆:误认为质量受到影响的商品或服务仍然来源于商标权人。因此,商标的来源识别功能已经包含了商标质量保障功能的内容,对商标的质量保障功能的破坏,实质上仍然是对商标的来源识别功能的破坏。

其次,商标的广告功能是商标来源识别功能的必然要求。如前所述,商标权人通过商标进行广告宣传的目的,仍然是加强商标与其商品或服务来源之间的联系,进而积累自己的商誉。他人对商标广告功能的破坏,实质上是破坏商标与商品或服务来源之间的联系,使消费者发生混淆误认,进而达到不正当利用他人商誉的目的。事实上,从前文述及的商标来源识别功能的形成过程来看,商人使

---

〔1〕 William Cornish, David Llewelyn & Tanya Aplin, *Intellectual Property: Patents, Copyright, Trademarks and Allied Rights (Eighth Edition)*, London: Sweet & Maxwell Press, 2013, p. 647.

〔2〕 Arsenal Football Club Plc v. Matthew Reed, C-206/01, ECR 2002 I-10273.

〔3〕 田村善之:《田村善之论知识产权》,李扬等译,中国人民大学出版社 2013 年版,第 163 页。

用商标的目的就是为了突破空间地域的限制,使遥远的消费者购买其商品或服务,而这必然要求商标具有广告功能,可以向消费者传递商品或服务的特点,当消费者遇到相关商标时,该商标可以让消费者联想到相应的提供者。由此可见,商标的广告功能已经暗含于商标的来源识别功能,并未形成法律保护的独立法益。

值得注意的是,对于驰名商标而言,在被告的广告行为并未造成消费者的混淆误认但仍然损害或不正当利用原告商誉的情况下,则要通过商标的淡化理论——淡化商标的来源识别功能——进行规制。[1] 例如,实践中房地产经营者利用著名奢侈品的商标推销房地产的行为,虽然不会使消费者误认为奢侈品经营者进入到距离较远的房地产市场,但会不正当利用奢侈品商标背后的商誉,淡化商标的来源识别功能。[2]

五、商标来源识别功能的法律地位与我国商标制度的完善

商标来源识别功能是商标制度的理论基石,其法律地位表现在:无论是商标注册的审查,还是商标侵权的判定,均以混淆可能性作为标准,排除可能导致消费者混淆的商标注册或者使用。与之相应,商标注册审查、商标侵权的判定,都应基于商标的来源识别功能进行制度设计。

(一)商标侵权判定标准:混淆可能性

商标侵权判定标准是混淆可能性的基本原理,植根于商标的来源识别功能。一方面,由于商标的功能是向消费者指示商品或服务的来源,使消费者根据商标就可以获取相关商品信息,从而降低消费者的信息搜索成本。[3] 商标侵权行为的本质就是对商标的来源识别功能进行破坏,达到窃取他人商誉的目的。商标来源识别功能遭受破坏的直接后果是消费者对商品或服务的来源发生混淆,从而无法通过商标认牌购物。故商标的来源识别功能决定了商标侵权的判定标准是消费者对商品或服务的来源发生混淆。

另一方面,从混淆的证明标准来看,由于消费者发生实际混淆的举证是非常困难的,因为发生实际混淆的消费者,要么根本没有意识到自己发生混淆,要么由于种种原因而没有向商标权人进行投诉,进而商标权人实际上难以确定消费者的混淆思想状态。从商标权人角度而言,他不必等到消费者发生混淆乃至造成损害之后才诉诸法律,在消费者容易发生混淆的情况下,就可以获得法律救济。由此出发,法律并不要求证明消费者的实际混淆,仅仅要求证明消费者容易

〔1〕 李扬:《商标法基本原理》,法律出版社 2018 年版,第 16 页。

〔2〕 陕西省西安市中级人民法院(2013)西民四初字第 00227 号民事判决书(被告发布房地产广告,广告中的女款手提包显示原告普拉达商标,广告语为全球顶级奢侈品牌进驻。法院认为,被告的行为并不会造成消费者混淆,但不正当利用了原告商标的商誉,构成不正当竞争)。

〔3〕 威廉·M. 兰德斯,理查德·A. 波斯纳:《知识产权法的经济结构》,金海军译,北京大学出版社 2016 年版,第 205 页。

发生混淆——混淆可能性，就达到了商标侵权的证明标准。由此，由商标的来源识别功能决定，商标侵权的判定标准是消费者的混淆可能性。而随着社会公众的混淆日益成为商标侵权的范畴，商标侵权的判定标准逐步从消费者的混淆可能性，发展为混淆可能性，使得商标售前混淆、售后混淆亦落入商标侵权的范围。〔1〕

商标侵权的判定标准是混淆可能性的基本原理，在各国《商标法》得到规定。美国《兰哈姆法》第43(a)条就明确将“有可能就其商品或服务的来源、认可或批准，或者就他人的商业活动，造成混淆、误导或者欺骗”作为构成商标侵权的判定标准。欧盟《商标指令》第5(1)(b)则明确将“包括联想可能性在内的混淆可能性”作为商标侵权的判定标准。欧盟法院还指出，是否存在混淆可能性，可根据第三方对该商标的使用行为是否造成一般消费者无法或者难以查明相关商品或服务是否来自商标权人，或者来自与商标权人具有经济联系的企业，或者来自第三方进行判定。〔2〕

商标侵权的判定标准是混淆可能性，亦得到相关国际公约的明确规定。世界贸易组织《与贸易有关的知识产权协定》第16条第1款明确规定，未经许可，注册商标所有人应享有专有权，防止任何第三方在贸易活动使用与注册商标相同或近似的标记去指示相同或类似的商品或服务，以造成混淆可能性的结果。同时还规定，如果在相同的商品或服务上使用相同的标记，应推定构成混淆可能性。世界知识产权组织《反不正当竞争示范法》第2.02条也规定，决定一个行为是否构成不正当竞争行为时，混淆的可能性足以成为主张不正当竞争行为的基础，而商标、商号或其他商业标识的知名度越高，混淆可能性就越大。

关于商标侵权的判定标准，我国《商标法》长期并未明确规定混淆可能性，而是规定商标的相同、近似与商品的相同、类似，而将混淆可能性融入商标近似性和商品类似性的判定过程之中。〔3〕 尽管对商标近似性、商品类似性的分析，也能得出消费者混淆与否的结论，但《商标法》未明确规定混淆可能性，行政执法机关在商标侵权纠纷的处理中，难免出现机械适用“相似性”标准的问题。〔4〕

由此出发，知识产权学界纷纷提出批判，并呼吁将混淆可能性明确规定为商标侵权的判定标准。2013年《商标法》修改过程中，立法机关终于采纳了学界的建议，明确规定商标侵权的判定标准是混淆可能性。《商标法》第57条第2款规定：“未经商标注册人的许可，在同一种商品上使用与其注册商标近似的商标，或者在类似商品上使用与其注册商标相同或者近似的商标，容易导致混淆的”，属

〔1〕 混淆可能性内涵丰富，包含来源混淆、赞助混淆；购买时混淆、售前混淆、售后混淆；正向混淆、反向混淆。彭学龙：《商标混淆类型分析与我国商标侵权制度的完善》，《法学》2008年第5期，第109—113页；邓宏光：《商标混淆理论的扩张》，《电子知识产权》2007年第10期，第37—39页。

〔2〕 Die BergSpechte Outdoor Reisen und Alpinschule Edi Koblmüller GmbH v. Günther Guni and trekking. at Reisen GmbH, C-278/08, ECR 2010 I-02517.

〔3〕 《商标法》(2001年)第52条第1项；《最高人民法院关于审理商标民事纠纷案件适用法律若干问题的解释》(法释〔2002〕32号)第9条和第11条。

〔4〕 李明德：《知识产权法》(第2版)，法律出版社2014年第2版，第250页。

于侵犯注册商标专用权的行为。其中“容易导致混淆的”,就是“混淆可能性”。这样,混淆可能性成为独立的判定标准,商标相同或近似、商品相同或类似则成为商标混淆可能性的判定因素,且只需根据商标标记本身的属性、商品或服务本身的属性进行判定即可。[1]

然而,我国《商标法》对混淆可能性的规定仍然不彻底,并未规定混淆可能性的推定制度。根据《与贸易有关的知识产权协定》第16条第1款的规定,如果将相同的标记用于相同商品或服务,则应推定构成混淆可能性。即在相同商品和相同商标的情形下,推定构成混淆可能性,举证责任转移至被控侵权者,如果被控侵权者能够提供相反证据,则可以判定不构成商标侵权。而我国《商标法》第57条第1项规定,未经许可,在同种商品上使用与注册商标相同的商标的,构成商标侵权。即在相同商品和相同商标的情况下,直接认定构成商标侵权,而无须考虑是否存在混淆的可能性。

笔者认为,商标侵权的本质是损害商标的来源识别功能,进而造成消费者对商品或服务的来源发生混淆。即便是在相同商品或服务上使用与注册商标相同的标记,商标的来源识别功能并非必然遭受损害,仍然存在不构成混淆可能性的情形。[2] 特别是在涉外定牌加工的商标侵权案件,尽管定牌加工商品使用的商标与权利人的商标相同,但由于定牌加工商品全部销往国外市场,并未在我国市场发挥来源识别功能,消费者不会发生混淆可能性。

例如,在莱斯公司诉亚环公司商标侵权案中,[3]原告在锁类商品上拥有 pretul及椭圆图形的注册商标。被告从事涉外定牌加工业务,其生产的挂锁和外包装分别使用 pretul 和 pretul 及椭圆图形标记,并全部销往墨西哥市场。最高人民法院认为,被告使用的 pretul 标记在中国境内并不发挥来源识别功能,混淆可能性应当以商标的识别功能被破坏为前提。在商标并不能发挥识别作用,非《商标法》意义上的商标使用的情况下,判断是否容易导致混淆,没有实际意义。

事实上,我国《商标法》已经为上述特殊情形下的商标共存预留了空间。根据规定,他人在相同或类似商品上,在先善意地使用与注册商标相同或近似并有一定影响的商标,在先使用人可以在原有范围内继续使用该商标,而不构成商标侵权,只不过需要附加适当的区别标识。[4] 这样,即便在相同商品上使用相同商标,只要相关商标的来源识别功能没有遭受损害,消费者不存在混淆的可能性,

---

〔1〕 李扬:《商标法基本原理》,法律出版社2018年版,第233页。

〔2〕 广东省高级人民法院(2006)粤高法民三终字第91号民事判决书(原告拥有不动产服务注册商标“东海岸”,经营地域是天津。被告开发的房地产项目在深圳,营销中使用了“东海岸”字样。一审法院并未考虑混淆可能性的问题,直接判定被告构成商标侵权。二审法院认为,相关公众不可能对被告的商品房来源产生混淆,不构成商标侵权)。相关案例还可参见北京知识产权法院(2018)京73民终2044号民事判决书(睿智公司在软件、计算机软件等商品拥有“大导演”注册商标,华为公司的应用程序图标使用了“大导演”字样。法院认为,华为公司在应用程序图标中使用“大导演”字样不易导致相关公众对商品来源产生混淆,不构成商标侵权)。

〔3〕 最高人民法院(2014)民提字第38号民事判决书。

〔4〕 《商标法》第59条第3款。

仍然不构成商标侵权。正如欧盟法院所指出的,商标权人能否禁止第三方未经许可在相同的商品上使用相同的商标,以第三方的使用行为损害商标的功能为限,尤其是向消费者确保商品来源的实质功能。[1]

由此可见,即使是在相同商品上使用与注册商标相同的商标,仍然应当考虑是否存在混淆可能性的问题。我国《商标法》应参照《与贸易有关的知识产权协定》,规定在相同商品和相同商标的情形下,推定构成混淆可能性,由被控侵权者承担不存在混淆可能性的举证责任。这样,无论何种情形下的商标使用,商标侵权的判定均应回到问题的起点:商标的来源识别功能是否遭受损害,进而是否存在商标混淆可能性。

(二)商标注册审查标准:混淆可能性

商标注册制度的宗旨是保护商标的来源识别功能。由此出发,商标注册审查的目的是排除那些可能破坏他人商标来源识别功能的商标注册。具体而言,商标注册是为了在相关商品或服务上获得排他性的使用权,以申请注册的商标投入实际使用并不会引发消费者的混淆作为核准注册的前提条件。如果申请注册的商标,在市场环境中容易与他人已经注册的商标,或者与已经使用且知名度较高的未注册商标发生混淆,则不应核准注册。可见,商标注册审查的标准亦是混淆可能性。正如美国最高法院指出的:"为了注册目的的混淆可能性与为了侵权目的的混淆可能性,都采用相同的标准。"[2]

值得注意的是,相比于商标侵权判定,商标注册审查的混淆可能性具有两个特点。一方面,商标注册的审查关注的是商标的可注册性,非商标的实际使用。而商标可注册性又主要由商标的近似程度和商品类似程度决定,商标申请人不能以商标实际使用中的区别性特征作为混淆可能性的抗辩事由。另一方面,商标注册审查的证据相对缺乏,举证程度低于商标侵权的判定。商标注册申请中的混淆可能性证据只限于商标申请人提交的书面材料,而不像商标侵权判定,双方当事人有充分的举证和质证的机会。

关于商标注册的审查,我国《商标法》第 30 条、第 31 条、第 32 条主要规定,在相同或类似商品上注册与他人注册商标相同或近似的商标、与他人已经使用并有一定影响的商标,不得核准注册。上述条款仅仅提及商标的相同或者近似、商品的同类或者类似,并未提及混淆可能性。尽管可以认为,上述规定隐含了防止消费者混淆可能性的要件,[3]但难免导致商标注册审查实践孤立地考虑商标相同或者近似、商品同类或者类似,而忽视消费者是否容易混淆的考察。

---

〔1〕 Interflora Inc. ,Interflora British Unit v. Marks & Spencer plc,Flowers Direct Online Ltd. ,C-323/09,ECR 2011 I-08625.

〔2〕 B & B Hardware,Inc. v. Hargis Industries,Inc. ,135 S. Ct. 1293(2015).

〔3〕 李明德:《关于商标近似判断的中日比较研究》,中国社会科学院知识产权研究中心、中国知识产权培训中心:《优化营商环境与知识产权法治完善》,知识产权出版社 2020 年版,第 87 页。

例如,在商标评审委员会诉百威英博雪津啤酒公司商标无效宣告案[1]中,百威公司拥有图形注册商标,使用在啤酒、果汁、矿泉水等产品上,属于国际著名商标。飞龙公司在啤酒、果汁、矿泉水等产品上获准注册一件图形商标。百威公司认为,该商标与自己使用的注册商标近似,且均使用的产品相同,遂向商标评审委员会提起商标无效宣告请求。商标评审委员会的审理仅注重两件商标外形的近似程度的比较,认为两件商标在外形上相差较大,不构成近似商标,故驳回了百威公司的请求。一审法院和二审法院的审理则注重从消费者是否容易混淆的角度进行考量,纠正了商标评审委员会的考量标准,认为两件商标容易使消费者对相关商品或服务的来源或者关联关系发生混淆,要求商标评审委员会重新作出裁定。

由此可见,即便是在相同或者类似商品上使用近似商标,或者在类似商品上使用相同商标,亦可能因为多种原因而不存在混淆可能性。[2] 正是由此出发,相关国际公约和国外立法有关商标注册的制度,均以混淆可能性作为核心考量。《保护工业产权巴黎公约》规定容易与驰名商标发生混淆的商标注册,应当拒绝或者撤销,并禁止使用。[3] 美国《兰哈姆法》规定,如果商标注册的商品能够与他人的商品相区别,则不应拒绝其注册,除非其在所注册商品上的使用,容易引发与他人在先使用商标或商号的混淆、错误或者欺骗。而且,如果两个以上的申请人就相同或近似的商标同时提出注册申请,而专利商标局主任判定不可能存在这样的混淆、错误或者欺骗,还可以允许共同注册。[4]《欧盟商标条例》规定,如果因为申请注册的商标与在先商标相同或近似、商品或服务亦与在先商标覆盖的商品或服务相同或类似,以至于在先商标所在区域的相关公众存在混淆可能性——包含联想的可能性,则可以基于在先商标所有人提出的异议而拒绝商标注册申请。[5]

笔者认为,我国《商标法》关于商标注册审查的问题未规定混淆可能性,与2013年《商标法》修改之前关于商标侵权的判定标准未规定混淆可能性,具有相同的原因,属于商标立法的历史遗留问题:偏重商标相同与近似、商品同类与类似的作用,忽视消费者是否容易混淆的考察。如前所述,由商标的来源识别功能所决定,商标注册审查和商标侵权判定均以消费者是否容易混淆作为标准。既然2013年修改的《商标法》已经规定商标侵权的判定标准是混淆可能性,将商标的相同或者近似、商品的同类或者类似还原为混淆可能性的判定因素,那么亦有必要根据相同的立法考量,对商标注册审查的标准做出明确规定,以消费者是否容易发生混淆作为相关商标是否核准注册的判定标准,将商标相同或者近似、商品同类或者类似置于商标混淆可能性的分析框架。

---

〔1〕 北京市高级人民法院(2017)京行终4029号行政判决书。

〔2〕 魏森:《商标侵权认定标准研究》,中国社会科学出版社2008年版,第93页。

〔3〕《保护工业产权巴黎公约》第6条之2。

〔4〕 美国《兰哈姆法》第2条。

〔5〕《欧盟商标条例》第8(1)(b)条。

具体而言,可以参照《中华人民共和国反不正当竞争法》第6条"概括加列举"的立法模式。[1] 首先,规定驳回商标注册申请的概括条款:具有混淆可能性,引人误认为是他人商品或者与他人存在特定联系的商标注册申请,不予核准注册。接着,再列举不予注册的具体情形,包括:同他人在同类商品或者类似商品上已经注册的或者初步审定的商标相同或者近似;以不正当手段抢先注册他人已经使用并有一定影响的商标。最后,规定兜底情形:其他可能与已经注册商标或者已经使用商标具有混淆可能性的情形。

通过上述概括条款、具体情形以及兜底情形的立体指引,可将商标注册审查的内容拉回是否存在混淆可能性的本质问题,既可以防止商标近似、商品类似的机械判定,又可以为商标近似、商品类似以外其他具有混淆可能性的情形提供驳回商标注册的根本指针,进而有效地规制我国日益蔓延的商标抢注、商标囤积等商标注册乱象。

结论

商标的基本功能是识别商品或服务的来源。我国商标法律制度和实践存在的问题,可以从商标来源识别功能的角度寻找完善路径。商标起源于商品所有权标记和行会标记,其作用与现代商标相去甚远。作为识别商品或服务来源的商标,是商品经济萌芽发展的结果。而以来源识别功能为基础的商标制度,则是工业革命的产物。伴随工业革命的持续推进和商业模式的不断变迁,商标来源识别功能沿着两大方向逐渐演进。一是商标匿名来源理论的兴起,丰富了商标来源识别功能的内涵。二是商标质量保障功能和广告功能的发展,拓展了商标来源识别功能的外延。尽管司法实践存在将商标质量保障功能和广告功能独立保护的案例,但二者实质上并未脱离商标的来源识别功能而形成独立的法益。商标来源识别功能的法律地位在于,无论是商标注册的审查,还是商标侵权的判定,均以混淆可能性为考量标准。我国《商标法》应以商标的来源识别功能为基础,规定相同商标、相同商品情形下的推定混淆制度,同时通过"概括加列举"的立法模式,明确规定商标注册审查过程中的混淆可能性标准。

---

[1] 《中华人共和国反不正当竞争法》第6条:"经营者不得实施下列混淆行为,引人误认为是他人商品或者与他人存在特定联系:(一)擅自使用与他人有一定影响的商品名称、包装、装潢等相同或近似的标识……(四)其他足以引人误认为是他人商品或者与他人存在特定联系的混淆行为。"

著作权侵权作品“接触+实质性相似”标准的合理性反思〔1〕

徐　聪*

摘　要　我国著作权侵权作品的判定标准师法美国“接触+实质性相似”的判定公式。尽管新《著作权法》并未对该标准进行明确规定，但司法实践中已默认其在版权侵权案件中的普遍适用。对该标准的长期误读和适用性的片面关注，使得域外司法实务的可借鉴性考察被忽略。作为国际公认的侵权作品而非版权侵权的认定标准，“接触+实质性相似”自身架构的设计缺陷和运作漏洞带给法律程序正义的冲击恰是我国简单移植该标准的反思基础。本文从美国司法实践中“接触+实质性相似”标准的历史起源与演变发展入手，通过比较法上的梳理分析，认为我国在适用此标准认定侵权作品时，“接触”要件的先决成立应接受严格的司法程序加以认定，其只在有限的司法情形中能够通过“实质性相似”要件倒推成立。

关键词　接触；实质性相似；侵权作品；事实自证；间接证据

目　次

* 徐聪（1988—），上海大学法学院（知识产权学院）讲师，主要研究方向：知识产权法、科技法。

〔1〕 本文系国家社科基金重大项目“媒体融合中的版权理论与运用研究”（19ZDA330）成果。

一、问题的提出

著作权侵权认定规则的司法实效性在很大程度上取决于版权侵权构成的司法决断。我国著作权立法并未对版权侵权构成采用“接触+实质性相似”标准做出明确规定,但在司法实践中,几乎在所有判定版权侵权案件中,法院都无一例外地遵从此标准的认定路径对侵权行为进行考察。效法美国的做法,在我国普遍的司法判例中,“接触”与“实质性相似”作为两个独立的判定要件分别指向法定的利用行为与不当的损害结果。我国司法实践将“接触+实质性相似”标准中抽象出的“接触”“实质性相似”双要件视为版权侵权行为的违法性构成,打破了传统知识产权法以“法定利用行为”为核心的传统侵权要件的模式架构,进而阻碍有关版权作品的复制与传播的创新性发展。尽管该标准在不同法域的适用上存在一定程度上的差异,但基本可以认为,我国《著作权法》侵权认定的依据建立深受《美国著作权法》“接触+实质性相似”标准的影响。

在美国法形式主义的制度框架下,《著作权法》的侵权判定以“接触+实质性相似”标准的创设为其形式体现。尽管此标准根植于法官与陪审团法律功能并存的英美法系,也是其法律制度下的特有产物,但美国司法界对该制度的接纳历经了一系列案件的周折。究竟“接触+实质性相似”标准在著作权侵权认定中扮演何种法律角色,该规则在何种情形下需要提高被告的举证门槛,以及如何妥当适用此标准都具有研究价值。该法律规则存在的内生性瑕疵凸显了美国著作权制度和规则之间的互相抵牾,这恰是我国著作权法律移植中不容忽视的“排斥反应”。如何充分挖掘“接触+实质性相似”标准的司法价值以及纠正我国当下司法实践中的不当使用应该是著作权司法实践改革与反思的当务之急。而这一工作的开展有赖于疏通“接触+实质性相似”制度背后的盘根错节。故本文拟对“接触+实质性相似”标准在美国著作权侵权案件中相关司法实践进行梳理,力图体系性地释明此标准在美国法上的来龙去脉,以及该规则背后的司法演进,就该标准的实质内涵和适用规则加以厘清并深入分析。进而阐发此标准在我国司法实践中长久以来的认识误区与未臻完善之处以及对我国相关司法的借鉴意义。

二、“接触+实质性相似”标准的历史回溯

发轫于美国法院司法判决的“接触(access)+实质性相似(substantial similarity)”标准,是长久以来国际公认的认定著作权侵权作品的重要公式和标准。[1] 1946 年,美国第二巡回上诉法院在审理阿恩斯坦诉波特一案(本文以下简称阿恩斯坦案)[2]时,案件陪审团采用“普通听众”(lay listener)的测试方法,

[1] 王迁:《知识产权法教程》(第五版),中国人民大学出版社 2016 年第 5 版,第 38 页。

[2] Arnstein v. Porter,154 F. 2d 464(2d Cir. 1946).

对法院已认定成立的"使用"(copying)[1]行为做进一步的事实判断,以确定被告的"使用"行为是否对原告的作品构成"不当使用"(improper appropriation)。法院在阿恩斯坦案判定著作权侵权时被认为是采用了"两步检验法"[2]的判断路径。第二巡回上诉法院要求原告举证证明被告实施了"使用"行为以及该行为达到了对原告作品"不当使用"的程度。法官在阿恩斯坦案的判决中,针对"接触"和"相似性"之间的逻辑关系做了阐述和限定,即在侵权作品的认定中,二者是认定"使用"行为成立的间接证据。这不仅在法律证成关系层面否定了二者形成的证据链能够直接认定"使用"行为成立的可能性,同时也为美国随后的著作权侵权案件提供了审理模板。上诉法院并未提及"接触+实质性相似"标准,亦未就其成为著作权侵权判定要件的理由做出明确说明。

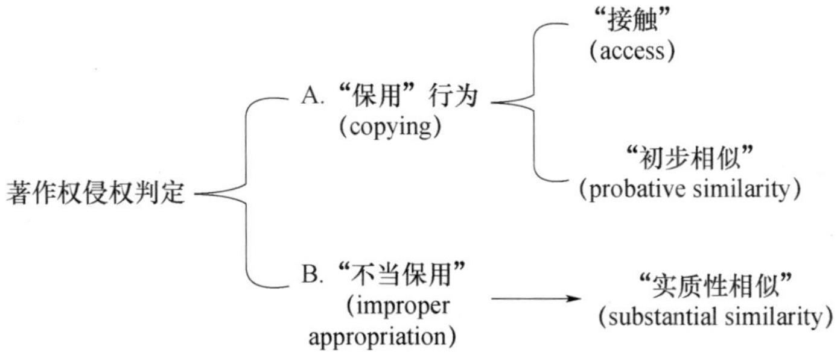

图 1 美国第二巡回上诉法院在阿恩斯坦案中的著作权侵权判定路径

重新梳理阿恩斯坦案不难发现,法院严格遵循了英美法系侵权判定的传统路径,即"基于损害事实的发生,侵权人的损害行为给被侵权人造成了损害结果"。法院认定著作权侵权成立的推演过程由两部分构成:首先,法官认定原告阿恩斯坦是著作权的正当权利人,即完成诉讼主体适格的确权环节,同时法官需要判断被告对原告作品的实施了"使用"。在认定使用这一侵权行为时,法院认为有两种类型的证据可以被采纳,即基于被告对使用行为的自认(直接证据),或者被告"接触"了原告的作品,且被告作品同原告作品之间存在"相似性"(间接证据)。其次,法官需要陪审团对损害结果进行认定,即需要陪审团判断被告对原告作品的使用是否构成不当使用。在阿恩斯坦提起的著作权侵权诉讼中,法院之所以在认定"使用"行为是否达到不当时(即"实质性相似"环节的认定),依据

---

[1] 对于美国法院认定著作权侵权成立具体由两个步骤构成:第一,判定被告是否存在"使用"原告作品的情形;第二,这种"使用"行为是否达到了"不当使用"的程度。对于"copying"一词,部分学者主张译成"复制"或者"抄袭"行为。笔者以为,尽管"copying"一词在词源上与"复制"(copy)相关度较高,且最初的"使用"也的确基于复制行为而发生,但根据阿恩斯坦案中关于著作权侵权认定构成要件的分析,有关"copying"的描述仅是第一个步骤里对行为初始发生状况的中立性判断,而"复制"和"抄袭"的叫法则兼有行为涉嫌"侵权"色彩的定性,难免引起理解上"先入为主"的侵权认定混淆。因此本文将"copying"统一译成"使用"行为,以客观还原美国法院有关认定著作权侵权作品的思路。

[2] 在判定"实质性相似"要件成立时,第一阶段使用外部测试法判断原被告创作物在思想上是否存在"实质性相似",对于两创作物的构成元素和专家证言可以进行抽离。第二阶段使用内部测试法判断两创作物是否存在表达上的"实质性相似",此阶段对作品元素和专家证言不能进行抽离。

陪审团"普通听众"们的事实认定意见,原因在于法院希望能够更客观地考察判断被告大量使用原告音乐元素之后创作出能够愉悦普通听众的曲调,而这些普通听众恰好是流行音乐的潜在受众,他们对于原被告音乐作品间的风格和曲调的相似性与否更有发言权。

而陪审团在法律认定完成后按照法官指示,单纯地就事实问题进行裁定的过程在随后的司法实践中被不断细化和放大,成为所谓的"实质性相似"标准的雏形。[1] 阿恩斯坦案之后,大量著作权侵权案件涌现,法院在案件的审理过程中所采用的侵权判定规则几乎都借鉴或沿袭了阿恩斯坦案的裁判思路。即法官对"使用"侵权行为的成立进行在先认定,随后由陪审团根据涉诉作品的类型,采用不同的作品比对方法[2]进行"实质性相似"的事实判断。从某种角度而言,在版权侵权案件相关证据的认定环节,阿恩斯坦案为美国法院后来的审理提供了格式脚本。

三、"接触+实质性相似"标准的内核设计与外构机理之矛盾

长久以来,美国法上"接触+实质性相似"标准主导着诸多国家著作权侵权认定司法实践。根据图1不难发现,美国法上"接触+实质性相似"标准,并未完整地呈现以阿恩斯坦案判决为代表的传统著作权侵权的内外部证成关系。更为严重的是,这一标准折射出侵权认定中潜在的逻辑疏漏。随着司法实践的不断推广,该标准被格式化地塑造成版权侵权判断的唯一标准,而此标准的固有瑕疵带给程序司法公允的冲击也愈演愈烈。

(一)标准内构的逻辑瑕疵

深入了解"接触+实质性相似"标准的缺陷,要从该标准"接触"和"实质性相似"两个组成部分加以分析。阿恩斯坦案仅对于"接触"和"相似性"之间的逻辑关系做了阐述和限定,即在著作权侵权认定中,二者是判定"使用"行为成立与否的间接证据。这无疑是在证据采信规则层面对原被告双方的举证能力提出了更高的要求,也否定了二者结合形成的证据链直接认定"使用"行为成立的可能性。而"接触+实质性相似"标准中"接触"要件的设立,只拣选了阿恩斯坦案中间接证据要件其中一个构成要素,换言之,"接触"要件独立地成为认定"使用"行为的唯一要件。"使用"行为构成要件的减少,无疑扩大了对该行为认定的适用范围。其次,即使认可"接触"成为侵权作品判断双要素标准中的一个要素,它确切的法律含义也亟待厘清。包括阿恩斯坦案在内的美国司法实践,对于"接触"的内涵和外延界定十分模糊。而目前学界存在的主流观点包括"事实接触说"(直接接

---

[1] Shyamkrishna Balganesh, Irina D. Manta & Tess Wilkinson-Ryan, "Judging Similarity", *Iowa L. Rev.* 100, 2014, p. 267.

[2] 主要有"普通观众测试法""整体概念和感觉测试法""外部/内部测试法"等。卢海君:《论作品实质性相似和版权侵权判定的路径选择——约减主义与整体概念和感觉原则》,《政法论丛》2015年第1期。

触)和“接触可能性说”(间接接触)。这更加凸显了“接触”要件认定的不确定性。“接触”要件概念上的含混不清给案件审理中证据认定环节带来了极大困扰。

美国第七巡回上诉法院在审理塞尔诉吉布一案[1](“流行音乐三兄弟”案)中同意了被告上诉的请求。上诉法院莱顿法官在判决中指出,尽管专家证人认定了原被告歌曲存在“惊人相似”[2]或“实质性相似”,但这些相似与比吉斯乐队提供的独立创作歌曲的证据是矛盾的,这些相似无法证明被告存在任何“接触”原告作品的事实以及可能性,进而无法认定被告对原告作品存在著作权侵权。判决的结尾,法官进一步指出,在著作权侵权认定中,如果被告一方的“接触”(侵权事实)只是依据假设和推断完成的话,那么仅凭实质相似的证据结案,显然是不够的。

知识产权法律体系涵盖了众多的权利类型,而每一类特定的知识产权权属对于“侵权”的含义阐释却不尽相同。《专利法》以技术专家有关“技术的相似性”(technical similarity)的专门意见作为专利侵权认定的主要依据。相比专利侵权认定中对于专业人员技术背景和知识的高要求,《商标法》的侵权判定更偏向于围绕消费者受众在侵权判定中的认知互动性而展开。因为商标侵权的案件中,消费者的注意力往往集中在商品的市场替代性,而非消费市场的运营。[3] 而对于著作权侵权中所涉及的受众范围,弗洛姆教授和莱姆利教授在《知识产权侵权中的受众》一文中指出需要结合专利侵权和商标侵权的受众群体共同加以确定。对于著作权侵权的判定需要综合考察“技术的相似性”和“市场替代性”两方面的影响因素。[4] 在某种程度上,“接触+实质性相似”的判定标准是符合著作权侵权对技术性要件和市场因素加以考量这一设想的。“接触”要件中所包含的“使用”行为认定和“初步相似”判断更多地是从原创作品公之于众后的潜在被利用价值进行的考虑,因为作品市场化程度的高低通常与其被侵权的风险大小是成正相关的。因此,“接触”要件的认定本质上是对作品被“商品化”利用的过程考察。而结合文中所述的大量案例可见,美国法院“实质性相似”要件的认定需要陪审团依据特定作品的专家的相关意见辅以认定,对于“独创性”上的参差不齐,作品的独创元素和相关艺术美感需要更具专业技艺的受众参与比对核实,据此,著作权侵权中的“实质性相似”的认定类似于专利侵权认定中“技术的相似性”判断,而“实质性相似”要件的认定本质上属于技术含量和专业化程度相对较高的事实判断。

倘若在传统英美侵权法框架体系下,探究著作权侵权的判定机理,在实际的

---

〔1〕 Selle v. Gibb, 741 F. 2d 896, 901(7th Cir. 1984).

〔2〕 第二巡回上诉法院曾指出“初步相似性”之证明力越强,“接触”证明力就可以不那么讲究。而“惊人相似”可以理解成“初步相似”的最大值。Jorgensen v. Epic/Sony Records, 351 F. 3d 46, 56(2d Cir. 2003); Glover v. Austin, 289 F. App'x 430, 432(2d Cir. 2008).

〔3〕 Jeanne C. Fromer & Mark A. Lemley, "The Audience in Intellectual Property Infringement", *Mich. L. Rev.* 112(2014), p. 1251.

〔4〕 Jeanne C. Fromer & Mark A. Lemley, "The Audience in Intellectual Property Infringement", *Mich. L. Rev.* 112(2014), p. 1251.

法律效果上会产生著作权侵权归责原则内核设计和外构运行的冲突与矛盾。以《美国著作权法》为例，其在法律层面明确禁止所有未经权利人允许及法律上的正当事由对“独创性表达”进行使用的行为，[1]但立法中并未将行为人的实际过错纳入考量范围。换言之，《美国著作权法》对于著作权侵权责任的认定，并不以侵权人的过错为认定要件。据此可见，《美国著作权法》中对于由“使用”行为而导致“不当使用”结果的著作权侵权责任认定，在外构上近乎于一种“无过错责任”或“严格责任”。[2] 英美侵权法体系下“无过错责任”的归责原则本质上被认为是由侵权行为或者损害结果引发的，这种责任取决于法律如何选择和认定引发责任的事由。[3] 而这一点却与司法实践中的侵权判定路径不同，《美国著作权法》中“接触＋实质性相似”的侵权作品的判定标准在内核逻辑上更符合“侵权行为引起损害结果”的判断方式。[4] 对于这样的美国著作权侵权判定的逻辑架构中存在的这一悖论，可以被看作是“接触＋实质性相似”标准在司法实践运用环节产生诸多问题的根本性原因。

（二）标准与著作权侵权“严格责任”之外部抵牾

由于起初的“相似性”在司法实践中逐渐被“实质性相似”所取代，而“接触＋实质性相似”的侵权作品的说理逻辑在后来也直接演变成陪审团一旦认定作品间存在“实质性相似”，则“接触”的法律事实当然成立，即事实自证（res ipsa loquitur）。[5] 事实自证制度是英美侵权法体系非常独特的一种制度。就其本质而言，该制度是允许陪审团或法官在某些特定的情况下，根据相关的间接证据能够做出被告存在过失的结论、裁定由被告对原告承担侵权责任。通常情况下，事实自证的情形成立的必要条件包括两个方面：其一，事件的发生基于过失的出现；其二，事件只能是被告的原因所造成。[6] 即事实自证的应用在于其要求如果没有被告的过失，此类事件通常不会发生。如果原被告作品间存在“相似性”，则可以直接推定被告“接触”了原告的作品。按照此要件要求，在“接触＋实质性相似”标准的适用中，法院判定“接触”成立事实自证，这意味着陪审团通过作品间存在“实质性相似”，认定被告实施的“使用”行为存在过失，且过失行为应归责于被告，从而进一步推定被告存在“接触”情形以最终认定“接触”事实成立。该侵权事件更可能是被告过失行为的结果，据此，事实自证法律学说在著作权侵权的认定就构成了一个以可能性为基础的间接证据规则。

---

[1] 17 U.S.C. § 501(a).

[2] Dane Ciolino & Erin Donelon, “Questioning Strict Liability in Copyright”, *Rutgers L. Rev.* 54, 2002, p. 351.

[3] Gregory Keating, “Nuisance as a Strict Liability Wrong”, *J. Tort. L.* 4, 2012, p. 44.

[4] Shyamkrishna Balganesh, “The Obligatory Structure of Copyright Law: Unbundling the Wrong of Copying”, *Harv. L. Rev.* 125, 2012, p. 1664.

[5] Shyamkrishna Balganesh, “The Obligatory Structure of Copyright Law: Unbundling the Wrong of Copying”, *Harv. L. Rev.* 125, 2012, p. 1664.

[6] 许传玺：《侵权法事实自证制度研究》，《法学研究》2003 年第 4 期。

《美国著作权法》外构上"无过错责任"的侵权规则设计也在一定程度上揭示了"接触"标准虽然存在于侵权作品判定的双要素中，却事实上被架空的原因。可能的解释就是美国著作权侵权规则在外构上的"无过错责任"归责体系对于侵权行为人的主观过错方面的证据不做任何认定，只对侵权事实存在与否进行判断。法院不必消耗过多的司法成本纠结于被告故意或过失情形下"接触"或"可能接触"原告作品的主观过错。依从英美法系"无过错责任"制度体系，著作权侵权案件中被告的抗辩主要包括以下 3 种途径：一是否认侵权指控的真实性；二是质疑法律的充分性；三是通过新的注意事项的介入谋求免责。[1] 否认指控的真实存在，被告需要在行为层面否认其在对原告作品存在"复制行为"。据此，被告可以主张自己独立创作完成了其作品。针对原告主张被告著作权侵权的法律充分性的质疑，被告的抗辩应主要围绕"复制行为"的结果，用以主张该结果定量和定性方面均不足以构成"实质性的"或"不正当的"法律后果。[2]《美国著作权法》体系特殊的内生性规范路径大大地降低了由原被告作品间的"惊人相似"推定被告"接触"原作品的证明力度，同时也将被告从未"接触"过原告作品，却创作出"惊人相似"作品的"绝对理想情形"排除在了司法考量的可能性之外。换言之，由"惊人相似"推定"接触"事实成立是摒除被告主观因素而对侵权事实可能性存在的客观推定，而法院允许推定的态度更多的是基于著作权侵权体系的"无过错责任"归责原则。而事实自证制度中的"过失"前提要件显然是与"无过错责任"的归责原则格格不入的。

由上文可知，"接触＋实质性相似"的侵权作品认定标准在美国司法实践中是由法官和陪审团共同完成的。法官依据原被告双方的庭审证据对"接触"事实加以确认，而"实质性相似"的构成则是由陪审团进行判定。[3] 我国并无陪审团制度，这意味着从美国引入我国司法实务的"接触＋实质性相似"标准在司法实践中全部由法官完成。对于我国《著作权法》的体例设计，更多地是借镜大陆法系的衣钵对民事侵权事实和责任进行认定，却在审判环节又同时采用普通法系的判断标准。而大陆法系其他国家在认定"实质性相似"的著作权案件中，更多的是涉及"实质性相似"要件的具体操作和不同类型作品的核心要素比对，而鲜有提及对于"接触"要件的法庭调查和质证环节。而对于"实质性相似"标准要件的判定，每一种方法本身都包含了判断主体个人学识能力和美感认知的主观判断。而这种陪审团事实层面的认定，却凸显不同群体在认知维度上的个

---

〔1〕 Richard Epstein, "Pleadings and Presumptions", *Chi-Kent L. Rev.* 40, 1973, p. 568.

〔2〕 被告可就"独创性"、"思想表达二分法"以及"场景原则"(Scènes *à* faire)等进行举证。"场景原则"是指如果一类作品必须包含一种表达，那么这种表达作为作品的必要场景和情节是不受到《著作权法》保护的。

〔3〕 Arnstein v. Porter, 154 F. 2d 464, 468-69(2d Cir. 1946). 在庭审对"实质性相似"要件的成立与否做出结论性认定前，陪审团需要听取并分析原被告双方的相关证据，这些证据内容包括：原告作品、被告作品、原告作品的独创性，涉案作品的创作过程，被告作品的创作原因，被告相关的创作投入，被告涉嫌复制原告作品的市场效应等。

人偏好，[1]这一偏好属于价值判断。而在著作权侵权作品的认定中，美国陪审团认定“实质性相似”的重任，在我国转而落在了法官的肩上。因此，事实上的相似性认定却导致了法律层面的相似性判断。而法律相似性应当严格遵守正当的法律逻辑进路，其所需要的基础性判定构成便是采信力度强大的证据链。价值判断的主导，使得原本无法剥离的“事实——价值”导向的标准在学界和实务界遭受“误读”和“误判”，其有效性难以忠实于其设立之本源。

《美国著作权法》规定了版权权利人享有包括“复制权”“传播权”“公开表演权”等在内的一系列专有权利。[2] 为了证明著作权侵权的发生，著作权人需要证明其对该版权作品享有著作权，以及《美国著作权法》第 106 条项下所列的专有权利中至少有一种专有权利受到了侵犯。相较权利侵害的证明难度而言，著作权人的确权认定相对容易。如果仅凭推定得出的潜在“接触可能性”，就认定被告“接触”原告作品的事实成立，或者单纯地依据能够推断被告存在“接触”事实的间接证据来认定著作权侵权事实的发生以及侵权责任的成立，确实有违司法公允正义。在法律效果上，“实质性相似”被过度关注，而“接触”要件则被直接舍弃，司法实践中单独运用“实质性相似”进行侵权认定的做法屡见不鲜，而对于“接触”事实的相关举证和认定在各国法院的谳词中也是寥寥可数。“接触＋实质性相似”的侵权作品认定标准在我国著作权侵权纠纷的司法实践中同样被广泛施行。对该标准的具体适用，法院则更加侧重“实质性相似”环节的分析认定，被告的侵权抗辩也往往单纯围绕“实质性相似”要件展开，而忽视了对“接触”要件的举证质证。[3] 在北京小明文化诉统一企业一案中[4]（本文以下简称小茗同学案），一审判决中法院指出，对于关注“小明”文化现象的公众，都应该会接触到原告的作品《小明》。案件审理中，原告声称的作品文化本身是否能够直接等同于“作品”本身？文化现象是否能够满足《著作权法》上对于作品“独创性”的要求而绝对排除了所有在后相似创作的可能性？原告作品《小明》的在先创作发表是否意味着在认定与之构成元素接近的在后作品确属侵权作品时，“接触”要件先于“实质性相似”要件而提前实现？一审法院并未就上述问题在判决中进行深入探讨和相应的法律回应。尽管案件中，被告并未否认其产品包装上“小茗同学”的卡通设计确系借鉴了原告“小明”文化现象，但法院据此认定被告“接触”原告作品的事实成立显然是值得商榷的。[5]

“接触＋实质性相似”标准在美国的司法实践中虽是地位等同的 2 个要件的组合，但在通常情况下，其完整地适用路径仍然需要依循一定的次序。美国陪审团的主要任务是在法官对相关法律问题认定完成后就非法律问题（事实问题）进

---

〔1〕 Shyamkrishna Balganesh, Irina D. Manta & Tess Wilkinson-Ryan, "Judging Similarity", *Iowa L. Rev.* 100, 2014, p. 267.

〔2〕 17 U.S.C. § 106.

〔3〕 北京市朝阳区人民法院(2015)朝民(知)初字第 22677 号民事判决书。

〔4〕 北京市海淀区人民法院(2015)海民(知)初字第 32865 号民事判决书。

〔5〕 北京市海淀区人民法院(2015)海民(知)初字第 32865 号民事判决书。

行认定。据此，在“接触+实质性相似”标准的施行过程中，陪审团需要在法官先行认定“接触”事实成立的大前提下，方能就原被告作品“实质性相似”与否做出进一步的判断。[1] 而同美国的做法类似，“实质性相似”要件在我国司法实践中几乎与“接触”事实混为一谈，主要存在以下两方面的问题：其一，该标准常规路径的次序被倒置。“实质性相似”要件先于“接触”事实进行判定，一旦“实质性相似”要件满足，该判定结果旋即成为反推“接触”事实成立的决定性证据；其二，鲜有的针对“接触”事实的抗辩成立后也往往只被认定为构成“实质性相似”要件的例外情形，并不阻碍法院就涉案作品与原作直接的“实质性相似”进行终极认定。

在小茗同学案二审中，法院在认定被告“小茗同学”的卡通形象是否构成了对原告“小明”美术作品的侵权时，仍然采用了“接触+实质性相似”的判定标准。二审法院指出，当两个卡通形象构成实质性相似时，如果在后创作的“小茗同学”的作者具有接触“小明”卡通形象的可能性，则推定排除“小茗同学”卡通形象为其作者独立创作而成，从而构成《著作权法》第47条第5项所规定的剽窃行为。法院将“实质性相似”认定为“接触”可能性的前置性要件，不仅是对美国“接触+实质性相似”标准的误读，也是法院在判定侵权作品时，将颇受争议的“接触”要件反推成立的进行司法常规化处理。[2] 在“上海伊和诺文化用品有限公司与唯思美卡片（上海）有限公司侵害作品复制权纠纷案”[3]的二审中，法院认为，对于接触的认定不应仅限于通过购买权利人作品、在权利人处工作过等直接接触的方式，还可以包括权利人通过发行、展览、广播等方式将作品公之于众或者通过为作品办理著作权登记等可供公众查阅的方式予以公开，使得被控侵权人有接触权利人作品的可能性，即可推定接触事实的存在。在案件中，被上诉人为其作品“香花供养”进行了著作权登记，在网上进行展示、销售并将其出口至国外，上诉人作为从事相同经营活动的同行接触到被上诉人的作品的可能性较大。如果上诉人认为其不可能接触到被上诉人作品，应当举证加以证明，但上诉人未提供任何证据。对于上诉人未接触过被上诉人作品且未能提供有力证据加以佐证的上诉请求，法院并未予以支持。

在实际著作权侵权案件审理中，如原告能举证证明被告“直接接触”过其作品，则通常案件引起的争议就比较小，但是在大多数情况下，由于被告不会自认其接触过原告作品，因此在没有直接证据显示被告曾接触原告之作品，法院仅凭间接证据直接推定被告行为满足“接触”要件成立是需要慎之又慎的。[4] 而依据间接证据，推定“接触”事实成立在著作权侵权案件中往往难以举证和认定，但并不意味“接触”要件推定成立的情形不存在。在长期的司法实践中，美国法院虽然在著作权侵权案件的审理中，尚未形成“接触+实践性相似”标准完全固定的

---

〔1〕 Shyamkrishna Balganesh, Irina D. Manta & Tess Wilkinson-Ryan, "Judging Similarity", *Iowa L. Rev.* 100, 2014, p. 267.

〔2〕 北京知识产权法院(2016)京73民终1078号民事判决书。

〔3〕 上海知识产权法院(2015)沪知民终字第751号民事判决书。

〔4〕 Repp v. Webber, 947 F. Supp. 105(S. D. N. Y. 1996).

适用规则,但司法实务中的很多案例依然为"接触"要件的推定成立积累了丰富的经验。对于间接证据推定"接触"事实成立的情形,我国法院大体上可以从以下几个方面获取审理思路和经验:

第一,原告的作品已经广为流传,且在一定范围内享有较高的知名度。[1] 第二,被告的作品往往很牵强地通过替换和改变原作品中的一些表达,以达到和原作品相区别的目的,但是这种改动却使得该作品的呈现方式与整体的作品风格扞格难通。[2] 此种情况下,虽然被告作品和原告作品稍有不同,但根据作品创作的连贯性以及创作常识可知,被告"非连贯性"或"非协调性"地改变表达企图呈现"新"作品的方式稍显拙劣,法院有理由相信被告"接触"过原告的作品。第三,如果在特定的作品类型中,原告作品明显偏离了该作品的度量标准(例如,计算机作品),而被告作品也出现了此种偏离,或者原告作品中存在明显的错误,而被告作品恰好也意外地呈现了此处错误,[3]法官就有理由相信,这种小概率事件的发生绝非偶然,从而大大地提升法院对被告"接触"原告作品的证据的采信力度。[4] 第四,如果原告作品属于类型特定的作品,而该作品的已传播范围也仅限于该行业领域,而被告也是原告同行业的潜在竞争者或原被告之间存在雇佣关系等,[5]那么法院认定被告"接触"过原告作品的概率就会大大增加。[6]

我国司法诉讼对于著作权民事侵权责任的认定准予类推,而"罪刑法定"的刑事责任认定原则则禁止适用类推。若法院在著作权刑事案件的审理过程中,对侵权作品认定采用"接触+实质性相似"的判定标准,基于可能存在的"抄袭"情形,对被告"接触"原告作品的事实加以可能性推导,从而判定被告承担侵害著作权之罪名,则从根本上违反了刑事司法审判的基本原则。同时,在法律事实的认定上,民事案件的审判程序与刑事案件审判程序也依各自诉讼法理论为基础,法院若以二者互为判决的依据和参照,难免会有违反诉讼理论之虞。

四、"接触+实质性相似"标准的误读与澄清

知识产权制度根据保护客体的技术性或接触性、非常见性或常见性、科学性或艺术性、以及困难或容易的不同特质,被学界划分成"软知产权利"(soft intel-

---

[1] Alpi International,Ltd v. Anga Supply,118 F. Supp. 3d 1172(N. D. Cal. 2015).

[2] Meier Co. v. Albany Novelty Manufacturing Co. ,236 F. 2d 144,146(2d Cir. 1956).

[3] Nordstrom v. Radio Corporation of America,251 F. Supp. 41,42(D. Colo. 1965).

[4] "流行三兄弟"案中法官指出,推导作品间的"惊人相似"绝非易事,并非只要两首歌曲有一定数量的相同音符和旋律即可,重要的认定还是应该集中在分析二者独特性方面的相似性。如果原告歌曲具有与一般作品更难以想象的结构或错误,而被告作品同样呈现出该结构和错误,则两作品间"惊人相似"的推论可以被合理认定。

[5] Taylor Corp. v. Four Seasons Greetings,LLC,403 F. 3d 958,967(8th Cir. 2005). 案件中,相同的第三方主体相继受雇于原告和被告,并先后完成两者的作品,法院依据案件事实认定被告"接触"过原告的作品。

[6] Kamar Int'l,Inc. v. Russ Berrie and Co. ,657 F. 2d 1059,1062(9th Cir. 1981). 另参见成都市中级人民法院(2010)成民终字第 3703 号民事判决书。

lectual property)与"硬知产权利"(hard intellectual property)。[1] "软知产权利"主要指代版权、商标、商业秘密等权利内容,而与"硬知产权利"是特指与技术高度相关的专利权利。[2] 鉴于知识产权客体在特质上有很多共同点,很多制度上的可迁移性特质也被充分挖掘。

(一)标准的嬗变

在阿恩斯坦案后,援引"接触+实质性相似"标准来判定著作权侵权的案件激增,几乎成为美国法院处理相关法律纠纷的不二选择。但事实上,早期少数司法实践者在该标准成立之初就对其合理性表示隐忧。如前文所述,除了允许涉案双方就"接触"要件进行举证与质证,该标准也接受专家(或陪审团)在一定范围内针对"实质性相似"给出的证言。而究竟有无引入专家证言的必要,各级法院避而不谈的缄默策略使得双方当事人,尤其是被告在案件诉讼中的命运扑朔迷离,这也成为该标准在施行中面临的又一难题。在普通法法系下,判断侵权成立与否的要件性标准的权利能够下放给一名普通观察者本身就是难以接受的,[3]更遑论这种直接根据直觉判断行使的权利会直接产生实定法意义上的严重后果。

针对"实质性相似"标准适用中引入"专家证人"正当性的困惑,以萨尔赛义德教授为代表的众多美国知识产权学者提出了强烈质疑。他们认为法官在采用"接触+实质性相似"标准时已经或多或少掺杂了个人的价值判断,而专家证言只不过是避开客观证据而做出的又一次的个人主观价值判断。[4] 如果在适用标准过程中摒弃专家证言制度是明知不可为的设想,那么从根本上回答如何正确运用"实质性相似"标准才是明智之举。对于如何解决"接触+实质性相似"标准的适用困境,赛义德教授提出应当将《商标法》中"混淆可能性"的判定要件纳入《著作权法》侵权认定体系,替代"实质性相似"要件。如果说"接触+实质性相似"标准的设立本身即存在不合理性,那么"实质性相似性"要件成立的不合理性首当其冲。"实质性相似性"的判断充满了美学判断,因此难免带有个人主观偏见的色彩。大多数著作权侵权案件的审理法院过分注重考察在先作品的重要性和内容实质,而忽视了被告创作物使用一种特别的方法重塑作品的可能性。

而根据美国《兰哈姆法》第 32 条的规定,"混淆可能性"是一种结果判断,而商标侵权行为成立的前提要件是商品或服务类似。在"混淆可能性"的判定中,需要考虑近似性和类似性的程度,从某种意义上说,近似性与类似性既是前提,也是判断要素。相比之下,一方面,由于著作权的作品种类繁多,相应作品的侵权认定要比商标困难得多,但相比《著作权法》"实质性相似"要件的判定,《商标

---

〔1〕 Zahr Said,"Reforming Copyright Interpretation",*Harv. J. L. & Tech.* 28,2015,p. 513.

〔2〕 Marc Hankin,"Comment:Now That We Know 'The Way Forward,' Let Us Stay the Course",*Chi-Kent L. Rev.* 77,2002,p. 1295.

〔3〕 Zahr Said,"Reforming Copyright Interpretation",*Harv. J. L. & Tech.* 28,2015,p. 513.

〔4〕 Zahr Said,"Reforming Copyright Interpretation",*Harv. J. L. & Tech.* 28,2015,p. 513.

法》"混淆可能性"的判定路径在方法论层面却更具有法律确定性和司法实践准用性。这也是学者力促将《商标法》"混淆可能性"的侵权标准引入著作权侵权认定体系,以缓解著作权侵权判定困境的基本出发点。另一方面,"实质性相似"要素与商标"混淆可能性"要件在实质内涵上也有着高度的相称性。因为"实质性相似"要素在著作权侵权判定中可以视为"重复与剽窃"作品独创性的认定要素,同时也可以作为原作与在后创作物潜在混淆的一种预判情形。"混淆可能性"的判定标准衍生于《商标法》"混淆"的核心理论,而通过对"混淆"理论的考察不难发现,该理论其实暗含了创新才是知识产权制度发展的本质,也更加贴合知识产权制度的特征。这一建议正是从一个侧面印证了"接触+实质性相似"的司法援用引发国外学界对其透明度及适用范围的质疑。

(二)标准在我国的异化

"接触+实质性相似"标准甫一建立就伴随着争议。在我国司法实践中,对"接触+实质性相似"标准的适用早已突破著作权领域的界限,吸收并扩张至知识产权其他部门法领域的侵权认定中。"接触+实质性相似"标准被大力推广的同时,其被误读甚至被逐渐异化的迹象早在20世纪八九十年代美国法院审理的案件中显现出来。美国第七巡回上诉法院在审理雅达利公司诉北美飞利浦消费者电子公司案[1]时,针对"实质性相似"要件的认定出现难度时,支持引入商标识别性强弱与其受保护程度高低的正相关性来判断被告侵权成立与否。如果原告作品思想所呈现出来的表达本身是有限要素构成的,则其作品的表达范围较窄,而其作品受到保护的程度也相应较弱,因此,构成对此类作品的著作权侵害的情形也非常有限,即被告的创作与原告作品一模一样,或仅是个别字词的替换。相反,如果原告作品通过特别的方式表达出来,则其作品的表达范围较广,而其作品受到保护的程度也较强,相应的"接触+实质性相似"标准的适用则更为严格。

虽然知识产权的不同客体在很多方面具有共同点,但不同客体规制制度仍存在较大差异,"实质性相似"标准本身的适用尚存在诸多问题,其潜在的可迁移性更有待论证。美国基于《著作权法》的保护范围的大小,借助商标区分商品或服务来源的"识别性"功能的强弱诠释"实质性相似"标准的正当性,着实让人瞠目结舌。相比之下,我国的司法实践早已背离了"接触+实质性相似"标准创设的本源,甚至将该标准应用在除《著作权法》之外的其他领域的侵权认定实务中。

2016年,广州知识产权法院在一起侵害技术秘密纠纷案件[2]中认定被告侵犯了原告的技术秘密和商业秘密,并在判决书中就技术秘密的侵权构成要件进行总结归纳。法院对于涉案"蒸发残渣测定仪"技术构成技术秘密的认定要件严格遵照了"技术秘密"的法定要求。而在司法实践中,包括技术秘密侵权构成在内的其他侵权判定,法院多依赖"接触+实质性相似"标准进行侵权判定。

---

〔1〕 Atari, Inc. v. N. Am. Philips Consumer Ekes. Corp., 672 F. 2d 607, 614-15 (7th Cir. 1982).

〔2〕 广州知识产权法院(2016)粤73民初2334号民事判决书。

我国法院在著作权侵权纠纷之外吸收该标准并加以司法适用的现象在立法上也有迹可循。1995年《关于禁止侵犯商业秘密行为的若干规定(修正)》第5条第2款规定,"权利人能证明被申请人所使用的信息与自己的商业秘密具有一致性或者相同性,同时能证明被申请人有获取其商业秘密的条件,而被申请人不能提供或者拒不提供其所使用的信息是合法获得或者使用的证据的,工商行政管理机关可以根据有关证据,认定被申请人有侵权行为"。这一规定被一定程度上解读成商业秘密侵权行政规制上的"接触+实质性相似"标准。"接触+实质性相似"原则在商业秘密侵权案件中的适用,法院一般需要对以下构成要件是否满足商业秘密侵权行为加以认定:①被申请人所使用的信息与权利人主张保护的商业秘密具有一致性或相同性;②被申请人具有获取权利人商业秘密的条件;③被申请人无法提供或拒绝提供其获得或使用的信息为合法性的证明。更加确切地说,该认定规则也被称之为"接触+相似--合法来源"原则。[1]

如果认为我国著作权侵权判定构造上满足"接触+实质性相似"要求与否是一个著作权制度基本架构的应有之义,进而尝试性地将该标准推广适用至侵犯知识产权其他客体的行为亦认定为冒进之举。在此基础上,将"混淆可能性"要件等同于"接触+实质性相似"要件的法律地位更可能与各法的立法宗旨相冲突。如莱姆利教授所言,需要注意的是,知识产权最主要的3种制度分别对应不同的受众。商标法根植在商品服务交易流通的大环境中,需要从根本上保障一般谨慎程度的消费者们在商业消费过程中对商品和服务来源的信赖利益。尽管现代著作权法律规范也在一定程度上会考虑市场因素,[2]但著作权法律规范则始终在普通公众与独占权利人之间加以平衡,它的终极目标是实现文化精神领域社会福祉的最大化。学理上的"一蹴而就"很难真正实现《著作权法》与《商标法》制度运行上的兼容并蓄。因此,这种将《商标法》"混淆可能性"侵权判定标准引入《著作权法》体系替代"接触+实质性相似"标准的建议是否妥适,实值进一步商榷。

(三)标准本源之廓清

"接触+实质性相似"标准的法律属性之所以被我国的司法实践误读,原因不乏以下几点:首先,我国学者对于"接触+实质性相似"标准的认知最早建立在美国司法判决的语境之下,对于很多研究背景受限的学者而言,该标准所涉系列案件的后续展开在主客观环节都有相当大的实现难度;其次,本质上将技术层面针对诉讼标的的定向定量分析与英美法系侵权构成要件混为一谈,误将认定侵权作品的一般标准等同于著作权侵权判定的普遍路径;再者,认定侵权作品是著作权侵权判定的一个重要组成部分。而想要完全剥离两者间密不可分的关系在司法实践中绝非易事。

---

〔1〕 唐青林:《商业秘密百案评析与企业保密体系建设指南》,中国法制出版社2013年版,第329页。

〔2〕 如前文提及的《美国著作权法》第107条列出的认定合理使用4要素中的"使用对于作品潜在市场或价值的影响"。

阿恩斯坦案的法官在判定被告“使用”原告作品的行为是否构成“不当使用”时意识到，由于“使用”行为所涉及的客体可能是受《著作权法》保护的独创性表达，也可能是不属于《著作权法》保护“非独创性表达”或“公有领域元素”，因此，能够认定“使用”行为成立的直接证据难以证明“使用”行为的不当性。因此，法官便创设派生出一种新的著作权侵权判断标准，而这种标准正是基于对原作品的“接触”与否和作品之间的“相似度”的综合认定，从而推定“使用”行为的存在。[1] 阿恩斯坦案中，法官用以认定“使用”行为成立的“接触＋相似性”的间接证据链在后来的侵权案件中被逐渐肢解并加以简化。尽管法院在阿恩斯坦案的判决中明确指出，“相似性”仅作为认定“使用”行为成立与否的要件，但鉴于“相似性”和“实质性相似”在文意表达上过于雷同，且司法实践中二者都是对作品相像与否进行考察，因而“相似性”要件被刻意剔除出“使用”行为认定的证据体系，同时也被整个著作权侵权归责体系彻底摒弃。因此，在判断“使用”行为是否存在时，“接触”要件便成为认定侵权行为成立与否的唯一要件。由此，阿恩斯坦案所形成的著作权侵权判定的完整路径被彻底改变，取而代之的是整合且异构后的“接触＋实质性相似”判定标准。

“接触”与“实质性相似”双要件标准长期以来在美国司法实践中被解构为著作权侵权要件的重要组成部分，但被我国司法实践误读成认定“著作权侵权”的笼统标准。而“接触＋实质性相似”标准究竟用以判断何种著作权专有权利的这一问题常常为司法实践所忽视。从当下已有司法案例来看，我国法院无一例外地回避了这一问题，默认了“接触＋实质性相似”标准适用于几乎所有类型的著作权侵权案件，这种适用范围上“一刀切”的做法也引起了诸多问题。根据阿恩斯坦案，该标准创设之初是专门用于判定由“复制”行为引发“不当使用”的著作权侵权责任，而我国司法实践中对此标准的普遍采用是对其适用范围的扩大，同时也是对“接触＋实质性相似”标准内涵的曲解。因此，美国法中限定“接触＋实质性相似”标准的适用模式与我国扩大“接触＋实质性相似”的适用范围的情形共存于我国“著作权侵权”的要件构成之上，给现有的司法实践带来极大的困扰。诚然，经过法律移植与司法沿革的双重因素的影响，该标准自身的适用情形较其设立之始的适用范围并不完全一致，但若将“接触＋实质性相似”用以进行侵犯著作权其他专有权利的司法适用，也需要保证这种扩大适用的对象应该紧紧围绕“复制”这一中心行为。

五、结语

《美国著作权法》“接触＋实质性相似”标准的诞生是法律形式主义指引下法官自由裁量权的产物。该规则标准化适用的初衷是建立在法院对著作权侵权纠纷的结构推理之上，并非基于专家证人及法官的直觉经验做出符合法律基本正义的预判，以期此标准在一定程度上限制司法自由裁量权的过度使用，最终实现

---

[1] Arnstein v. Porter, 154 F. 2d 464, 468-469(2d Cir. 1946).

司法中侵权作品认定的可预测性和公平性。然而，缺乏结构的严谨性和适用的普遍性特征是“接触＋实质性相似”标准之于著作权制度的实践瓶颈所在，尤其是该标准中“实质性相似”要件的成立需要借助非客观证据之外的主观解释。法官解释的可选择性是“接触＋实质性相似”规则在包括美国司法实务在内适用标准不统一的关键。英美法系判例制度本身强调只有在必要情形下才能默许对法律条文及案件背景解读，但这种解读路径的基础前提高度依赖于法律规则的学理结构与司法选择的一致性。尽管从大陆法系传统法教义学的视角来看，著作权制度规则的“可解释性”恰是其学理复杂性的最好证明，但该标准需要在指导如何判定版权侵权作品的司法审理层面发挥更积极作用的这一司法诉求是毋庸置疑的。

“接触＋实质性相似”标准并非单独存在于美国著作权侵权认定过程，但两个要件的独立适用是保障侵权作品认定程序正义的重要前提。“接触”作为判定过错存在可能性的要件，与“实质性相似”之间的因果关系推定是《美国著作权法》在前提事实（原作作品受到损害）得以充分证明前，避开法官对基础事实问题的认定，直接就法律事实中的法律问题给出的暂时性论断。侵权行为构成要素中的过失与因果关系的有无，因涉及法律秩序范围内的规范性评价，属于法律问题的认定范畴。[1] 但由于美国著作权制度体系学理上更倾向于将著作权侵权责任视为“无过错责任”或“严格责任”，但司法实践中却实行“过错”或“过错推定”的认定模式，导致“接触＋实质性相似”标准在著作权侵权案件的认定中出现了弱化与异化，从而在美国著作权制度体系内形成了新的矛盾命题，这对于英美法系一般侵权案件认定中过错和因果关系的相关规则造成极大的冲击。

著作权侵权案件审理的司法实践中广泛采用“接触＋实质性相似”标准。但该标准在《美国著作权法》上特定的域外表达与英美法系传统侵权构成的判定在外部逻辑结构上存在冲突，引入我国司法实践后亦有适用模式涵摄路径的误读之嫌，学界对现行《著作权法》规定中的“接触＋实质性相似”标准的理解适用认识得不够全面，对因果关系在著作权侵权判定中的认识尤为欠缺。随着《著作权法》的颁行，在当前的司法实践中，应予重新审视以期准确地区分著作权侵权行为与著作权侵权作品二者间不同的判定标准与考量因素。著作权侵权行为的判定与著作权侵权作品的认定即使在单独地认定过程中密不可分，也不能完全依赖“接触”＋“实质性相似”的判定路径。在我国著作权侵权认定的司法实践中，应澄清“接触＋实质性相似”标准是判定侵权作品而非著作权侵权的认定标准，对限缩或扩大著作权侵权作品认定要件的做法应予以警惕，避免该标准的误读与滥用，尊重《著作权法》立法目的价值的选择与维护法律的安定性，规范应对著作权侵权案件的发生。

---

〔1〕 叶名怡：《过错及因果关系推定与证明责任倒置——从事实到价值的思考》，《北方法学》2007 年第 4 期。

欧洲大陆的高级法院及民事诉讼程序(11—19世纪)〔1〕

[荷]兰姆寇·凡瑞* 著
韩 靖** 译

摘 要 本文意在讨论从11世纪末到19世纪欧洲大陆高级法院及民事诉讼程序的历史。由于研究内容的时间跨度较大,本文只能研究其中若干核心的问题。其中一个主要的问题是挑选出影响和塑造高级法院的程序模型,对其起源和性质进行研究,进而探讨这些法院的创建和发展,分析其如何与御前会议进行分离并开始独立运作。此外,本文也将解答新程序对欧洲各国司法实践所产生的影响和程度问题,结论是欧洲各国对该程序的适用可能是零碎的,但是以该程序为起点,逐渐发展出具有自身特点的程序风格。另外一个重要的问题是,由于在法国大革命以前,大多数法院的判决书不提供判决理由,因此高级法院能够影响欧洲大陆的法律发展。在该议题之下,本文讨论了近代早期出版的判例集,其中涉及的问题是,这些判例集提供的信息以及档案资料是否可用于揭示不同法院作出判决的理由。与此同时,本文也介绍了上述民事诉讼程序所展现的特征和变化。接下来,本文讨论了在19世纪民族国家背景下的高级法院的新角色。作为一个在组织有序的法院等级中处于最高位置的法院,其从一个不提供判决理由的上诉法院变为一个提供判决理由的法院,且该法院的功能主要是审查案件是否正确适用法律,而不再同时关注案件的法律和事实问题。

关键词 高级法院;民事诉讼程序;罗马—教会法诉讼程序;非常法律救济手段;法律史

目 次

---

* C. H. (Remco) van Rhee (1968—),荷兰马斯特里赫特大学法学院教授,欧洲法律史与比较民事诉讼法中心主任,兼任荷兰马斯特里赫特大学欧洲法学院教育委员会主席、国际诉讼法协会理事会成员等。

** 韩靖,中山大学司法体制改革研究中心研究人员。

〔1〕 本文发表于《比较法制史》(Comparative Legal History),爱德沃德埃尔加出版社2019年1月版,第318—340页。文章原标题为*Continental European superior courts and procedure in civil actions (11th—19th centuries)*,中文标题有所修改。本文翻译及出版经作者授权,但版权仍由作者保留。

一、引言

本文意在讨论欧洲大陆的高级法院及其审理民事案件适用的程序。关于"高级法院"(superior court)一词,虽然全文都将使用这一表达,但该术语实际上以严格的法院等级为前提,而这种等级仅在19世纪的民族国家背景下出现。使用"高级"(superior)而非"最高"(supreme)一词,是因为尽管此处讨论的法院已是司法体系中的终审法院,但其判决仍有可能受到非常救济手段的攻击。因此,将其称为"最高"是不恰当的。使用"中央法院"(central court)作为替代词也存在问题,基于近代初期的"高级法院"通常无法以自己的名义在其全部领土范围内行使司法管辖权,其不具备被称为"中央"(central)的资格。此外,应该指出的是,即使本文的研究重点是民事诉讼程序,但直到历史上相对较晚的时期,民事和刑事诉讼程序仍未进行严格区分。不过,即便有些不合时宜,本文仍将聚焦于在当前被认定为民事纠纷的争讼。

本文的起点是11世纪晚期,这一时期见证了罗马—教会法诉讼程序(romano-canonical procedure)的诞生和早期发展。该程序作为程序法的灵感之源,最初通行于欧洲大陆各个地区的高级法院(higher courts)〔1〕。本文将在19世纪结束。从18世纪晚期开始,欧洲国家的高级法院应运而生,它们通常根据各国诉讼法典中规定的法定程序规范行使司法管辖权。至19世纪末,欧洲大陆的大部分地区已经实现了诉讼程序的法典化。因此,以19世纪作为本文的结尾似乎是合理的。20世纪见证了各种超越主权国家的高级法院(supra-national superior courts of justice)的诞生〔2〕,这种发展在此处不再赘述。显而易见,由于研究内容的时间跨度较大,本文只能研究其中若干核心的问题,即集中讨论欧洲大陆诉讼法发展中的共性,同时展现若干差异点。

二、罗马—教会法诉讼程序的诞生

11世纪晚期和12世纪初期见证了一种程序雏形的诞生,这种诉讼程序逐渐在13世纪晚期发展为一种新的、复杂的程序,该程序通常被称为"罗马—教会法

---

〔1〕 关于罗马—教会法诉讼程序的兴起,参见 Raoul C van Caenegem, *History of European Civil Procedure*(International Encyclopedia of Comparative Law, Vol XVI: Civil Procedure(M Cappelletti ed), Part 2, Tübingen [etc.] 1973)16 ff and 32 ff。

〔2〕 Ruth Mackenzie, Cesare Romano & Yuval Shany(eds), *The Manual on International Courts and Tribunals*(OUP 2010); Alain A Wijffels & Cornelis H(Remco) van Rhee(eds), *European Supreme Courts: A Portrait through History*(Third Millennium Pub Ltd 2013).

诉讼程序”(其名称反映了主要构成要素)[1]。“罗马—教会法诉讼程序”发展的第一步可能发生在意大利北部的世俗法庭(secular court)上,其似乎不需要除了查士丁尼汇编(Justinianic compilations)以外的其他权威性文本[2]。而新程序产生的重要阶段则是发生在教会法庭(spiritual court)上,其将罗马法文本、意大利北部法律实践的经验与教会法讲义相结合,从而在13世纪晚期形成一种高度创新的程序模型[3]。关于这一模型,可以从杜朗替的权威教科书《司法明鉴》(*Speculum Iudiciale*)[4]中获得最好的理解。与上一时期的简陋雏形相比,该诉讼程序已经蕴含了许多改进之处。琳达·福勒尤其提到以下例子:仲裁与简易程序[5];根据权力大小区分证明形式[6];质证程序(positiones)的介绍(这是一

[1] 关于罗马—教会法诉讼程序,参见 Knut W Nörr,*Romanisch-kanonisches Prozess-recht:Erkenntnisverfahrenersterlnstanz in civilibus*(Springer 2012)。可同时参见 WieslawLitewski,*Der römisch-kanonischeZivilprozessnach den älteren ordines iudiciarii*(2 Vols,WydawnictwoUniwersytetuJagiellonskiego 1999);Linda Fowler-Magerl,*Ordines iudiciarii and Libelli de ordineiudiciorum*(from the middle of the twelfth to the end of the fifteenth century)(Typologie des sources du Moyen Age Occidental,fasc. 63,A-III. 1 *,Brepols1994);Linda Fowler-Magerl,*Ordo iudiciorum vel ordo iudiciarius. Begriff und Literaturgattung*(Repertoriumzur Frühzeit der gelehrtenRechte,Vol. 1;Ius Commune,Sonderheft 19,V. Klostermann 1984);van Caenegem,*History*,supra note 1;Knut W Nörr,'Die LiteraturzumgemeinenZivilprozess' in Helmut Coing(ed),*Handbuch der Quellen und Literatur der neuereneuropäischenPrivatrechtsgeschichte*,Vol. 1:Mittelalter(1100-1500)(Beck 1973)383-397;Winfried Trusen,'Die gelehrteGerichtsbarkeit der Kirche' in Coing,*Handbuch* 1,*ibid*,at 467-504;Giuseppe Salvioli,*Storia dellaprocedura civile e criminale*(*Storia del dirittoitaliano*,P Del Giudice ed,Vol. 3. 2,Hoepli 1927)。在19世纪德国历史法学派的传统中,关于罗马—教会法诉讼程序的前沿研究之一是 Mortiz August von Bethmann-Hollweg,*Der Civilprozess des gemeinenRechts in geschichtlicherEntwicklung. Vol. 6: Der germanisch-romanischeCivilprozessimMittelalter von zwölften bis fünfzehntenJahrhundert*(A Marcus 1874)。同等重要和有用的研究是 Arthur Engelmann,*Der Civilprozess. Geschichte und System*(3 Vols,W Koebner 1889—1901)和 Robert Wyness Millar(ed),*A History of Continental Civil Procedure*(The Continental Legal History Series VII,Little Brown &Cie 1928),这两者包含了英文原版和欧陆各国的译本。

[2] Fowler-Magerl,*Ordines*,*supra* note 3,at 23-24,79.

[3] Fowler-Magerl,*Ordines*,*supra* note 3,at 29. 德国领土中关于教会法庭的程序研究,参见 Hans JörgBudischin,*Der gelehrteZivilprozess in der Praxis geistlicherGerichte des* 13. *und* 14. *JahrhundertsimdeutschenRaum*(Ludwig Röhrscheid 1974)。

[4] 关于 Durantis,参见 Nörr,'Literatur',*supra* note 3,at 394。

[5] 关于简易程序和 *Saepe* 法令的构造,参见 Nörr,*Romanisch-kanonischesProzessrecht*,*supra* note 3,at 211-220。可同时参见 Stephan Georg Kuttner,'The Date of the Constitution "Saepe",the Vatican Manuscript,and the Roman Edition of the Clementines' in *MélangesEugéneTisserant*(Vol IV,Archives Vaticanes,Histoireécclesiastique,1ére partie. Studi e Testi 234,Biblioteca apostolica Vaticana 1964)427-452;van Caenegem,*History*,*supra* note 1,at 20 ff,and Charles Lefebvre,'Les origines romaines de la procédure sommaire aux XIIe et XIIIe siécles'(1956)Ephemerides iuris canonici 88-136。

[6] Jean-Philippe Levy,*La hiérarchie des preuves dans le droit savant du moyen-âge depuis la renaissance du droit romain jusqu'à la fin du XIVe siécle*(Sirey 1939);Jean-Philippe Levy,*Le probléme de la preuve dans les droits savants du moyen âge*(Recueils de la Société Jean Bodin pour l'histoire comparative des institutions 17,Ed. de La Libr. encyclopédique 1965).

个源自意大利北部法律实践创新的例子)[1];厘清提出法律无效和上诉的理由[2];以及允许诉讼当事人以口头形式[3]表达自己观点的书面程序[4]。

尽管在发展新程序的过程中使用了罗马法和教会法的资源,但应注意的是,这些资源并无独立的、完整的诉讼程序可资复制。实际上,程序的具体内容散见于查士丁尼汇编和《格拉提安教令集》(*DecretumGratiani*)中[5]。对于早期研究诉讼程序的法学家而言,其任务是在法律文献、教皇教令集[6]以及意大利北部法律实践的基础上创建一个体系化的程序模型。

关于这个程序的文献,以查士丁尼时期的法律文献为基础,最早出现在帕维亚修辞学派(the school of rhetoric in Pavia)以及11世纪和12世纪初期的公证人教育中[7]。这些文献,不仅将查士丁尼汇编的内容与意大利北部法律实践、教会法中的要素相结合,而且与欧洲各个教区中宗教法庭(the courts of the *officialis*)的逐步设立有关(始于法国和英国),其为教会背景下司法领域的一个新发展[8]。特别是在13世纪,当这些法庭成为常设机构时[9],它们在整个欧洲的新程序兴起中发挥了重要作用[10]。

新程序涵括了从诉讼开始到判决直至执行的具体程序规定,这些规定旨在对法官这些方面的权力进行严格限制。与查士丁尼时期的诉讼程序模型不同,

---

〔1〕 Van Caenegem,*History*,*supra* note 1,at 18;Cornelis H(Remco) van Rhee,*Litigation and Legislation. Civil Procedure at First Instance in the Great Council for the Netherlands in Malines* (1522-1559)(Archives générales du Royaume 1997) 151-153;Nörr,*Romanisch-kanonisches Prozessrecht*,*supra* note 3,at 116 ff.

〔2〕 与这方面相关的研究有 M Fournier,*Essai sur l'histoire du droit d'appel*(A Durand and Pedone-Lauriel 1881). 可同时参见 Van Caenegem,*History*,*supra* note 1,at 18-19。

〔3〕 Fowler-Magerl, *Ordines*,*supra* note 3,at 35.

〔4〕 在13世纪初期第4届拉特兰宗教会议的教令中已经找到了应以书面形式提出的程序行为清单,其为 *Quoniam contra falsam*(X 2.19.11). Cf Fowler-Magerl, *Ordines*,*supra* note 3,at 36. Knut W Nörr,'Reihenfolgenprinzip,Terminsequenz und Schriftlichkeit'(1:972) *Zeitschrift für Zivilprozess* 161 ff。

〔5〕 Nörr,'Literatur',*supra* note 3,at 383;Fowler-Magerl,*Ordines*,*supra* note 3,at 20. 查士丁尼汇编资源中关于程序的规定,特别参见 Codex 2.1-13,3.1-13,4.19-21,7.19,7.42-70,8.1,9.1-7 和 Institutes 4.6,4.8 and 4.13-18。在《格拉提安教令集》中,有关程序的内容可以在其第二部分找到。Erwin Jacobi,'Der Prozessim Decretum Gratiani und bei den ältesten Dekretisten' [1913] Zeitschrift der Savigny-Stiftung für Rechtsgeschichte(kanonistische Abteilung)223-234.

〔6〕 教会法庭的法官和诉讼当事人向罗马教皇提出问题,逐渐产生出这些教令集。Cf Knut W Nörr,'Die Entwicklung des Corpus IurisCanonici' in Coing,Handbuch 1,supra note 3,at 835-846,esp. 839 ff.

〔7〕 Fowler-Magerl, *Ordines*,*supra* note 3,at 10-11,79.

〔8〕 与这方面相关的研究有 Paul Fournier,*Les officialités au Moyen-Âge. Étude sur l'organisation*,*la compétence et la procédure des tribunauxecclésiastiques ordinaires en France*,*de* 1180 *à* 1328 (Plon 1880). Trusen,'Gerichtsbarkeit', *supra* note 3,at 468. ;Christian Schwab,*Das Augsburger-Offizialatsregister*(1348-1352):*ein Dokumentgeistlicher Diözesangerichtsbarkeit*(Böhlau 2001)。

〔9〕 Trusen,'Gerichtsbarkeit', *supra* note 3,at 470.

〔10〕 *Ibid*,at 467 ff.

在新程序中，法官的主导作用较小，而当事人的权利得到更大的扩张[1]。这可能与9世纪伪造的《伪伊西多尔教令集》(*Pseudoisodorian decretals*)对12世纪罗马—教会法诉讼程序模型雏形产生的影响有关(应当注意，最初的民事和刑事诉讼程序没有进行严格区分，许多程序规定是通用的)[2]。这些教令以"被告是清白的，而原告和证人是可疑的"为原则[3]。正如琳达·福勒所言，为了尽力保护某些成为被告的主教免于受到原告的操纵，他们(例如，通过《伪伊西多尔教令集》)伪造教皇的教令集。这些教令赋予被告十分慷慨的保障，其不仅可以阻碍诉讼程序的进行，而且可以通过使原告精疲力竭，以威迫他们放弃诉讼主张[4]。与强调效率的早期立法规定相比，这种程序截然不同。可见，有关诉讼效率的主张没有对罗马—教会法诉讼程序产生重大的影响[5]，这也成为以后人们对民事诉讼程序迟缓与不正当诉讼拖延频繁抱怨的原因，这种抱怨一直持续到今天[6]。

罗马—教会法诉讼程序以"司法程序"(ordo iudiciarius，由教会法学者提出)和"审判程序"(ordo iudiciorum，主要由法学家提出)的形式出现在各种著作的主题中[7]。

虽然其中的一些著作可能专门为某些法庭的诉讼程序而写，但其所包含的信息是普遍适用的，其从诉讼程序的开始进行讨论，直至判决的作出、上诉的提起或执行。这些著作一开始使用拉丁文书写，但很快就出现了本土语言的版本[8]。直至欧洲各个法庭的程序变得更加特殊为止，换言之，直至这些法庭发展出自己的程序风格或曰"法庭风格"(stylus curiae)[9]，从而导致程序丧失其普遍

---

[1] Fowler-Magerl，*Ordo*，*supra* note 3，at 2，13. 关于查士丁尼时期的程序模型，参见 Max Kaser & Karl Hackl，*Das römische Zivilprozeßrecht*(Handbuch der Altertumswissenschaft，Rechtsgeschichte des Altertums X，3. 4，Beck 1997)515 ff。

[2] Fowler-Magerl，*Ordines*，*supra* note 3，at 22.

[3] *Ibid*，at 21.

[4] *Ibid*，at 21.

[5] *Ibid*，at 23-24；Fowler-Magerl，*Ordo*，*supra* note 3，at 12-13，28. 根据 Linda Fowler 的观点，这种程序可以在《格拉提安教令集》中找到痕迹，具体观点为'Gratian geht in bezug auf Prozessrechtimwesentliche von dem auchbeiseinen Zeitgenossenherrschenden pseudo-isidorischen Standpunktaus'. Cf Fowler-Magerl，*Ordo*，*supra* note 3，at 22。

[6] Cornelis H(Remco)van Rhee(ed)，*Within a Reasonable Time*：*The History of Due and Undue Delay in Civil Litigation*(Comparative Studies in Continental and Anglo-American Legal History 28，Duncker & Humblot 2010).

[7] 这些规定早期使用'De iudiciis'和'Libellus de ordineiudiciorum'定义概念。在12世纪的末期'De iudiciis'被'ordo iudiciorum'替代。Cf Fowler-Magerl，*Ordines*，*supra* note 3，at 20.；Nörr，'Literatur'，*supra* note 3，at 383-397；Knut W Nörr，'Ordo iudiciorum und ordo iudiciarius'(1967)Studia Gratiana 327-343；Knut W Nörr，'Päpstlichen Dekretalen in den ordines iudiciorum der frühen Legistik'(1970)Ius Commune 1-9.

[8] Fowler-Magerl，*Ordines*，*supra* note 3，at 10.

[9] 关于术语 *style* 的历史，参见 Luigi Prosdocimi，'Tracivilisti e canonistidei sec. XIII e XIV. A propositodellagenesi del concetto di "stylus"' in Danilo Segaloni et al. (eds)，*Bartolo da Sassoferrato. Studi e Documenti per il VI centenario*(Vol 2 Giuffré 1962)413-430。

性为止,这些著作一直在产出[1]。根据琳达·福勒的观点,各种《司法程序》(*ordines*)[2]著作的产量在14世纪已经开始下降,而此种类型的著作最晚可追溯至15世纪和16世纪。

在《司法程序》中,程序的各个主题被严格划分。这种划分的概念可能源自于罗马法,其将诉讼程序划分为三个部分[3]。在中世纪时期,最受欢迎的划分似乎是由十个"阶段"或"节"(tempora)组成,其受到X.2.19.11[4]的启发。到了近代初期,这种划分仍然很受欢迎,此时关于程序的著作已然解决了特殊法庭风格的问题。一个例子是,在佛兰德法学家飞利浦·维兰特(1441/42—1520年)用本土语言写的一部著作中,《民事实践》(*Practyke Civile*)一章被划分为十节[5]。

新程序的普及可以归因于11世纪和12世纪在欧洲发生的社会与经济变化[6](CH·哈斯金斯在其开创性著作中将这一时期称为"12世纪复兴"[7])。此外,新程序中更为合理的举证制度无疑也促进了它的普及[8]。

在教会的背景下,罗马—教会法诉讼程序是罗马圣轮法院(Sacra Rota Romana)或罗马天主教教会教廷高级法院的一个显著特征[9]。该法院发布了大量有关程序问题的判决[10],在一定程度上为后来出现的教会和世俗高级法院提供范例[11]。教廷高级法院是法律实践制度化的结果,该法律实践将诉讼程序的主导权委托给所谓的"负责调查的法庭官员"(auditores)。制度化发生在1331年,其以罗马教宗诏书(bulla)《裁判说理》(*Ratio iuris*)的形式出现,该诏书在教皇法

---

[1] Cornelis H(Remco) van Rhee, 'Civil Procedure: A European Ius Commune?' [2000] European Review of Private Law 589-611.

[2] 《司法程序》是关于教会程序方面的著作,数量繁多,它们的基础同罗马法学的几乎一样——译者注。参见 Fowler-Magerl, *Ordines*, *supra* note 3, at 17。

[3] *Ibid*, at 36.

[4] *Ibid*, at 36-37.

[5] 1573年版的重印本于1968年在阿姆斯特丹出版,并附上由 Egidius Strubbe 编写的简介。关于 *Practijke* 在16世纪法语翻译中的近代批判版,参见 Louis Sicking & Cornelis H(Remco) van Rhee (eds), *Filips Wielant Verzameld Werk II: Briéve Instruction en causes civiles* (De Koninklijke VlaamseAcademie van België 2009)。

[6] Fowler-Magerl, *Ordines*, *supra* note 3, at 26-27.

[7] Charles Holmer Haskins, *The Renaissance of the 12th Century* (Harvard UP 1927).

[8] Van Caenegem, *History*, *supra* note 1, at 13.

[9] GeroDolezalek& Knut W Nörr, 'Die Rechtsprechungssammlungen der mittelalterlichen Rota' in Coing, *Handbuch* 1, *supra* note 3, at 849 ff; Hans-Jürgen Becker, 'Die Sacra Rota Romana in der frühen Neuzeit' in Leopoold Auer et al. (eds), *Höchstgerichte in Europa. Bausteinefrühneuzeitlicher Rechtsordnungen* (Quellen und ForschungenzurhöchstenGerichts-barkeitimAlten Reich 53, Böhlau Verlag 2007) 6 (1-18)(关于教廷高级法院中罗马—教会法诉讼程序的文献,参见 note 16)。Also Knut W Nörr, 'Über die mittelalterliche Rota Romana' [2007] Zeitschrift der Savigny-Stiftung für Rechtsgeschichte(kanonistischeAbteilung) 220-245.

[10] Dolezalek & Nörr, 'Rechtsprechungssammlungen', *supra* note 36, at 582; Becker, 'Sacra Rota Romana', *supra* note 36, at 12: 'Unabhängig von der sachlichen und der örtlichen Zuständigkeit der *Rota* is festzuhalten, dass der Schwerpunkt der Entscheidungenim Bereich des Prozessrechtsangesiedeltist'.

[11] Becker, 'Sacra Rota Romana', *supra* note 36, at 1.

院迁至法国阿维尼翁(1309—1378 年)[1]的时期发布。从 15 世纪晚期开始,教廷高级法院作为罗马天主教教会的中央法院处理民事纠纷,而到了 16 世纪,罗马教廷在其辖区范围内引入了地方性的教会法院[2]。

三、世俗高级法院(superior temporal courts)的创建

罗马—教会法诉讼程序被证明对欧洲大陆的许多世俗高级法院的发展具有决定性作用[3]。这些法院的创建大约始于 13 世纪[4],并且与新成立的欧洲大学所开展法学教育的传播和罗马—教会法诉讼程序的兴起相吻合[5]。这些高级法院以不同的名称而闻名。在法兰西,高等法院被称为 Parlement,而在欧洲的其他地方,我们发现了诸如 Senato[6],Conseil[7] 或 Audiencia[8] 之类的名称。在更详细地探讨高级法院之前,应对文中所研究时期内的"世俗高级法院"一词进行定义。

在 19 世纪之前,欧洲各个地区均未出现严格的法院等级制度。然而,法院等级制度是很重要的,罗马—教会法诉讼程序中上诉制度的引入,推动了欧洲大陆法院的等级化构造[9]。此种上诉制度是新程序中一种真正的创新特征,而且在此前的时期中不存在[10][显然,其也是古典时期(Antiquity)非常审理程序(cognitio extraordinaria)的特征,并从中汲取了灵感[11]]。不过,上诉程序在早期已被引入,如在 13 世纪晚期的法兰西王国。在当时,对于现谓之地方基层法院所作出的裁决,可以向彼时法兰西王国的世俗高级法院,即巴黎高等法院

---

〔1〕 关于这一法院历史的文献,参见 Becker,'Sacra Rota Romana',*supra* note 36,at 2,fn 4。

〔2〕 Niccoló Del Re,*La Curia Romana. Lineamenti Storico-Giuridici*(5th edn,Libreria Editrice Vaticana 1998)230;Becker,'Sacra Rota Romana',*supra* note 36,at 12.

〔3〕 Ignacio Czeguhn,*Die kastilische Höchstgerichtsbarkeit* 1250-1520(Schriftenzur Europäischen Rechts-und Verfassungsgeschichte 40,Duncker & Humblot 2002)121 ff.

〔4〕 例如,巴黎高等法院起源于 13 世纪下半叶。法院最古老的记录簿被称为 *Olim*。关于意大利的高级法院,参见 Mario Ascheri,*Giuristi e istituzioni dal Medioevoall'età moderna*(*secoli X-XVIII*)(Keip 2008);Mario Ascheri,*Tribunali,giuristi e istituzioni dal Medioevoall'età moderna*(Il Mulino 1989)85-183;Mario Sbriccoli & Antonella Bettoni(eds),*Granditribunali e rote nell'Italia di antico regime* (Giuffré 1993)。一般而言,关于欧洲大陆的高级法院,参见 Bernhard Diestelkamp(ed),*Oberste Gerichtsbarkeit und zentrale Gewaltim Europa der frühen Neuzeit*(Quellen und Forschungenzurhöchsten Gerichtsbarkeitimalten Reich 29,Böhlau 1996)。

〔5〕 Van Caenegem,*History*,*supra* note 1,at 16 ff and 32 ff.

〔6〕 *Il Senatonellastoria*,Vol 2:*Il Senatonelmedioevo e nella prima età moderna*(Rome 1997).

〔7〕 例如,低地国家的梅林中央最高法院(Grand Conseil de Malines)。

〔8〕 Czeguhn,*Höchstgerichtsbarkeit*,*supra* note 41.

〔9〕 Fournier,*Essai*,*supra* note 10.;Ignacio Czeguhn,José Antonio López Nevot & Antonio Sánchez Aranda(eds),*Control of Supreme Courts in Early Modern Europe*(Schriftenzur Rechtsgeschichte 181,Duncker & Humblot 2018).

〔10〕 Van Caenegem,*History*,*supra* note 1,at 18.

〔11〕 Kaser & Hackl,*Zivilprozeßrecht*,*supra* note 19,at 502 ff.

(Parlement de Paris)提出上诉[1]。

世俗高级法院以世俗统治者的名义处理发生在其部分领土范围内的案件的终审上诉。上述的领土范围并不必然是该统治者统治下的所有领土范围,因为各领地的许多地方法院都获得了"不得上诉特权(privileges de non appellando)",这意味着这些地方法院本身将在其领地中充当世俗高级法院(在德意志帝国,只有在免于上诉的领土范围内建立了与现有高级法院相类似的法院的前提下,才能被授予这些特权,如在维斯马建立的法院)[2]。在低地国家,布拉班特公国(the duchy of Brabant)的法院就是获得这种特权的法院的一个示例,这意味着不允许向"梅林中央最高法院"(the Great Council of Malines),即低地国家的高级法院提出上诉(然而,布拉班特公国的一审案件如果属于传统上受梅林中央最高法院管辖的案件类型,则被允许提出上诉)[3]。

在实践中,对于一些领地而言,将地方法院持续地置于"终审法院"的地位是一个难题。因为即使是最高法院所作出的裁决也有可能被所谓的非常救济手段攻击,这些非常救济手段允许统治者或其议会对法院的"最终"判决进行处理[4]。此类非常救济手段被冠以"推翻原判"(cassation)和"改判"(revision,又称为 ben-

---

[1] Ulrike Müssig, 'Höchstgerichteimfrühneuzeitlichen Frankreich und England' in Auer et al., Höchstgerichte, *supra* note 36, at 25(19-49).; Gustave Ducoudray, *Les origines du Parlement de Paris et la justice aux XIIIe et XIVesiécles* (Paris 1902, reprint in 2 Vols, B Franklin 1970); JH Shennan, *The Parlement of Paris* (Sutton 1998); Jean Hilaire, *Histoire des institutions judiciaires* (Litec Lexis Nexis 1994); and Jean-Pierre Royer et al., *Histoire de la Justice en France* (PUF 2010).

[2] Ulrich Eisenhardt(ed), *Die kaiserlichen Privilegia de non appellando. Mit einer Abhandlung eingeleitet und in Zusammenarbeit mit Elsbeth Markert regestiert und in einer Auswahl herausgegeben* (Quellen und Forschungen zur höchsten Gerichtsbarkeit im Alten Reich 7, Böhlau 1980); Jürgen Weitzel, *Der Kampf um die Appellation ans Reichskammergericht. Zur politischen Geschichte der Rechtsmittel in Deutschland* (Quellen und Forschungen zur höchsten Gerichtsbarkeit im Alten Reich 4, Böhlau 1976). 关于维斯马的高级法院: Nils Jörn, 'Das Wismarer Tribunal in seinen Beziehungen zu Reichskammergericht und Reichshofrat' in Auer et al., *Höchstgerichte*, *supra* note 36, at 81-96. Also Nils Jörn, Bernhard Diestelkamp & Kjell Å Modéer(eds), *Integration durchRecht. Das Wismarer Tribunal* (1653-1806)(Böhlau 2004).; Kjell Å Modéer, *Gerichtsbarkeiten der schwedischen Krone imdeutschen Reichsterritorium. Vol. 1: Voraussetzungen und Aufbau* 1630-1657 (RättshistorisktBibliotek 25 1975).

[3] Paul van Peteghem, 'StändischeVorstufen der Gerichtsordnungvom 8. August 1559? Ein BeitragzumVerfassungs-und Verfahrensrecht des Grossen Rates zuMecheln' in Hugo De Schepper(ed), *Höchste Gerichtsbarkeit in Spätmittelalter und der frühen Neuzeit* (Verzamelenenbewerken van de jurisprudentie van de Grote Raad, nieuwe reeks 9, Amsterdam 1985)5(5-18). 关于梅林中央最高法院的起源,参见 Jan PC van Rompaey, *De Grote Raad van de hertogen van Boergondië en het Parlement van Mechelen* (Verhandelingen van de Koninklijke Academievoorwetenschappen, letterenenschonekunsten van België, Klasse der letteren 35:73, Koninklijkeacademievoorwetenschappen, letterenenschonekunsten van België 1973)。关于 18 世纪的梅林中央最高法院,参见 An Verscuren, *The Great Council of Malines in the 18th Century. An Aging Court in a Changing World?* (Studies in the History of Law and Justice 3, Springer 2015)。

[4] Serge Dauchy, *Les voies de recoursextraordinaires. Proposition d'erreur et requête civile (de l'ordonnance de Saint Louis jusqu'à l'ordonnance de* 1667)(Travaux et recherches de l'Université de Droit, d'Économie et de Sciences Sociales de Paris, série Sciences historiques 26, PUF 1988).

eficium revisionis)的名称。显而易见，在法国大革命以后，这些非常救济手段(尽管有时候内容并不相同)只能在独立于君主的法院中适用。然而，革命前的情况有所不同，虽然君主可能具有将其在司法管理中的权力委托给高级法院的想法，但这并不意味着君主已经完全放弃了其在这方面的权力(可与法兰西中关于委托司法(justice déléguée)和保留司法(justice retenue)的概念相比较)。这种情况使君主能够将案件从高级法院转移给君主自己或者议会审理(提审)〔1〕。

另一个问题是，上述定义仅针对上诉制度，而世俗高级法院同时拥有案件的一审管辖权。通常而言，这一管辖权比其上诉管辖权更古老，且部分以封建法的概念为基础(由领主或贵族成员进行审判)〔2〕。此管辖权与有权直接将案件交由统治者(如贵族成员)进行审理的诉讼当事人密切相关。然而，在几个高级法院中，一审也接受弱势群体(personae miserabiles)的起诉〔3〕。因此，高级法院之所以具有优越性，不仅是因为其具有上诉管辖权，而且还源于其能够受理特定类型的一审案件。

世俗高级法院的广泛建立与新兴的欧洲大学开展法学教育相吻合。因为在这些法院接受任命的法官中，在法学院接受过系统法学教育和培训的人数在增加，所以促进了对作为教学内容的罗马—教会法诉讼程序的继受〔4〕。这种继受反过来又要求未来的法官需要经过专业的法学培训，因此，作为一种结果，未经受法学培训的法官，例如，在高级法院被任命的贵族成员将随着时间的推移逐渐被淘汰，〔5〕除非他们自身把时间投入法学研究上，并取得法学学位。许多世俗高级法院[并非包含全部法院，如德国领土上的帝国枢密法院(Reichshofrat)〔6〕]最显著的特征之一便是，其配备具有法学素养的职业群体且在这些法院进行诉讼的当事人都由专业人士(律师和检察官)代理。高级法院的另一个普遍特征是，

---

〔1〕 Hugo de Schepper, 'De Grote Raad van Mechelen, hoogsterechtskollege in de Neder-landen?' in *Miscellanea Consilii Magni. Ter gelegenheid van twintigjaarwerkgroep Grote Raad van Mechelen* (Verzamelenenbewerken van de jurisprudentie van de Grote Raad, nieuwe reeks 4, Werkgroep Grote Raad van Mechelen 1980) 171-193.

〔2〕 例如，Müssig, 'Höchstgerichte', *supra* note 50, at 25. Cf also Czeguhn, *Höchstgerichtsbarkeit*, *supra* note 41, at 38。

〔3〕 Van Rhee, *Litigation*, *supra* note 9, at 41. 关于弱势群体的管辖权也是教会法院的一个特征(Trusen, 'Gerichtsbarkeit', *supra* note 3, at 484)。Richard Helmholz, 'Principles of Ecclesiastical Jurisdiction: The Protection of Miserabiles Personae and Jurisdiction ex Defectu Justitiae' in Richard Helmholz, *The Spirit of Classical Canon Law* (University of Georgia Press 1996) 116-144; Thomas Duve, *Sonderrecht in der Frühen Neuzeit: Studienzumiussingulare und den privilegiamiserabilium personarum, senum und indorum in Alter und Neuer Welt* (V Klostermann 2008).

〔4〕 Van Caenegem, *History*, *supra* note 1, at 32.

〔5〕 *Ibid*, at 5-6, 57-58.; Bernhard Diestelkamp, 'Vom Königlichen Hofgerichtzum Kaiserlichen Kammergericht' in Hugo De Schepper, *Höchste Gerichtsbarkeit*, *supra* note 52, at 2(1-4).

〔6〕 Oswald von Gschliesser, *Der Reichshofrat: Bedeutung und Verfassung, Schicksal und Besetzungeinerobersten Reichsbehörde von* 1559 *bis* 1806 (Veröffentlichungen der Kommissionfürneuere Geschichte des ehemaligen Österreich 33; reprint miteiner Vorbemerkungzur Neuausgabe von Wolfgang Sellertsowiezahlreichen Korrekturen des Verfassers, Nendeln (Liechtenstein) 1970, Reprint of the Vienna 1942 edition).

许多诉讼都是以书面形式而非像以往时期那样以口头形式(viva voce)进行审理。此外,对法学家(consilia)观点的依赖是这些法院的又一个突出特征,诉讼当事人的论点往往以学者们的通说(communis opiniodoctorum)为依据[1]。鉴于对书面形式的重视,时至今日,与地方基层法院留下的痕迹相比,世俗高级法院保存的档案记录在数量上具有压倒性的优势。可以说,法学教育在地方基层法院发挥的作用不太明显,甚至往往不发挥作用。

世俗高级法院是欧洲各个地区统治者手中的政治工具。它们作为维护统治者权力的一种手段,使统治者能够将司法管理和法律发展处于自身的控制之下,特别是运用这些高级法院的上诉审权力。因此,由高级法院进行上诉监督的地方法院,其司法权和公信力都在一定程度上被削弱。

关于欧洲大陆早期世俗高级法院的一个例子是前文所提到的在法兰西王国的巴黎高等法院。直到15世纪,人们一直试图使这个法院能在法国的更多地区拥有管辖权。作为结果,法国大约一半的领土在15世纪都受到巴黎高等法院的管辖。此后,法国国王改变了司法管理的策略:其不再将剩余的和新获得的领土交由巴黎高等法院管辖,而是通过建立新的地方高等法院,作为该领土上的世俗高级法院[2]。

与许多其他的高级法院一样[3],巴黎高等法院在御前会议(curia regis)的背景下成长。亦与其他早期的高级法院相同,很难甚至不可能确切地知道该法院从何时开始作为独立于这一御前会议的机构进行运作,尽管有人说,在路易九世(1226—1270年在位)的统治期间,情况已经如此[4]。即使该法院成为一个独立的机构,其任务也不限于司法管理。高等法院参与该领域的行政管理,并承担立法登记的任务。这种情况逐渐发展为只有经过法院登记的立法条文才能在本院适用。也即,如果没有这种登记,立法将不生效[5]。其他的欧洲高级法院也在该领土范围内承担司法管理以外的行政任务[6]。

关于晚期世俗高级法院的一个例子是德国法院。即使具有前身[分别被称为皇家最高法院(royal Kammergericht)和宫廷及皇家法院(Hofgericht),这些法

---

〔1〕 Alain A Wijffels,*Qui milliesallegatur. Les allégations du droit savant dans les dossiers du Grand Conseil de Malines*(*causes septentrionales,ca.* 1460-1580)(Verzamelenenbewerken van de jurisprudentie van de Grote Raad,nieuwe reeks 10,2 Vols,Brill 1985).;Alain Wijffels,'L'Influence de la doctrine sur l'argumentationjudiciaire au début des temps modernes' in Alain Wijffels(ed),*Miscellanea ConsiliiMagni III. Essays on the History of Forensic Practice/Etudes d'histoirejudiciaire* (Verzamelenenbewerken van de jurisprudentie van de Grote Raad,Nieuwe reeks 12,Universiteit van Amsterdam 1988)145-159.

〔2〕 Müssig,'Höchstgerichte',*supra* note 50,at 26-27.

〔3〕 例如,卡斯蒂利亚的检审法院(the Audiencia in Castile)。Czeguhn,*Höchstgerichtsbarkeit*,*supra* note 41,at 46 ff.

〔4〕 Müssig,'Höchstgerichte',*supra* note 50,at 25.

〔5〕 *Ibid*,at 33ff. 关于巴黎高等法院的政治功能,参见 Ernest Désiré Glasson,*Le Parlement de Paris. Son rôle politique depuis le règne de Charles VII jusqu'à la Révolution*(3 Vols Hachette 1901)。

〔6〕 Bernhard Diestelkamp(ed),*Die politische Funktion des Reichskammer-gerichts*(Quellen und Forschungenzurhöchsten Gerichtsbarkeitimalten Reich 24,Böhlau 1993).

院不应该与下文讨论的帝国皇家法院(Reichskammergericht)和帝国枢密法院(Reichshofrat)相混淆],这些法院也仅在15世纪末和16世纪出现在历史的舞台上[1]。在1495年,沃尔姆斯帝国等级会议(the Imperial Diet at Worms)创建了其中的一个新法院——帝国皇家法院,以此成立一个独立于皇帝的高级法院[2]。其后,这个法院被辅之以所谓的帝国枢密法院——一个与皇帝有密切联系的法院,其也负责相关领域中的行政管理事务,并为皇帝提供建议[3]。上述两个法院的管辖权相互重合。对此,解决的方法是最先立案的法院将有权审理该诉讼[也被称为最先受理(praeventio)],作为结果,诉讼当事人可以选择在其中一个法院提起诉讼[4]。

德国的帝国皇家法院作为一个例子,展现了创建高级法院方式的变化。早期的高级法院都是作为御前会议内部专门化的结果而以"有机"的方式产生。具体表现为,在御前会议中渐渐地有部分议员专门负责审理诉讼案件。而这通常导致的结果是法院通过与御前会议在功能上的分离,自然地演变为独立机构。与之相反,帝国皇家法院则是经过深思熟虑的思考和讨论(通过沃尔姆斯帝国等级会议的一个决定)而被创建的。相似的发展历程也可能出现在尼德兰联省(the United Provinces),更确切地说,应该是荷兰和泽兰两省中。由于尼德兰从1568年开始反抗西班牙的统治,所以南部的高级法院,如梅林中央最高法院和枢密院,都在北部被禁止使用。在1581年7月26日,北部各省正式通过《誓绝法案》(the Act of Abjuration),废黜菲利浦二世,宣布其已丧失统治权。其后,一个新的高级法院成为现实需求。此法院亦在1581年以"最高法院"(High Council,荷兰语称之为Hoge Raad)的名义被创建,其成了专门处理法律案件的机构。可惜的是,这个法院最终仅在有限的领域范围内(荷兰省,以及1587年后的泽兰省)作为一个高级法院发挥作用[5]。除此之外,尼德兰起义对北部其他各省法院产生的影响是,原来许多法院对应的上诉法院是梅林中央最高法院,现在变成了前文所提及的最高法院(High Council),此法院旨在取代梅林中央最高法院,但仅在荷兰和泽兰两省达成这一目标。

---

[1] Bernhard Diestelkamp,'VomKöniglichen Hofgerichtzum Reichskammergericht' in Gerhard Dilcher & Bernhard Diestelkamp(eds),*Recht,Gericht,Genossenschaft und Policey. Studienzu Grundbegriffen der germanistischen Rechtstheorie. Symposionfür Adalbert Erler*(Ernst Schmidt 1986)44-64;Reinhard Seyboth,'Kontinuität und Wandel. Vommittelaterlichen Reichshofgerichtzum Reichskammergericht von 1495' in Ingrid Scheuermann(ed),*Frieden durch Recht:das Reichskammergericht von* 1495 *bis* 1806 (P von Zabern 1994)68-74 and literature cited there.

[2] H Durchhardt,'Das Reichskammergerichtim Verfassungsfüge des Alten Reiches' in Scheuermann, *Frieden durch Recht*,*supra* note 66,at 35(35-39).

[3] Bernhard Diestelkamp,'Verwissenschaftlichung,Bürokratisierung,Professionalisierung und Verfahrensintensi-vierungals Merkmalefrühneuzeitlicher Rechtsprechung' in Scheuermann,*Frieden durch Recht*,*supra* note 66,at 116-117(110-117).

[4] Wolfgang Sellert,*Über die Zuständigkeitsabgrenzung von Reichshofrat und Reichs-kammergericht* (Unter-suchungenzurdeutschen Staats-und Rechtsgeschichte N. F. 4,Scientia 1965).

[5] Christelle MO Verhas,*De beginjaren van de Hoge Raad van Holland*,*Zeeland en West-Friesland* (Dissertation Leiden 1997)31-33,157,179-182.

许多高级法院都具有的另一个特征是，其均由合议庭进行审判[1]。通常而言，其中的一名法官会被委任为主审法官(judge-reporter)。这名法官的任务是准备判决草稿，其后，合议庭的各个成员会以不公开的形式(in camera)展开对该草稿的讨论[2]。

对于寻找法律权威论述的学者而言，与近代法院的判决不同，中世纪和近代早期法院的判决所具有的价值有限。许多高级法院没有在其判决中说明理由[3]。相关观点认为，在判决中说明理由会使这些法院易于受到批判，而这种批判被认为有损法院的权威[4]。因此，在判决书中很难发现法院作出裁判的具体理由[即判决理由(ratio decidendi)，参见下文]。这一普遍的司法现象也妨碍了大陆法系国家先例体系(a system of precedents)的发展。然而，判例集的出版和发行，在一定程度上减缓了判决理由缺失的情况，这一点将在下文的第五章进行讨论。

四、世俗高级法院对罗马—教会法诉讼程序的继受

在教会背景以外的大部分欧洲领土上，对罗马—教会法诉讼程序的继受始于高级法院。在地方基层法院，罗马—教会法诉讼程序需要花费更长的时间去改变本地化的程序样态。例如，直至15世纪，罗马—教会法诉讼程序才在法国南部的市法院(the municipal courts)被完全继受[5]，这已经算早的了，因为有一些欧洲地区直到近代早期才开始继受该程序(如瑞典和匈牙利)[6]。

有观点认为，罗马—教会法诉讼程序的适用范围由教会法院延伸到世俗法院的原因是教会法院的神职人员参与到世俗审判中[7]，他们为世俗法院带来了新的程序模型。通过这种方式，新的程序模型被教会背景以外的民众广泛知晓。在此，世俗统治者的支持很重要，如在法国、卡斯蒂利亚和莱昂，路易九世和智者

---

[1] 例如，Czeguhn，*Höchstgerichtsbarkeit*，*supra* note 41，at 177。

[2] 例如，van Caenegem，*History*，*supra* note 1，at 35，46，and Van Rhee，*Litigation*，*supra* note 9，at 191-194。

[3] 与X 2. 27. 16相符：'*Cum autem in plerisquelocis，in quibuscopiaprudentumhabetur，id morisexistat，quod omnia，quaeiudicemmovent，non exprimantur in sententiisproferendis：vobis taliterrespondemus，quod ex depositionibustestiumpraedictorumconstiterit ab iudicesuoprolatam：propter auctoritatemiudiciariampraesumidebet，omnia legitime procesisse*'。然而，作为例外，如阿拉贡(Aragon)的法院在其判决中需要说明理由。

[4] Cornelis H(Remco) van Rhee，'The Role of Continental European Superior Courts in Shaping the Law in the Early-Modern Period' in Gerard René de Groot et al. (eds)，*Kritiek op Recht. Liber Amicorum Gerrit van Maanen*(Kluwer 2014)373-385. Also Wolfgang Sellert，'Zur Geschichte der rationalen Begründungzivilrechtlicher Entscheidungengegenüber den Parteien am Beispiel des Reichskammergerichts und des Reichshofrates' in De Schepper，*Höchste Gerichtsbarkeit*，*supra* note 52，at 62 (61-70).

[5] Fowler-Magerl，*Ordines*，*supra* note 3，at 86.

[6] Van Caenegem，*History*，*supra* note 1，at 47-48.

[7] Fowler-Magerl，*Ordines*，*supra* note 3，at 89.

阿方索十世分别对此给予了支持[1]。与此同时,接受过系统法学教育和培训的律师将有助于推动对所学程序的继受[2]。亦有观点认为,在教会法院和世俗法院之间进行的诉讼竞争也是新程序传播的根源之一。在管辖权多变、定义不清且诉讼当事人可能有机会在法院之间进行选择的情况下,世俗法院十分迫切地想要提供一种与教会法院具有同等吸引力且理性的程序模型,可能基于这一理由,世俗法院在司法实践中继受适用罗马—教会法诉讼程序中的要素[3]。

起初,对新程序模型的适用可能是零碎的。在德国领土上,直至 15 世纪末,高级法院才完全继受适用罗马—教会法诉讼程序,但证明领域对该程序的继受在此之前的时期中已经十分迅猛。在很长的一段时间内,神判(proof by ordeal)一直在减少,并被作为证明手段的证人和证物所取代[4]。

世俗高级法院对罗马—教会法诉讼程序的继受并没有导致经过各种《司法程序》注解的程序被原样复制。实际上,世俗法院继受罗马—教会法诉讼程序反而意味着这些《司法程序》的终结,因为各个法院开始适用自己的版本或自行对罗马—教会法诉讼程序进行注解[5]。在法国,从路易九世(1226—1270 年在位)开始对罗马—教会法诉讼程序进行改编,以供王室法院使用[6]。该诉讼程序的原始模型塑造了程序的总体轮廓,通过将本土元素与之结合,形成了所谓的程序风格(样式)。例如,在巴黎高等法院,一个突出的本土特征是,该程序与传统的罗马—教会法诉讼程序相比更具口头性[7]。这种本土程序风格的诞生意味着从即时起,程序手册将重点关注这些样式。关于这种手册的一个早期例子是,由纪尧姆·杜布勒伊于 1330 年前后所著的《高等法院民事诉讼程序》(*Stilus curiae parlementi*),其旨在宣传和普及"巴黎高等法院"[8]。由此,尽管在欧洲各地涌现的诉讼程序之间具有渊源关系,但是罗马—教会法诉讼程序本身自带的国际化特征被显著削弱了。这也体现在有关程序的手册开始以本土语言而不是以拉丁文进行书写和发行。

〔1〕 *Ibid*,at 92. 对于卡斯蒂利亚,参见 Czeguhn,*Höchstgerichtsbarkeit*,*supra* note 41。

〔2〕 Van Caenegem,*History*,*supra* note 1,at 32.

〔3〕 Cornelis H(Remco) van Rhee,'Harmonisation of Civil Procedure:An Historical and Comparative Perspective' in Xandra E Kramer & Cornelis H(Remco) van Rhee(eds),*Civil Litigation in a Globalising World*(Asser Press 2012)39-63.

〔4〕 关于帝国皇家法院和帝国枢密法院的程序,参见 Wolfgang Sellert,*Prozessgrundsätze und Stilus Curiae am Reichshofratim Vergleichmit den gesetzlichen Grundlagen des reichskammergerichtlichenVerfahrens*(Untersuchungenzurdeutschen Staats-und Rechtsgeschichte 18,Scientia 1973);Bettina Dick,*Die Entwicklung des Kameralprozessesnach den Ordnungen von* 1495 *bis* 1555(Quellen und Forschungenzurhöchsten Gerichtsbarkeitimalten Reich 10,Böhlau 1981)。

〔5〕 Fowler-Magerl,*Ordines*,*supra* note 3,at 33-34.

〔6〕 *Ibid*,at 89. ;Ernest Désiré Glasson,*Les sources de la procédure civile franc,aise*(Larose & Forcel 1882)和 Paul Êmilien Guilhiermoz,*Enquê te et procès. Etude sur la procédure et le fonctionnement du Parlement au XIVesiècle*(A Picard 1892).

〔7〕 Van Caenegem,*History*,*supra* note 1,at 12,16,56,60.

〔8〕 Sophie Peralba,*Autour du stilus de Guillaume Dubreuil*(*vers* 1331). *Étude des caractères du droit processuel au parlement* (Presses Universitaires de la Faculté de droit de Clermont 2006).

琳达·福勒明确地总结了这一发展。她说道:

> “从13世纪开始,不再有重要的为世俗法院而写的《司法程序》著述,因为那纯粹是浪费时间。彼时没有统一的世俗司法体系可与教会法院相提并论。到了13世纪晚期,欧洲各地的世俗法院已经继受了罗马—教会法诉讼程序中的要素,但是每个城市和每个地区都希望拥有自己的法规,与此同时,王室法院也希望拥有自己的风格[1]。”

特别是在15世纪和16世纪,对于各种本土的罗马—教会法诉讼程序模型的发展而言,针对不同高级法院制定的程序法立法发挥了主导作用[2]。从某种意义上说,在1667年路易十四颁布的王室法令中,关于法国诉讼程序和法院组织的内容,可被视为是诉讼程序发展的里程碑[3]。该法令旨在为法国建立统一的诉讼程序,其适用对象是法国领土范围内的所有法院。

五、判例法

对于现代的研究者而言,判决必须包含证明法庭作出决定的正当理由[又称为判决理由(ratio decidendi)]是不言自明的。如前所述,欧洲的大部分地区在中世纪和近代早期的情况有所不同[4](尽管我们偶尔会发现正当理由——即使不一定是现代意义上的——出现在判决中,如在13世纪末和14世纪初的巴黎高等法院;此外,葡萄牙在1521年就规定正当理由应当包含在判决中;正当理由亦被阿拉贡所要求[5])。这意味着在中世纪和近代早期的法律实践中,难以确定各

---

[1] Fowler-Magerl, *Ordines*, *supra* note 3, at 33-34.

[2] 关于19世纪以前的民事诉讼立法,参见 Helmut Coing(ed), *Handbuch der Quellen und Literatur der neueren Europäischen Privatrechtsgeschichte*. Vol. 3/II: Das 19. *Jahrhundert. Gesetzgebung-zumallgemeinenPrivatrecht und zumVerfahrensrecht*(Beck 1982)2331 ff。

[3] 1667年4月的《民事诉讼法令》力求做到提高诉讼效率,降低诉讼成本,细化具体规定,同时限制法官的自由裁量权限——译者注。关于这一法令,参见 Van Caenegem, *History*, *supra* note 1, at 61-63. 关于1700年版的重印版,参见 *Code Louis*, Vol. 1: *Ordonnance Civile* 1667(Testi e documenti per la storia del processo 1, Milan 1996)。

[4] 例如,Serge Dauchy & Véronique Demars-Sion, ‘La non-motivation des décisions judiciaires dans l'ancien droit: principe ou usage?’ [2004] Revue historique de droit franc,ais et étranger 223-239。参见 Véronique Demars-Sion & Serge Dauchy, ‘La non motivation des décisions judiciaires dans l'ancien droit franc,ais: un usage controversé’ in W Hamilton Bryson & Serge Dauchy(eds), *Ratio decidendi. Guiding Principles of Judicial Decisions*, Vol. 1: *Case Law*(Duncker & Humblot 2006)87-116.; Knut W Nörr, *Zur Stellung des richters im gelehrten Prozess der Frühzeit: Iudex secundum allegata non secundum conscientiam iudicat*(Beck 1967); Rainer Sprung, ‘Die Entwicklung der zivilrechtlichen Begründungspflicht’ in Rainer Sprung(ed), *Die Entscheidungsbegründung* (Springer 1974)44 ff(43-62); Steffen Wunderlich, *Über die Begründung von Urteilen am Reichskammergericht im frühen* 16. *jahrhundert*(Schriftenreihe der Gesellschaft für Reichskammergerichtsforschung 38, 2010)。

[5] G Walter, ‘Frankreich’ in Helmut Coing(ed), *Handbuch der Quellen und Literatur der neuerenEuropäischenPrivatrechtsgeschichte*. Vol. 2/II: *Neuere Zeit* (1500-1800). *Das Zeitalter des gemeinen Rechts. Gesetzgebung und Rechtsprechung*, 1238-1239(1223-1270);以及 J-M Scholz, ‘Portugal’, in Coing, *Handbuch* 2/II, *ibid*, at 1327(1319-1342).

种法律渊源的重要性(如罗马法、教会法、自然法、习惯法)[1]。

目前,有关法律实践的历史研究大多数都基于对"判决理由可能是什么"进行推测。例如,研究胜诉者提出的论点,又或是依赖产出"判例法"的早期学者们的著作[在法国,这种学者被称为判例评注汇编者(arré tistes)][2]。显然,第一种方法无法提供确定性,而第二种方法也存在问题,因为早期的学者们往往没有根据承办法官提供的第一手资料进行论述。相反,这些学者们不止一次地展现由他们自行编造的判决理由,例如,根据双方当事人提出的论点,但却通常没有表明他们所提出的判决理由不一定就是法庭在判决中使用的正当理由(后者仍然是秘密)[3]。

考虑到这一点,应特别关注以下两种具有价值的判例集:一是由参与案件合议的法官们进行汇编的判例集[4],二是基于这些法官们的笔录进行编纂的判例集[5],它们能够在判决的审议意见,也即法庭的判决理由方面[6]提供第一手资料。相反,由律师等从业者非基于法官笔录(或者口头意见)编纂的各种判例集

---

[1] van Rhee,'European Superior Courts', *supra* note 74.; Alain A Wijffels,'Mos Italicus in der Anwaltspraxis des grossen Rates zu Mechelen und des Hofes von Holland(ca. 1460-1580)' in De Schepper, *Höchste Gerichtsbarkeit*, *supra* note 52, at 106-107(105-124):'Die Behauptung, die höheren GerichtshöfehätteneinenbedeutendenEinfluss auf die Verbreitung des römischen Rechtsgehabt, istwenigerdeutlichalsein Jurist heutzutagemeinenkönnte: Vorallemist es schwerzuerkennen, wieandere GerichtshöfeoderniedereInstanzen die Anwendung des Rechtsdurch die höheren Instanzen-die nicht in den Entscheidungenzum Ausdruckgebrachtwird-hättenverzeichnenkönnen'.

[2] Philippe Godding, *La jurisprudence*(Typologie des sources du moyen âge occiden-tal, fasc. 6, A-III. 1 *, Brepols 1973)esp 33 note 67.

[3] 例如,Müssig,'Höchstgerichte', *supra* note 50, at 30:'Da die Entscheidungen der parlementsk-eine Begründungenthielten, handelt es sichbei den recueilszumeist um eine Wiederholung der rechtlichen Argumentationen der Parteien und nur um Andeutungen, in-wieweitdiese die entscheidung des Gerichtsbeeinflussthabenkönnten … Inwieweitdieseentscheidungssammlungenjedochauch die Richter selbstbeeinflussthaben, lässtsichnichtsagen, da sichmangels Entscheidungsgründen die rechtlichen-Erwägungen der Richter kaumrekonstruierenlassen'。

[4] 例如,Cornelis van Bijnkershoek, *Observationes Tumultuariae*(EM Meijers ed, Tjeenk Willink & filios 1926—1962)(尽管 Van Bijnkershoek 的文章可以追溯到 18 世纪,但它们仅在 20 世纪由莱顿法学院的法学教授 EM Meijers 出版)。

[5] 例如,这在某种程度上适用于 Paulus Christinaeus, *Practicarum Quaestionum Rerumque in Supremis Belgarum Curiis Actarum et Observatarum Decisiones*(1st edn, Ex OfficinaHieronymiVerdussii 1626-1631)。

[6] 例如,Udo Wagner, *Entstehung, Bedeutung und Publikationsformen der Rechts-prechungim-Ancien Régime. Das Werk der belgischen und niederländischen Arretisten*(16. *bis* 18. *Jahrhundert*)(Diss. Bildstelle der JW Goethe-Universität 1972)42-43; J Hilaire & C Bloch,'Connaissance des décisions de justice et origine de la jurisprudence' in John H Baker(ed), *Judicial Records, Law Reports, and the Growth of Case Law*(Duncker & Humblot 1989)50-51(47-68); Christian Ché ne,'L'arrestographie, science fort douteuse' in *Recueil des mémoires et travaux publiés par la Société d'Histoire du Droit et des Institutions des Anciens Pays de droitécrit*(Université de Montpellier 1985)179-187.; Serge Dauchy,'L'arrestographie science fort douteuse?' [2010] Sartoniana 87-99, 和 Géraldine Cazals, *L'arrestographie flamande. Jurisprudence et littérature juridique à la fin de l'Ancien Régime* (1668-1789)(Bibliothéque des Lumiéres, Droz 2018)。

最有可能与实际情况不相符合,因为在这些判例集中展现的判决理由通常仅是对公共信息,如双方当事人提出的论点,或是对编纂这些判例集的从业者们想象的一个重构[1]。因此,在使用判例集之前,需要仔细地研究制作这些判例集的作者以及他们所使用的原始资料,以便对相关的案例报告进行评估。

各位学者发表的案例报告中所包含的关于判决理由的信息应与立法和诉讼档案中的信息进行联系和比较。立法和诉讼档案中与法庭作出判决有关的信息应被重视。相关的立法资料揭示了法庭的各种程序风格,其中显然包含有关诉讼程序的重要内容,亦涉及在庭审后如何作出裁决的方法。实际上,大多数的高级法院都采用了相当类似的程序:任命一名主审法官,由其负责研究案卷材料,起草案件摘要并提出判决草稿。尽管主审法官的姓名和工作必须对双方当事人保密,但法院的档案资料中仍然包含与其工作相关的文件[2]。

除却这些文件以外,还应分析与合议庭审理案件有关的档案资料。这些资料是主审法官准备判决草稿后的工作续集,因为其通常记录了有时简短、有时详尽的笔录,用以说明在合议庭审理案件过程中参与案件合议的法官们的意见。这些意见发表于主审法官展示其案件报告以后,在个别法官不同意主审法官观点的情况下,这些意见尤为有趣[3]。例如,尽管在梅林中央最高法院以及荷兰和泽兰的最高法院中,这些笔录并不等于所谓的"判决理由",但当与其他相关的原始资料结合使用时,它们是重构判决理由的有用工具。

有时,法庭记录会包含一些文件,其中记载了针对上诉请求进行起草的裁判理由。这些文件的内容并未出现在判决书中,其并不意在传达给双方当事人或广大民众,而意在供上诉法院审理上诉案件使用。我们发现这些文件,例如,在法国,是为参事院(Conseil du roi)[4]的非常上诉制度(extraordinary appeal)而准备的。

接下来,还需要分析判决本身,特别是判决草稿。在梅林中央最高法院,这些判决通常包含对诉讼程序主要阶段的概述,其中涵括从双方当事人提交的文

[1] 例如,Tony Sauvel,'Histoire du jugement motivé' [1955] Revue de droit public et de la science politique en France et à l'étranger 5-53;Serge Dauchy,'Les recueils privés de "jurisprudence" aux Temps Modernes' in Alain A Wijffels(ed),*Case-Law in the Making. The Techniques and Methods of Judicial Records and Law Reports*, Vol. 1:*Essays*(Duncker & Humblot 1997) 237-247;Demars-Sion & Dauchy,'La non-motivation',*supra* note 89,at 108 ff。

[2] Van Rhee,'European Superior Courts', *supra* note 74.

[3] 在梅林中央最高法院,虽然这些笔录在法院的档案资料中尚未提及,但已被作者全部找到。此外,可以在荷兰和泽兰的最高法院(所谓的 Resolutieboeken)以及荷兰和泽兰的法院(Notulen;保存了可追溯到 17 世纪的资料碎片)中找到。至于阿拉贡,参见 J-M Scholz,'Spanien' in Coing,*Handbuch* 2/II,*supra* note 90,at 1289。

[4] 梅林中央最高法院即是勃艮第公爵模仿法兰西的大参事院而设立的——译者注。Walter,'Frankreich', *supra* note 90,at 1238. For the *Reichskammergericht*,H Gehrke,'Deutsches Reich' in Coing,*Handbuch* 2/II,*supra* note 90,at 1348.

书中选取的合乎事实的论点。根据16世纪梅林中央最高法院的一本书记员手册[1],可以得出这样的结论:至少在梅林中央最高法院中,这些论点不是被随机选择的,而是为了以合理的方式对案件作出最终裁决而被选取的[2]。尽管判决书是在法庭作出裁判结论后才被起草的,而且通常是由法院书记员代笔,但判决草稿仍不失为揭示判决理由的有用工具。毕竟,法官会对判决草稿进行订正,而附有订正记录的草稿常被保存下来。应对这些订正的内容进行全面剖析,因为它们内含极具价值的信息——哪些才是法庭在作出判决时会引用(采纳)的事实依据。由于这些被引用的事实依据逐渐形成一种特定模式,其可以提供与判决的潜在法律依据有关的信息,所以通过分析各种判决草稿也许可以发现关于判决理由的重要线索[3]。

直到近代早期,判决书缺失判决理由一直是普遍现象[4]。这种情况直到18世纪末和19世纪才从根本上改变。以法国的最高法庭(Tribunal de cassation)为例,其负有在判决书中提供判决理由的义务在18世纪的最后10年才被引入[5]。

六、民事诉讼程序的法典化

近代早期的结束(译者注:指18世纪末,法国大革命结束)意味着在法学的许多领域都发生了决定性的变化,其中涉及高级法院和民事诉讼程序的内容尤

〔1〕 Leiden University Library, ms. BPL 54, f. 135r. 可同时参见 Joke MI Koster-van Dijk, 'Instruction pour le greffier du Grand Conseil concernant la rédaction des sentences. Intro-duction et édition du texte' in Alain A Wijffels(ed), *Miscellanea Consilii Magni III. Essays on the History of Forensic practice/Études d'histoire judiciaire* (Verzamelen en bewerken van de jurisprudentie van de Grote Raad, nieuwe reeks 12, University of Amsterdam 1988) 17-41; Alain A Wijffels, 'Grand Conseil de Malines: La rédaction des sentences étendues et le recueil de jurisprudence de Guillaume de Grysperre' in Wijffels, Case-Law, *supra* note 97, at 312-316。

〔2〕 Cornelis H(Remco) van Rhee, '... maar is in rechte de juge gehouden voer sot die de cause expresseert'. De motivering van civiele vonnissen in de 16e eeuw: Jacobus de Wilde v. Mechelen(1535) in EC Coppens et al. (ed), Fabrica Iuris(Gerard Noodt Instituut 2009) 51-64, and Cornelis H(Remco) van Rhee, 'Grand Conseil de Malines: L'affaire Jacques Le Sauvaige contre la ville de Malines' in Alain A Wijffels(ed), *Case-Law in the Making. The Techniques and Methods of Judicial Records and Law Reports*, Vol. II: Documents(Duncker & Humblot 1997) 389-438.

〔3〕 Van Rhee, 'European Superior Courts', *supra* note 74.

〔4〕 Walter, 'Frankreich', *supra* note 90, at 1239-1240.

〔5〕 Jean-Louis Halpérin, 'The Court of Cassation in Nineteenth-Century France and the Binding Effect of Rationes Decidendi' in Bryson & Dauchy, Ratio decidendi, supra note 89, at 191(191-200): '... the obligation placed upon all the judges by the law of August 16-24, 1790, to express the reasons of their decision by quoting the text of the law they applied.' *Ibid* at 192: 'After a period of doubt about the general application of the holding to all the judgments of the Tribunal de cassation, including the decisions of rejection, two decrees of 1794 definitively impose this obligation, to give the reasons to any decision of the supreme court.' For the German territories, 参见 Sellert, 'Zur Geschichte', *supra* note 74, at 63: 'Eine Urteilsbegründ-ungsplichtgegenüber den Parteienbegannsich erst unter dem Eindruck der Ereignisse der französischen Revolution in einzelnendeutschen Territorien und auchhiernurmitgrossen Vorbehaltendurchzusetzen'. Also Gehrke, 'Deutsches Reich', supra note 100, at 1349。

为多。这些变化不限于前文所述的在判决书中叙述判决理由的义务。由于各国法典编纂运动的开展,诉讼程序失去了国际化的特征,完全由各国的民事诉讼法典进行规范。这些法典具有地域排他性,且旨在尽可能地规范现有的法律关系,这意味着除非在法典中有特别规定,否则不再考虑旧普通法(ius commune)的教义[1]。但是,即使在那种情况下,人们也不被允许违背法典(至少在理论上)和国家立法机关的意图。尽管如此,罗马—教会法诉讼程序中的许多要素已被编入国家法典,从这个意义上讲,其与过去没有任何区别[2]。西班牙在编纂法典时仍然最大程度地忠实于罗马—教会法诉讼程序[3]。

除了法典编纂,由于法国的军事扩张或其他原因,一个以法国为样板的等级制的法院结构在19世纪被欧洲的许多地区采用。当法国在军事上遭遇惨败后,等级制的法院结构和法典编纂运动仍以适当的方式得以保留。

1807年生效的《1806年法国民事诉讼法典》,可被看作是19世纪民事诉讼法典编纂的一个有影响力的起点[4]。在欧洲及其他地区进行的许多法典编纂活动中,均以之作为典范。但在很多方面,《1806年法国民事诉讼法典》是一部相当保守的法典,这并不奇怪,因为其在很大程度上采纳了前文所提及的1667年《民事诉讼法令》中的程序规范[5]。因此,其也反映了该领域中许多常见的罗马—教会法诉讼程序遗产。这部1806年的法典之所以受欢迎,很可能是因为法国的军事扩张和法典的移植,其程序模型已为欧洲许多不同地区的法律人所熟知。虽然该法典在各个方面都很保守,其仍然不失为一部新式的法典。阿兰·维菲尔斯声称,法典的结构反映了其尝试制定一种可供普遍适用的程序模式,但与此同时,也需努力调整这种程序模式以满足特定的要求[6]。此外,法典在程序和宣传中对口头要素的强调使其在当时的法律人眼中变得时髦,这些法律人已经习惯了以往时期中的书面和相对秘密的程序。法典在其程序中强调了公民的个人责任,被视为具有理性的公民在平等的立场上对彼此提起诉讼,这是法典的另一个特征,该特征与19世纪欧洲的思潮十分相符。

即使在法国的全盛时期以后,引入了1806年法典的各个地区也未恢复其在民事诉讼中的原始惯例和程序。在所有的这些领土中,包括《民事诉讼法典》在内的法国法典一直有效,直至根植于本土土壤的本土法典被起草。在编纂本土法典的进程中,比利时等待了最长的时间。进入20世纪,法国的法典仍在比利

---

[1] 关于编纂运动,参见 Jacques Vanderlinden, *Le concept de code en Europe occidentale du XIIIe au XIXesiécle. Essai de définition* (Institut de Sociologie de l'Université libre de Bruxelles 1967).

[2] Van Caenegem, *History*, *supra* note 1, at 110。

[3] Ibid, at 102-103.; Aniceto Masferrer(ed), *La Codificaciónespañola. Una aproximación doctrinal e historiográfica a sus influenciasextranjeras, y a la francesaen particular* (Aranzadi-Thomson Reuters 2014).

[4] 这一部分的论述是基于 Cornelis H(Remco) van Rhee, 'Introduction' in Cornelis H(Remco) van Rhee(ed), *European Traditions in Civil Procedure* (Intersentia 2005) 3-23。

[5] 在1667年,路易十四颁布《民事诉讼法令》,力求做到提高诉讼效率,降低诉讼成本,细化具体规定,同时限制法官的自由裁量权限——译者注。Van Caenegem, *History*, *supra* note 1, at 11, 88-89.

[6] Van Rhee, *European Traditions*, *supra* note 109, at 6.

时生效，直到被1967年的《比利时司法法典》（*Code judiciaire*，荷兰语为*GerechtelijkWetboek*）所取代[1]。

与比利时相反，一些国家在很早就开始起草属于自己的国家程序法典，但这通常意味着一个经过修正的法国模型被采用。日内瓦于1813年重新获得独立并于1814年加入瑞士联邦，在此之后其成功地提出了由自己进行编纂程序法典。在1819年，其公布了所谓的《贝洛法典》（*Code Bellot*）[2]，该法典在形式上仍然极具法国特色，19世纪的人们视其为法国法典的改良版本[3]。尽管法国的程序模型在瑞士联邦的其他地区亦具影响力[4]，但在瑞士以外，只有日内瓦的《贝洛法典》被证明是一个非常重要的程序模板。例如，在尼德兰，日内瓦的法典中的一些要素被纳入1838年法典[5]（该法典的其余部分也非常具有法国特色；其被一些荷兰的观察者认为是法国程序法典的劣质翻译）[6]。德国的许多州在尝试进行法典编纂时亦受到日内瓦的法典的影响[7]。作为结果，日内瓦的法典成为法国民事诉讼程序域外输出的载体之一，尽管其冠以日内瓦国家法典之名。

法国民事诉讼程序模型的影响力也体现在19世纪以后的意大利、波兰、罗马尼亚和保加利亚[8]，以及德国民事诉讼程序法典起草过程中的一系列草案。经过几次失败的尝试，这一德国程序法典在宣布成立德意志第二帝国（地点为凡尔赛，时间为1871年）以后成为现实。特别要注意（inter alia）普鲁士的司法部长伦哈特（Leonhardt，1815—1880年），他在起草《1850年汉诺威法典》（其在很大程度上受到法国程序法的影响）时起到重要作用，亦在起草该德国法典的过程中发挥主要作用。因此，不出所料的是，汉诺威法典影响了随后面世的《1877年德国民事诉讼法典》，即*Reichszivilprozessordnung*（ZPO）。同时，最好将1877年德国法典中关于程序的部分看作是法国的民事诉讼程序观念与德国各州的共有法律传统（即德国普通法，德语为gemeines Recht）的一个结合[9]。这部1877年

---

〔1〕 Paul Van Orshoven，'The Belgian Judicial Code（1967）' in van Rhee，*European Traditions*，*supra* note 109，at 97-102.

〔2〕 关于该法典的一个较晚的版本，参见 Charles Schaub，Pierre Odier & Édouard Mallet（eds），*Loi sur la procédure civile du Canton de Genévesuivie de l'exposé des motifs par feu P.-F. Bellot，professeur de droit*（Cherbuliez 1837）。

〔3〕 Van Rhee，*European Traditions*，*supra* note 109，at 9.

〔4〕 即使在使用德语的瑞士各州中，法国的程序模型也对其产生影响。这在一定程度上是因为德国的个别州在尝试进行法典编纂时部分地采纳了法国的程序模型。Paul Oberhammer & Tanja Domej，'Germany，Switzerland，Austria（ca. 1800—2005）' in van Rhee，*European Traditions*，*supra* note 109，at 124 ff（103-128）.

〔5〕 但是，切不可夸大日内瓦法典在尼德兰的影响力。Van Rhee，*European Traditions*，*supra* note 109，at 9 fn 26.

〔6〕 Anthony W. Jongbloed，'The Netherlands（1838—2005）' in Van Rhee，*European Traditions*，*supra* note 109，at 69（69-95）.

〔7〕 Oberhammer & Domej，'Germany，Switzerland，Austria'，*supra* note 115，at 111.

〔8〕 Van Caenegem，*History*，*supra* note 1，at 100-101.

〔9〕 Oberhammer & Domej，'Germany，Switzerland，Austria'，*supra* note 115，at 112ff.

的法典很快又成为其他欧洲国家和地区的模型(如斯堪的纳维亚各国)[1],在民事诉讼中形成了仅次于法国的德国诉讼法传统。

19世纪末,法国在民事诉讼中适用的非干预自由主义模式开始受到批评。这在一定程度上可归因于所谓的"福利国家"观念开始萌芽。1895年的奥地利民事诉讼法典在1898年正式生效,作为其起草者,弗朗茨·克莱因(1854—1926年)的想法起到了很大作用[2]。在20世纪,该法典将会成为其他国家的模型,就像1806年法国法典在19世纪大部分时间所产生的影响一样。

克莱因(Klein)的目标是实现民事诉讼的"社会功能"(Sozialfunktion)。在批评19世纪的程序自由主义理念时,这种所谓的"社会功能"可被看作是对其的一种回应。这意味着,诉讼不仅应被视为一种解决诉讼当事人间个人纠纷的手段,而且应被视为一种关涉社会整体的现象。民事诉讼程序应符合公共利益(Wohlfahrtsfunktion),但与此同时,其也必须从经济的角度考虑问题。例如,从经济的角度出发防止人们使用民事诉讼程序作为拖延债务偿还或以低利率获取资金的手段[3]。

克莱因的目标是在法官和当事人所拥有的权力之间找到一个新的平衡。他认为,参加诉讼的各方当事人应进行合作以促进判决的作出。因为他将法律纠纷视为一种消极的社会现象,所以他主张民事诉讼应具备迅速、高效和费用便宜的特点。这将导致在审理案件的过程中,会以"实质性的"或"事实性的"真相作为依据,换言之,其会以所发生的事实,而不仅以诉讼当事人所编造的真相作为依据。作为结果,在他看来,各方当事人必须遵循所谓的"真实义务"(Wahrheitspflicht),这意味着各方当事人负有向法庭陈述"真正的"事实的义务[4]。直到今日,这个观点仍然十分流行。

克莱因的观点在20世纪成为整个欧洲的时尚,从这个意义上说,法官发挥主观能动性往往被视为一种常态。在20世纪末,这种法官甚至被引入英格兰和威尔士(1999年伍尔夫改革),但因其在时间和地理上都不属于本章讨论的范围,此处不再赘述。

---

[1] Van Caenegem, *History*, *supra* note 1, at 101. 关于斯堪的纳维亚各国在19世纪的民事诉讼程序立法,参见 Helmut Coing (ed), *Handbuch der Quellen und Literatur der neuereneuropäischenPrivatrechtsgeschichte*. Vol. 3/IV: Das 19. Jahrhundert. Die NordischenLänder (Beck 1987)。

[2] Oberhammer & Domej, 'Germany, Switzerland, Austria', supra note 115, at 121 ff.; M Marinelli, E-M Bajons & P Böhm (eds), *Die Aktualität der Prozess-und Sozialre form Franz Kleins* (Verlag Österreich 2015).

[3] Hans Walter Fasching, 'Die Weiterentwicklung des österreichischen Zivilprozess-rechtsim Lichte der Ideen Franz Kleins' in Herbert Hofmeister (ed), *Forschungsband Franz Klein* (1854—1926). *Leben und Wirken* (Manz 1988) 97 ff, 以及 van Caenegem, *History*, *supra* note 1, at 97。

[4] Franz Klein, *Pro Futuro. Betrachtungenüber Probleme der Civil Process Reform in Oesterreich* (Deuticke 1891).

七、民族国家中的高级法院

近代早期,许多高级法院因为法国大革命而停止行使职能[1]。例如,在尼德兰联省,荷兰和泽兰的最高法院于 1795 年的 9 月 18 日停止运作。在当时,尼德兰联省被推翻,取而代之的是一个法属的傀儡国——巴达维亚共和国(Batavian Republic)[2]。同年,位于南部的梅林中央最高法院亦被废除。对此,通过任命一个委员会以终结彼时仍在这些法院进行审理的案件[3]。

在该时期及其之后的时间里,欧洲建立了新的高级法院,这些法院与其前身大相径庭。一方面,这些法院适用的程序由国家统一编纂的法典进行调整,不仅如此,关于其管辖的规定也被明确地固定下来。一般而言,这些法院可以在新成立的民族国家的全境范围内行使管辖权。除此之外,我们发现了有关主体的特殊管辖规定,这个问题在近代早期具有高度政治性,因此几乎不会受到包罗万象的规定的调整。

在欧洲大陆,高级法院的性质也发生了变化,其往往不再作为处理事实审和法律审的上诉法院而发挥功能。诉诸高级法院的途径通常仅限于有关正确适用法律的问题(需要注意,一些高级法院也负责执行其他任务,但这些任务往往与民事案件中的司法管理活动无关)。这也是法国大革命遗产的一部分,因为 1790 年的最高法庭(Tribunal de cassation),即 1804 年以后的最高法院(Cour de cassation),就旨在保护新法的正确适用[4]。据此,高级法院将不再讨论地方基层法院已经确定的案件事实。在法国,法院的这一特殊地位反映在以下事实中:其程序规范不是由法国民事诉讼法典提供的,而是分别由 1738 年和 1790 年的革命前立法提供的[5]。紧紧跟随法国模型的欧洲大陆其他地区的高级法院会遵循以下规则:只有当高级法院认为地方基层法院的裁决在法律适用方面存在缺陷时,其才可以撤销地方基层法院的裁决。随后,高级法院会将案件移送给原审法院或其他同类型的法院以作出新的判决。这种方式被称为"推翻原判"[6]。

另一种类型的高级法院会审理上诉案件,撤销具有缺陷的裁决并会随之作

---

[1] 然而,这些法院有可能在 19 世纪继续产生影响。Bernhard Diestelkamp,*Das Reichskammergericht am Ende des Alten Reiches und sein Fortwirkenim 19. Jahrhundert* (Quellen und Forschungenzurhöc-hsten Gerichtsbarkeitimalten Reich 41,Böhlau 2002).

[2] Verhas,*De beginjaren*,*supra* note 70,at 157,179-181.

[3] *Ibid*,at 157.

[4] 关于最高法庭,参见 Jean-Louis Halpérin,*Le Tribunal de cassation et les pouvoirs sous la Révolution* (1790—1799)(LGDJ 1987)。可同时参见 *Jean-Louis Halpérin*,*Le Tribunal et la Cour de cassation*,1790—1990 (Volume Jubilaire,Litec 1990),以及 Halpérin,'The Court of Cassation',*supra* note 105。

[5] 1790 年 8 月 12 日,最高法院通过选举产生,并从 1790 年 11 月 27 日到 12 月 1 日完成了组织设置——译者注。Van Caenegem,*History*,*supra* note 1,at 90;G Dahlmanns,'Frankreich' in Coing,*Handbuch* 3/II,supra note 87,at 2522.

[6] Massimo Meccarelli,*Le Corti di Cassazionenell' Italiaunita. Profilisistimatici e constituzionalidel-lagiurisdizione in una prospettivacomparata* (1865—1923)(Giuffré 2005).

出新的判决。这种方式被称为“改判”(需要注意,“推翻原判”和“改判”之间的区别在近现代已经变得有些模糊,因为各种的“推翻原判”法院已在无须移送案件的前提下获得了自行作出裁决的权力)[1]。

同时,存在部分仍然保留了相关权力的法院,其会以最高层级司法机关的身份从法律和事实的角度重新审理整个案件。关于这种法院的一个重要例子可以在大不列颠群岛找到(这部分内容实际上已经超出了本章的讨论范围),此地曾经的上议院(House of Lords)没有受到法国大革命的影响,其继续作为一个法院发挥作用,并在案件中进行事实审和法律审(但在实际上其专注于法律审)。这个法院在 19 世纪一直存续,直到历史上更晚的时期,其被视为一种历史反常现象,因此必须被英国最高法院取代(至少在理论上,这个法院依然作为上诉法院,而不是“推翻原判”法院或“改判”法院行使职能)。然而,因为本章内容侧重于欧洲大陆,所以在此不针对这一法院展开讨论。

八、结语

本文集中讨论了从 11 世纪末到 19 世纪欧洲大陆高级法院及民事诉讼程序的历史。鉴于这是一段漫长的岁月,所以只强调了部分重要的问题和发展。重要的问题包括,一方面,挑选出影响和塑造高级法院的程序模型,对其起源和性质进行研究;另一方面,探讨高级法院的创建和发展,分析其如何与王室法院进行分离并开始独立运作。此外,本文还解答了罗马—教会法民事诉讼程序对欧洲各国司法实践所产生的影响和程度问题,结论是,这一程序并没有被完全继受。欧洲各国对罗马—教会法民事诉讼程序的适用可能是零碎的,但确以该程序为起点,逐渐发展出具有自身特点的程序风格。

另一个重要的问题是,在法国大革命以前,大多数法院的判决书不提供判决理由。那么,高级法院通过什么方式引领欧洲大陆的法律发展呢?在该议题之下,本文讨论了近代早期出版的判例集,其中涉及的问题是,这些判例集提供的信息以及档案资料是否可用于揭示不同法院作出判决的理由。

同时还介绍了在 18 世纪末和 19 世纪进行的那些引人关注的民事诉讼程序法典化的过程,以及上述民事诉讼程序所展现的特征和变化。

接下来,本文讨论了在 19 世纪民族国家背景下的高级法院的新角色。作为一个在组织有序的法院等级中处于最高位置的法院,其从一个不提供判决理由的上诉法院变为一个提供判决理由的法院,且该法院的功能主要是审查案件是否正确适用法律,而不再同时关注案件的法律和事实问题。

---

〔1〕 Van Caenegem, *History*, *supra* note 1, at 93,其认为“改判”受到“推翻原判”的影响。

编后记*

构建知识产权大保护格局　增强市场主体创新动能

国务院近日印发的《"十四五"市场监管现代化规划》(本文以下简称《规划》),落实《知识产权强国建设纲要(2021—2035年)》,对知识产权保护工作做出部署。《规划》将构建知识产权大保护格局,最大限度地激发各类市场主体的创新活力,作为市场监管现代化的重要建设目标,明确提出"十四五"期间"知识产权大保护格局基本形成",这既是国家治理现代化的重要表征,也是构建新发展格局的内在要求。《规划》从以下几个方面谋划知识产权大保护格局,增强市场主体的创新动能。

第一,加大知识产权执法力度,完善知识产权保护政策。《规划》提出要加大知识产权执法力度,全面建立并实施知识产权侵权惩罚性赔偿制度,并探索建立知识产权侵权快速处理机制。在知识社会中,知识不断更新,技术加速迭代,对于权利人而言,迟到的正义就是不正义。

第二,促进知识产权行政执法标准和司法裁判标准统一,完善知识产权行政执法与司法衔接机制。在知识产权执法层面,行政与司法"双轨制"曾因相互掣肘、标准不一、程序空转、衔接不畅等被诟病。《规划》提出"大保护"格局,也是强调知识产权的系统性、协同性。一方面,需要统一工业产权审查的标准及知识产权侵权判定标准;另一方面,在知识产权行政调解的司法确认、涉嫌知识产权犯罪案件的司法移送、行政决定的司法审查等方面,需要建立完备顺畅的运行机制。

第三,进一步完善知识产权综合治理体制,建立全链条的知识产权行政保护机制。《规划》以建设质量强国、建立大市场为目标,强调知识产权源头保护:优化专利、商标等申请和审查程序,提升审查质效;优化专利资助奖励政策和考核评价机制,全面取消对专利和商标申请阶段的资助和奖励,更好保护和激励高价值专利;健全集体商标、证明商标等制度,推动品牌建设、质量提升,扩大中高端产品供给。同时,在知识产权创造、运用、保护、管理、服务等各环节,充分运用法律、行政、经济、技术、社会治理等多种手段,强化知识产权全链条保护。

第四,健全知识产权多元纠纷解决机制,建立知识产权领域的诚信体系。解决知识产权纠纷,需要司法、行政、仲裁、调解、公证、鉴定、行业自治等手段综合运用,形成多元纠纷解决机制。同时,需要在知识产权领域建立相应的信用监管

---

* 易继明,北京大学国际知识产权研究中心主任、法学院教授。本文原载:人民网,http://finance.people.com.cn/n1/2022/0222/c1004-32357319.html,访问日期:2022年2月27日。

体系，完善信用承诺、失信惩戒和信用修复等制度，并推动建立全国知识产权信用信息共建共享平台和机制。

第五，完善跨区域知识产权保护协作机制，建设一批国家知识产权保护试点示范区。作为无形财产，知识产权侵权往往存在跨区域和流动性的特点。而且，个别地方还存在地方保护主义倾向。因此，需要完善知识产权跨区域保护的协作机制。同时，《规划》提出建设一批知识产权保护试点示范区，发布企业知识产权保护指南，加强知识产权公共服务领域标准研制，以提高我国知识产权保护水平。

第六，加强重点领域的知识产权保护，有效回应创新主体的重大关切。《规划》提出完善药品专利保护、跨境电商领域知识产权保护规则，加强反不正当竞争执法，坚决查处侵犯商业秘密违法行为。通过聚焦反不正当竞争、商业秘密、药品、跨境电商等重点难点领域的知识产权保护，实行"重点突破"。同时，《规划》对假冒伪劣乱象采取高压态势，提出持续开展打击侵犯知识产权和制售假冒伪劣商品行动。另外，《规划》提出推动知识产权法律域外适用，旨在建立知识产权涉外执法和域外执法协助机制。

第七，坚持严格保护知识产权与防止知识产权滥用并举，加强知识产权反垄断执法。知识产权保护既包括对专利、商标、著作权等创新成果的合法专有权利的保护，也包含了对不以创新为目的的不合法垄断行为的规制。《规划》在坚持"严保护"政策的同时，也提出禁止知识产权滥用，强化对滥用标准必要专利的反垄断规制，实现竞争监管与知识产权保护衔接协调，促进创新要素充分涌动。

第八，夯实知识产权保护的基础，推动知识产权保护智能化。制度、人才及基础设施建设，是知识产权保护的基础。《规划》提出完善知识产权保护制度，推动专利、商标、著作权等领域法律法规修订，培养知识产权领域"高精尖缺"人才。同时，还提出开展知识产权领域"新基建"，加强知识产权信息化、智能化基础设施建设，建设知识产权保护大数据中心和公共服务平台。

贯彻实施好《规划》，推动知识产权保护工作任务落实，首先，要将"构建知识产权大保护格局"这一建设任务纳入地方党委、政府统一工作部署，加强领导，细化举措，压实责任。其次，要探索市场监管综合执法与知识产权专业执法相结合的协调机制，加强专业化、复合型的知识产权执法队伍建设，提高知识产权执法效能。最后，要建立动态的监督与信息反馈机制，督促任务落实，总结经验教训，并及时调整工作措施，以适应不断变化的新形势和新要求。